반만년 유구한 역사를 지켜온 위대한 우리 민족의 민족자주와 조국통일 위업은 반드시 승리한다.
21세기 우리 민족의 민족자주와 조국통일의 위업은 인류자주와 세계 평화번영의 횃불로 길이 빛날 것이다.

조국통일의 진로
ⓒ박해전, 2025

초판 1쇄 · 2025년 5월 1일
지은이 · 박해전
펴낸이 · 박해전
펴낸곳 · 사람일보
편집 · 장동욱 최준원 인병문
디자인 · 장동욱 최준원

등록 제 2016-000021호
주소 (34664) 대전시 동구 동부로 55-58(판암동, 주공아파트) 603동 306호
전화 (02)747-6150 팩스 (02)2253-7808 이메일 saram@saramilbo.com
ISBN 979-11-91374-05-6 값 33,000원

인지를 생략합니다.
잘못된 책은 바꿔 드립니다.

조국통일의 진로

박해전

사람일보

차례

머리글
조국통일의 진로 / 6

1　역사는 6.15 자주통일 헌법을 요구한다 / 16
2　우리 민족 자주통일 평화번영의 진로 / 19
3　판문점선언 국회비준 범국민운동을 요청한다 / 22
4　국가보안법 철폐하고 사대매국 심판하자 / 25
5　2020년 올해 민족자주와 조국통일 이루자 / 28
6　2020년 올해를 민족자주와 조국통일 원년으로 창조하자 / 31
7　[판문점 가상대담] 통일대통령을 부른다 / 35
8　다함께 민생조국통일 거국정권 창조하자 / 64
9　판문점선언 완수하는 민생통일 대통합정권을 향하여 전진하자 / 93
10　식민과 분단 적폐청산 조국통일 어떻게 할 것인가 / 101
11　식민과 분단 청산하는 국회를 요구한다 / 109
12　사대매국노예조약 폐기 범국민운동을 요청한다 / 113
13　한국정치 근본적 대혁신을 요구한다 / 117
14　"북남관계 개선과 자주통일 돌파구 열어야" / 121
15　"제2의 6.15시대에로 이어가야 한다" / 137
16　"엄중한 사태 해결없이 마주앉기 쉽지 않아" / 147

17	"평화와 번영, 통일의 전성기를 열어나가자"	/ 152
18	'전체 조선민족에게 보내는 호소문'	/ 168
19	김정은 국무위원장 5일 새벽 평양 도착	/ 177
20	"자력갱생으로 적대세력에 심각한 타격 줘야"	/ 179
21	김정은 국무위원장 최고인민회의에서 재추대	/ 182
22	"북남선언 성실한 이행으로 자기 책임 다해야"	/ 185
23	"조국통일 3대원칙은 불멸의 통일대강"	/ 208
24	"신형 대구경조종방사포의 시험사격 지도"	/ 215
25	"우리 상대로 불장난질 해볼 엄두도 못내게"	/ 217
26	"세계적인 최강의 초대형방사포 연구개발"	/ 219
27	"새시대에로의 진군을 가속화해나갈 것"	/ 222
28	북 전략무기《화성포-17》형 발사훈련	/ 238
29	"김정은 위원장, 핵무기병기화사업 지도"	/ 242
30	"전쟁광들의 망동에는 대가가 따를 것"	/ 246
31	"북 조선기자동맹 제9차대회 진행"	/ 250
32	"대응 불가능한 군사적행동방안들 마련"	/ 258
33	"새형의 '화성포-18'형 시험발사 성공"	/ 261
34	"세계적인 핵렬강으로서의 지위는 최종적"	/ 266
35	"전쟁억제력강화활동을 철저히 실행할 것"	/ 270
36	김정은 국무위원장, 금수산태양궁전 참배	/ 274
37	북 고체연료 '화성포-18'형 시험발사 단행	/ 277
38	"인류 평화와 안전 수호한 기념비적대승"	/ 283
39	"김정은위원장, 전군지휘훈련정형 요해"	/ 297
40	"북 핵무력 정책을 헌법에 명시했다"	/ 299
41	"미국 핵전략자산 전개 후과 책임져야"	/ 311
42	"선제타격권 미국의 '독점물' 이미 고사"	/ 315

43 "미국에 가시적 전략적억제군사행동" / 318

44 "북남관계와 통일정책 립장을 새롭게 정립" / 321

45 북녘 조국평화통일위원회와 민경협 폐지 / 352

46 "평화와 안정을 위한 천만지당한 조치" / 379

47 "해상국경선 침범할시 무력도발로 간주" / 388

48 "제국주의가 있는한 결코 평온할수 없다" / 390

49 "제일 위력한 땅크 장비는 크게 자부할만" / 395

50 "반제전선의 한전호에 언제나 함께 있을 것" / 397

51 "김정은위원장, 초대형방사포 훈련 지도" / 400

52 "신형 중장거리극초음속미싸일 발사 성공" / 403

53 "자주와 정의, 인류의 미래 주체사상토론회" / 406

54 "림흥거리 1만세대 살림집 준공식 진행" / 412

55 북 첫 핵반격가상종합전술훈련 / 417

56 "적반하장의 억지는 통하지 않는다" / 421

57 "포병전투력강화에서 중대한 변화" / 425

58 "서울이 허튼 궁리를 하지 못하게" / 427

59 《조선반도의 완전한 비핵화》 이미 사멸" / 430

60 "우리의 전진은 절대로 정체되지 않을 것" / 433

61 조선 외무성, '프리덤 에지' 강력 규탄 / 444

62 "하반기사업 중심방향과 투쟁방침 책정" / 451

63 "성스러운 혁명업적은 영원불멸할 것" / 466

64 "《3자멸망》의 시간표를 앞당기게 될 것" / 478

부록 / 483

머리글

조국통일의 진로

국민주권자들과 제정당사회단체는 2024년 12.3 윤석열 비상계엄 내란반란을 저지하고 국회의 탄핵소추를 인용한 2025년 4월 4일 헌법재판소의 윤석열 파면 선고로 절체절명 위기의 한고비를 넘어 내란종식과 사회대개혁을 위한 6.3 제21대 대통령선거를 눈앞에 두고 있다.

지금 우리 사회는 민주헌정을 파괴한 윤석열 내란반란의 전모를 철저히 밝히고 범죄자들을 엄정하게 단죄함으로써 이 땅에서 되풀이된 악몽 같은 내란반란을 완전히 영원히 종식시키고 헌법의 핵심요구인 식민과 분단 적폐청산의 사회대개혁을 실현해야 할 절박한 과제를 안고 있다.

윤석열 내란반란정권의 12.3 비상계엄 내란반란사태는 지난 한 세기 청산하지 못한 우리 사회의 식민과 분단 적폐가 총폭발한 21세기 대한민국의 가장 불행하고 비극적인 사건이다. 지난 세기 외세에 의한 식민과 분단은 우리 민족을 참을 수 없는 고통과 불행에 빠뜨린 국난이며 이에 기생한 사대매국노들의 내란반란의 근원이다.

내란반란 공범 노상원 수첩에서 드러난 대로 이재명 우원식 박찬대 정청래 한동훈 등 여야 현역 정치인들은 물론이고 문재인 전 대통령을 비롯한 수천 수만의 각계각층 민주인사들이 일거에 '수거'되고 '파렴치한 종북 반

국가세력'으로 낙인 찍혀 '일거에 척결'되었을지도 모를 전대미문의 윤석열 친위쿠데타는 국민주권자들과 제정당사회단체의 항쟁으로 저지되었다.

국회는 헌재의 윤석열 파면 선고 뒤 의결한 〈12.3. 윤석열 비상계엄을 저지한 대한민국 국민께 드리는 감사문〉에서 "2024년 12월 3일 비상계엄의 밤부터 2025년 4월 4일 대통령 윤석열 파면의 날까지 장장 123일 동안 지속되었던 우리 국민의 결연한 저항과 평화적 항거는 대한민국 역사에 영원히 빛날 것"이라며 "1894년 동학농민혁명, 1919년 3.1독립운동, 1960년 4.19혁명, 1980년 5.18광주민주화운동, 1987년 6월 민주항쟁, 2016년 촛불혁명의 역사가 2024년 12월 내란에서 대한민국을 구했다. 과거의 역사가 현재의 역사를 구원했고, 과거의 죽음이 현재의 삶을 지속시킨 새 역사를 국민 스스로 써 내려갔다"고 밝혔다.

우리 민족이 겪은 지난 한 세기 1910년 일본제국주의에 의한 주권 침탈과 1945년 외세에 의한 분단의 역사를 반영하여 대한민국 헌법은 전문에서 "유구한 역사와 전통에 빛나는 우리 대한국민은 3·1운동으로 건립된 대한민국임시정부의 법통과 불의에 항거한 4·19민주이념을 계승하고, 조국의 민주개혁과 평화적 통일의 사명에 입각하여 정의·인도와 동포애로써 민족의 단결을 공고히 하고, 모든 사회적 폐습과 불의를 타파하며..."라고 명시하여 식민과 분단 적폐청산, 자주독립과 조국통일을 이룩할 것을 요구하고 있다.

국민주권자들은 이러한 헌법 정신에 따라 제21대 대통령선거를 계기로 민주헌정을 바로세워 윤석열 내란반란의 근원인 식민과 분단 적폐를 완전히 청산하고 헌법의 핵심요구인 민족자주와 조국통일을 완수함으로써 역사정의와 사회정의를 실현해야 한다.

일제에 나라를 팔아넘긴 사대매국노 이완용을 비롯한 을사오적 못지않게 한국 현대사에서 식민과 분단 적폐 청산에 역행하여 국민주권의 헌정을 파괴한 적폐 중의 적폐 반민족적인 신을사오적은 이승만 박정희 전두환 이명박 박근혜 윤석열 일당이다.

이승만 사대매국정권은 1960년 3.15 부정선거에 항거한 4.19혁명으로 대통령 권좌에서 쫓겨났지만, 반인륜적인 국가폭력범죄인 1948년 4월 미군정을 반대한 제주도민 학살과 1953년 10월 1일 한국의 군사주권을 미국에 넘긴 한미상호방위조약과 관련한 역사의 심판을 받지 않았다.

우리 헌법 제1조는 '대한민국의 주권은 국민에게 있고, 모든 권력은 국민으로부터 나온다'라고 규정하고 있다. 불평등한 한미상호방위조약은 절대로 양도할 수 없는 헌법 제1조의 국민주권을 침해한 것으로 원천무효이다.

한미상호방위조약은 이완용을 비롯한 사대매국노들이 1910년 대한제국의 국가주권을 불법으로 일본에 넘긴 한일합방조약에 비견되는 사대매국조약이다. 이에 근거해 미국은 한국의 군사주권을 지배함으로써 주한미군을 배치하고 천문학적인 방위비분담금을 요구해왔다.

이 사대매국조약에 근거하여 우리 민족의 자주통일과 평화번영을 가로막고 핵전쟁 위기를 고조시키는 한미일 군사동맹과 연합군사훈련은 조국의 평화적 통일을 사명으로 하는 국민주권과 헌법을 파괴하는 것으로 즉각 중단되어야 한다.

일본제국주의와 미국제국주의에 의한 식민과 분단 적폐청산 없이 그 원흉들과 군사동맹을 맺고 한반도 핵전쟁 위기를 불러오는 한미일 연합군사훈련을 자행하는 사대매국범죄를 국민주권과 헌법은 결코 용납할 수 없다.

일왕에게 충성을 맹세했던 박정희 사대매국정권이 미국의 사주 아래 1965년 일본과 체결한 한일기본조약도 불법적인 일제식민지배의 사죄와 정당한 배상 없이 일제식민통치에 면죄부를 준 사대매국조약으로 원천무효이다.

일본 총리 아베는 이 조약을 근거로 한국 대법원의 일제 강제징용 배상판결을 무시하고 적반하장의 경제보복 조치를 취했다. 이 사대매국조약을 폐기해야 우리 민족의 일제식민통치에 대한 공정하고 정의로운 심판과 올바른 친일잔재 청산의 길이 열릴 것이다.

유신독재로 장기집권을 획책하던 박정희는 1979년 10월 26일 김재규 중앙정보부장의 총탄을 맞고 죽었지만, 유신독재에 저항한 무고한 민주인사들을 사법 살해한 반인륜적인 인혁당재건위사건 반국가단체 고문조작 국가범죄에 대한 심판은 아직까지 이뤄지지 않고 있다.

전두환 내란반란정권은 1979년 12.12 군사반란과 1980년 5.17 비상계엄에 대한 사법절차는 거쳤지만, 민주공화국을 유린한 반인륜적인 1980년 5월 광주학살과 5공 아람회사건 반국가단체 고문조작 국가범죄에 대한 엄정한 심판은 실현되지 않고 있다.

이명박근혜 정권은 부정비리와 국정농단으로 심판을 받았지만, 김대중 대통령과 노무현 대통령이 채택한 6.15공동선언과 남북관계 발전과 평화번영을 위한 10.4정상선언을 짓밟고 금강산관광과 개성공단을 폐쇄하는 천추에 씻지 못할 반민족 반통일 범죄를 저질렀다.

윤석열 내란반란정권은 민주헌정을 파괴한 신을사오적의 끝판왕이다. 헌법기관인 국회와 선거관리위원회를 무장계엄군을 동원해 불법 침탈하고 노상원 수첩에 적힌 대로 누구도 상상조차 할 수 없는 대학살극을 모의한 윤석열의 내란반란범죄는 21세기 대한민국 최악참사로 절대로 용납될 수 없다.

윤석열 내란수괴는 애초 태어나서는 안될 것이었다. 윤석열은 지난 대선에서 국민의힘 대선후보로서 손바닥에 쓰인 왕(王)자를 노출하기도 하고 우리 민족의 자주통일과 평화번영을 약속한 남북공동선언을 부정하며 선제타격을 공언했다.

윤석열은 헌법 제66조 '대통령은 조국의 평화적 통일을 위한 성실한 의무를 진다.'에 반하여 6.15공동선언과 10.4선언을 계승한 문재인 대통령의 4.27판문점선언과 9월평양공동선언을 모조리 파탄내면서 외세와 결탁해 일촉즉발의 한반도 핵전쟁 위기를 불러오고 남북관계를 회복불능의 최악의 상황에 빠뜨렸다.

21세기 들어 김대중 노무현 문재인 대통령은 신을사오적과는 달리 헌법의 요구인 '조국의 민주개혁과 평화적 통일의 사명'에 따른 6.15공동선언과 10.4선언, 판문점선언을 채택함으로써 민족자주와 조국통일, 식민과 분단 적폐청산의 전환적 국면을 열었다.

김대중 정권은 21세기 첫해 분단 역사상 처음으로 조국의 평화적 통일을 염원하는 온 겨레의 숭고한 뜻에 따라 6월 13일부터 15일까지 평양에서 김정일 국방위원장과 남북정상회담을 열어 조국통일의 주체와 원칙, 방안을 담은 6.15공동선언을 발표함으로써 자주통일과 평화번영, 식민과 분단 적폐청산의 초석을 놓았다.

노무현 정권은 김대중 정권을 계승하여 2007년 10월 4일 김정일 국방위원장과 함께 '남북관계 발전과 평화번영을 위한 10.4선언'을 마련하였고, 문재인 정권은 6.15선언과 10.4선언을 계승하여 2018년 4월 27일 김정은 국무위원장과 역사적인 판문점선언을 채택함으로써 자주통일과 평화번영의 대강령과 청사진을 재확인하였다.

하지만 이들 정권은 남북공동선언의 이행을 가로막는 외세의 제도적 장벽인 한미상호방위조약과 한일기본조약을 폐기하지 않고 허송세월 끝에 남북공동선언을 완수하는 데 실패했다.

김대중 노무현 문재인 정권이 조국통일 3대원칙에 따라 민족자주와 민족자결의 원칙에서 북측 정권과 함께 6.15공동선언과 10.4선언, 판문점선언을 채택함으로써 우리 민족의 살길인 자주통일과 평화번영의 대강령과 이정표를 마련한 것은 한국정치사에서 특기할 업적이다.

그러나 이들 정권은 우리 민족의 자주통일과 평화번영을 원천적으로 가로막고 있는 한미상호방위조약과 한일기본조약, 국가보안법의 폐기를 한국정치의 핵심의제로 올리지 않고 방치했다. 헌법과 국민주권을 수호해야 할 헌법기관의 책무를 다하지 못했다.

헌법과 국민주권을 유린하는 사대매국노예조약을 폐기하지 않고 외세의 간섭과 방해책동을 물리치지 못하면 백년이 가도 자주통일과 평화번영의 남북공동선언은 실현될 수 없다는 것이 오늘날 남북관계 파국의 위기상황이 알리는 엄중한 교훈이다.

대한민국의 진정하고 근본적인 내란종식과 민주헌정수호는 조국의 민주개혁과 평화적 통일의 사명에 입각한 헌법적 요구에 따라 식민과 분단 적폐를 일소하고 자주통일과 평화번영의 이정표인 남북공동선언을 완수하는 데 있음은 분명하다.

6.15공동선언이 탄생하고 4반세기가 되도록 식민과 분단 적폐 사대매국노예조약을 방치하고 남북공동선언을 완수하지 못한 정치권의 무능과 무책임, 직무유기와 배임이 더 이상 연장되어서는 안된다.

국민주권자들과 제정당사회단체는 제21대 대통령선거를 통하여 헌법과 국민주권을 침해하는 사대매국노예조약 한미상호방위조약과 한일기본조약의 폐기하고, 그 대신 국민주권을 보장하는 한미상호주권존중평화번영우호조약과 한일불법강점식민지배완전청산조약을 맺는 길로 나아가야 한다.

이와 함께 신을사오적의 반민족적 사대매국범죄와 반인륜적 국가폭력범죄 처벌특별법(반민족행위자처벌특별법, 사건 발생 시점부터 완전한 단죄까지 시효 배제)을 제정하여 민주헌정을 유린한 내란반란의 근원을 제거하고, 정치 경제 사회 문화 모든 부문을 대혁신하여 사회정의와 역사정의를 바로세우야 할 것이다.

민생경제를 살리려면 무엇보다도 한국경제구조개혁법을 제정해 국제통화기금이 강요한 외국자본이 지배하는 한국경제구조를 혁파하고 국부 유출이 없는 국민자본이 지배하는 경제구조로 정상화해야 한다.

헌법 제9조는 '국가는 전통문화의 계승·발전과 민족문화의 창달에 노력하여야 한다.'고 규정하고 있다. '재화'를 비롯한 일상 언어생활에서 프랑스어 사용의무를 규정한 프랑스 언어정책 못지않게 국어기본법을 강화하여 외국 말글이 마구잡이로 침범하여 정체성을 상실한 잡탕말글로 전락한 우리 말글살이를 온전하게 살려야 한다. 국내용 상품이나 모든 재화를 우리 말글로만 표기하고 사용토록 하여 우수한 민족문화를 계승 발전시키는 문화강국을 실현해야 한다.

우리 사회의 오랜 숙원인 언론개혁특별법을 제정하여 일제 식민지배에 부역한 언론과 민주헌정을 파괴한 신을사오적을 비호한 언론, 부정비리 언론을 청산함으로써 사회적 공기인 언론을 바로세워야 한다.

정치권에서 제기된 1980년 5월항쟁의 헌법 전문 수록과 대통령 4년 중임제로의 개헌 논의는, 이와 함께 제폭구민 척양척왜 보국안민의 동학혁명 정신과 우리 민족의 살길인 6.15공동선언 10.4선언 판문점선언의 역사를 헌법 전문에 새기는 방향으로 수렴되어야 할 것이다.

국민주권자들과 제정당사회단체는 역사적 대전환기인 올해 6.3 대통령선거에서 내란종식과 사회대개혁을 위한 식민과 분단 적폐의 완전한 청산, 자주통일과 평화번영의 청사진인 남북공동선언 완수를 핵심의제로 올리고 대단결함으로써 마침내 신을사오적의 식민과 분단 적폐를 일소하고 자주통일과 평화번영의 대강령인 남북공동선언을 실현할 국민주권 민주헌정 대통합정권을 창출해야 한다.

국민주권자들이 제21대 대통령선거에서 이러한 애국 애족 정권 수립에 성공하여 국민주권과 헌법을 침해하는 식민과 분단 적폐 한미상호방위조약과 한일기본조약을 폐기하고 한미일연합군사훈련금지법을 제정함으로써 남북공동선언 완수의 확실한 담보를 마련한다면 우리 민족의 염원인 자주통일과 평화번영의 활로가 새롭게 활짝 열릴 것이다.

이 책은 식민과 분단 적폐청산과 자주통일 평화번영을 바라는 정치평론 13편과 6.15시대 남북관계와 민족정세를 파악하는 데 필요한 보도기사 51편을 담고 있다. 64편의 글 모두 〈사람일보〉에 실린 것들이다.

윤석열 내란반란정권은 2024년 가을 위헌위법한 비상계엄을 준비하면서 이 글들을 국가보안법(국가보안법위반사건 접수번호 2023-001102)에 걸어 사람일보 서버를 2차례 압수수색(2024년 10월 4일, 2025년 1월 9일)하고 박해전 사람일보 대표의 안보수사대 출석 요구(2024년 10월 28일, 2024년 11월 15일, 2025년 1월 22일)를 거듭 통지해왔다.

윤석열 정권은 사람일보 서버 압수수색검증영장(영장번호 2024-11980)에서 6.15공동선언실천남측위원회를 종북단체로 규정하고 박해전 6.15남측위 공동대표의 6.15공동선언 실천 활동과 박해전 사람일보 대표의 언론 활동(2018년 1월부터 2024년 8월까지), 박해전 5공 아람회사건 반국가단체 고문조작 국가범죄 청산연대 공동대표 활동과 관련한 총 64건의 사람일보 정치평론과 기사들을 국가보안법 위반 범죄일람표(이적 동조 13건, 이적표현물 반포 51건)로 조작했다.

그러나 이 64건의 글들은 모두 헌법 전문의 '조국의 민주개혁과 평화적 통일의 사명'에 입각하여 대한민국 헌법 정신을 구현하기 위한 목적으로 작성된 것이며, 전국언론노동조합연맹과 한국기자협회, 한국방송프로듀서연합회 언론 3단체가 1995년 8월 15일 공동 제정한 [평화통일과 남북 화해협력을 위한 보도·제작 준칙]을 적극 실천한 것으로서 정당하다.

사람일보가 조선중앙통신과 로동신문 기사를 인용 보도한 기사들은 모두 공영방송 한국방송공사와 문화방송 텔레비전, 연합뉴스와 일간신문, 인터넷 언론사의 보도기사에 기초하고 미국매체 엔케이뉴스(nknews.org)의 관련 보도자료를 참조한 것이다.

이를 국가보안법을 위반한 이적표현물 반포로 규정하고, 이 잣대를 한국 언론에 적용한다면 조선중앙통신과 로동신문 기사를 인용 보도한 공영방송을 비롯한 한국의 모든 언론사의 언론활동이 이적표현물 반포로 범죄시되고 모두 문을 닫아야 할 것이다.

윤석열 정권은 더욱이 박해전 5공 아람회사건 반국가단체 고문조작 국가범죄 청산연대 공동대표가 2019년 12월 21일 오후 2시 서울 광화문에서 열린 국가보안법철폐긴급행동 12월 월례집회에서 한 '반국가단체 고문조작 국가범죄 청산하라' 제목의 연설문(사람일보 2019. 12. 21.자)을 국가보안법 위반 범죄일람표에 올리는 천인공노할 만행을 저질렀다.

헌법과 국제연합 고문방지협약에 따라 청구권이 있는 5공 아람회사건 반국가단체 고문조작 국가범죄 피해자가 반국가단체 고문조작의 도구로 사용된 국가보안법 폐지를 비롯한 반국가단체 고문조작 국가범죄의 완전한 청산을 요구한 정당한 행위에 또다시 국가보안법의 칼날을 들이대어 이적동조로 몰아간 윤석열 정권의 반인륜적인 치떨리는 만행은 또하나의 고문조작이자 국가범죄로 영원히 기록될 것이다.

반인권적인 국가범죄에는 시효가 없다. 전두환 내란반란정권의 5공 아람회사건 반국가단체 고문조작 국가범죄를 청산하지 않고 그 피해자 박해전 사람일보 대표에게 헌법과 국제연합 고문방지협약을 위배하여 또다시 국가보안법을 휘두른 윤석열 내란반란정권의 반인륜적 범죄는 반드시 역사의 준엄한 심판을 받게 될 것이다.

이 책은 반인륜적인 윤석열 내란반란정권의 박해전 사람일보 대표 국가보안법 사건 조작 고발장이자 백서로 후대에 전해질 것이다.

윤석열 내란반란정권의 박해전 사람일보 대표 국가보안법 사건 조작을 규탄하고 탄압 중지를 요구한 자주통일평화연대와 부산자주통일평화연대, 5공피해자단체전국연합회, 정호일 우리겨레연구소(준) 소장, 고승우 1980년5월민주화투쟁언론인회 대표, 강진욱 전 연합뉴스 기자와 변론을 맡아준 장경욱 변호사에게 감사의 인사를 드린다.

역사는 2025년 6.3 제21대 대통령선거에서 국민주권자들과 제정당사회단체가 대단결하여 윤석열 내란반란의 근원인 신을사오적의 식민과 분단적폐를 완전히 청산하고 헌법 전문의 '조국의 민주개혁과 평화적 통일의 사명'에 충실한 조국통일정권을 창출할 것을 절박하게 요구하고 있다.

반만년 유구한 역사를 지켜온 위대한 우리 민족의 민족자주와 조국통일 위업은 반드시 승리한다.

21세기 우리 민족의 민족자주와 조국통일은 인류자주와 세계 평화번영의 앞길을 밝히는 횃불로 길이 빛날 것이다.

2025년 4월 27일
박해전

1
역사는 6.15 자주통일 헌법을 요구한다

6.15 10.4 국민연대(상임대표 박해전)는 1일 헌법 개정과 관련해 '역사는 6.15 자주통일 헌법을 요구한다' 제목으로 '6.15공동선언과 10.4선언에 기초한 자주통일 평화번영 헌법 개정을 촉구하며 문재인 대통령과 국회, 제정당사회단체, 국민들과 해외동포들에게 보내는 6.15 10.4 국민연대 호소문'을 발표했다. 전문을 싣는다. 〈편집자〉

우리는 조국의 분단을 막고 민족통일국가를 세우기로 결정한 역사적인 남북 제정당사회단체 대표자 연석회의 70돌이 되는 올해 6.15공동선언과 10.4선언에 기초한 자주통일 평화번영 헌법 개정을 통하여 국민주권 실현과 분단 적폐 청산을 완수할 것을 문재인 대통령과 국회, 제정당사회단체, 국민주권자들과 참정권을 갖는 해외동포들에게 열렬히 호소한다.

문재인 대통령은 신년사에서 헌법 개정과 관련해 "헌법은 국민의 삶을 담는 그릇"이라며 "국가의 책임과 역할, 국민의 권리에 대한 우리 국민의 생각과 역량이 30년 전과는 크게 달라졌다. 30년이 지난 옛 헌법으로는 국민의 뜻을 따라갈 수 없다"고 강조했다.

문 대통령은 또 "국민의 뜻이 국가운영에 정확하게 반영되도록 국민주권을 강화해야 한다. 국민의 기본권을 확대하고, 지방분권과 자치를 강화해야 한다"며 "지방선거와 개헌 국민투표 동시 실시는 국민과의 약속"이라고 밝혔다.

문 대통령은 김대중 노무현 대통령의 불멸의 업적인 역사적인 6.15공동선언과 10.4선언을 소중히 이어갈 것과, 그와 관련한 법제화를 공약했다.

국민주도헌법개정전국네트워크는 국회에 제출한 '개헌 15대 과제' 청원

서에서 "촛불정신을 반영해 헌법 전문 및 총강 규정이 개정되어야 한다"고 촉구했다.

국민주권을 유린해온 식민과 분단의 역사를 극복하고 자주통일 평화번영을 완수하는 것은 촛불시민혁명의 본질적 요구이다. 6.15 시대에 맞게 개정 헌법의 전문에 우리 민족의 자주통일 대강령인 역사적인 6.15공동선언과 평화번영의 실천강령인 10.4선언을 핵심으로 담아내야 한다.

또한 4.19혁명에 이어 5.18민중항쟁, 6.10항쟁, 촛불시민혁명을 민주이념으로 개정 헌법 전문에 명시하고, 헌법 전반에 걸쳐 이러한 전문의 정신이 관통되도록 해야 한다.

도탄에 빠진 민생을 살리려면 무엇보다 6.15공동선언과 10.4선언을 실천해 남북경제공동체를 발전시켜야 한다. 6.15 10.4 선언을 짓밟은 이명박 근혜 정권에서 통일경제의 상징인 개성공단이 폐쇄되고 가계부채는 1500조원에 육박하고 기업부채와 정부부채도 기하급수적으로 늘어나 국민경제는 총체적 파산 직전에 몰려 있다.

그동안 6.15 10.4 자주통일 평화번영을 가로막은 정치인들의 민생 '복지

타령'은 분단기득권에 안주한 정치기술자들의 구두선이며 속임수에 지나지 않음이 분명히 드러났다.

6.15공동선언과 10.4선언에 기초한 자주통일 평화번영 헌법으로 유무상통 공리공영의 남북경제공동체의 길을 활짝 열어야 천문학적 규모의 분단비용을 복지로 돌려 민생을 살리고, 온 겨레가 행복한 통일복지국가를 실현할 수 있다.

또한 외국자본이 지배하는 분단경제의 구조적 모순을 극복하고, 남북의 인적 물적 자원을 공동 개발해 청년실업을 비롯한 일자리문제를 전면 해결하고, 내수를 살려 기업이 열 배 백 배 발전할 수 있다.

이러한 통일복지국가의 남북경제공동체가 실현되면 남과 북은 세계 최고의 물류기지, 금융의 중추, 관광대국으로 발전할 것이며, 골드만삭스 같은 외국 신용평가기관이 전망한 바와 같이 머지 않아 세계 1등국가로 우뚝 설 것이다.

역사는 6.15 10.4 자주통일 평화번영 헌법을 절박하게 요구하고 있다. 자주통일과 평화번영은 국민주권자들의 기본권 중의 핵심이며, 한세기 식민과 분단의 적폐를 청산하고 사회정의와 역사정의를 높이 세우는 길이다.

우리는 이러한 국민주권을 보장하는 개헌을 위해 6월 국민투표 실시 전에 분단 적폐 중의 적폐인 국가보안법을 폐지하고 모든 양심수를 석방할 것을 촉구한다.

문재인 대통령과 국회, 제정당사회단체, 국민주권자들과 참정권을 지닌 해외동포들이 분단기득권의 권력구조 재편 논의에 매몰되지 말고 6.15공동선언과 10.4선언에 기초한 자주통일 평화번영 헌법 개정에 지혜와 힘을 모아줄 것을 다시 한번 호소한다.

2018년 2월 1일
6.15 10.4 국민연대 상임대표 박해전

사람일보 2018. 2. 1.

2
우리 민족 자주통일 평화번영의 진로
남북 제도를 인정하고 용납하는 기초 위에 연방민족통일 실현하자

우리 민족은 일본제국주의 침략에 항거해 거족적으로 민족자주독립의 함성을 울린 3.1운동 100주년을 맞은 올해 역사적인 판문점선언과 9월평양공동선언을 철저히 이행하여 한 세기를 넘긴 식민과 분단의 역사를 청산하고 자주통일 평화번영의 전성기를 열어나갈 과업을 안고 있다.

남북해외의 정부 국회 정당 지방자치단체 민간단체 인사들이 참가한 남북공동선언 이행을 위한 2019년 새해맞이연대모임은 2월12일 금강산 문화회관에서 대표자대회를 열어 채택한 〈8천만 겨레에게 드리는 호소문〉을 통해 자주통일 평화번영의 길을 제시했다.

새해맞이연대모임은 호소문에서 "역사적인 판문점선언과 9월평양공동선언을 민족공동의 불변의 통일대강으로 높이 추켜들고 과감히 실천해나가자"며 "판문점선언과 그 실천강령인 9월평양공동선언은 북과 남이 뜻과 힘을 합쳐 민족의 운명을 우리 자신의 힘으로 개척해나갈 것을 확약한 민족자주, 민족단합의 선언이며 평화와 통일의 선언"이라고 밝혔다.

새해맞이연대모임은 또 "여기에는 아름다운 삼천리 조국강토를 평화와 민족번영의 보금자리로 만들어나가기 위한 실질적인 대책과 방도들이 구체적으로 명시되여 있으며 통일의지로 불타는 우리 겨레의 강렬한 소원과 꿈이 담겨져 있다"며 "판문점선언과 9월평양공동선언을 철저히 이행하여 이 땅우에 평화와 번영, 통일의 전성기를 열어나가자"고 호소했다.

연대모임은 전민족적 합의에 기초한 통일방안과 관련해 "해내외 온 겨레의 슬기와 지혜를 합쳐 평화적인 통일방안을 모색하며 이를 실현하기 위해

진지하게 노력해나가자"며 "상대방에 존재하는 서로의 사상과 제도를 인정하고 용납하는 기초 우에서 온 민족의 지향과 요구에 맞게 통일강국의 휘황한 설계도를 마련해나가자"고 요청했다.

우리는 남북해외 각계 각층이 참가한 연대모임의 호소문을 적극 지지하며 우리 사회가 자주통일 평화번영의 강령인 판문점선언과 9월평양공동선언에 의거하여 민족자주와 민족자결의 원칙에서 외세가 강요한 민족분단정치를 민족통일정치로, 외국자본이 장악한 민족분단경제를 민족통일경제로, 문화제국주의가 판치는 민족분단문화를 민족통일문화로 대전환하고 사대매국의 식민과 분단 적폐를 청산하여 하루빨리 통일강국이 실현되기를 바란다.

우리 민족은 이미 2000년 6.15공동선언을 통해 낮은 단계의 연방조국통일 방안을 천명하였으며, 판문점선언에서 재확인했다. 1민족 1국가 2체제 남북지역자치정부를 기반으로 하는 연방통일방안은 통일비용을 한푼 들이지 않고 남북해외 온 겨레가 실지 덕을 볼 수 있는 가장 공명정대한 것으로 인정된다.

우리는 이를 통해 실현될 자주통일 평화번영의 위대한 통일강국의 국호를 대고려민주연방공화국으로 정하고 서방 스위스와는 다른 21세기형의 자위력을 갖춘 동방의 중립국이 될 것을 요청하고 싶다.

금강산 새해맞이연대모임은 문재인 대통령과 김정은 국무위원장이 놓아준 새로운 평화의 궤도, 통일의 궤도를 따라 멈춤없이 달려나갈 것을 결의했다.

김정은 국무위원장의 서울 방문과 남북정상회담은 판문점선언과 9월평양공동선언이 밝힌 자주통일 평화번영 완수의 분수령이 될 것이다.

조국통일을 염원하는 각계 각층은 민족의 운명을 결정할 서울 남북정상회담의 성공을 위하여 국회의 판문점선언 비준동의와 국가보안법 폐지를 선결핵심과제로 삼아 한시바삐 해결해야 한다.

각계 각층은 남북해외 연대모임의 호소문에 호응하여 판문점선언과 9월평양공동선언을 더욱 철저히 이행하고 서울 남북정상회담에서 식민과 분단의 역사에 종지부를 찍는 연방통일조국이 실현되도록 지혜와 힘을 모아야 할 것이다.

2019년 3월 27일
자주통일평화번영운동연대 상임대표 박해전

사람일보 2019. 3. 27.

3
판문점선언 국회비준 범국민운동을 요청한다

자주통일평화번영운동연대(상임대표 박해전)가 15일 6.15공동선언 채택 19주년을 맞이하며 '판문점선언 국회비준 범국민운동을 요청한다' 제목으로 제정당사회단체에 판문점선언 국회 비준동의를 위한 범국민운동을 요청하는 성명을 발표했다. 성명 전문을 싣는다. 〈편집자〉

우리는 역사적인 6.15공동선언 발표 19주년을 맞이하며 민족 공동의 자주통일과 평화번영 강령인 판문점선언의 국회 비준동의를 즉각 실현하고 남북공동선언 완수를 위한 범국민운동을 벌여나갈 것을 제정당사회단체에 요청한다.

우리 겨레는 지난해 문재인 대통령과 김정은 국무위원장의 역사적인 상봉과 판문점선언, 9월평양공동선언으로 자주통일과 평화번영, 세계평화의 새 이정표를 마련하고 민족자주와 조국통일의 길로 전진하였다.

역사는 올해 우리 민족이 판문점선언과 9월평양공동선언의 서명주체이자 이행의 최고핵심주체인 문재인 대통령과 김정은 국무위원장을 중심으로 대단결하여 자주통일과 평화번영의 위업을 앞당겨나갈 것을 요구하고 있다.

우리 민족의 한결같은 염원인 자주통일과 평화번영 앞에 보수와 진보가 따로 있을 수 없다. 판문점선언의 국회 비준동의로써 법적 효력을 갖게 하고 제도화하는 것은 이 위업 실현을 위한 선결핵심과제이다. 문 대통령이 자주통일과 평화번영의 역사적 사명을 다하도록 국회는 즉각 판문점선언 비준동의안을 처리해야 한다.

　9월평양공동선언과 군사분야합의서가 지난해 10월23일 국무회의 심의 의결을 거쳐 비준 발효된 것을 보면 국회가 아직까지 판문점선언 비준동의를 하지 않은 것은 직무유기를 넘어 자주통일과 평화번영을 가로막는 반통일 반민생 범죄로서 단죄되어야 한다. 제정당사회단체는 판문점선언 국회 비준동의를 위한 범국민운동에 적극 나서 이를 가로막는 국회의원들의 설 자리를 없애고 영구추방시켜야 한다.

　제정당사회단체는 국회의 판문점선언 비준동의를 즉각 실현하고 남북공동선언의 완수를 위한 거국내각, 판문점선언에 기초한 자주통일 평화번영 헌법 제정을 추진해나가야 한다. 정파적 이해를 앞세우거나 부차적이고 비본질적인 문제를 내세워 거국적이고 거족적인 판문점선언 실천에 장애를 조성하거나 부정적 영향을 끼치는 일이 없어야 한다.

　문재인 대통령은 판문점선언과 9월평양공동선언을 앞장서 실천함으로써 자주통일 평화번영을 완수할 역사적 책무를 안고 있다. 문 대통령은 통일부와 민주평화통일자문회의를 비롯한 국가기구를 총동원해 판문점선언과 9

월평양공동선언 이행에 따라 정치 경제 사회문화 등 국민들의 모든 생활영역에서 누리게 될 행복한 삶의 구체적인 청사진을 각계각층에 분명하게 제시하고 공무원들이 앞장서서 이를 완수하도록 해야 할 것이다.

우리 민족은 2000년 조국통일 3대원칙에 기초한 6.15공동선언을 통해 낮은 단계의 연방조국통일 방도를 천명하였으며, 판문점선언에서 재확인하였다. 그동안 남북공동선언에 따른 금강산관광과 개성공단 운영에서 실증되었듯이 1민족 1국가 2체제 남북지역자치정부를 기반으로 하는 낮은 단계의 연방민족통일은 천문학적인 분단비용을 해소하고 남북해외 온 겨레가 실지 덕을 볼 수 있는 가장 공명정대하고 현실적인 조국통일방안이다.

제정당사회단체는 민생을 살리는 판문점선언 국회 비준동의와 국가보안법 폐지를 실현함으로써 문재인 대통령과 김정은 국무위원장이 상대방에 존재하는 서로의 사상과 제도를 인정하고 용납하는 기초 위에서 이러한 연방민족통일을 선포할 수 있는 유리한 환경을 조성해야 한다.

우리는 제정당사회단체가 자주통일과 평화번영의 관건인 국회의 판문점선언 비준동의와 남북공동선언 완수를 위한 범국민운동을 적극 벌여나갈 것을 다시 한번 호소한다.

2019년 6월 15일
자주통일평화번영운동연대 상임대표 박해전

사람일보 2019. 6. 15.

4
국가보안법 철폐하고 사대매국 심판하자

박해전 5공 아람회사건 반국가단체 고문조작 국가범죄 청산연대 공동대표가 21일 오후 2시 서울 광화문에서 열린 국가보안법철폐긴급행동 12월 월례집회에서 '반국가단체 고문조작 국가범죄 청산하라' 제목으로 연설하였다. 연설문을 싣는다. 〈편집자〉

반국가단체 고문조작 국가범죄 청산하라

우리는 5공 아람회사건 반국가단체 고문조작 국가범죄 피해자로서 오늘 국가보안법철폐긴급행동 12월 월례집회에 참가하여 우리 민족의 자주통일과 평화번영을 가로막는 국가보안법 즉각 폐기와 피해자 원상회복, 이 법으로 구속된 민주인사들의 전원석방을 강력히 요구합니다.

전두환 5공 내란반란정권은 박정희 유신독재 말기 조국통일문집 〈한나라〉 발간과 민중교육청년협의회 창립을 준비하고 1980년 5월 '전두환광주살륙작전' 유인물을 제작배포한 아람회사건 피해자들을 1981년 국가보안법을 휘둘러 반국가단체로 고문 조작 투옥했습니다.

우리의 청춘을 짓밟고 한생을 파괴한 이러한 야만적인 반국가단체 고문조작 국가범죄가 40년이 다 되도록 청산되지 않고 피해자 원상회복과 가해자 심판, 국가범죄 수단인 국가보안법 철폐가 방치되고 있습니다. 우리는 더 이상 참을 수 없습니다. 우리는 요구합니다. 반국가단체 고문조작 국가범죄 즉각 청산하라!

국가보안법은 일제 강점기 식민통치의 제도적 장치인 치안유지법을 모태로 한 외세가 강제한 분단 유지의 제도적 장벽입니다. 이 법 아래 자주 민주

통일을 요구하는 애국자들이 그 얼마나 희생되었으며, 또 사대매국노들은 얼마나 날뛰었습니까. 민족자주와 조국통일의 제도적 장벽인 이 법을 그대로 두고는 이 땅에 역사정의와 사회정의를 실현할 수 없습니다.

박정희 5.16쿠데타정권은 1974년 유신독재를 반대하는 민주인사들을 국가보안법에 걸어 인혁당재건위사건 반국가단체 고문조작 국가범죄를 저지르고, 다음해 4월8일 사형선고를 받은 피해자들을 형확정 하루도 지나지 않아 사형을 집행하는 '사법살인'을 자행했습니다.

인혁당재건위사건 피해자들은 2007년 형사재심에서 무죄판결을 받음으로써 이 사건에 대한 반국가단체 고문조작 국가범죄가 입증되었습니다. 진실화해위원회의 아람회사건 진실규명 결정과 2009년 형사재심 무죄판결로써 아람회사건에 대한 반국가단체 고문조작 국가범죄도 확증되었습니다. 늦었지만 최소한 이를 계기로 고문조작 국가범죄 도구인 국가보안법은 당연히 철폐됐어야 합니다.

박정희와 전두환의 후예들인 이명박 박근혜 정권은 과거사청산에서 유독 인혁당재건위사건과 아람회사건 피해자들을 표적 삼아 피해자들의 원상회복과 국가배상을 불공정하게 짓밟는 또하나의 국가범죄를 저질렀습니다.

특히 박근혜 정권의 법무부장관 황교안은 대선에서 박근혜 대통령 후보를 지지한 김지하 사건 배상과는 전혀 다른 불공정한 이중기준을 적용해 문재인 대통령 후보를 지지한 아람회사건 피해자들의 일실수입 배상을 2015년 부당하게 가로막은 데 대하여 책임을 져야 합니다.

진실화해를 위한 과거사정리위원회는 2007년 7월3일 아람회사건 반국가단체 고문조작 국가범죄 청산과 관련해 "국가는 피해자들과 그 유가족에게 총체적으로 사과하고 화해를 이루는 적절한 조치를 취하라"고 결정 권고했습니다.

우리는 진실화해위원회의 권고에 따라 즉각 아람회사건과 인혁당재건위사건 피해자들의 원상회복과 가해자 심판, 국가보안법 폐지를 이행할 것을 다시 한번 요구합니다. 역사의 심판은 끝나지 않았습니다. 우리는 거듭하여 요구합니다. 자주통일과 평화번영 가로막는 국가보안법 철폐하고 사대매국 심판하자!

2019년 12월 21일
5공 아람회사건 반국가단체 고문조작 국가범죄 청산연대 공동대표 박해전

사람일보 2019. 12. 21.

5
2020년 올해 민족자주와 조국통일 이루자

자주통일평화번영운동연대(상임대표 박해전)는 22일 '2020년 올해 민족자주와 조국통일 이루자' 제하의 판문점선언 국회 비준 동의를 요구하는 시국선언을 냈다. 전문을 싣는다. 〈편집자〉

남북해외 8천만 우리 겨레는 지난 한 세기 외세에 의한 식민과 분단으로 참혹한 고통을 겪어왔다. 우리 민족은 문재인 대통령과 김정은 국무위원장이 채택한 역사적인 '한반도의 평화와 번영, 통일을 위한 판문점선언'을 완수하여 하루빨리 민족자주와 조국통일을 이룰 것을 염원하고 있다.

그러나 6.15공동선언과 10.4선언을 계승한 자주통일과 평화번영의 대강령인 판문점선언이 이 땅에서 이행되지 않음으로써 6.15공동선언 발표 20주년이 되는 시기에 남북관계는 총파산의 파국적 위기상황에 놓이게 되었다.

문재인 대통령과 21대국회는 촛불혁명에서 탄생한 촛불혁명권력으로서 판문점선언 완수를 위한 자기 사명과 역할을 다하여야 한다. 6.15공동선언과 10.4선언을 짓밟은 박근혜 반민족 반통일정권을 탄핵 심판한 촛불혁명은 2020년 올해 식민과 분단 적폐를 청산하고 자주통일과 평화번영을 이룰 것을 명령하고 있다.

우리는 남북공동연락사무소가 완전 파괴되고 남북관계가 파국으로 치닫고 있는 엄중한 상황에서 당면위기를 타개하고 남북관계의 출로를 열도록 무엇보다 먼저 21대국회가 즉각 판문점선언 비준 동의에 나설 것을 강력히 요구한다.

　문재인 대통령은 국회의 판문점선언 비준동의를 기반으로 판문점선언 완수를 위한 담대한 결단과 법적 제도적 비상조치를 취함으로써 2020년 올해 민족자주와 조국통일을 이룰 수 있다는 희망과 신뢰를 남북해외 8천만 겨레에게 선사하길 바란다.

　청와대는 그동안 판문점선언 이행을 가로막은 한미워킹그룹을 해체하고 판문점선언을 위배하는 한미연합군사훈련을 영구 중단해야 한다. 남북은 판문점선언 실천으로 자주통일과 평화번영의 길을 가고, 조미는 6.12 싱가포르 조미공동성명을 관철하여 세계평화와 공동번영의 길로 나아가야 한다.

　국회는 또 판문점선언을 농락한 대북전단 살포의 배경인 반민족 반통일 사대매국 악법 국가보안법을 즉각 폐기함으로써 이 땅에서 반민족 반통일 사대매국범죄를 영원히 추방해야 한다.

　일제식민통치 수단 치안유지법을 모태로 한 국가보안법은 외세에 의한 분단 유지의 제도적 장치로 자주통일과 평화번영을 가로막고 있다. 21대국회가 이를 철폐하면 사대매국정치를 청산하고 애국애족정치를 구현하는 민권의 위대한 승리로 기록될 것이다.

　김대중 대통령과 김정일 국방위원장이 채택한 6.15공동선언에는 우리 민족의 자주통일 주체와 원칙, 방도가 명시되어 있다. 제정당사회단체가 자주통일의 대강령인 이를 중심으로 대단결하여 완수했다면 김대중 대통령 당시에 조국통일을 성취할 수도 있었을 것이다.

　또 김대중 대통령을 계승한 노무현 대통령을 중심으로 굳게 단결하여 6.15공동선언과 10.4선언 실천에 전력을 다했다면 자주통일과 평화번영이 더욱 일찍 실현되었을 것이다. 10년이면 강산도 변한다고 한다. 우리 속담대로 세상을 두세 번도 더 바꿀 수 있는 6.15공동선언 20주년이 지나도록 조국통일을 이루지 못한 것은 참으로 통탄할 일이다.

　식민과 분단의 역사에 종지부를 찍어야 할 문재인 대통령의 임기가 3년을 지났다. 허송세월은 더 이상 용납될 수 없다. 김대중 대통령과 노무현 대통령을 계승한 문재인 대통령이 민족자주와 민족자결의 원칙에서 2020년 올해 김정은 국무위원장과 남북정상회담을 열어 판문점선언에 의거한 조국통일을 선포하기 바란다.

　우리는 제정당사회단체와 함께 우리 민족의 살길인 판문점선언에 따라 민족자주와 조국통일을 실현하는 길로 힘차게 전진할 것이다.

2020년 7월 22일
자주통일평화번영운동연대 상임대표 박해전

사람일보 2020. 7. 22.

6
2020년 올해를 민족자주와 조국통일 원년으로 창조하자

자주통일평화번영운동연대(상임대표 박해전)는 10일 '2020년 올해를 민족자주와 조국통일 원년으로 창조하자' 제하의 문재인 대통령과 김정은 국무위원장의 판문점선언에 의거한 조국통일을 촉구하는 성명을 냈다. 전문을 싣는다. 〈편집자〉

남북해외 8천만 우리 겨레는 외세에 의해 조국이 분단된 지 75년이 되는 2020년 올해를 넘기지 않고 민족자주와 조국통일을 이룰 것을 간절히 염원하고 있다.

지난 한 세기 식민과 분단으로 참혹한 고통을 겪어온 우리 민족은 문재인 대통령과 김정은 국무위원장이 채택한 역사적인 '한반도의 평화와 번영, 통일을 위한 판문점선언'을 완수하여 하루빨리 민족자주와 조국통일을 이룰 것을 요구하고 있다.

민족자주와 조국통일은 민주주의의 핵심이다. 우리 민족의 현대사는 식민과 분단을 용납하는 것은 사대매국의 가짜 민주주의이고, 식민과 분단을 배격하고 민족자주와 조국통일을 이루는 것만이 참된 민주주의임을 뼈저리게 일깨워주고 있다.

6.15공동선언과 10.4선언을 짓밟은 박근혜 사대매국정권을 탄핵 심판한 촛불혁명은 2020년 올해 식민과 분단 적폐를 모조리 청산하고 민족자주와 조국통일을 실현할 것을 명령하고 있다. 문재인 대통령과 21대국회는 촛불혁명으로 탄생한 촛불혁명권력으로서 6.15, 10.4선언을 계승한 자주통일과 평화번영의 대강령인 판문점선언 완수를 위한 자기 사명과 역할을 다하

여야 한다.

역사적인 6.15공동선언과 10.4선언, 판문점선언에는 식민과 분단 적폐를 청산하고 민족자주와 조국통일, 평화번영을 이룰 해법이 전면적으로 밝혀져 있다. 김대중 대통령과 노무현 대통령을 계승한 촛불혁명권력인 문재인 정권과 집권여당이 주축을 이룬 21대국회는 판문점선언에 따라 2020년 올해를 민족자주와 조국통일 원년으로 창조할 수 있는 과거 그 어느때보다 유리한 조건과 능력을 갖고 있다.

우리는 이 땅에서 판문점선언이 철저히 이행되지 않음으로써 초래된 남북공동연락사무소가 완전 파괴되고 남북관계가 파국으로 치닫고 있는 엄중한 상황에서 당면위기를 타개하고 남북관계의 출로를 열도록 무엇보다 먼저 21대국회가 즉각 판문점선언 비준 동의에 나설 것을 강력히 요구한다.

국회는 또 판문점선언을 농락한 대북전단 살포의 배경인 반민족 반통일 사대매국 악법 국가보안법과 분단적폐 제도를 즉각 폐기함으로써 이 땅에서 반민족 반통일 사대매국범죄를 영원히 추방해야 한다.

일제식민통치 수단 치안유지법을 모태로 한 국가보안법은 외세에 의한 분단 유지의 제도적 장치로 자주통일과 평화번영을 가로막고 있다. 21대국회가 이를 철폐하면 사대매국정치를 청산하고 애국애족정치를 구현하는 민권의 위대한 승리로 기록될 것이다.

문재인 대통령은 국회의 판문점선언 비준동의를 기반으로 판문점선언 완수를 위한 담대한 결단과 법적 제도적 비상조치를 취함으로써 2020년 올해 민족자주와 조국통일을 이룰 수 있다는 희망과 신뢰를 남북해외 8천만 겨레에게 선사하길 바란다.

청와대는 그동안 판문점선언 이행을 가로막은 한미워킹그룹을 해체하고 판문점선언을 위배하는 한미연합군사훈련을 영구 중단해야 한다. 남북은 판문점선언 실천으로 자주통일과 평화번영의 길을 가고, 조미는 6.12 싱가포르 조미공동성명을 관철하여 세계평화와 공동번영의 길로 나아가야 한다.

김대중 대통령과 김정일 국방위원장이 채택한 6.15공동선언에는 우리 민족의 자주통일 주체와 원칙, 방도가 명시되어 있다. 제정당사회단체가 자주통일의 대강령인 이를 중심으로 대단결하여 완수했다면 김대중 대통령 당시에 조국통일을 성취할 수도 있었을 것이다. 또 김대중 대통령을 계승한 노무현 대통령을 중심으로 굳게 단결하여 6.15공동선언과 10.4선언 실천에 전력을 다했다면 자주통일과 평화번영이 더욱 일찍 실현되었을 것이다.

10년이면 강산도 변한다고 한다. 우리 속담대로 세상을 두 번도 더 바꿀 수 있는 6.15공동선언 20주년이 지나도록 조국통일을 이루지 못한 것은 참으로 통탄할 일이다. 식민과 분단의 역사에 종지부를 찍어야 할 문재인 대통령의 임기가 3년을 지났다. 허송세월은 더 이상 용납될 수 없다.

문재인 대통령이 이제 용단을 내어 민족자주와 민족자결의 원칙에서 2020년 올해 판문점에서 김정은 국무위원장과 남북정상회담을 열어 판문점선언에 의거한 조국통일을 선포하기 바란다. 우리는 문재인 대통령이 판문점선언을 완수함으로써 자주통일과 평화번영을 실현한 통일대통령으로 후대에 전해지길 바란다.

각계각층과 제정당사회단체는 정파적 이해를 앞세우지 말고 판문점선언 실천을 첫 자리에 두고 굳게 단결하여 문재인 대통령이 그 역사적 책무를 다하도록 적극 지지 성원해야 한다.

우리는 남북해외 8천만 겨레와 함께 우리 민족의 살길인 판문점선언에 따라 식민과 분단 적폐를 청산하고 2020년 올해를 민족자주와 조국통일 원년으로 창조하는 길로 힘차게 전진할 것이다.

2020년 8월 10일
자주통일평화번영운동연대 상임대표 박해전

사람일보 2020. 8. 10.

7
[판문점 가상대담] 통일대통령을 부른다

[광복절 판문점 가상대담]

* 주제 : 통일대통령을 부른다
* 때 : 2021년 8월 15일 정오
* 곳 : 판문점 도보다리 대담장

* 출연 :
사회자 김동학 사람일보 기자
대담자 통일대통령 후보
대담자 박해전 자주통일평화번영운동연대 상임대표

* 주최 : 사람일보
* 생중계 : 사람일보텔레비전

김동학 사람일보 기자 시청자 여러분, 안녕하십니까? 여기는 문재인 대통령과 김정은 국무위원장이 2018년 4월 27일 세계적인 관심 속에 허심탄회하게 둘만의 대화를 나누웠던 판문점 도보다리 대담장입니다. 2021년 8월 15일 광복절인 오늘 이곳에서는 제20대 대통령선거를 앞두고 '통일대통령을 부른다'를 주제로 통일대통령 후보와 박해전 자주통일평화번영운동연대 상임대표의 가상대담이 열립니다.

사람일보 주최로 진행되는 이 가상대담의 사회를 맡은 저는 사람일보 기

자 김동학입니다. 사람일보텔레비전이 누리 사회관계망을 통해 생중계합니다. 오늘 대담에서는 대선 후보 토론회에서 다루고 있는 민생을 비롯한 여러 현안문제들을 포함하여 제20대 대통령선거의 역사적 과제에 대하여 깊이 있는 대화를 나누게 됩니다.

저는 오늘 가상대담에서 1894년 동학혁명 선열들의 염원을 꼭 기억해야 한다는 뜻으로 제폭구민, 척양척왜, 보국안민의 구호를 새긴 세 개의 깃발을 들고 왔습니다. 그럼 가상대담에 참석한 통일대통령 후보와 박해전 대표의 인사말을 듣겠습니다. 통일대통령 후보부터 시작해주시지요.

통일대통령은 제20대 대통령선거의 시대정신

통일대통령 후보 남북해외 8천만 동포 여러분, 안녕하십니까? 저는 오늘 특정 정당의 통일대통령 후보로서 이 자리에 온 것이 아닙니다. 제20대 대통령선거에서 통일대통령이 되겠다고 공약한 각 정당 대선후보 모두를 대신하는 보통명사로서 참가하였습니다.

아쉽게도 아직까지 통일대통령을 공약한 후보가 별로 눈에 띄지 않습니다. 추미애 더불어민주당 대통령 경선후보가 대선 출마선언에서 "통일한국 미래설계하는 통일대통령이 되겠다"고 약속했고, 김재연 진보당 상임대표가 대선 출사표를 던지면서 "2025년까지 연방통일공화국 제1단계 남북연합시대를 열겠다"라고 밝힌 정도입니다.

추미애 대선 후보는 출마 연설에서 "분단된 조국의 대동맥을 다시 잇고, 겨레의 맥박을 다시 뛰게 만들겠다는 민족사적 서약은 아직 끝나지 않았다"며 "문재인 대통령을 잇는 다음 대통령은 준비된 통찰과 당당한 자세로 이 시기를 맞아야 한다"고 말했습니다. 김재연 진보당 상임대표는 "통일은 분단 이전의 상태로 돌아가는 것이 아니라, 분단 이후 서로 다른 길을 걸어온 한민족이 새로운 조건과 상황에 맞게, 새로운 공동체를 만들어가는 새로운 역사의 창조"라며 "하나의 중앙정부와 남과 북 두 개의 지방정부로 구성된 1국가 2체제의 연방통일국가를 그려 본다"고 알렸습니다.

역사는 망국적인 분단정치에서 통일정치로, 분단경제에서 통일경제로, 분단문화에서 통일문화로 대전환하는 통일대통령을 부르고 있습니다. 우리 민족의 자주통일 대강령인 6.15남북공동선언과 평화번영의 실천강령인 10.4선언을 계승한 역사적인 판문점선언에 따라 온 겨레가 행복한 민족자주와 조국통일을 완수해야 할 통일대통령은 제20대 대통령선거의 시대정신입니다.

김대중 대통령과 김정일 국방위원장이 2000년 6월 15일 평양에서 우리 겨레의 염원을 받들어 채택한 6.15선언, 노무현 대통령과 김정일 국방위원장이 2007년 10월 4일 평양에서 합의한 10.4선언, 문재인 대통령과 김정은 국무위원장이 2018년 4월 27일 이곳 판문점에서 발표한 한반도의 평화와 번영, 통일을 위한 판문점선언은 우리 민족이 외세에 의한 식민과 분단의 모든 적폐를 청산하고 자주통일과 평화번영, 세계평화를 실현하는 길을 뚜렷이 밝혀주고 있습니다. 통일대통령 후보는 하루빨리 우리 민족의 살길인 이들 남북공동선언을 완수할 책무를 안고 있습니다. 저는 이런 의미에서 이들 선언을 각각 새겨 넣은 세 개의 깃발을 마련하였습니다.

오늘 대담에서 온 겨레가 기대하는 통일대통령 후보의 정견을 밝히도록 노력하겠습니다. 뜻깊은 광복절 판문점 가상좌담을 기획한 주최측에 감사드립니다.

국민주권자들의 출마 선언과 출정식

박해전 자주통일평화번영운동연대 상임대표 국민주권자 여러분, 안녕하십니까? 저는 우리 민족의 염원인 자주통일, 평화번영, 세계평화를 각각 수놓은 세 개의 깃발을 안고 판문점 도보다리 대담장으로 달려왔습니다. 국민주권자들을 대변하여 이 깃발에 담긴 민심을 통일대통령 후보에게 올곧게 전달하겠습니다.

저는 오늘 개최된 통일대통령 후보와의 대담이 제20대 대통령선거에서 통일대통령을 올바로 선택하기 위한 국민주권자들의 출마 선언과 출정식의 의미를 갖는다고 생각합니다. 대선 출마 선언과 출정식은 피선거권자인 대선 후보들의 전유물이 아닙니다. 선거권자인 국민주권자들이 통일대통령을 올바로 선출할 결의를 다지는 출마 선언과 출정식도 필요하다고 봅니다.

그동안 대통령선거 때마다 저는 국민주권자로서 통일대통령을 바라는 여론을 모아내기 위하여 힘썼습니다. 2002년에는 김대중 국민의 정부 계승과 6.15공동선언의 이행을 공약한 노무현 대통령 후보를 중심으로 단결해 이회창 한나라당 후보의 대세론을 물리치고, 6.15 정치 지형과 통일정국을 살려야 한다는 간절한 염원을 담은 책 『희망의 나라』를 출간하고 백범김구기념관에서 출판기념회를 열었습니다. 이재정 전 통일부장관이 노무현 대통령 후보를 대신해 출판기념회에 참석해 축사를 해주었습니다.

또 2007년 대선 때는 『박해전의 여론일기』를 간행하여 김대중 노무현 대통령을 계승해 6.15를 완성할 평화통일 정권을 수립하는 것은 우리 민족의 절박한 요청이며, 역사의 순리라는 대의를 밝혔습니다. 2012년에는 『안철수의 생각』을 비판하는 『박해전의 생각』을 내어 6.15 10.4 시대정신에 충실한 통일대통령을 뽑아 역사의 물줄기를 바로잡아야 한다고 역설하였습니다.

지난 2017년 대선에서는 『우리 모두 통일대통령』을 출판하여 '제폭구민 척양척왜 보국안민'의 기치를 높이 들었던 19세기말 전봉준 장군을 비롯한 동학혁명 선열들의 피맺힌 원한을 잊지 말고 우리 모두 6.15 시대정신에 따라 통일대통령의 주권을 실현하자고 호소했습니다.

노무현 대통령은 국민이 대통령이고 대통령은 국민주권자의 봉사자라고 강조했습니다. '주권은 국민에게 있고, 모든 권력은 국민으로부터 나온다'고 명시한 헌법 제1조 정신에 일치합니다. 오늘 국민주권자의 바람을 경청하기 위하여 출연한 통일대통령 후보께 감사드리며, 이 대담이 제20대 대통령선거에서 통일대통령을 바로 세우는 깃발이 되었으면 좋겠습니다.

김동학 두 분의 인사말 잘 들었습니다. 고맙습니다. 시청자 여러분, 지금 이곳 판문점 도보다리 대담장에는 아홉 개의 깃발이 순풍에 물결치고 있습니다. 각 깃발에 적힌 제폭구민, 척양척왜, 보국안민, 6.15공동선언, 10.4선언, 판문점선언, 자주통일, 평화번영, 세계평화의 글자가 선명하게 나부끼는 감동적인 모습이 보이십니까?

이제 본격적인 대화로 들어가겠습니다. 두 분 모두 대담 주제와 관련해 자유롭게 말씀해 주시면 됩니다. 아! 마침 오늘 아침 광복절 기념식에서 발표된 김원웅 광복회장의 기념사 전문을 입수했습니다. 김 회장의 기념사는 통일대통령 후보와 국민주권자들이 반드시 공유해야 할 감동적인 역사의식을 담고 있습니다. 우선 광복회장의 기념사 내용을 함께 음미하는 것으로 대담을 시작하겠습니다.

한국 사회의 모순은 친일 미청산과 분단

김원웅 광복회장은 서울역에서 거행된 제76주년 광복절 경축식 기념사에서 "독립운동가들이 꿈꿨던 나라, 어떤 나라였을까? 일제에 빌붙어 동족을 배반한 자들이 입법, 사법, 행정의 최고위직을 차지하는 나라는 아니었다. 외세에 의해 분단된 나라에서 남북의 형제들이 서로 가슴에 총구를 겨누고 싸우는 나라는 아니었다"고 밝혔습니다.

김 회장은 또 "한국 사회의 모순은 친일 미청산과 분단"이라며 "최근 독일 검찰은 나치수용소 간수였던 100세의 노인을 법정에 세웠다. 만약 제2차 세계대전 후 프랑스나 독일에서 나치 협력자에게 면죄부를 주고 권력을 잡게 했다면 이것 자체가 범죄행위로 처벌당했을 것"이라고 비판했습니다.

분단 극복과 친일적폐 청산이 한국 사회의 핵심과제라는 김 회장의 역사 인식을 어떻게 받아들이는지 말씀해주시지요.

통일대통령 후보 김원웅 광복회장의 식민과 분단 적폐 청산을 역설하는 기념사는 정정당당합니다. 독립운동가의 큰아들 역할을 제대로 했다고 봅니다. 정론직필의 기념사는 제20대 대통령선거가 시민과 분단 기득권에 안주하여 식민과 분단 기득권을 나누기하는 정치놀음으로 끝나서는 절대로 안 된다는 경종을 울렸습니다. 정치권의 각성이 절실하다는 생각이 듭니다.

한 세기가 넘도록 우리 민족을 피눈물 나는 고통에 몰아넣은 식민과 분단 적폐청산의 결의가 없는 사람은 대선 후보 자격조차 없습니다. 통일대통령 후보는 이번 대선에서 6.15공동선언과 10.4선언, 판문점선언의 깃발을 더욱 높이 들고 반드시 식민과 분단 적폐를 일소하고 민족자주와 조국통일 위업을 성취해야 합니다.

박해전 옳습니다. 국민주권자들은 항일독립운동의 연장선상에서 친일 정권과 맞서 싸웠습니다. 4.19혁명으로 이승만 친일정권을 무너뜨렸고, 국민저항의 정점에서 박정희 반민족 군사정권은 자체 붕괴되었습니다. 전두환 정권은 6월항쟁에 무릎 꿇고, 박근혜 정권은 촛불혁명으로 탄핵되었습니다. 국민주권자들은 친일에 뿌리를 둔 역대 정권을 무너뜨리고, 또 무너뜨리고, 또 다시 무너뜨리고, 처절하지만 위대하고 찬란한 투쟁의 반복된 승리를 창조해왔습니다. 김 회장의 이러한 발언 역시 역사의 진실을 밝힌 것입니다.

김동학 독립운동가의 후예로서 광복절 경축식에서 민족정통성의 깃발을 들고 역사의 진실을 밝힌 김원웅 광복회장에게 대담자들이 지지와 성원의 뜻을 밝혔습니다. 그럼 이제 남북공동선언의 역사적 의의에 대하여 말씀을 나누겠습니다.

남북공동선언은 21세기 대전환의 이정표

통일대통령 후보 남과 북 정상들이 온 겨레의 염원을 받들어 마련한 역사적인 6.15공동선언, 남북관계 발전과 평화번영을 위한 10.4선언, 이를 계승한 판문점선언은 우리 민족이 민족자주와 조국통일을 이루어 모두 사람답게 행복을 누리며 살 수 있는 길을 열었습니다. 이들 남북공동선언은 우리 민족의 가장 숭고한 시대정신이며, 21세기 대전환의 이정표입니다.

남북공동선언에 의하여 낮은 단계의 연방제 조국통일은 가시권에 진입하였습니다. 최근 한미정상회담에서 문재인 대통령과 바이든 대통령이 판문점선언과 6.12 싱가포르 조미공동성명을 존중하는 기초 위에서 남북미 관계를 발전시켜야 한다고 합의한 것은 남북공동선언의 생활력과 견인력을 잘 보여주고 있습니다. 우리 사회는 이들 남북공동선언을 완수하는 통일대통령을 중심으로 대단결하여 식민과 분단체제를 극복 청산하고 자주통일 평화번영체제로 대전환해야 합니다.

박해전 남북 정권이 연대연합하여 창조한 이들 남북공동선언은 자주, 평화통일, 민족대단결의 조국통일 3대원칙에 기초하여 우리 민족의 식민과 분단 극복운동을 총결산하는 의미를 갖고 있습니다. 정치, 경제, 사회, 문화 모든 생활영역에서 제기되는 문제에 대한 해법이 남북공동선언에 담겨 있습니다. 특히 판문점선언은 우리 민족의 자주통일과 평화번영의 강령일 뿐 아니라 세계평화의 새로운 장을 열었습니다. 김정은 국무위원장과 트럼프 미국 대통령이 2018년 6월 12일 사상 첫 조미정상회담을 열어 발표한 싱가포르 공동성명은 바로 판문점선언의 연장선에 있는 것입니다.

　　김동학　남과 북은 판문점선언에서 우리 민족의 운명은 우리 스스로 결정한다는 민족자주의 원칙을 확인하였으며 이미 채택된 남북 선언들과 모든 협의들을 철저히 이행함으로써 관계 개선과 발전의 전환적 국면을 열어나가기로 하였습니다. 또 완전한 비핵화를 통해 핵 없는 한반도를 실현한다는 공동의 목표를 확인하였습니다.

　　김정은 국무위원장과 트럼프 미국 대통령은 싱가포르 정상회담 공동성명 제1항에서 미국과 조선민주주의인민공화국은 평화와 번영을 위한 양국 국민의 바람에 맞춰 미국과 조선민주주의인민공화국의 새로운 관계를 수립하기로 약속한다고 선언했습니다. 또 제3항에서 2018년 4월 27일 판문점선언을 재확인하며, 조선민주주의인민공화국은 한반도의 완전한 비핵화를 향해 노력할 것을 약속한다고 천명하였습니다.

　　이러한 판문점선언과 싱가포르 공동성명이 세계평화에 얼마나 이바지할 수 있는지 말씀해주십시오.

한반도 비핵화는 세계 비핵화를 견인하는 원동력

　　통일대통령 후보　조미 정상들은 싱가포르 공동성명에서 새로운 조미관계를 수립하는 것이 한반도와 세계의 평화, 번영에 이바지할 것이라는 점을 확신하고, 역사상 처음으로 이뤄진 조미 정상회담이 거대한 중요성을 지닌 획기적인 사건이라는 점을 확인하였습니다. 조미간 수십 년의 긴장과 적대행위를 극복하면서 새로운 미래를 열어나가기로 약속하였습니다.

　　이에 따라 한반도 정전협정 당사국들이 하루빨리 한반도 종전선언과 함께 평화협정을 체결하여 항구적 평화체제를 구축하고 조미 국교정상화를 해야 합니다. 이제 그 누구도 판문점선언에 의거한 우리 민족의 자주통일과 평화번영의 앞길을 막을 수 없습니다.

　　판문점선언과 연결된 싱가포르 공동성명에서 밝힌 한반도 비핵화는 핵무기 없는 세계, 세계 비핵화를 견인하는 원동력이며 세계평화의 새 지평을 열었다고 봅니다.

박해전 그렇습니다. 완전한 비핵화를 통한 한반도 비핵화는 곧 세계 비핵화로 연결될 것입니다. 조미간 핵대결의 역사를 돌아보면 조미간 핵전쟁을 막고 평화공존하는 길은 한반도 비핵화와 미국을 비롯한 세계 비핵화를 동시에 단계적으로 추진하는 방법밖에 다른 선택이 없습니다. 핵보유 국가들의 회담에서 어느 일방의 핵무장해제만을 강요하는 거래방식은 통할 수 없기 때문입니다.

김동학 이제 더불어민주당 대통령 경선후보 토론회에서 거론된 헌법 개정에 대한 두 분의 견해를 듣고 싶습니다.

헌법 개정 어떻게 할 것인가

통일대통령 후보 우리 사회는 1987년 6월항쟁으로 마련된 대통령 5년 단임 직선제 개헌 이후, 엄청난 변화에도 불구하고 불완전한 헌법에 단 한 차례도 손을 대지 않았습니다. 시대 발전에 따라 헌법 규범도 바뀌어야 합니다. 우리 헌정사에서 9차례의 개헌을 했지만, 대부분 독재자들의 집권 연장을 위한 수단이었고 국민주권을 제대로 실현하지 못했습니다.

문재인 대통령은 2018년 3월26일 개헌은 헌법파괴와 국정농단에 맞서 나라다운 나라를 외쳤던 촛불광장의 민심을 헌법적으로 구현하는 일이라며 국민기본권을 강화하고 토지공개념을 구체화하는 헌법 개정안을 발의했습니다. 그러나 국회는 대통령이 발의한 개헌안의 가부를 헌법이 정한 기간 안에 의결하지 않고 투표 불성립으로 무산시켰습니다. 국회가 헌법을 위반했고, 국민주권자들은 찬반을 선택할 기회조차 갖지 못했습니다. 국회가 개헌안을 따로 발의하지도 않았습니다.

노무현 대통령도 2007년 사회 변화를 반영한 개헌안 발의를 추진했으나, 당시 야당인 한나라당의 격렬한 반대에 부닥쳤습니다. 노 대통령은 18

대 국회에서 개헌을 추진한다는 여야 정당들의 약속을 받고 이를 포기했지만, 국회는 이를 지키지 않았습니다.

개헌은 더 이상 미룰 수 없는 절박한 과제입니다. 무엇보다 먼저 6.15공동선언과 10.4선언, 판문점선언과 촛불혁명 정신을 개헌안의 핵심으로 담아 자주통일과 평화번영, 세계평화를 완수하는 헌법을 만들어야 합니다.

박해전 개헌 논의가 대통령 4년 중임제와 같은 권력구조 재편 수준에 머물러서는 안됩니다. 문재인 대통령은 6.15공동선언과 10.4선언의 법제화 제도화를 공약했습니다. 역사는 식민과 분단의 적폐청산을 완결하고 민족자주와 조국통일을 당장 실현하는 단일민족 1국가 2체제의 판문점선언 연방통일헌법을 요구하고 있습니다. 이미 김두관 대통령 경선후보는 2012년 8월15일 6.15공동선언과 10.4선언의 정신을 헌법에 포함시키겠다는 통일헌법 제정 구상을 밝힌 바 있습니다.

김동학 정부가 봉오동 전투와 청산리 대첩을 이끌었던 항일독립전쟁의 영웅 홍범도 장군의 유해를 서거 78년 만에 카자흐스탄에서 조국땅으로 모셔와 최고훈장을 추서하고 국립현충원에 안장한 것은 늦게나마 참으로 잘한 일입니다.

저는 이참에 갑오년 항일농민전쟁의 지도자 전봉준 장군께도 국가 최고 훈장을 추서하고 척양척왜 반외세 동학혁명 정신을 함양하면 좋겠다고 생각합니다. 전봉준 장군이 이끈 항일농민전쟁은 독립의병과 항일독립군의 원천입니다. 제폭구민, 척양척왜, 보국안민, 동학혁명군의 반외세 애국애민 정신을 헌법 전문에 담을 것을 요청하고 싶습니다.

통일대통령 후보 중국은 헌법 서언(전문)에 "1840년부터 봉건국가이던 중국은 점차 반식민지반봉건국가로 전락하였다. 중국인민은 나라의 독립과 민족의 해방, 민주주의, 자유를 위하여 앞사람이 쓰러지면 뒷사람이 계속 따라서면서 용감하게 싸워왔다."라고 명시하고 있습니다. 바로 영국의 아편전쟁에 맞선 반침략 반외세 투쟁의 역사를 헌법에 수록하고 있는 것입니다.

우리도 근현대사의 빛나는 화폭을 창조한 전봉준 장군을 비롯한 동학혁명 선열들의 투쟁의 역사를 개정 헌법에 담아야 할 것입니다. 이와 함께 미군정에 맞선 4.3항쟁을 기록하고 4.19혁명까지를 기술하고 있는 헌법 전문에 1980년 5.18민중항쟁과 1987년 6월항쟁, 2000년 6.15공동선언, 2007년 10.4선언, 2018년 판문점선언과 9월 평양공동선언을 담아 식민과 분단을 극복하고 민족자주와 조국통일을 이루는 빛나는 역사를 창조해야 합니다.

김동학 그럼 이제 대선후보 토론회에서 논의하고 있는 지대개혁, 일자리, 기본소득, 기본주택, 기본자산, 복지, 저출산, 생태환경 문제 등 민생과 관련한 의견을 말씀해주시기 바랍니다.

민생문제의 해법은 통일에서 찾아야 한다

통일대통령 후보 우리 사회의 구조화된 불공정, 불평등, 양극화를 해결하기 위한 토지공개념에 기초한 지대개혁은 절실합니다. 하지만 이를 포함하여 대선 후보들이 저마다 내세우는 민생과 복지정책은 조국통일을 전제로 하지 않으면 사상누각에 그칠 수 있습니다.

그동안 선거 때마다 후보들은 민생과 복지를 소리 높이 외쳐왔지만 사회정의와 역사정의가 실종된 분단체제에서 신기루 같은 환상에 지나지 않았고, 삶의 질은 갈수록 악화되었습니다. 모든 민생 문제의 해결은 통일에서 찾아야 합니다. 분단체제에서는 더 이상 희망이 없습니다.

박해전 평화통일이 곧 '밥'이고 경제이며, 민생을 살리는 근본임을 우리 정치사는 일깨워주고 있습니다. 이명박 박근혜 정권은 민생경제의 출로인 6.15공동선언과 10.4선언을 부정하고 김대중 노무현 정권이 건설한 민족통일경제의 상징인 금강산관광과 개성공단 가동을 전면 중단시키는 용납 못할 범죄를 저질렀습니다.

남북경협을 차단하고 외세와 재벌을 대변한 이명박 박근혜 정권에서 민생경제의 희망은 사라지고 국가채무와 가계부채가 기하급수적으로 불어나면서 미래의 주인공인 청년들이 연애, 결혼, 출산, 취업, 주택, 인간관계, 희망, 외모, 건강을 포기하는 '9포세대'라는 말이 떠돌게 되었습니다.

천문학적인 분단비용을 지출하는 한 보편적 복지 비용을 충당할 수 없습니다. 청년 일자리 문제를 비롯한 민생경제의 해법은 남북의 인적 물적 자원을 공동 개발해 민족 공동의 이익을 도모하고, 남북이 서로 지혜와 힘을 모아 온 겨레가 행복한 민족통일경제를 실현하는 데 있습니다. 이런 통일을 외면하면서 모든 국민을 잘살게 해주겠다고 속이는 빈말 정치는 사라져야 합니다.

민족통일경제건설공사 설립해 청년들의 취업 100% 보장

통일대통령 후보 대한민국이 마침내 개발도상국에서 선진국으로 진입했습니다. 수출량도 지난해 세계 7위를 기록했습니다. 그러나 이러한 외형적 성장에도 불구하고 국가부채와 기업부채, 가계부채는 폭증하고 민생고는 가실 줄을 모르고 있습니다. 분단경제의 구조적 모순의 산물입니다.

정치인으로서 무엇보다 가슴아픈 것은 우리 나라 출산율이 세계 최하위권에 머물러 있고, 자살률은 세계 1위를 기록하고 있는 점입니다. 우리 사회가 총체적 난국에 빠져 있고, 사람이 사람답게 살 수 없는 사회임을 말해주는 지표입니다. 이런 추세라면 우리 사회의 장래는 매우 어두울 수밖에 없습니다. 시골과 지방이 소멸하고 우리 민족이 사라질지도 모른다는 탄식이 나오고 있습니다. 몇 년 전에 벌써 『한국이 소멸한다』는 책까지 등장했습니다. 반만년 단일민족의 유구한 역사를 이어온 조상님들께 면목이 없습니다.

국민들을 절망에 빠뜨린 민족분단경제를 민족통일경제로 근본적으로 바꿔 새세대 청년들에게 희망을 안겨줘야 합니다. 청년들이 겪고 있는 등록금 문제, 일자리 문제, 복지 문제, 군대 문제 모두 분단을 극복하고 민족통일경제를 이루면 완전히 해결될 수 있습니다. 통일이 되면 일자리가 비약적으로 확대돼 청년실업이 해결될 것이고, 전쟁위기 없는 평화로운 환경에서 학업과 자기 계발에 집중할 수 있습니다. 조국통일이야말로 청년들의 운명을 근본적으로 개척하는 지름길이자 만능해법입니다.

저는 오늘 뜻깊은 판문점 대담에서 우선 청년 일자리 문제의 완전한 해결을 공약하겠습니다. 남과 북은 10.4선언에서 민족경제의 균형적 발전과 공동의 번영을 위해 경제협력사업을 공리공영과 유무상통의 원칙에서 적극 활성화하고 지속적으로 확대·발전시켜나가기로 하였습니다. 10.4선언에 명시된 남북경제협력공동위원회를 열어 즉각 개성공단과 금강산관광을 재개함으로써 민족통일경제의 대동맥을 잇고 남북의 인적 물적 자원 공동개발 종합계획을 수립하겠습니다. 이를 바탕으로 민족통일경제건설공사를 설립해 일자리를 원하는 청년들의 취업을 100% 보장하겠습니다.

청년들은 모두 민족통일경제 건설의 역군으로서 긍지와 희망을 안고 적령기에 배우자를 만나 행복한 가정을 꾸리게 될 것입니다. 저는 청년 신혼가정의 신생아 출산문제, 보육문제, 교육문제를 정부가 모두 전액 책임지도록 하고, 아이를 낳은 신혼부부에게는 최우선적으로 공공주택을 공급하겠습니다. 그리하여 전국 방방곡곡에서 정겨운 어린아이 울음소리가 되살아나게 하겠습니다.

민족통일경제는 세상에서 제일 잘 사는 일등국가로 이끌 것

박해전 청년들의 일자리를 보장하겠다는 공약이 큰 울림을 줍니다. 민족통일경제는 남북의 천문학적인 분단비용을 민족 복지 예산으로 전환시켜 민생과 복지 문제를 완전히 해결할 것입니다. 남북경제공동체 운영의 상승효과로 국가 경쟁력을 획기적으로 높여 부강 번영하는 나라로의 지속 가능한 발전을 보장할 것입니다.

남북 민족통일경제 공동체는 또 세계 최고의 물류기지, 금융의 중추, 관광대국의 길을 열어 온 국민의 일자리를 보장하고 국민소득 10만달러도 머지않은 장래에 실현되게 할 것입니다. 민족통일경제의 발전 전망은 대단히 휘황합니다. 남북공동선언에 의거한 민족통일경제는 골드만 삭스 같은 국제 신용평가기관이 예측하듯이 우리 나라를 동북아중심국가로 우뚝 세우고 일본 경제를 뛰어넘어 세상에서 제일 잘 사는 일등국가로 이끌어갈 것입니다.

통일대통령 후보 미래세대를 위해 삼천리 금수강산의 생태환경을 보호하고 개선하는 일도 중요합니다. 추미애 후보가 최근 '대한민국은 인류생존을 좌우할 기후 위기에 대응하여 생물다양성과 환경을 지키며 누구도 기후약자가 되지 않도록 기후 정의를 구현하고, 이를 국민의 기본적 권리로 보장할 의무를 진다'는 내용의 기후 정의를 기본권으로 담는 헌법 개정을 하겠다고 공약한 것은 큰 의미가 있다고 봅니다.

김동학 추미애 전 법무부장관은 오늘 아침 누리 사회관계망을 통해 검찰개혁과 언론개혁의 절박성에 관하여 "검·언·정·경 카르텔은 해방 이후 청산되지 못한 마지막 잔재이다. 해방 후 70여 년, 무소불위 권력을 지니게 된 검찰을 중심으로 한 사법권력, 더욱 교묘해지고 정치권력화된 보수언론, 사익 추구와 내로남불로 대표되는 뻔뻔한 보수야당은 해방 이후 그들만의 견고한 카르텔을 지켜왔다. 주권자 촛불시민의 요구를 외면하고 반촛불혁명 의사를 노골적으로 드러내고 있다"며 "민주적 통제의 대상인 검찰권력의 수장과 최고 감사기구인 감사원장이 중도에 직을 버리고 보수야당의 대선후보가 되겠다고 나서는 기가 막힌 형국이 되었다. 이를 보수언론은 최소한의 언론으로서 갖춰야 할 본분도 망각한 채 오히려 적극 옹호하며 여론을 호도하고 있다"고 밝혔습니다.

먼저, 검찰개혁에 대한 의견을 들려주세요.

과거 악폐에 머물러 있는 검찰을 선진국형으로 개조해야

통일대통령 후보 추미애 후보가 저서 『추미애의 깃발』에서 강조한 바와 같이 인간의 존엄성을 회복하고 보호하는 선진국으로 나아가기 위해서는 과거의 악폐에 머물러 있는 검찰을 선진국형으로 개조해야 합니다. 그것이 검찰개혁입니다. 특히 일제의 잔재가 가장 진하게 남아 있는 마지막 권력이 검찰권력입니다.

검찰개혁은 복잡하지 않고 단순한데도 어려운 까닭은 검찰이 누구도 감히 건드릴 수 없는 무소불위의 조직으로 성장했기 때문입니다. 그동안 검찰은 견제와 균형을 비효율적이고 거추장스럽게 여기는 군부 통치에 협조하면서 어느 나라에도 없는 막강한 권력이 되었습니다.

선진 사법국가에서는 이미 수사와 기소가 분리되어 견제와 균형, 분권의 민주적 원리가 작동하고 있습니다. 그러나 한국 검찰은 아직도 수사가 기소에 복무해야 한다는 등 다른 나라의 법이론에서 볼 수 없는 논리에 집착하고 있는 것입니다.

이러한 검찰 적폐를 청산하도록 추 후보가 당내 경선후보들에게 제안한 대로 검찰개혁법안(수사·기소권 분리 및 중대범죄수사청 설립)이 연내에 국회에서 반드시 처리되어야 합니다.

박해전 검찰개혁법안 처리와 함께 식민과 분단기득권에 뿌리를 둔 검찰조직문화가 근본적으로 바뀌어야 합니다. 과거 반민주정권 시기에 검찰은 불의한 정권의 시녀가 되어 무고한 민주인사들에 대하여 경찰의 수사를 지휘하고 기소함으로써 반국가단체 고문조작 국가범죄를 저질렀습니다.

박정희 쿠데타 유신독재정권에서 인혁당재건위사건이 반국가단체로 고문 조작되었고, 5공 전두환 내란반란정권에서는 아람회사건을 반국가단체로 고문 조작했습니다. 두 사건 모두 형사재심에서 무죄선고를 받았지만 천인공노할 고문조작 국가범죄에 책임 있는 검찰 그 누구도 처벌받지 않았습니다. 또 검찰개혁을 추진했던 노무현 대통령의 비극적인 서거와 조국 전 법무부장관 일가가 당한 고초를 생각하면 국민주권자로서 충격과 분노를 금할 수 없습니다.

특히 검찰이 훗날 유죄로 판결된 이명박 비비케이사건을 2007년 대선시기 당시 공정하게 처리했다면 희대의 범죄자가 대통령이 되어 김대중 대통령과 노무현 대통령이 심혈을 기울여 이룩한 6.15공동선언과 10.4선언을 무참히 짓밟은 대참사를 미리 막을 수 있었습니다.

검찰은 군부독재정권에서는 불의한 정권의 시녀가 되어 민주주의를 요구하는 시민들을 탄압하고 검찰개혁을 추진한 민주정권에는 저항한 행태를 반성하고 새로운 민주검찰 조직문화를 창조해야 합니다. 검찰은 일제식민통치를 거치며 비뚤어진 권력기관의 어두운 그림자를 완전히 벗어버려야 합니다.

검찰개혁의 핵심은 검찰조직 스스로 식민과 분단 적폐를 청산하고 국민주권자의 인권을 옹호하면서 남북공동선언에 따라 자주통일과 평화번영에 기여하는 검찰조직으로 거듭나는 것이라고 봅니다.

김동학 이제 언론개혁의 견해를 듣겠습니다.

통일대통령 후보 언론매체의 고의 중과실에 의한 허위 조작보도에 대한 징벌적 손해배상제를 뼈대로 하는 언론개혁법안은 원칙적으로 필요하다고 봅니다. 가짜 보도로 고통을 겪은 사람들의 피해를 정당하게 구제해야 합니다.

언론의 편파, 왜곡, 과장 보도는 사람을 죽음으로 내몰기도 하는 범죄이며 엄청난 사회적 해악입니다. 언론의 무소불위 권력을 통제하기 위해 언론의 오보에 대한 '징벌적 손해배상제' 도입이 오랜 기간 논의되어 왔고 국민적 공감대도 충분합니다. 이제 '가짜뉴스 처벌법(징벌적 손해배상제)'을 더는 미룰 수 없습니다.

이번 법안에 피해자가 허위·조작보도임을 입증해야 하는 문제, 열람차단 청구권 남용 문제, '고의·중과실 추정' 조항이 오히려 표현의 자유를 위축시킬 수 있다는 지적은 차후에 보완되어야 할 것입니다.

적폐언론청산특별법을 제정하여 친일반민족언론 퇴출시키자

박해전 저는 한겨레신문사에서 창간기자로 참여해 자주언론운동을 벌이다가 해직을 경험한 사람으로서 언론개혁에 대해서는 정말 할 말이 많습니다. 무엇보다 우리 사회의 공기인 언론이 바로서야 사회정의와 역사정의를 실현할 수 있습니다. 언론개혁의 핵심도 검찰개혁과 마찬가지로 촛불혁명 정신으로 식민과 분단에 기생해온 적폐언론을 일소하고 우리 민족의 염원인 자주통일과 평화번영을 실현하는 데 올바로 복무하는 언론을 세우는 데 있다고 봅니다.

프랑스는 제2차대전 후 나치 독일의 점령기간 동안 나치에 부역했던 언론인들과 언론사를 철저하게 처단하고 폐간시켰습니다. 독일이 점령하고 있던 4년 동안 15일 이상 펴낸 신문은 모두 나치에 협력한 것으로 간주하여 폐간조치를 하고 신문사의 재산을 몰수했습니다. 독일에 협력했던 언론인들은 가차없이 처형했습니다.

언론에 대해 이렇게 엄격했던 것은 이들이 독일의 정책 수행을 돕고, 국민 여론을 오도하는 데 결정적 역할을 했다고 판단했기 때문입니다. 수십 수백만의 사람들에게 직접적 영향을 끼치는 언론을 개인의 부역과 같이 다룰 수는 없었던 것입니다.

드골 프랑스 대통령은 당시 "국가가 애국자들에게는 상을 주고, 배반자에게는 벌을 줘야만 비로소 국민이 단결할 수 있다"며 "프랑스가 외국인에게 점령될 수는 있어도 내국인에게는 더이상 점령당하는 일은 없을 것"이라고 선언했습니다. 그는 또 말년의 회고록에서 "언론인은 도덕의 상징이기 때문에 첫 심판대에 올려 가차없이 처단했다"고 기록했습니다.

전후 프랑스 사회가 빠르게 민주화되고 도덕성과 윤리 그리고 민주적 법질서가 잡힌 것은 나치에 협력한 민족반역자들과 적폐언론을 모두 찾아내 철저하게 응징한 결과라고 평가되고 있습니다. 프랑스는 민족반역자의 범죄에 대한 시효를 없애는 법을 제정해 그렇게 철저하게 끝까지 적폐언론을 청산한 것입니다.

그러나 우리 사회는 36년간 일제에 의한 식민지배를 당하고도 친일반민족 언론을 청산하지 못했습니다. 역사의 심판에는 시효가 없습니다. 우리 사회도 언론이 판문점선언시대 자주통일과 평화번영에 기여하는 참언론으로 거듭나도록 적폐언론청산특별법을 제정하여 과거 일제강점기에 친일매국행위를 한 조선일보와 동아일보, 박정희 쿠데타정권과 5공 내란반란정권의 시녀 노릇을 한 반민주언론, 6.15 10.4선언과 판문점선언에 역행하는 반민족 반통일언론과 기레기들을 엄벌하고 퇴출시켜야 할 것입니다.

판문점선언시대 언론인의 역할과 과제

통일대통령 후보   언론인들은 판문점선언 시대의 대변자로서 사명과 책임을 다하여 우리 민족의 자주통일과 평화번영, 세계평화 위업을 앞당겨야 할 것입니다. 시대의 선각자로서 판문점선언과 9월평양공동선언을 적극 지지하고 실천하는 데 앞장서야 합니다. 지면과 방송에서 남북 공동선언 실천을 핵심의제로 설정해 현시기 당면과제를 올바로 해결해야 합니다.

언론인들은 남북공동선언 이행을 후퇴시키고 동족 사이에 대결과 긴장을 불러올 수 있는 민족분열적인 보도를 배격하고 남북관계 발전과 평화번영에 이바지하는 방향에서 보도해야 합니다. 조국통일을 가로막고 있는 외세와 그 추종세력들의 입장만을 대변하는 편파보도와 의도적인 왜곡보도를 용납하지 말아야 합니다. 상업주의와 선정주의를 배격하고 비본질적이고 부차적인 현상들을 확대 과장하여 민족의 단합과 화해를 해치는 반민족 반통일 언론을 일소해야 합니다.

판문점선언과 9월평양공동선언에 따라 평화통일을 하루빨리 앞당기는 것은 우리 민족의 절박한 요청입니다. 언론인들은 정파와 정당, 계급과 계층을 초월해 모든 애국애족세력이 남북공동선언 이행을 중심에 놓고 연대연합하여 조국통일을 실현하는 데 자신의 역할을 다하여야 할 것입니다.

상품과 상호, 간판들을 모두 우리 말글로만 표기해야

김동학   더불어민주당은 제20대 대통령선거 후보 예비경선에서 '국민면접'을 내걸고 '블라인드 면접'과 '정책언팩쇼'를 벌였습니다. 국어기본법에 따라 국어 사용을 촉진하고 민족문화 발전에 기여할 책무가 있는 집권여당의 중요한 정치행사에서 이처럼 외래어와 외국어를 남발하는 행태를 보인 것은 참으로 잘못된 일입니다.

올바른 민족문화 창달과 계승을 위한 고견을 말씀해주시기 바랍니다.

통일대통령 후보 '블라인드 면접'과 '정책언팩쇼'를 '가림막 면접'과 '정책발표회'로 바꿔 썼더라면 좋았을 것입니다. 더불어민주당 대통령 경선 후보들은 이번 잡탕말 예비경선을 반성하고 앞으로 진행될 본경선 과정에서 국적 불명의 온갖 외래어와 외국어가 득세한, 문화사대주의에 빠진 우리 말글살이를 올바로 살리는 정책을 적극 제시해야 합니다.

지난날 이름난 정치인들의 이름을 영어 약자로 호칭한 일이 있습니다. 언론 매체들도 김대중을 디제이(DJ)로, 김영삼을 와이에스(YS)로, 김종필을 제이피(JP)로 쓰기도 했습니다. 그러나 정치인을 외국어로 지칭하는 행태들은 박정희의 창씨개명 '오카모도'를 떠올리게 하는 문화제국주의에 빠진 또 하나의 사대매국적 변종 창씨개명이라는 비판을 받을 수 있습니다. 이런 얼빠진 행태는 사라져야 합니다. 이들 이름을 굳이 약자로 쓰고 싶다면 ㄷㅈ, ㅇㅅ, ㅈㅍ로 우리 글자로 쓰면 될 일입니다.

우리 나라도 프랑스 말글정책처럼 국어기본법을 강화하여 국내에서 사용하는 상품과 상호, 간판들은 모두 우리 말글로만 쓰게 하도록 해야 할 것입니다.

박해전 우리 사회가 겪고 있는 병든 말글살이와 민족문화의 위기는 외세가 강요한 식민과 분단체제, 외세의 민족말살정책에서 비롯된 것입니다. 그로부터 민족성을 살리는 민족문화 발전이 가로막히고 민족성을 죽이는 문화제국주의와 정보제국주의가 관철되었습니다. 외세에 의한 식민과 분단이 불러온 대재앙입니다.

외세가 주입한 문화제국주의와 정보제국주의로 인하여 애국애족의 민족성은 빛을 잃고 극단적인 개인주의와 이기주의가 팽배한 가운데 총체적 난국에 빠졌습니다. 민족 분단이 일제 강점기의 배가 넘게 지속되면서 우리 사회에서 핏줄과 언어, 문화, 지역의 공통성에 기초하여 역사적으로 형성되고 공고화된 사회적 집단으로서의 민족 의식은 점차 흐릿해졌습니다. 미국식 다인종 다문화가 정상인 것으로 간주되고 미국 말글과 외국어가 범람하는 잡종문화가 득세하여 민족성을 살리는 민족문화의 발전을 가로막고 있습니다.

자기 땅에서 유배된 사람들처럼 농촌 남성들은 배우자를 구하기 어려워 동남아 여성들을 돈을 주고 데려오는 것이 능사로 되었습니다. 도시에서는 '쥴리'처럼 미국 말글로 이름을 지어 부르는 신판 창씨개명도 유행처럼 번지고 있습니다. 상품 이름과 상표, 광고 간판도 우리 말글로 된 것은 적고, 대부분 외래어로 표기되거나 우리 말과 외래어를 합성한 것으로 둔갑하고 있습니다. 우리 민요와 미풍양속은 푸대접을 받고 미국식 음악과 영화를 비롯한 외래 제국주의문화가 판을 치고 있는 것이 가슴 아픈 현실입니다.

통일대통령 후보 단일민족문화의 위기를 극복하려면 마땅히 외세가 강요한 식민과 분단체제, 민족말살정책을 청산하고 사대매국적인 식민과 분단문화를 일소할 민족성을 살리는 민족통일문화를 창조해야 합니다.

민족성을 살리는 민족통일문화는 민족의 역사와 핏줄을 이어주는 원천입니다. 민족영구분단론이자 민족해체론인 미국식 다인종 다문화론을 용납하지 말아야 합니다. 문화제국주의와 정보제국주의를 배격하고 유구한 단일민족문화를 올곧게 계승 발전시켜야 합니다.

6.15공동선언으로 우리 민족은 식민과 분단의 역사에 마침표를 찍고 민족성을 살리는 민족통일문화를 창조할 수 있는 대통로를 열었습니다. 남북공동선언 실천에 매진하여 자주통일과 평화번영의 위대한 민족통일문화의 꽃을 피워야 하겠습니다.

김동학 제2기 진실·화해를위한과거사정리위원회(위원장 정근식)가 제1기 위원회 활동 종료 후 약 10년 만에 다시 구성되어 활동에 들어갔습니다. 항일독립운동·한국전쟁 직후 민간인 학살·권위주의 통치 시 인권침해 등에 대해 조사할 계획입니다. 제2기 위원회의 과거사 청산 활동과 관련해 의견이 있으면 말씀해 주세요.

통일대통령 후보 이명박 박근혜 정권에서 중단되었던 진실화해위원회의 활동이 재개되어 다행스럽습니다. 진실화해위원회의 과거사 청산은 식민과 분단체제에서 불의한 국가폭력에 의해 피해를 당한 사람들의 고통이 완전히 해결될 때까지 중단 없이 계속되어야 합니다.

그런데 이와 관련해 숙고해야 할 문제가 있습니다. 팀 셔록 미국 언론인은 제주 4.3 학살과 5.18 광주 학살의 책임이 미국에 있다며 미국 대통령이 사과해야 한다고 밝혔습니다.

팀 셔록은 제주 4.3항쟁과 관련해 "1947년과 1948년, 우익 경찰의 폭력에 맞선 대중시위와 군인들의 항거 이후 미국은 제주를 '레드 아일랜드(빨갱이섬)으로 선포하고 10만명이 넘는 사람들을 죽인 잔인한 진압작전을 승인했다. 서북청년단은 수개월 동안 지속된 대학살을 자행했다. 그것은 미군정과 미국 군사고문단의 지원이 뒷받침된 현대판 홀로코스트였다. 한국 전쟁은 1950년 6월 25일 훨씬 이전에 시작됐다"고 전했습니다.

그는 또 5.18민중항쟁과 관련한 미국 국무부의 2급 비밀문건 '체로키 파일'을 입수해 광주시에 전달했습니다. 비밀문건에는 전두환 신군부의 '무력 진압'을 미국이 방조하고 승인한 사실이 담겨 있었습니다.

진실화해위원회가 미국과 관련된 과거사 청산을 위하여 노근리 민간인학살을 포함하여 팀 셔록 기자가 제기한 미국의 책임 문제를 다룰 수 있는지, 아니면 또 다른 기구에서 처리할지를 검토해야 할 것입니다.

진실화해위원회의 결정이 짓밟힌 진실을 규명해야

박해전 이명박 박근혜 정권은 박정희 유신독재와 5공 전두환 내란반란정권의 반국가단체 고문조작 국가범죄 가해책임자 박정희와 전두환 심판에 나서기는커녕 인혁당재건위사건과 아람회사건을 표적 삼아 피해자들의 원상회복을 부당하게 짓밟았습니다. 이것은 과거사 청산을 부정한 또하나의 국가폭력이자 국가범죄입니다. 제2기 진실화해위원회는 이에 대한 진실을 규명하여 과거사 청산의 대의를 밝혀야 할 것입니다.

제1기 진실화해를 위한 과거사정리위원회(위원장 송기인)는 2007년 7월 3일 5공 아람회사건 반국가단체 고문조작 국가범죄의 진실을 규명하고 "국가는 피해자들과 그 유가족에게 총체적으로 사과하고 화해를 이루는 적절한 조치를 취하라"고 결정했습니다. 진실·화해를 위한 과거사정리 기본법 제36조에는 '정부는 규명된 진실에 따라 희생자, 피해자 및 유가족의 피해 및 명예를 회복시키기 위한 적절한 조치를 취하여야 한다'라고 규정되어 있습니다.

진실화해위원회의 아람회사건 진실규명 결정과 서울고등법원의 재심 무죄판결에도 불구하고 5공 반국가단체 고문조작 국가범죄가 발생한 지 40년이 지나도록 대한민국 공직책임자들은 아람회사건 피해자들에 대한 사죄와 원상회복을 비롯한 국가범죄 청산 직무를 유기하고 있습니다.

제1기 진실화해위원회의 진실규명 결정이 제2기 진실화해위원회가 출범한 오늘날까지도 이행되지 않은 것은 대한민국의 수치입니다. 반인륜적 고문조작 국가범죄에는 시효가 없습니다. 제2기 진실화해위원회가 아람회사건에 대한 제1기 진실화해위원회의 결정이 짓밟힌 진실을 규명하는 것은 진실화해위원회의 존립과 직결되는 중대사안입니다.

김동학 김원웅 광복회장은 앞에서 언급했듯이 한국사회 모순의 핵심은 분단과 친일미청산이라고 강조했습니다. 김 회장은 이어서 "그런데 그런 것을 주장하면 조중동과 친일세력으로부터 빨갱이라고 몰린다. 그런 면에서 백범 김구 이후에 역사의식을 갖고 그런 입장을 표명한 사람은 6.15공동선언을 채택해 분단을 극복하려고 한 김대중 대통령과 노무현 대통령이라고 생각한다.

그런 역사의식이 투철하지 않은 사람들이 대선 후보 토론회에서 김대중 노무현을 거론하면서 자기가 승계자라고 얘기할 때 속으로 웃음이 나온다. 조중동이 그 사람을 빨갱이라고 몰고 불편하게 생각하고 공격하지 않는 여

당의 대선 후보는 그건 가짜다. 그러니까 김대중 노무현 노선을 가겠다고 말하려면 조중동으로부터 저놈 빨갱이야 좌빨이야 이 말 안듣고 그런 말 하겠다면 그건 가짜다. 용기 없는 사람이다. 세상을 못 바꾼다.

그런 사람 하는 거나 다른 당 하는 거나 무슨 큰 차이가 나겠는가. 핵심적인 것은 친일미청산과 분단에 대하여 친일반민족세력들과 맞서 싸울 용기가 없는 사람, 그런 신념이 없는 사람은 기회주의자라고 생각한다." 이렇게 지적했습니다.

김 회장이 밝힌 대선 후보의 품성과 자질에 대한 견해를 말씀해주시지요.

대통령선거 경선후보의 품성과 자질

통일대통령 후보 김대중 대통령과 노무현 대통령은 여러분이 잘 아시다시피 대선 후보로 선출되는 과정과 대통령선거 과정, 대통령에 당선되어 역사적인 6.15공동선언과 10.4선언을 채택하기까지 수구세력과 수구언론의 온갖 모함과 공격을 받았습니다.

그렇지만 두 대통령은 식민과 분단의 역사를 극복 청산해야 한다는 투철한 역사의식을 갖고 굴함없이 온갖 난관을 뚫고 우리 민족의 자주통일과 평화번영의 이정표를 창조하는 공적을 쌓았습니다. 이런 점에서 김원웅 광복회장의 여당 대선후보들에 대한 지적은 설득력이 있고 모두가 경청해야 한다고 봅니다. 대선 후보들은 색깔론을 정치에 악용하는 수구세력과 수구언론의 구태를 타파하고 역사의 진실만을 말해야 합니다.

정의와 공정, 법치의 진정한 의미는 무엇인가

박해전 김 회장의 지적은 대선 후보들이 이구동성으로 말하는 우리 사회의 정의와 공정, 법치의 진정한 의미가 무엇인가를 묻고 있는 것 같습니다. 지구상에서 우리 민족처럼 한 세기가 넘게 외세에 의한 식민과 분단의 고통을 겪고 있는 나라가 있습니까? 외세에 의한 식민과 분단이야말로 가장 참혹한 불의와 불공정, 무법치가 아닌가요? 이러한 식민과 분단의 적폐를 완전히 청산하고 남북공동선언에 따라 우리 겨레의 염원인 자주통일과 평화번영, 세계평화를 실현하는 것이야말로 최고의 정의와 공정, 법치라고 생각합니다.

제20대 대통령선거에서 식민과 분단 기득권에 안주하여 그 기득권을 계속 유지하려는 정치기술자 대선 후보는 필요가 없습니다. 국민주권자들은 6.15공동선언의 주인공 김대중 대통령, 10.4선언의 주인공 노무현 대통령, 판문점선언의 주인공 문재인 대통령에 못지않은, 아니 그 이상의 정치력을 발휘하여 조국통일을 선포할 통일대통령을 갈망하고 있습니다. 국민주권자들은 통일대통령을 부르고 있습니다.

김동학 그렇습니다. 우리 겨레의 염원인 자주통일과 평화번영, 세계평화를 실현하는 것이야말로 최고의 정의와 공정, 법치라는 말씀에 깊이 공감합니다. 조국통일은 우리 민족의 절절한 염원이며, 분단으로 인해 나서는 모든 문제의 근원적인 해결책이자 유일한 해결책입니다.

그럼 이제 논란을 빚고 있는 야권 대선 예비후보들의 발언과 관련한 말씀을 듣겠습니다.

국민의힘 대선 예비후보인 최재형 전 감사원장은 대선 출마 기자회견에서 역대 대통령 중 누구를 가장 존경하느냐는 기자의 질문에 이승만이라며 "우리 나라의 대통령 중 헌법 가치를 가장 잘 지킨 대통령은 이승만 대통령"이라고 주장했습니다. 이 발언을 어떻게 평가하십니까?

한미상호방위조약은 한일합방조약에 버금가는 사대매국노예조약

통일대통령 후보 식민과 분단의 적폐청산과는 너무나도 동떨어진 역사의식을 단적으로 드러낸 기가 막힌 망언입니다. 3.15 부정선거의 원흉 이승만은 4.19혁명으로 단죄되었습니다. 우리 헌법 전문은 4.19혁명을 민주이념으로 명시하고 있습니다. 최재형 예비후보의 이승만 찬양 발언은 이러한 헌법 가치를 부정하는 것입니다.

박해전 이승만 사대매국정권이 1953년 대한민국의 군사주권을 미국에 넘긴 한미상호방위조약은 절대로 양도할 수 없는 국민주권을 침해한 것으로 원천무효입니다. 이완용을 비롯한 사대매국노들이 1910년 대한제국의 국가주권을 불법으로 일본에 넘긴 한일합방조약에 버금가는 사대매국조약입니다. 이 사대매국노예조약에 근거해 미국은 한국의 군사주권을 지배함으로써 주한미군을 배치하고 천문학적인 방위비분담금을 요구해왔습니다.

노무현 대통령이 군사작전권 환수에 나서 2012년까지 돌려받기로 했으나, 이명박 박근혜 정권은 이를 취소하고 무기한 연기하고 말았습니다. 근본적으로 군사주권 회복은 불평등한 한미상호방위조약을 폐기해야만 가능합니다. 일본 군대는 일제강점기 36년 동안 한국에 주둔했지만, 주한미군은 그 곱절을 기록하고 있습니다. 세상에 외국군대가 이토록 오랫 동안 남의 나라에 진을 친 역사가 어디에 또 있겠습니까?

통일대통령 후보 최재형 국민의힘 예비후보에게 묻겠습니다. 불평등 불공정 한미상호방위조약으로 국가주권의 핵심인 군사주권을 미국에 넘긴 이승만이 정말 헌법 가치를 가장 잘 지킨 사람입니까?

김동학 윤석열 전 검찰총장은 윤봉길의사기념관에서 연 대선출마 기자회견에서 한일관계 개선 방안을 묻는 일본 방송기자의 질문에 "수교 이후 가장 관계가 열악해지고 회복이 불가능할 정도까지 관계가 망가졌다. 어떤 이념 편향적인 죽창가를 부르다가 여기까지 왔다"라고 답변했습니다.

일본 극우세력과 궤를 같이하는 시각의 윤 전 검찰총장의 발언을 일본 언론매체들은 일제히 "한국의 각종 여론조사에서 가장 인기가 많은 한국 대선후보가 한·일 관계 개선의 의지를 표명하며 문재인 정부를 비판했다"라고 전했습니다.

윤 전 검찰총장의 발언을 어떻게 이해할 수 있겠습니까?

한일기본조약은 일제식민통치에 면죄부를 준 사대매국조약

통일대통령 후보 일본 정부와 유사한 역사의식에 경악을 금할 수 없습니다. 윤 전 검찰총장 역시 최재형 전 감사원장처럼 대선출마 기자회견에서 식민과 분단 적폐청산과 동떨어진 역사인식을 드러냈습니다. 한일관계가 악화된 원인은 일제강점기 반인륜적 범죄 청산을 회피하는 일본 정부의 태도에 있는 것이지 역사정의의 원칙을 지키려는 문재인 정부 탓으로 돌릴 수는 없는 것입니다.

박해전 일왕에게 충성을 맹세했던 박정희 사대매국정권이 미국의 사주 아래 1965년 일본과 체결한 한일기본조약도 불법적인 일제식민지배의 사죄와 정당한 배상 없이 일제식민통치에 면죄부를 준 사대매국조약으로 원천무효입니다.

일본 총리 아베는 이 조약을 근거로 한국 대법원의 일제 강제징용 배상 판결을 무시하고 적반하장의 경제보복 조치를 취했습니다. 이 사대매국조약을 폐기해야 우리 민족의 일제식민통치에 대한 공정하고 정의로운 심판과 올바른 친일잔재 청산의 길이 열릴 것입니다.

김동학 이제 우리 민족이 일일천추로 갈망하는 조국통일의 방도와 전망에 대한 말씀을 요청합니다.

국민주권연대는 6.15공동선언 깃발을 높이 들고 지금 즉각 통일하자고 촉구하고 있습니다. 조국통일은 먼 훗날의 얘기가 아닙니다. 의지만 갖는다면 지금 당장이라도 시작할 수 있습니다. 하루빨리 조국통일을 이룰 수 있는 방안에 대하여 말씀해주시기 바랍니다.

남북공동선언에 따라 지금 바로 통일하자

통일대통령 후보 우리 민족은 이미 2000년 6.15공동선언을 통해 낮은 단계의 연방조국통일 방안을 천명하였으며, 판문점선언에서 재확인했습니다. 1

민족 1국가 2체제 남북지역자치정부를 기반으로 하는 연방통일방안은 어느 일방으로의 흡수통일을 배격하며 통일비용을 한 푼 들이지 않고 남북해외 온 겨레가 실지 덕을 볼 수 있는 가장 공명정대한 것으로 인정됩니다.

6.15선언은 조국통일의 주체와 원칙, 방도를 분명하게 밝히고 있습니다. 남과 북은 나라의 통일 문제를 그 주인인 우리 민족끼리 서로 힘을 합쳐 자주적으로 해결해 나가기로 하였습니다. 남과 북은 나라의 통일을 위한 남측의 연합제안과 북측의 낮은 단계의 연방제안이 서로 공통성이 있다고 인정하고, 앞으로 이 방향에서 통일을 지향시켜 나가기로 하였습니다.

남북관계 발전과 평화번영을 위한 10.4선언에서 남과 북은 6.15공동선언을 고수하고 적극 구현해 나가기로 하였습니다. 판문점선언에서도 남과 북은 우리 민족의 운명은 우리 스스로 결정한다는 민족자주의 원칙을 확인하였으며 이미 채택된 남북 선언들과 모든 합의들을 철저히 이행함으로써 관계 개선과 발전의 전환적 국면을 열어나가기로 하였습니다.

조국통일은 이제 마지막 절차를 남겨 놓고 있습니다. 올해 안에 문재인 대통령과 김정은 국무위원장이 정상회담을 열어 6.15공동선언과 10.4선언, 판문점선언에 의거한 조국통일을 선포하고 남북연방통일정부를 구성해 주시기 바랍니다.

박해전 올해 안에 조국통일을 이룰 수 있다는 말씀을 들으니 정말 뜨거운 감동을 억제할 수 없습니다. 남과 북은 상대방에 존재하는 서로의 사상과 제도를 인정하고 용납하는 기초 우에서 온 민족의 지향과 요구에 맞게 통일강국의 휘황한 설계도를 마련해나가야 합니다.

판문점선언과 그 실천강령인 9월평양공동선언에는 아름다운 삼천리 조국강토를 평화와 민족번영의 보금자리로 만들어나가기 위한 실질적인 대책과 방도들이 구체적으로 명시되어 있습니다. 통일의지로 불타는 우리 겨레의 강렬한 소원과 꿈이 담겨져 있습니다.

통일대통령후보 9월 정기국회에서 지체없이 판문점선언의 국회 비준동의를 만장일치 가결하고 국가보안법을 폐지함으로써 조국통일의 확고한 제도적 기반을 마련해야 합니다. 국회가 판문점선언에 의거해 조국통일을 선포할 남북정상회담 촉구결의안을 채택하고 이에 따라 문재인 대통령과 김정은 국무위원장이 올해 안에 최고민족연방통일기구를 구성한다면 우리 민족의 소원인 조국통일은 현실로 다가올 것입니다.

박해전 저는 남북공동선언에 따라 실현될 자주통일 평화번영의 위대한 통일강국의 국호를 대고려민주연방공화국(대외적으로는 그레이트 코리아)으로 정하고, 최고민족연방통일기구 청사는 이곳 판문점에 두는 것을 제안합니다. 또 통일조국은 서방 스위스와는 다른 21세기형의 자위력을 갖춘 동방의 중립국이 될 것을 요청하고 싶습니다.

김동학 귀한 말씀 감사합니다. 이제 대담을 마칠 시간이 되었습니다. 두 분의 마무리 발언을 듣겠습니다.

통일대통령 깃발을 높이 들고 나아가자

통일대통령 후보 제20대 대통령선거는 조국통일을 완성하는 선거가 되어야 합니다. 오늘 판문점 대담이 국민주권자들이 제20대 대선에서 통일대통령을 올바로 세우는 기폭제가 되었으면 좋겠습니다. 저는 이곳 판문점에서 제가 들었던 깃발 6.15공동선언, 10.4선언, 판문점선언을 신명을 바쳐 완수할 것임을 8천만 동포들께 굳게 맹세합니다.

문재인 대통령과 김정은 국무위원장이 함께 거닐었던 유서 깊은 판문점 도보다리 대담장에 나부낀 '제폭구민 / 척양척왜 / 보국안민 / 6.15공동선언 / 10.4선언 / 판문점선언 / 자주통일 / 평화번영 / 세계평화' 9개 깃발과 대담에서 확인된 민심을 대선후보들에게 전달하여 통일대통령 후보들이 이 깃발을 들고 당내 경선을 통과해 대선에서 건승하도록 하겠습니다. 감사합니다.

박해전 국민주권자들은 촛불혁명으로 6.15공동선언과 10.4선언을 유린한 박근혜 정권을 탄핵하고 2017년 5.9 대선에서 문재인 대통령을 선출했습니다. 지난해 4.15총선에서는 촛불혁명 정권을 뒤엎으려는 박근혜 잔당을 물리치고 제21대 촛불혁명 국회를 세우는 위대한 역사를 창조했습니다.

제폭구민, 척양척왜, 보국안민의 깃발을 높이 들었던 동학혁명, 일제침략에 맞선 항일자주독립투쟁, 외세에 의한 조국 분단에 항거하며 자주 민주 통일을 이루기 위해 투쟁한 제주 4.3항쟁, 4.19혁명, 5월항쟁, 6월항쟁, 범민련 민족대단결운동, 6.15공동선언, 10.4선언 정신이 촛불혁명으로 이어졌습니다. 촛불혁명은 아직 끝나지 않았습니다. 식민과 분단 적폐를 완전히 청산하고 민족자주와 조국통일을 이루는 그날 촛불혁명은 완성될 것입니다.

저는 오늘 대담을 포함해 통일대통령 선택에 도움을 주는 글들을 모아 단행본 『통일대통령 깃발』을 서둘러 출판하겠습니다. 이곳에서 출발한 9개의 깃발이 통일대통령을 세우는 기둥이 되도록 국민주권자들과 공유하겠습니다. 조국의 운명을 결정할 제20대 대통령선거에서 통일대통령이 선출되도록 지혜와 힘을 모아주시기를 바랍니다.

김동학 장시간 귀중한 말씀 잘 들었습니다. 출연해주신 두 분께 감사드립니다. 끝까지 경청해주신 시청자 여러분, 고맙습니다. 다음번에는 문재인 대통령과 김정은 국무위원장이 2018년 9월 두 손을 굳게 잡았던 백두산 장군봉에서 통일대통령과 함께하는 대담을 갖도록 하겠습니다. 그때 다시 뵙겠습니다.

이것으로 8.15 광복절 판문점 도보다리 대담장에서 '통일대통령을 부른다'를 주제로 진행된 통일대통령 후보와 박해전 자주통일평화번영운동연대 상임대표의 대담을 끝마치겠습니다. 감사합니다. 〈끝〉

〈박해전 자주통일평화번영운동연대 상임대표〉

사람일보 2021. 8. 27.

8
다함께 민생조국통일 거국정권 창조하자

[2022년 새해 판문점 가상대담]

* 때 : 2022년 1월 1일 정오
* 곳 : 판문점 도보다리 대담장

* 출연 :
사회자 김동학 사람일보 기자
대담자 통일대통령 후보
대담자 박해전 자주통일평화번영운동연대 상임대표

* 주최 : 사람일보
* 생중계 : 사람일보텔레비전

　김동학 사람일보 기자 　시청자 여러분, 안녕하십니까? 여기는 문재인 대통령과 김정은 국무위원장이 2018년 4월 27일 세계적인 관심 속에 허심탄회하게 둘만의 대화를 나누었던 판문점 도보다리 대담장입니다. 2022년 1월 1일 정오 새해에 즈음하여 오늘 이곳에서는 제20대 대통령선거를 앞두고 '다함께 민생조국통일 거국정권 창조하자'를 주제로 통일대통령 후보와 박해전 자주통일평화번영운동연대 상임대표의 가상대담이 열립니다.
　사람일보 주최로 진행되는 이 가상대담의 사회를 맡은 저는 사람일보 기자 김동학입니다. 사람일보텔레비전이 누리 사회관계망을 통해 생중계합니

다. 오늘 대담에서는 대선 후보 토론회에서 다루고 있는 민생을 비롯한 여러 현안문제들을 포함하여 제20대 대통령선거의 역사적 과제에 대하여 깊이 있는 대화를 나누게 됩니다.

저는 오늘 가상대담에서 1894년 동학혁명 선열들의 염원을 꼭 기억해야 한다는 뜻으로 제폭구민, 척양척왜, 보국안민의 구호를 새긴 세 개의 깃발을 들고 이곳에 나왔습니다. 그럼 가상대담에 참석한 통일대통령 후보와 박해전 대표의 인사말을 듣겠습니다. 통일대통령 후보부터 시작해주시지요.

통일대통령은 제20대 대통령선거의 시대정신

통일대통령 후보 남북해외 8천만 동포 여러분, 안녕하십니까? 저는 오늘 특정 정당의 통일대통령 후보로서 이 자리에 온 것이 아닙니다. 제20대 대통령선거에 출마한 각 정당 대선후보 모두를 대신하는 보통명사로서 참가하였습니다.

역사는 망국적인 분단정치에서 통일정치로, 분단경제에서 통일경제로,

분단문화에서 통일문화로 대전환하는 통일대통령을 부르고 있습니다. 우리 민족의 자주통일 대강령인 6.15남북공동선언과 평화번영의 실천강령인 10.4선언을 계승한 역사적인 판문점선언에 따라 온 겨레가 행복한 민족자주와 조국통일을 완수해야 할 통일대통령은 제20대 대통령선거의 시대정신입니다.

김대중 대통령과 김정일 국방위원장이 2000년 6월 15일 평양에서 우리 겨레의 염원을 받들어 채택한 6.15선언, 노무현 대통령과 김정일 국방위원장이 2007년 10월 4일 평양에서 합의한 10.4선언, 문재인 대통령과 김정은 국무위원장이 2018년 4월 27일 이곳 판문점에서 발표한 한반도의 평화와 번영, 통일을 위한 판문점선언은 우리 민족이 외세에 의한 식민과 분단의 모든 적폐를 청산하고 자주통일과 평화번영, 세계평화를 실현하는 길을 뚜렷이 밝혀주고 있습니다.

통일대통령 후보는 하루빨리 우리 민족의 살길인 이들 남북공동선언을 완수할 책무를 안고 있습니다. 저는 이런 의미에서 이들 선언을 각각 새겨 넣은 세 개의 깃발을 마련하였습니다.

그러나 아쉽게도 아직까지 통일대통령을 공약한 후보가 눈에 띄지 않습니다. 지금부터 통일대통령과 민생조국통일 거국정권 창조를 2022년 대선의 핵심의제로 설정해 제 갈길을 찾지 못하고 있는 대선판의 먹구름을 걷어 내야 합니다. 오늘 대담에서 온 겨레가 기대하는 통일대통령 후보의 정견을 밝히도록 노력하겠습니다. 뜻깊은 2022년 새해 판문점 가상좌담을 기획한 주최측에 감사드립니다.

국민주권자들의 출마 선언과 출정식

박해전 자주통일평화번영운동연대 상임대표 국민주권자 여러분, 안녕하십니까? 저는 우리 민족의 염원인 자주통일, 평화번영, 세계평화를 각각 수놓은 세 개의 깃발을 안고 판문점 도보다리 대담장으로 달려왔습니다. 국민주권자들을 대변하여 이 깃발에 담긴 민심을 통일대통령 후보에게 올곧게 전달하겠습니다.

우리가 바라는 대통령은 누구입니까? 온 겨레의 숭고한 염원을 받들어 촛불혁명 정신으로 식민과 분단의 모든 적폐를 청산하고 역사적인 판문점 선언에 따라 자주통일과 평화번영, 세계평화를 이루는 민생조국통일 대통령입니다.

저는 오늘 개최된 통일대통령 후보와의 대담이 제20대 대통령선거에서 통일대통령을 올바로 선택하기 위한 국민주권자들의 출마 선언과 출정식의 의미를 갖는다고 생각합니다. 대선 출마 선언과 출정식은 피선거권자인 대선 후보들의 전유물이 아닙니다. 선거권자인 국민주권자들이 통일대통령을 올바로 선출할 결의를 다지는 출마 선언과 출정식도 필요하다고 봅니다.

그동안 대통령선거 때마다 저는 국민주권자로서 통일대통령을 바라는 여론을 모아내기 위하여 힘썼습니다. 2002년에는 김대중 국민의 정부 계승과 6.15공동선언의 이행을 공약한 노무현 대통령 후보를 중심으로 단결해 이회창 한나라당 후보의 대세론을 물리치고, 6.15 정치 지형과 통일정국을 살려야 한다는 간절한 염원을 담은 책 『희망의 나라』를 출간하고 백범김구기념관에서 출판기념회를 열었습니다. 이재정 전 통일부장관이 노무현 대통령 후보를 대신해 출판기념회에 참석해 축사를 해주었습니다.

또 2007년 대선 때는 『박해전의 여론일기』를 간행하여 김대중 노무현 대통령을 계승해 6.15를 완성할 평화통일 정권을 수립하는 것은 우리 민족의 절박한 요청이며, 역사의 순리라는 대의를 밝혔습니다. 2012년에는 『안철수의 생각』을 비판하는 『박해전의 생각』을 내어 6.15 10.4 시대정신에 충실한 통일대통령을 뽑아 역사의 물줄기를 바로잡아야 한다고 역설하였습니다.

지난 2017년 대선에서는 『우리 모두 통일대통령』을 출판하여 '제폭구민 척양척왜 보국안민'의 기치를 높이 들었던 19세기말 전봉준 장군을 비롯한 동학혁명 선열들의 피맺힌 원한을 잊지 말고 우리 모두 6.15 시대정신에 따라 통일대통령의 주권을 실현하자고 호소했습니다.

노무현 대통령은 국민이 대통령이고 대통령은 국민주권자의 봉사자라고 강조했습니다. '주권은 국민에게 있고, 모든 권력은 국민으로부터 나온다'고 명시한 헌법 제1조 정신에 일치합니다. 오늘 국민주권자의 바람을 경청하기 위하여 출연한 통일대통령 후보께 감사드리며, 이 대담이 제20대 대통령선거에서 민생조국통일 거국정권을 창조하는 깃발이 되었으면 좋겠습니다.

김동학 두 분의 인사말 잘 들었습니다. 고맙습니다. 시청자 여러분, 지금 이곳 판문점 도보다리 대담장에는 아홉 개의 깃발이 순풍에 물결치고 있습니다. 각 깃발에 적힌 제폭구민, 척양척왜, 보국안민, 6.15공동선언, 10.4선언, 판문점선언, 자주통일, 평화번영, 세계평화의 글자가 선명하게 나부끼는 감동적인 모습이 보이십니까?

이제 본격적인 대화로 들어가겠습니다. 두 분 모두 대담 주제와 관련해 자유롭게 말씀해 주시면 됩니다. 먼저, 식민과 분단 적폐청산과 관련해 지난해 8.15 광복절 기념식에서 발표된 김원웅 광복회장의 기념사를 함께 음미하면 좋겠습니다. 김 회장의 기념사는 통일대통령 후보와 국민주권자들이 반드시 공유해야 할 감동적인 역사의식을 담고 있습니다.

한국사회의 모순은 친일 미청산과 분단

김원웅 광복회장은 서울역에서 거행된 제76주년 광복절 경축식 기념사에서 "독립운동가들이 꿈꿨던 나라, 어떤 나라였을까? 일제에 빌붙어 동족을 배반한 자들이 입법, 사법, 행정의 최고위직을 차지하는 나라는 아니었다. 외세에 의해 분단된 나라에서 남북의 형제들이 서로 가슴에 총구를 겨누고 싸우는 나라는 아니었다"고 밝혔습니다.

김 회장은 또 "한국 사회의 모순은 친일 미청산과 분단"이라며 "최근 독일 검찰은 나치수용소 간수였던 100세의 노인을 법정에 세웠다. 만약 제2차 세계대전 후 프랑스나 독일에서 나치 협력자에게 면죄부를 주고 권력을 잡게 했다면 이것 자체가 범죄행위로 처벌당했을 것"이라고 비판했습니다.

　분단 극복과 친일적폐 청산이 한국 사회의 핵심과제라는 김 회장의 역사인식을 어떻게 받아들이는지 말씀해주시지요.

　통일대통령 후보　김원웅 광복회장의 식민과 분단 적폐 청산을 역설하는 기념사는 정정당당합니다. 독립운동가의 큰아들 역할을 제대로 했다고 봅니다. 정론직필의 기념사는 제20대 대통령선거가 식민과 분단 기득권에 안주하여 식민과 분단 기득권을 나누기하는 정치놀음으로 끝나서는 절대로 안 된다는 경종을 울렸습니다. 정치권의 각성이 절실하다는 생각이 듭니다.

　한 세기가 넘도록 우리 민족을 피눈물 나는 고통에 몰아넣은 식민과 분단 적폐청산의 결의가 없는 사람은 대선 후보 자격조차 없습니다. 통일대통령 후보는 이번 대선에서 6.15공동선언과 10.4선언, 판문점선언의 깃발을 더욱 높이 들고 반드시 식민과 분단 적폐를 일소하고 민족자주와 조국통일 위업을 성취해야 합니다.

　박해전　옳습니다. 국민주권자들은 항일독립운동의 연장선상에서 친일 정권과 맞서 싸웠습니다. 4.19혁명으로 이승만 친일정권을 무너뜨렸고, 국민저항의 정점에서 박정희 반민족 군사정권은 자체 붕괴되었습니다. 전두환 정권은 6월항쟁에 무릎 꿇었고, 박근혜 정권은 촛불혁명으로 탄핵되었습니다. 국민주권자들은 친일에 뿌리를 둔 역대 정권을 무너뜨리고, 또 무너뜨리고, 또 다시 무너뜨리고, 처절하지만 위대하고 찬란한 투쟁의 반복된 승리를 창조해왔습니다. 김 회장의 이러한 발언 역시 역사의 진실을 밝힌 것입니다. 올해 대선에서 식민과 분단 기득권 재편만을 획책하는 정치기술자들은 모두 퇴출되어야 합니다.

　김동학　독립운동가의 후예로서 광복절 경축식에서 민족정통성의 깃발을 들고 역사의 진실을 밝힌 김원웅 광복회장에게 대담자들이 지지와 성원의 뜻을 밝혔습니다. 그럼 이제 온 겨레의 숭고한 뜻을 담은 남북공동선언의 역사적 의의에 대하여 말씀을 나누겠습니다.

남북공동선언은 21세기 대전환의 이정표

통일대통령 후보 남과 북 정상들이 온 겨레의 염원을 받들어 마련한 역사적인 6.15공동선언, 남북관계 발전과 평화번영을 위한 10.4선언, 이를 계승한 판문점선언은 우리 민족이 민족자주와 조국통일을 이루어 모두 사람답게 행복을 누리며 살 수 있는 길을 열었습니다. 이들 남북공동선언은 우리 민족의 가장 숭고한 시대정신이며, 21세기 대전환의 이정표입니다.

남북공동선언에 의하여 낮은 단계의 연방제 조국통일은 가시권에 진입하였습니다. 최근 한미정상회담에서 문재인 대통령과 바이든 대통령이 판문점선언과 6.12 싱가포르 조미공동성명을 존중하는 기초 위에서 남북미 관계를 발전시켜야 한다고 합의한 것은 남북공동선언의 생활력과 견인력을 잘 보여주고 있습니다. 우리 사회는 이들 남북공동선언을 완수하는 통일대통령을 중심으로 대단결하여 식민과 분단체제를 극복 청산하고 자주통일 평화번영체제로 대전환해야 합니다.

박해전 남북 정권이 연대 연합하여 창조한 이들 남북공동선언은 자주, 평화통일, 민족대단결의 조국통일 3대원칙에 기초하여 우리 민족의 식민과 분단 극복운동을 총결산하는 의미를 갖고 있습니다. 정치, 경제, 사회, 문화 모든 생활영역에서 제기되는 문제에 대한 해법이 남북공동선언에 담겨 있습니다. 특히 판문점선언은 우리 민족의 자주통일과 평화번영의 강령일 뿐 아니라 세계평화의 새로운 장을 열었습니다. 김정은 국무위원장과 트럼프 미국 대통령이 2018년 6월 12일 사상 첫 조미정상회담을 열어 발표한 싱가포르 공동성명은 바로 판문점선언의 연장선에 있는 것입니다.

김동학 남과 북은 판문점선언에서 우리 민족의 운명은 우리 스스로 결정한다는 민족자주의 원칙을 확인하였으며 이미 채택된 남북 선언들과 모든 협의들을 철저히 이행함으로써 관계 개선과 발전의 전환적 국면을 열어나가기로 하였습니다. 또 완전한 비핵화를 통해 핵 없는 한반도를 실현한다는 공동의 목표를 확인하였습니다.

김정은 국무위원장과 트럼프 미국 대통령은 싱가포르 정상회담 공동성명 제1항에서 미국과 조선민주주의인민공화국은 평화와 번영을 위한 양국 국민의 바람에 맞춰 미국과 조선민주주의인민공화국의 새로운 관계를 수립하기로 약속한다고 선언했습니다. 또 제3항에서 2018년 4월 27일 판문점선언을 재확인하며, 조선민주주의인민공화국은 한반도의 완전한 비핵화를 향해 노력할 것을 약속한다고 천명하였습니다.

이러한 판문점선언과 싱가포르 공동성명이 세계평화에 얼마나 이바지할 수 있는지 말씀해주십시오.

한반도 비핵화는 세계 비핵화를 견인하는 원동력

통일대통령 후보 조미 정상들은 싱가포르 공동성명에서 새로운 조미관계를 수립하는 것이 한반도와 세계의 평화, 번영에 이바지할 것이라는 점을 확신하고, 역사상 처음으로 이뤄진 조미 정상회담이 거대한 중요성을 지닌 획기적인 사건이라는 점을 확인하였습니다. 조미간 수십 년의 긴장과 적대행위를 극복하면서 새로운 미래를 열어나가기로 약속하였습니다.

이에 따라 한반도 정전협정 당사국들이 하루빨리 한반도 종전선언과 함께 평화협정을 체결하여 항구적 평화체제를 구축하고 조미 국교정상화를 해야 합니다. 이제 그 누구도 판문점선언에 의거한 우리 민족의 자주통일과 평화번영의 앞길을 막을 수 없습니다.

판문점선언과 연결된 싱가포르 공동성명에서 밝힌 한반도 비핵화는 핵무기 없는 세계, 세계 비핵화를 견인하는 원동력이며 세계평화의 새 지평을 열었다고 봅니다.

박해전 그렇습니다. 완전한 비핵화를 통한 한반도 비핵화는 곧 세계 비핵화로 연결될 것입니다. 조미간 핵대결의 역사를 돌아보면 조미간 핵전쟁을 막고 평화 공존하는 길은 한반도 비핵화와 미국을 비롯한 세계 비핵화를 동시에 단계적으로 추진하는 방법밖에 다른 선택이 없습니다. 핵보유 국가들의 회담에서 어느 일방의 핵무장 해제만을 강요하는 거래방식은 통할 수 없기 때문입니다.

김동학 이제 더불어민주당 대통령 경선후보 토론회에서 거론된 헌법 개정에 대한 두 분의 견해를 듣고 싶습니다.

헌법 개정 어떻게 할 것인가

통일대통령 후보 우리 사회는 1987년 6월항쟁으로 마련된 대통령 5년 단임 직선제 개헌 이후, 엄청난 변화에도 불구하고 불완전한 헌법에 단 한 차례도 손을 대지 않았습니다. 시대 발전에 따라 헌법 규범도 바뀌어야 합니다. 우리 헌정사에서 9차례의 개헌을 했지만, 대부분 독재자들의 집권 연장을 위한 수단이었고 국민주권을 제대로 실현하지 못했습니다.

문재인 대통령은 2018년 3월 26일 개헌은 헌법파괴와 국정농단에 맞서 나라다운 나라를 외쳤던 촛불광장의 민심을 헌법적으로 구현하는 일이라며 국민기본권을 강화하고 토지공개념을 구체화하는 헌법 개정안을 발의했습니다. 그러나 국회는 대통령이 발의한 개헌안의 가부를 헌법이 정한 기간 안에 의결하지 않고 투표 불성립으로 무산시켰습니다. 국회가 헌법을 위반했고, 국민주권자들은 찬반을 선택할 기회조차 갖지 못했습니다. 국회가 개헌안을 따로 발의하지도 않았습니다.

노무현 대통령도 2007년 사회 변화를 반영한 개헌안 발의를 추진했으나, 당시 야당인 한나라당의 격렬한 반대에 부딪쳤습니다. 노 대통령은 18대 국회에서 개헌을 추진한다는 여야 정당들의 약속을 받고 이를 포기했지만, 국회는 이를 지키지 않았습니다.

개헌은 더 이상 미룰 수 없는 절박한 과제입니다. 무엇보다 먼저 6.15공동선언과 10.4선언, 판문점선언과 촛불혁명 정신을 개헌안의 핵심으로 담아 자주통일과 평화번영, 세계평화를 완수하는 헌법을 만들어야 합니다.

박해전 개헌 논의가 대통령 4년 중임제와 같은 권력구조 재편 수준에 머물러서는 안됩니다. 문재인 대통령은 6.15공동선언과 10.4선언의 법제화 제도화를 공약했습니다. 역사는 식민과 분단의 적폐청산을 완결하고 민족자주와 조국통일을 당장 실현하는 단일민족 1국가 2체제의 판문점선언 연방통일헌법을 요구하고 있습니다. 이미 김두관 대통령 경선후보는 2012년 8월 15일 6.15공동선언과 10.4선언의 정신을 헌법에 포함시키겠다는 통일헌법 제정 구상을 밝힌 바 있습니다.

김동학 정부가 봉오동 전투와 청산리 대첩을 이끌었던 항일독립전쟁의 영웅 홍범도 장군의 유해를 서거 78년 만에 카자흐스탄에서 조국땅으로 모셔와 최고훈장을 추서하고 국립현충원에 안장한 것은 늦게나마 참으로 잘한 일입니다.

저는 이참에 갑오년 항일농민전쟁의 지도자 전봉준 장군께도 국가 최고훈장을 추서하고 척양척왜 반외세 동학혁명 정신을 함양하면 좋겠다고 생각합니다. 전봉준 장군이 이끈 항일농민전쟁은 독립의병과 항일독립군의 원천입니다. 제폭구민, 척양척왜, 보국안민, 동학혁명군의 반외세 애국애민 정신을 헌법 전문에 담을 것을 요청하고 싶습니다.

통일대통령 후보 중국은 헌법 서언(전문)에 "1840년부터 봉건국가이던 중국은 점차 반식민지반봉건국가로 전락하였다. 중국인민은 나라의 독립과 민족의 해방, 민주주의, 자유를 위하여 앞사람이 쓰러지면 뒤사람이 계속 따라서면서 용감하게 싸워왔다."라고 명시하고 있습니다. 바로 영국의 아편전쟁에 맞선 반침략 반외세 투쟁의 역사를 헌법에 수록하고 있는 것입니다.

우리도 근현대사의 빛나는 화폭을 창조한 전봉준 장군을 비롯한 동학혁명 선열들의 투쟁의 역사를 개정 헌법에 담아야 할 것입니다. 이와 함께 미군정에 맞선 4.3항쟁을 기록하고 4.19혁명까지를 기술하고 있는 헌법 전문에 1980년 5.18민중항쟁과 1987년 6월항쟁, 2000년 6.15공동선언, 2007년 10.4선언, 2018년 판문점선언과 9월 평양공동선언을 담아 식민과 분단을 극복하고 민족자주와 조국통일을 이루는 빛나는 역사를 창조해야 합니다.

김동학 그럼 이제 대선후보 토론회에서 논의하고 있는 지대개혁, 일자리, 기본소득, 기본주택, 기본자산, 복지, 저출산, 생태환경 문제 등 민생과 관련한 의견을 말씀해주시기 바랍니다.

민생문제의 해법은 통일에서 찾아야 한다

통일대통령 후보 우리 사회의 구조화된 불공정, 불평등, 양극화를 해결하기 위한 토지공개념에 기초한 지대개혁은 절실합니다. 하지만 이를 포함하여 대선 후보들이 저마다 내세우는 민생과 복지정책은 조국통일을 전제로 하지 않으면 사상누각에 그칠 수 있습니다.

그동안 선거 때마다 후보들은 민생과 복지를 소리 높이 외쳐왔지만 사회정의와 역사정의가 실종된 분단체제에서 신기루 같은 환상에 지나지 않았고, 삶의 질은 갈수록 악화되었습니다. 모든 민생 문제의 해결은 조국통일에서 찾아야 합니다. 분단체제에서는 더 이상 희망이 없습니다.

박해전 평화통일이 곧 '밥'이고 경제이며, 민생을 살리는 근본임을 우리 정치사는 일깨워주고 있습니다. 이명박 박근혜 정권은 민생경제의 출로인 6.15공동선언과 10.4선언을 부정하고 김대중 노무현 정권이 건설한 민족통일경제의 상징인 금강산관광과 개성공단 가동을 전면 중단시키는 용납 못할 범죄를 저질렀습니다.

남북경협을 차단하고 외세와 재벌을 대변한 이명박 박근혜 정권에서 민생경제의 희망은 사라지고 국가채무와 가계부채가 기하급수적으로 불어나면서 미래의 주인공인 청년들이 연애, 결혼, 출산, 취업, 주택, 인간관계, 희망, 외모, 건강을 포기하는 '9포세대'라는 말이 떠돌게 되었습니다.

천문학적인 분단비용을 지출하는 한 보편적 복지 비용을 충당할 수 없습니다. 청년 일자리 문제를 비롯한 민생경제의 해법은 남북의 인적 물적 자원을 공동 개발해 민족 공동의 이익을 도모하고, 남북이 서로 지혜와 힘을 모아 온 겨레가 행복한 민족통일경제를 실현하는 데 있습니다. 이런 통일을 외면하면서 모든 국민을 잘살게 해주겠다고 속이는 빈말 정치는 사라져야 합니다.

민족통일경제건설공사 설립해 청년들의 취업 100% 보장

통일대통령 후보 대한민국이 마침내 개발도상국에서 선진국으로 진입했습니다. 수출량도 지난해 세계 7위를 기록했습니다. 그러나 이러한 외형적 성장에도 불구하고 국가부채와 기업부채, 가계부채는 폭증하고 민생고는 가실 줄을 모르고 있습니다. 우리 사회의 불공정, 불평등, 양극화의 심화는 조국분단의 구조적 모순의 산물입니다.

정치인으로서 무엇보다 가슴아픈 것은 우리 나라 출산율이 세계 최하위권에 머물러 있고, 자살률은 세계 1위를 기록하고 있는 점입니다. 우리 사회가 총체적 난국에 빠져 있고, 사람이 사람답게 살 수 없는 사회임을 말해주는 지표입니다. 이런 추세라면 우리 사회의 장래는 매우 어두울 수밖에 없습니다. 시골과 지방이 소멸하고 우리 민족이 사라질지도 모른다는 탄식이 나오고 있습니다. 몇 년 전에 벌써 『한국이 소멸한다』는 책까지 등장했습니다. 반만년 단일민족의 유구한 역사를 이어온 조상님들께 면목이 없습니다.

국민들을 절망에 빠뜨린 민족분단경제를 민족통일경제로 근본적으로 바꿔 새세대 청년들에게 희망을 안겨줘야 합니다. 청년들이 겪고 있는 등록금 문제, 일자리 문제, 복지 문제, 군대 문제 모두 분단을 극복하고 민족통일경제를 이루면 완전히 해결될 수 있습니다. 통일이 되면 일자리가 비약적으로 확대돼 청년실업이 해결될 것이고, 전쟁위기 없는 평화로운 환경에서 학업과 자기 계발에 집중할 수 있습니다. 조국통일이야말로 청년들의 운명을 근본적으로 개척하는 지름길이자 만능해법입니다.

저는 오늘 뜻깊은 판문점 대담에서 우선 청년 일자리 문제의 완전한 해결을 공약하겠습니다. 남과 북은 10.4선언에서 민족경제의 균형적 발전과 공동의 번영을 위해 경제협력사업을 공리공영과 유무상통의 원칙에서 적극 활성화하고 지속적으로 확대·발전시켜나가기로 하였습니다. 10.4선언에 명시된 남북경제협력공동위원회를 열어 즉각 개성공단과 금강산관광을 재개함으로써 민족통일경제의 대동맥을 잇고 남북의 인적 물적 자원 공동개발 종합계획을 수립하겠습니다. 이를 바탕으로 민족통일경제건설공사를 설립해 일자리를 원하는 청년들의 취업을 100% 보장하겠습니다.

청년들은 모두 민족통일경제 건설의 역군으로서 긍지와 희망을 안고 적령기에 배우자를 만나 행복한 가정을 꾸리게 될 것입니다. 저는 청년 신혼가정의 신생아 출산문제, 보육문제, 교육문제를 정부가 모두 전액 책임지도록 하고, 아이를 낳은 신혼부부에게는 최우선적으로 공공주택을 공급하겠습니다. 그리하여 전국 방방곡곡에서 정겨운 어린아이 울음소리가 되살아나게 하겠습니다.

민족통일경제는 세상에서 제일 잘 사는 일등국가로 이끌 것

박해전 청년들의 일자리를 보장하겠다는 공약이 큰 울림을 줍니다. 민족통일경제는 남북의 천문학적인 분단비용을 민족 복지 예산으로 전환시켜 민생과 복지 문제를 완전히 해결할 것입니다. 남북경제공동체 운영의 상승효과로 국가 경쟁력을 획기적으로 높여 부강 번영하는 나라로의 지속 가능한 발전을 보장할 것입니다.

남북 민족통일경제 공동체는 또 세계 최고의 물류기지, 금융의 중추, 관광대국의 길을 열어 온 국민의 일자리를 보장하고 국민소득 10만달러도 머지않은 장래에 실현되게 할 것입니다. 민족통일경제의 발전 전망은 대단히 휘황합니다. 남북공동선언에 의거한 민족통일경제는 골드만 삭스 같은 국제신용평가기관이 예측하듯이 우리 나라를 동북아중심국가로 우뚝 세우고 일본 경제를 뛰어넘어 세상에서 제일 잘 사는 일등국가로 이끌어갈 것입니다.

통일대통령 후보 미래세대를 위해 삼천리 금수강산의 생태환경을 보호하고 개선하는 일도 중요합니다. 추미애 더불어민주당 경선후보가 '대한민국은 인류생존을 좌우할 기후 위기에 대응하여 생물다양성과 환경을 지키며 누구도 기후약자가 되지 않도록 기후 정의를 구현하고, 이를 국민의 기본적 권리로 보장할 의무를 진다'는 내용의 기후 정의를 기본권으로 담는 헌법 개정을 하겠다고 공약한 것은 큰 의미가 있다고 봅니다.

김동학 추미애 전 법무부장관은 검찰개혁과 언론개혁의 절박성에 관하여 누리 사회관계망을 통해 "검·언·정·경 카르텔은 해방 이후 청산되지 못한 마지막 잔재이다. 해방 후 70여 년, 무소불위 권력을 지니게 된 검찰을 중심으로 한 사법권력, 더욱 교묘해지고 정치권력화된 보수언론, 사익 추구와 내로남불로 대표되는 뻔뻔한 보수야당은 해방 이후 그들만의 견고한 카르텔을 지켜왔다. 주권자 촛불시민의 요구를 외면하고 반촛불혁명 의사를 노골적으로 드러내고 있다"며 "민주적 통제의 대상인 검찰권력의 수장과 최고 감사기구인 감사원장이 중도에 직을 버리고 보수야당의 대선후보가 되겠다고 나서는 기가 막힌 형국이 되었다. 이를 보수언론은 최소한의 언론으로서 갖춰야 할 본분도 망각한 채 오히려 적극 옹호하며 여론을 호도하고 있다"고 밝힌 바 있습니다.

먼저, 검찰개혁에 대한 의견을 들려주세요.

과거 악폐에 머물러 있는 검찰을 선진국형으로 개조해야

통일대통령 후보 추미애 전 장관이 저서 『추미애의 깃발』에서 강조한 바와 같이 인간의 존엄성을 회복하고 보호하는 선진국으로 나아가기 위해서는 과거의 악폐에 머물러 있는 검찰을 선진국형으로 개조해야 합니다. 그것이 검찰개혁입니다. 특히 일제의 잔재가 가장 진하게 남아 있는 마지막 권력이 검찰권력입니다.

검찰개혁은 복잡하지 않고 단순한데도 어려운 까닭은 검찰이 누구도 감히 건드릴 수 없는 무소불위의 조직으로 성장했기 때문입니다. 그동안 검찰은 견제와 균형을 비효율적이고 거추장스럽게 여기는 군부 통치에 협조하면서 어느 나라에도 없는 막강한 권력이 되었습니다.

선진 사법국가에서는 이미 수사와 기소가 분리되어 견제와 균형, 분권의 민주적 원리가 작동하고 있습니다. 그러나 한국 검찰은 아직도 수사가 기소에 복무해야 한다는 둥 다른 나라의 법이론에서 볼 수 없는 논리에 집착하고 있는 것입니다.

이러한 검찰 적폐를 청산하도록 추 전 장관이 제안한 대로 검찰개혁법안(수사·기소권 분리 및 중대범죄수사청 설립)이 국회에서 반드시 처리되어야 합니다.

박해전 검찰개혁법안 처리와 함께 식민과 분단기득권에 뿌리를 둔 검찰조직문화가 근본적으로 바뀌어야 합니다. 과거 반민주정권 시기에 검찰은 불의한 정권의 시녀가 되어 무고한 민주인사들에 대하여 경찰의 수사를 지휘하고 기소함으로써 반국가단체 고문조작 국가범죄를 저질렀습니다.

박정희 쿠데타 유신독재정권에서 인혁당재건위사건이 반국가단체로 고문 조작되었고, 5공 전두환 내란반란정권에서는 아람회사건을 반국가단체로 고문 조작했습니다. 두 사건 모두 형사재심에서 무죄선고를 받았지만 천인공노할 고문조작 국가범죄에 책임 있는 검찰 그 누구도 처벌받지 않았습니다. 또 검찰개혁을 추진했던 노무현 대통령의 비극적인 서거와 조국 전 법무부장관 일가가 당한 고초를 생각하면 국민주권자로서 충격과 분노를 금할 수 없습니다.

특히 검찰이 훗날 유죄로 판결된 이명박 비비케이사건을 2007년 대선 당시 공정하게 처리했다면 희대의 범죄자가 대통령이 되어 김대중 대통령과 노무현 대통령이 심혈을 기울여 이룩한 6.15공동선언과 10.4선언을 무참히 짓밟은 대참사를 미리 막을 수 있었습니다.

검찰은 군부독재정권에서는 불의한 정권의 시녀가 되어 민주주의를 요구하는 시민들을 탄압하고 검찰개혁을 추진한 민주정권에는 저항한 행태를 반성하고 새로운 민주검찰 조직문화를 창조해야 합니다. 검찰은 일제식민통치를 거치며 비뚤어진 권력기관의 어두운 그림자를 완전히 벗어버려야 합니다.

검찰개혁의 핵심은 검찰조직 스스로 식민과 분단 적폐를 청산하고 국민주권자들의 인권을 옹호하면서 남북공동선언에 따라 자주통일과 평화번영에 기여하는 검찰조직으로 거듭나는 것이라고 봅니다.

김동학 이제 언론개혁의 견해를 듣겠습니다.

통일대통령 후보 언론매체의 고의 중과실에 의한 허위 조작보도에 대한 징벌적 손해배상제를 뼈대로 하는 언론개혁법안은 원칙적으로 필요하다고 봅니다. 가짜 보도로 고통을 겪은 사람들의 피해를 정당하게 구제해야 합니다.

언론의 편파, 왜곡, 과장 보도는 사람을 죽음으로 내몰기도 하는 범죄이며 엄청난 사회적 해악입니다. 언론의 무소불위 권력을 통제하기 위해 언론의 오보에 대한 '징벌적 손해배상제' 도입이 오랜 기간 논의되어 왔고 국민적 공감대도 충분합니다. 이제 '가짜뉴스 처벌법(징벌적 손해배상제)'을 더는 미룰 수 없습니다.

법안에 피해자가 허위·조작보도임을 입증해야 하는 문제, 열람차단청구권 남용 문제, '고의·중과실 추정' 조항이 오히려 표현의 자유를 위축시킬 수 있다는 지적은 보완되어야 할 것입니다.

식민과 분단 적폐언론청산특별법을 제정하여 친일반민족언론 퇴출시키자

박해전 저는 한겨레신문사에서 창간기자로 참여해 자주언론운동을 벌이다가 해직을 경험한 사람으로서 언론개혁에 대해서는 정말 할 말이 많습니다. 무엇보다 우리 사회의 공기인 언론이 바로서야 사회정의와 역사정의를 실현할 수 있습니다. 언론개혁의 핵심도 검찰개혁과 마찬가지로 촛불혁명 정신으로 식민과 분단에 기생해온 적폐언론을 일소하고 우리 민족의 염원인 자주통일과 평화번영을 실현하는 데 올바로 복무하는 언론을 세우는 데 있다고 봅니다.

　프랑스는 제2차세계대전 후 나치 독일의 점령기간 동안 나치에 부역했던 언론인들과 언론사를 철저하게 처단하고 폐간시켰습니다. 독일이 점령하고 있던 4년 동안 15일 이상 펴낸 신문은 모두 나치에 협력한 것으로 간주하여 폐간조치를 하고 신문사의 재산을 몰수했습니다. 독일에 협력했던 언론인들은 가차없이 처형했습니다.

　언론에 대해 이렇게 엄격했던 것은 이들이 독일의 정책 수행을 돕고, 국민 여론을 오도하는 데 결정적 역할을 했다고 판단했기 때문입니다. 수십 수백만의 사람들에게 직접적 영향을 끼치는 언론을 개인의 부역과 같이 다룰 수는 없었던 것입니다.

　드골 프랑스 대통령은 당시 "국가가 애국자들에게는 상을 주고, 배반자에게는 벌을 줘야만 비로소 국민이 단결할 수 있다"며 "프랑스가 외국인에게 점령될 수는 있어도 내국인에게는 더이상 점령당하는 일은 없을 것"이라고 선언했습니다. 그는 또 말년의 회고록에서 "언론인은 도덕의 상징이기 때문에 첫 심판대에 올려 가차없이 처단했다"고 기록했습니다.

　전후 프랑스 사회가 빠르게 민주화되고 도덕성과 윤리 그리고 민주적 법질서가 잡힌 것은 나치에 협력한 민족반역자들과 적폐언론을 모두 찾아내 철저하게 응징한 결과입니다. 프랑스는 민족반역자의 범죄에 대한 시효를 없애는 법을 제정해 그렇게 철저하게 끝까지 적폐언론을 청산한 것입니다.

　그러나 우리 사회는 36년간 일제에 의한 식민지배를 당하고도 친일반민족 언론을 청산하지 못했습니다. 역사의 심판에는 시효가 없습니다. 우리 사회도 언론이 판문점선언시대 자주통일과 평화번영에 기여하는 참언론으로 거듭나도록 식민과 분단 적폐언론청산특별법을 제정하여 과거 일제강점기에 친일매국행위를 한 조선일보와 동아일보, 박정희 쿠데타정권과 5공 내란반란정권의 시녀 노릇을 한 반민주언론, 6.15 10.4선언과 판문점선언에 역행하는 반민족 반통일언론과 기레기들을 엄벌하고 퇴출시켜야 할 것입니다.

판문점선언시대 언론인의 역할과 과제

통일대통령 후보 　언론인들은 판문점선언 시대의 대변자로서 사명과 책임을 다하여 우리 민족의 자주통일과 평화번영, 세계평화 위업을 앞당겨야 할 것입니다. 시대의 선각자로서 판문점선언과 9월평양공동선언을 적극 지지하고 실천하는 데 앞장서야 합니다. 지면과 방송에서 남북 공동선언 실천을 핵심의제로 설정해 현시기 당면과제를 올바로 해결해야 합니다.

언론인들은 남북공동선언 이행을 후퇴시키고 동족 사이에 대결과 긴장을 불러올 수 있는 민족분열적인 보도를 배격하고 남북관계 발전과 평화번영에 이바지하는 방향에서 보도해야 합니다.

조국통일을 가로막고 있는 외세와 그 추종세력들의 입장만을 대변하는 편파보도와 의도적인 왜곡보도를 용납하지 말아야 합니다. 상업주의와 선정주의를 배격하고 비본질적이고 부차적인 현상들을 확대 과장하여 민족의 단합과 화해를 해치는 반민족 반통일 언론을 일소해야 합니다.

판문점선언과 9월평양공동선언에 따라 평화통일을 하루빨리 앞당기는 것은 우리 민족의 절박한 요청입니다. 언론인들은 정파와 정당, 계급과 계층을 초월해 모든 애국애족세력이 남북공동선언 이행을 중심에 놓고 연대 연합하여 조국통일을 실현하는 데 자신의 역할을 다하여야 할 것입니다.

상품과 상호, 간판들을 모두 우리 말글로만 표기해야

김동학 　더불어민주당은 제20대 대통령선거 후보 예비경선에서 '국민면접'을 내걸고 '블라인드 면접'과 '정책언팩쇼'를 벌였습니다. 국어기본법에 따라 국어 사용을 촉진하고 민족문화 발전에 기여할 책무가 있는 집권여당의 중요한 정치행사에서 이처럼 외래어와 외국어를 남발하는 행태를 보인 것은 참으로 잘못된 일입니다.

올바른 민족문화 창달과 계승을 위한 고견을 말씀해주시기 바랍니다.

통일대통령 후보 '블라인드 면접'과 '정책언팩쇼'를 '가림막 면접'과 '정책발표회'로 바꿔 썼더라면 좋았을 것입니다. 더불어민주당 대통령 경선 후보들은 이러한 잡탕말 예비경선을 반성하고 국적 불명의 온갖 외래어와 외국어가 득세한, 문화사대주의에 빠진 우리 말글살이를 올바로 살리는 정책을 적극 제시해야 합니다.

지난날 이름난 정치인들의 이름을 영어 약자로 호칭한 일이 있습니다. 언론 매체들도 김대중을 디제이(DJ)로, 김영삼을 와이에스(YS)로, 김종필을 제이피(JP)로 쓰기도 했습니다. 그러나 정치인을 외국어로 지칭하는 행태들은 박정희의 창씨개명 '오카모도'를 떠올리게 하는 문화제국주의에 빠진 또 하나의 사대매국적 변종 창씨개명이라는 비판을 받을 수 있습니다. 이런 얼빠진 행태는 사라져야 합니다. 이들 이름을 굳이 약자로 쓰고 싶다면 ㄷㅈ, ㅇㅅ, ㅈㅍ로 우리 글자로 쓰면 될 일입니다.

우리 나라도 프랑스 말글정책처럼 국어기본법을 강화하여 국내에서 사용하는 상품과 상호, 간판들은 모두 우리 말글로만 쓰게 하도록 해야 할 것입니다.

박해전 우리 사회가 겪고 있는 병든 말글살이와 민족문화의 위기는 외세가 강요한 식민과 분단체제, 외세의 민족말살정책에서 비롯된 것입니다. 그로부터 민족성을 살리는 민족문화 발전이 가로막히고 민족성을 죽이는 문화제국주의와 정보제국주의가 관철되었습니다. 외세에 의한 식민과 분단이 불러온 대재앙입니다.

외세가 주입한 문화제국주의와 정보제국주의로 인하여 애국애족의 민족성은 빛을 잃고 극단적인 개인주의와 이기주의가 팽배한 가운데 총체적 난국에 빠졌습니다. 민족 분단이 일제 강점기의 배가 넘게 지속되면서 우리 사회에서 핏줄과 언어, 문화, 지역의 공통성에 기초하여 역사적으로 형성되고 공고화된 사회적 집단으로서의 민족 의식은 점차 흐릿해졌습니다. 미국식 다인종 다문화가 정상인 것으로 간주되고 미국 말글과 외국어가 범람하는 잡종문화가 득세하여 민족성을 살리는 민족문화의 발전을 가로막고 있습니다.

자기 땅에서 유배된 사람들처럼 농촌 남성들은 배우자를 구하기 어려워 동남아 여성들을 돈을 주고 데려오는 것이 능사로 되었습니다. 도시에서는 '쥴리'처럼 미국 말글로 이름을 지어 부르는 신판 창씨개명도 유행처럼 번지고 있습니다. 상품 이름과 상표, 광고 간판도 우리 말글로 된 것은 적고, 대부분 외래어로 표기되거나 우리 말과 외래어를 합성한 것으로 둔갑하고 있습니다. 우리 민요와 미풍양속은 푸대접을 받고 미국식 음악과 영화를 비롯한 외래 제국주의문화가 판을 치고 있는 것이 가슴 아픈 현실입니다.

통일대통령 후보 단일민족문화의 위기를 극복하려면 마땅히 외세가 강요한 식민과 분단체제, 민족말살정책을 청산하고 사대매국적인 식민과 분단문화를 일소할 민족성을 살리는 민족통일문화를 창조해야 합니다.

민족성을 살리는 민족통일문화는 민족의 역사와 핏줄을 이어주는 원천입니다. 민족영구분단론이자 민족해체론인 미국식 다인종 다문화론을 용납하지 말아야 합니다. 문화제국주의와 정보제국주의를 배격하고 유구한 단일민족문화를 올곧게 계승 발전시켜야 합니다.

6.15공동선언과 10.4선언, 판문점선언으로 우리 민족은 식민과 분단의 역사에 마침표를 찍고 민족성을 살리는 민족통일문화를 창조할 수 있는 대통로를 열었습니다. 남북공동선언 실천에 매진하여 자주통일과 평화번영의 위대한 민족통일문화의 꽃을 피워야 하겠습니다.

김동학 제2기 진실·화해를위한과거사정리위원회(위원장 정근식)가 제1기 위원회 활동 종료 후 약 10년 만에 다시 구성되어 활동에 들어갔습니다. 항일독립운동·한국전쟁 직후 민간인 학살·권위주의 통치 시 인권침해 등에 대해 조사할 계획입니다. 제2기 위원회의 과거사 청산 활동과 관련해 의견이 있으면 말씀해 주세요.

통일대통령 후보 이명박 박근혜 정권에서 중단되었던 진실화해위원회의 활동이 재개되어 다행스럽습니다. 진실화해위원회의 과거사 청산은 식민과 분단체제에서 불의한 국가폭력에 의해 피해를 당한 사람들의 고통이 완전히 해결될 때까지 중단 없이 계속되어야 합니다.

그런데 이와 관련해 숙고해야 할 문제가 있습니다. 팀 셔록 미국 언론인은 제주 4.3 학살과 5.18 광주 학살의 책임이 미국에 있다며 미국 대통령이 사과해야 한다고 밝혔습니다.

팀 셔록 기자는 제주 4.3항쟁과 관련해 "1947년과 1948년, 우익 경찰의 폭력에 맞선 대중시위와 군인들의 항거 이후 미국은 제주를 '레드 아일랜드'(빨갱이섬)으로 선포하고 10만명이 넘는 사람들을 죽인 잔인한 진압작전을 승인했다. 서북청년단은 수개월 동안 지속된 대학살을 자행했다. 그것은 미군정과 미국 군사고문단의 지원이 뒷받침된 현대판 홀로코스트였다. 한국 전쟁은 1950년 6월 25일 훨씬 이전에 시작됐다"고 전했습니다.

그는 또 5.18민중항쟁과 관련한 미국 국무부의 2급 비밀문건 '체로키 파일'을 입수해 광주시에 전달했습니다. 비밀문건에는 전두환 신군부의 '무력진압'을 미국이 방조하고 승인한 사실이 담겨 있었습니다.

진실화해위원회가 미국과 관련된 과거사 청산을 위하여 노근리 민간인학살을 포함하여 팀 셔록 기자가 제기한 미국의 책임 문제를 다룰 수 있는지, 아니면 또 다른 기구에서 처리할지를 검토해야 할 것입니다.

진실화해위원회의 결정이 짓밟힌 진실을 규명해야

박해전 이명박 박근혜 정권은 박정희 유신독재와 5공 전두환 내란반란정권의 반국가단체 고문조작 국가범죄 가해책임자 박정희와 전두환 심판에 나서기는커녕 인혁당재건위사건과 아람회사건을 표적 삼아 피해자들의 원상회복을 부당하게 짓밟았습니다. 이것은 과거사 청산을 부정한 또하나의 국가폭력이자 국가범죄입니다. 제2기 진실화해위원회는 이에 대한 진실을 규명하여 과거사 청산의 대의를 밝혀야 할 것입니다.

제1기 진실화해를 위한 과거사정리위원회(위원장 송기인)는 2007년 7월 3일 5공 아람회사건 반국가단체 고문조작 국가범죄의 진실을 규명하고

"국가는 피해자들과 그 유가족에게 총체적으로 사과하고 화해를 이루는 적절한 조치를 취하라"고 결정했습니다. 진실·화해를 위한 과거사정리 기본법 제36조에는 '정부는 규명된 진실에 따라 희생자, 피해자 및 유가족의 피해 및 명예를 회복시키기 위한 적절한 조치를 취하여야 한다'라고 규정되어 있습니다.

진실화해위원회의 아람회사건 진실규명 결정과 서울고등법원의 재심 무죄판결에도 불구하고 5공 반국가단체 고문조작 국가범죄가 발생한 지 40년이 지나도록 대한민국 공직책임자들은 아람회사건 피해자들에 대한 사죄와 원상회복을 비롯한 국가범죄 청산 직무를 유기하고 있습니다.

제1기 진실화해위원회의 진실규명 결정이 제2기 진실화해위원회가 출범한 오늘날까지도 이행되지 않은 것은 대한민국의 수치입니다. 5공 아람회사건 반국가단체 고문조작 국가범죄 청산에 대한 정부의 직무유기는 진실화해위원회 활동의 정당성과 존립 근거를 부정하는 국가범죄입니다. 반인륜적 고문조작 국가범죄에는 시효가 없습니다. 제2기 진실화해위원회가 아람회사건에 대한 제1기 진실화해위원회의 결정이 짓밟힌 진실을 규명하고 합당한 조치를 취하는 것은 진실화해위원회의 존립과 직결되는 중대사입니다.

김동학 김원웅 광복회장은 앞에서 언급했듯이 한국사회 모순의 핵심은 분단과 친일미청산이라고 강조했습니다. 김 회장은 이어서 "그런데 그런 것을 주장하면 조중동과 친일세력으로부터 빨갱이라고 몰린다. 그런 면에서 백범 김구 이후에 역사의식을 갖고 그런 입장을 표명한 사람은 6.15공동선언을 채택해 분단을 극복하려고 한 김대중 대통령과 노무현 대통령이라고 생각한다.

그런 역사의식이 투철하지 않은 사람들이 대선 후보 토론회에서 김대중 노무현을 거론하면서 자기가 승계자라고 얘기할 때 속으로 웃음이 나온다. 조중동이 그 사람을 빨갱이라고 몰고 불편하게 생각하고 공격하지 않는 여당의 대선 후보는 그건 가짜다. 그러니까 김대중 노무현 노선을 가겠다고 말하려면 조중동으로부터 저놈 빨갱이야 좌빨이야 이 말 안듣고 그런 말 하겠다면 그건 가짜다. 용기 없는 사람이다. 세상을 못 바꾼다.

그런 사람 하는 거나 다른 당 하는 거나 무슨 큰 차이가 나겠는가. 핵심적인 것은 친일미청산과 분단에 대하여 친일반민족세력들과 맞서 싸울 용기가 없는 사람, 그런 신념이 없는 사람은 기회주의자라고 생각한다." 이렇게 지적했습니다.

김 회장이 밝힌 대선 후보의 품성과 자질에 대한 견해를 말씀해주시지요.

대통령선거 후보의 품성과 자질

통일대통령 후보 김대중 대통령과 노무현 대통령은 여러분이 잘 아시다시피 대선 후보로 선출되는 과정과 대통령선거 과정, 대통령에 당선되어 역사적인 6.15공동선언과 10.4선언을 채택하기까지 수구세력과 수구언론의 온갖 모함과 공격을 받았습니다.

그렇지만 두 대통령은 식민과 분단의 역사를 극복 청산해야 한다는 투철한 역사의식을 갖고 굴함없이 온갖 난관을 뚫고 우리 민족의 자주통일과 평화번영의 이정표를 창조하는 공적을 쌓았습니다. 이런 점에서 김원웅 광복회장의 대선후보들에 대한 지적은 설득력이 있고 모두가 경청해야 한다고 봅니다. 대통령 후보들은 색깔론을 정치에 악용하는 수구세력과 수구언론의 구태를 타파하고 역사의 진실만을 말해야 합니다.

정의와 공정, 법치의 진정한 의미는 무엇인가

박해전 김 회장의 지적은 대선 후보들이 이구동성으로 말하는 우리 사회의 정의와 공정, 법치의 진정한 의미가 무엇인가를 묻고 있는 것 같습니다.

지구상에서 우리 민족처럼 한 세기가 넘게 외세에 의한 식민과 분단의 고통을 겪고 있는 나라가 있습니까? 외세에 의한 식민과 분단이야말로 가장 참혹한 불의와 불공정, 무법치가 아닐 수 없습니다. 이러한 식민과 분단의 적폐를 완전히 청산하고 남북공동선언에 따라 우리 겨레의 염원인 자주통일과 평화번영, 세계평화를 실현하는 것이야말로 최고의 정의와 공정, 법치라고 생각합니다.

제20대 대통령선거에서 식민과 분단 기득권에 안주하여 그 기득권을 계속 유지하려는 정치기술자 대선 후보는 필요가 없습니다. 국민주권자들은 6.15공동선언의 주인공 김대중 대통령, 10.4선언의 주인공 노무현 대통령, 판문점선언의 주인공 문재인 대통령에 못지않은, 아니 그 이상의 정치력을 발휘하여 조국통일을 선포할 통일대통령을 갈망하고 있습니다. 국민주권자들은 통일대통령을 부르고 있습니다.

김동학   그렇습니다. 우리 겨레의 염원인 자주통일과 평화번영, 세계평화를 실현하는 것이야말로 최고의 정의와 공정, 법치라는 말씀에 깊이 공감합니다. 조국통일은 우리 민족의 절절한 염원이며, 분단으로 인해 나서는 모든 문제의 근원적인 해결책이자 유일한 해결책입니다.

그럼 이제 논란을 빚고 있는 야권 대선후보들의 발언과 관련한 말씀을 듣겠습니다.

국민의힘 대선 예비후보였던 최재형 전 감사원장은 대선 출마 기자회견에서 역대 대통령 중 누구를 가장 존경하느냐는 기자의 질문에 이승만이라며 "우리 나라의 대통령 중 헌법 가치를 가장 잘 지킨 대통령은 이승만 대통령"이라고 주장했습니다. 이 발언을 어떻게 평가하십니까?

한미상호방위조약은 한일합방조약에 버금가는 사대매국노예조약

통일대통령 후보   식민과 분단의 적폐청산과는 너무나도 동떨어진 역사의식을 단적으로 드러낸 기가 막힌 망언입니다. 3.15 부정선거의 원흉 이승만은 4.19혁명으로 단죄되었습니다. 우리 헌법 전문은 4.19혁명을 민주이념으로 명시하고 있습니다. 최재형 예비후보의 이승만 찬양 발언은 이러한 헌법 가치를 부정하는 것입니다.

박해전 이승만 사대매국정권이 1953년 대한민국의 군사주권을 미국에 넘긴 한미상호방위조약은 절대로 양도할 수 없는 국민주권을 침해한 것으로 원천무효입니다. 이완용을 비롯한 사대매국노들이 1910년 대한제국의 국가주권을 불법으로 일본에 넘긴 한일합방조약에 버금가는 사대매국조약입니다. 이 사대매국노예조약에 근거해 미국은 한국의 군사주권을 지배함으로써 주한미군을 배치하고 천문학적인 방위비분담금을 요구해왔습니다.

노무현 대통령이 군사작전권 환수에 나서 2012년까지 돌려받기로 했으나, 이명박 박근혜 정권은 이를 취소하고 무기한 연기하고 말았습니다. 근본적으로 군사주권 회복은 불평등한 한미상호방위조약을 폐기해야만 가능합니다. 일본 군대는 일제강점기 36년 동안 한국에 주둔했지만, 주한미군은 그 곱절을 기록하고 있습니다. 세상에 외국군대가 이토록 오랫 동안 남의 나라에 진을 친 역사가 어디에 또 있겠습니까?

통일대통령 후보 최재형 국민의힘 예비후보에게 묻겠습니다. 불평등 불공정 한미상호방위조약으로 국가주권의 핵심인 군사주권을 미국에 넘긴 이승만이 정말 헌법 가치를 가장 잘 지킨 사람입니까?

김동학 윤석열 전 검찰총장은 윤봉길의사기념관에서 연 대선출마 기자회견에서 한일관계 개선 방안을 묻는 일본 방송기자의 질문에 "수교 이후 가장 관계가 열악해지고 회복이 불가능할 정도까지 관계가 망가졌다. 어떤 이념 편향적인 죽창가를 부르다가 여기까지 왔다"라고 답변했습니다.

일본 극우세력과 궤를 같이하는 시각의 윤 전 검찰총장의 발언을 일본 언론매체들은 일제히 "한국의 각종 여론조사에서 가장 인기가 많은 한국 대선 후보가 한·일 관계 개선의 의지를 표명하며 문재인 정부를 비판했다"라고 전했습니다.

윤 전 검찰총장의 발언을 어떻게 이해할 수 있겠습니까?

한일기본조약은 일제식민통치에 면죄부를 준 사대매국조약

통일대통령 후보 일본 정부와 유사한 역사의식에 경악을 금할 수 없습니다. 윤 전 검찰총장 역시 최재형 전 감사원장처럼 대선출마 기자회견에서 식민과 분단 적폐청산과 동떨어진 역사인식을 드러냈습니다. 한일관계가 악화된 원인은 일제강점기 반인륜적 범죄 청산을 회피하는 일본 정부의 태도에 있는 것이지 역사정의의 원칙을 지키려는 문재인 정부 탓으로 돌릴 수는 없는 것입니다.

박해전 일왕에게 충성을 맹세했던 박정희 사대매국정권이 미국의 사주 아래 1965년 일본과 체결한 한일기본조약도 불법적인 일제식민지배의 사죄와 정당한 배상 없이 일제식민통치에 면죄부를 준 사대매국조약으로 원천무효입니다.

일본 총리 아베는 이 조약을 근거로 한국 대법원의 일제 강제징용 배상 판결을 무시하고 적반하장의 경제보복 조치를 취했습니다. 이 사대매국조약을 폐기해야 우리 민족의 일제식민통치에 대한 공정하고 정의로운 심판과 올바른 친일잔재 청산의 길이 열릴 것입니다.

김동학 이제 우리 민족이 일일천추로 갈망하는 조국통일의 방도와 전망에 대한 말씀을 요청합니다.

국민주권연대는 6.15공동선언 깃발을 높이 들고 지금 즉각 통일하자고 촉구하고 있습니다. 조국통일은 먼 훗날의 얘기가 아닙니다. 의지만 갖는다면 지금 당장이라도 시작할 수 있습니다. 하루빨리 조국통일을 이룰 수 있는 방안에 대하여 말씀해주시기 바랍니다.

남북공동선언에 따라 지금 바로 통일하자

통일대통령 후보 우리 민족은 이미 2000년 6.15공동선언을 통해 낮은 단계의 연방조국통일 방안을 천명하였으며, 판문점선언에서 재확인했습니다. 1민족 1국가 2체제 남북지역자치정부를 기반으로 하는 연방통일방안은 어느 일방으로의 흡수통일을 배격하며 통일비용을 한 푼 들이지 않고 남북해외 온 겨레가 실지 덕을 볼 수 있는 가장 공명정대한 것으로 인정됩니다. 6.15선언은 조국통일의 주체와 원칙, 방도를 분명하게 밝히고 있습니다. 남과 북은 나라의 통일 문제를 그 주인인 우리 민족끼리 서로 힘을 합쳐 자주적으로 해결해 나가기로 하였습니다. 남과 북은 나라의 통일을 위한 남측의 연합제안과 북측의 낮은 단계의 연방제안이 서로 공통성이 있다고 인정하고, 앞으로 이 방향에서 통일을 지향시켜 나가기로 하였습니다.

남북관계 발전과 평화번영을 위한 10.4선언에서 남과 북은 6.15공동선언을 고수하고 적극 구현해 나가기로 하였습니다. 판문점선언에서도 남과 북은 우리 민족의 운명은 우리 스스로 결정한다는 민족자주의 원칙을 확인하였으며 이미 채택된 남북 선언들과 모든 합의들을 철저히 이행함으로써 관계 개선과 발전의 전환적 국면을 열어나가기로 하였습니다.

조국통일은 이제 마지막 절차를 남겨 놓고 있습니다. 문재인 대통령과 김정은 국무위원장이 정상회담을 열어 6.15공동선언과 10.4선언, 판문점선언에 의거한 조국통일을 선포하고 남북연방통일정부를 구성해주시기 바랍니다.

박해전 지금 당장 조국통일을 이룰 수 있다는 말씀을 들으니 정말 뜨거운 감동을 억제할 수 없습니다. 남과 북은 상대방에 존재하는 서로의 사상과 제도를 인정하고 용납하는 기초 우에서 온 민족의 지향과 요구에 맞게 통일강국의 휘황한 설계도를 마련해나가야 합니다.

판문점선언과 그 실천강령인 9월평양공동선언에는 아름다운 삼천리 조국강토를 평화와 민족번영의 보금자리로 만들어나가기 위한 실질적인 대책과 방도들이 구체적으로 명시되어 있습니다. 통일의지로 불타는 우리 겨레의 강렬한 소원과 꿈이 담겨져 있습니다.

통일대통령후보 국회는 지체없이 판문점선언의 국회 비준동의를 만장일치 가결하고 국가보안법을 폐지함으로써 조국통일의 확고한 제도적 기반을 마련해야 합니다. 국회가 판문점선언에 의거해 조국통일을 선포할 남북정상회담 촉구결의안을 채택하고 이에 따라 문재인 대통령과 김정은 국무위원장이 최고민족연방통일기구를 구성한다면 우리 민족의 소원인 조국통일은 현실로 다가올 것입니다.

박해전 저는 남북공동선언에 따라 실현될 자주통일 평화번영의 위대한 통일강국의 국호를 대고려민주연방공화국(대외적으로는 그레이트 코리아)으로 정하고, 최고민족연방통일기구 청사는 이곳 판문점에 두는 것을 제안합니다. 또 통일조국은 서방 스위스와는 다른 21세기형의 자위력을 갖춘 동방의 중립국이 될 것을 요청하고 싶습니다.

김동학 귀한 말씀 감사합니다. 이제 대담을 마칠 시간이 되었습니다. 두 분의 마무리 발언을 듣겠습니다.

조국통일대통령 깃발을 높이 들고 나아가자

통일대통령 후보 제20대 대통령선거는 조국통일을 완성하는 선거가 되어야 합니다. 오늘 판문점 대담이 국민주권자들이 제20대 대선에서 통일대통령을 올바로 세우는 기폭제가 되었으면 좋겠습니다. 저는 이곳 판문점에서 제가 들었던 깃발 6.15공동선언, 10.4선언, 판문점선언을 신명을 바쳐 완수할 것임을 8천만 동포들께 굳게 맹세합니다.

문재인 대통령과 김정은 국무위원장이 함께 거닐었던 유서 깊은 판문점 도보다리 대담장에 나부낀 '제폭구민 / 척양척왜 / 보국안민 / 6.15공동선언 / 10.4선언 / 판문점선언 / 자주통일 / 평화번영 / 세계평화' 9개 깃발과 대담에서 확인된 민심을 대선후보들에게 전달하여 통일대통령 후보가 이 깃발을 들고 2022년 대선에서 건승하도록 하겠습니다. 감사합니다.

박해전 국민주권자들은 촛불혁명으로 6.15공동선언과 10.4선언을 유린한 박근혜 정권을 탄핵하고 2017년 5.9 대선에서 문재인 대통령을 선출했습니다. 지난해 4.15총선에서는 촛불혁명 정권을 뒤엎으려는 박근혜 잔당을 물리치고 제21대 촛불혁명 국회를 세우는 위대한 역사를 창조했습니다.

제폭구민, 척양척왜, 보국안민의 깃발을 높이 들었던 동학혁명, 일제침략에 맞선 항일자주독립투쟁, 외세에 의한 조국 분단에 항거하며 자주 민주 통일을 이루기 위해 투쟁한 제주 4.3항쟁, 4.19혁명, 5월항쟁, 6월항쟁, 범민련 민족대단결운동, 6.15공동선언, 10.4선언 정신이 촛불혁명으로 이어졌습니다. 촛불혁명은 아직 끝나지 않았습니다. 식민과 분단 적폐를 완전히 청산하고 민족자주와 조국통일을 이루는 그날 촛불혁명은 완성될 것입니다.

국민주권자로서 판문점선언을 완수하는 통일대통령을 핵심공약으로 낼 것을 2022년 대통령선거에 출마한 후보들에게 요구합니다. 제정당 사회단체들이 조국통일 대통령 후보를 중심으로 단결하여 2022년 대선에서 다함께 민생조국통일 거국정권을 창조할 것을 호소합니다.

저는 오늘 대담을 포함해 통일대통령 선택에 도움을 주는 글들을 모아 단행본 『이재명 통일대통령 깃발을 다함께 들자』를 서둘러 출판하겠습니다. 이곳에서 출발한 9개의 깃발이 통일대통령을 세우는 기둥이 되도록 국민주권자들과 공유하겠습니다. 조국의 운명을 결정할 제20대 대통령선거에서 통일대통령이 선출되도록 지혜와 힘을 모아주시기를 바랍니다.

김동학 장시간 귀중한 말씀 잘 들었습니다. 출연해주신 두 분께 감사드립니다. 끝까지 경청해주신 시청자 여러분, 고맙습니다. 다음번에는 문재인 대통령과 김정은 국무위원장이 2018년 9월 두 손을 굳게 잡았던 백두산 장군봉에서 통일대통령과 함께하는 대담을 갖도록 하겠습니다. 그때 다시 뵙겠습니다.

이것으로 2022년 1월 1일 정오 판문점 도보다리 대담장에서 '다함께 민생조국통일 거국정권 창조하자'를 주제로 진행된 통일대통령 후보와 박해전 자주통일평화번영운동연대 상임대표의 대담을 끝마치겠습니다. 감사합니다. 〈끝〉

〈박해전 자주통일평화번영운동연대 상임대표〉

사람일보 2022. 1. 7.

9
판문점선언 완수하는 민생통일 대통합정권을 향하여 전진하자

박해전 자주통일평화번영운동연대 상임대표는 22일 제20대 대선과 관련해 제정당사회단체의 진로를 밝히는 '판문점선언 완수하는 민생통일 대통합정권을 향하여 전진하자' 제목의 시국성명을 발표했다. 시국성명 전문을 싣는다. 〈편집자〉

제정당사회단체는 2022년 3월 9일 제20대 대통령선거에서 식민과 분단 적폐를 청산하고 자주통일과 평화번영, 세계평화의 이정표인 역사적인 4.27 판문점선언을 완수할 민생통일 대통합정권을 세우는 데 실패했다.

제20대 대선의 시대정신은 6.15공동선언과 10.4선언을 짓밟은 이명박 박근혜 정권을 물리친 촛불혁명 정신으로 제정당사회단체들이 정당과 정견, 계층의 차이를 초월하여 연대 연합하여 윤석열-안철수 국민의힘당 적폐연대를 제압하고 김대중, 노무현, 문재인 대통령을 계승하는 조국통일 대통합정권 창출을 절박하게 요구했다.

그러나 대선 후보들과 제정당사회단체들은 정파적 이해를 뛰어넘지 못하고 분열로 치달아 이명박 박근혜 후예 분단적폐의 연장을 막아내지 못했다. 판문점선언 완수를 첫 자리에 두고 대단결해 민생통일 대통합정권을 수립하고 식민과 분단의 역사에 종지부를 찍어야 한다는 민족사적 요구에 부응하지 못했다.

제정당사회단체는 제20대 대선의 실패 원인을 엄정하게 규명하고, 이를 교훈 삼아 총체적 난국을 극복할 노선과 정책 대안을 제시해야 한다.

판문점선언의 시대정신을 망각한 제20대 대선

제20대 대선은 잘못되었다. 대선이 문재인 대통령과 집권여당 더불어민주당의 그동안의 역할과 실적에 대한 평가와 심판의 의미를 갖는다는 점에서 실패 원인으로 먼저, 촛불혁명으로 탄생한 문 대통령과 민주당이 자신의 역할과 책무를 제대로 수행하지 못한 책임을 묻지 않을 수 없다.

국민주권자들은 촛불혁명으로 6.15공동선언과 10.4선언을 유린한 박근혜 정권을 탄핵하고 2017년 5월 9일 대선에서 문재인 대통령을 선출한 데 이어, 2020년 4.15 총선에서 촛불혁명 정권을 뒤엎으려는 박근혜 잔당을 물리치고 여당에 압도적 의석을 몰아줘 문 대통령의 공약을 완수할 수 있는 발판을 마련했다.

그러나 문 대통령과 제21대국회는 촛불혁명 권력으로서 촛불혁명의 대의에 따라 식민과 분단의 적폐를 일소하고 자주통일과 평화번영의 강령인 판문점선언을 완수함으로써 민족자주와 조국통일의 국민주권을 오롯이 실현해야 하는 역사적 사명과 막중한 책무를 다하지 못했다.

김대중 대통령과 노무현 대통령을 계승한 문재인 대통령은 2018년 4월

27일 김정은 국무위원장과 6.15공동선언과 10.4선언을 계승한 판문점선언을 채택하고, 같은해 9월 김정은 국무위원장과 9월평양공동선언을 합의함으로써 6.15, 10.4선언의 제도화 법제화 공약과 조국통일의 위업을 실현할 통일대통령으로서의 가능성을 보여주었다.

국민주권자들은 문재인 대통령의 이러한 역사적인 행보에 열광했고 이를 적극 지지했다. 판문점선언 발표 직후인 2018년 4월 29~30일 문화방송의 여론조사에서 문재인 대통령 지지율은 86%를 기록했다. 취임 1년에 즈음해서 80% 넘는 지지율을 기록한 대통령은 처음이었다.

그러나 문재인 대통령은 판문점선언을 제대로 이행하지 못하고 임기말까지 허송세월하고 말았다. 문 대통령이 곧바로 판문점선언의 국회 비준을 성사시켜 자신의 공약을 실천하고 이를 바탕으로 모든 인적 제도적 식민과 분단 적폐를 청산하고 자주통일과 평화번영을 완성하는 길로 매진했다면 이명박 박근혜 잔당은 머리를 쳐들지 못했을 것이다.

문재인 대통령은 2018년 6월 12일 싱가포르 조미 공동성명이 나온 정세에서 금강산관광과 개성공단 재개 조치를 결행해야 했다. 김정은 국무위원장이 2019년 신년사에서 아무런 전제조건이나 대가 없이 이를 재개할 용의가 있다고 천명했지만 문 대통령이 이를 실현하지 못한 것은 천추의 한으로 남을 일이다.

문 대통령이 판문점선언을 적극 실천하여 금강산관광과 개성공단 재개와 함께 백두산관광을 시행하고 노무현 대통령 시기 가동했던 남북경제위원회를 재가동해 남북통일경제의 문을 활짝 열었더라면 코로나 위기로 고통받은 중소상공인들의 손실을 전액 보상하는 재원도 마련하고 청년 일자리 문제도 풀고, 국가부채와 기업부채, 가계부채도 전면적으로 해결할 전망을 제시할 수 있었을 것이다. 그랬더라면 부동산 투기 문제로 정부가 곤욕을 치르는 일은 상상조차 할 수 없었을 것이다.

통일부와 교육부가 판문점선언의 이행에서 제구실을 못했다는 점도 엄중히 비판받아야 한다.

남과 북이 1972년 7월4일 자주, 평화통일, 민족대단결의 조국통일 3대 원칙을 천명한 7.4공동성명, 조국의 평화적 통일을 염원하는 온 겨레의 숭고한 뜻에 따라 김대중 대통령과 김정일 국방위원장이 2000년 6월15일 선언한 6.15공동선언, 노무현 대통령과 김정일 국방위원장이 6.15공동선언을 재확인하고 2007년 10월4일 채택한 남북관계 발전과 평화번영을 위한 10.4선언, 문재인 대통령과 김정은 국무위원장이 2018년 4월27일 합의한 한반도의 평화와 번영, 통일을 위한 판문점선언은 자주독립과 평화통일을 명시한 헌법 정신을 가장 잘 구현한 자주통일과 평화번영, 세계평화의 대강령이며 이정표이다.

정부가 우리 민족의 살길인 남북공동선언들의 거대한 의의를 청소년들에게 충실하게 교육하고 각계각층 대중이 남북공동선언의 이행에 모두 떨쳐나서도록 총력을 기울였다면 이번 대선에서 식민과 분단적폐의 연장은 불가능했을 것이다.

문재인 대통령은 진실화해를 위한 과거사정리위원회가 규명하고 법원의 형사재심에서 무죄판결을 받은 유신독재와 5공 고문조작 국가범죄 청산을 외면함으로써 역사정의와 사회정의를 올바로 세워야 할 책무를 방기했다.

유신독재 인혁당재건위사건 반국가단체 고문조작 국가범죄 피해자들과 5공 아람회사건 반국가단체 고문조작 국가범죄 피해자들은 과거사청산 3대원칙인 가해자 처벌과 피해자 원상회복, 재발방지조치를 거듭하여 요구했지만 어느 것 하나 실현되지 못했다.

진실화해위원회가 5공 아람회사건 반국가단체 고문조작 국가범죄의 진실을 규명하고 '국가는 수사과정에서의 불법감금 및 가혹행위, 임의성 없는 자백에 의존한 기소 및 유죄판결 등에 대하여 피해자들과 그 유가족에게 총체적으로 사과하고 화해를 이루는 적절한 조치를 취하는 것이 필요하다'고 결정했고, 진실·화해를 위한 과거사정리 기본법 36조에 '정부는 규명된 진실에 따라 희생자, 피해자 및 유가족의 피해 및 명예를 회복시키기 위한 적절한 조치를 취하여야 한다'고 규정되어 있음에도 불구하고 정부는 직무유기를 했다.

　유신독재와 5공의 국가범죄를 철저히 청산하지 않고 어떻게 나라다운 나라를 만들 수 있겠으며, 역사정의와 사회정의가 실현되는 대선을 기대할 수 있겠는가?

　국회 다수 의석을 차지한 더불어민주당의 무능과 무책임도 문재인 대통령 못지않게 대선 실패의 주요 원인으로 꼽지 않을 수 없다.

　더불어민주당은 2020년 총선 뒤 제21대국회 개원과 함께 우리 민족의 식민과 분단을 극복하기 위한 운동을 총결산하는 판문점선언의 국회비준을 가결하는 것으로써 문재인 대통령의 성공을 보장해야 했다. 또 노무현 대통령의 공약이었던 국가보안법을 폐지하고 판문점선언에 기초한 자주통일 평화번영 헌법을 제정함으로써 국민주권을 완전하게 실현하는 길로 나아가야 했다.

　그러나 집권여당은 촛불혁명 권력으로서 자신의 역사적 책무를 다하지 못하고 대중에게 커다란 실망과 배신감을 안겨줬다.

　더불어민주당은 또 문 대통령의 판문점선언 이행을 가로막은 외세에 의한 식민과 분단의 제도적 장벽들을 과감하게 철폐하지 못했다. 이승만 정권이 군사주권을 미국에 넘긴 사대매국조약인 한미상호방위조약과 박정희 정권이 일제식민지배에 면죄부를 준 한일기본협정은 국민주권과 헌법을 근본적으로 유린한 것으로 일찍이 폐기됐어야 마땅하다.

　집권여당은 식민과 분단 적폐언론을 청산하고 판문점선언 완수에 기여하는 언론개혁을 추진하지 못했다. '식민과 분단 적폐언론 청산 특별법'을 제정해 식민과 분단에 기생해온 제도언론을 일소하고 우리 민족의 염원인 자주통일과 평화번영을 실현하는 통일언론을 바로세워야 했다.

　우리 사회는 36년간 일제의 식민지배를 당하고도 친일반민족언론을 청산하지 못했다. 프랑스의 나치에 협력한 반민족언론 청산 못지않게 일제강점기 친일매국행위를 한 조선일보와 동아일보, 박정희 쿠데타정권과 5공 내란반란정권의 시녀 노릇을 한 반민주언론, 6.15공동선언과 10.4선언, 판문점선언에 역행하는 반민족 반통일언론과 기레기들을 엄벌하고 퇴출시켜야 했다.

이재명 더불어민주당 대통령 후보는 대선 패배에 관련해 '부족했습니다' 현수막을 걸었다. 현수막에 적힌 이 후보의 '부족'을 정확히 파악할 수는 없지만 몇 가지 아쉬웠던 점을 밝힐 수 있다.

먼저, 이재명 대통령 후보는 앞에서 열거한 문재인 대통령과 더불어민주당의 과오와 부족점을 당내 경선과정과 본선 과정에서 정확하게 지적 비판하고, 판문점선언 완수를 위한 통일대통령의 깃발을 더욱 높이 들었다면 좋았을 것이다. 구호도 '위기에 강한 유능한 경제대통령' 대신 '위기에 강한 유능한 통일대통령'으로 내걸었으면 더 큰 정치력과 감화력을 발휘할 수 있었을 것이다.

조국통일은 판문점선언의 시대정신이다. 추미애 더불어민주당 대통령선거 경선후보는 출마선언에서 '통일 한국의 미래까지 설계하는 통일대통령이 되겠다'고 공약했지만 당내 경선에서 후보들이 통일대통령을 핵심의제로 설정하지 못하고 식민과 분단의 역사에 종지부를 찍을 통일대통령으로서 누가 적임자인지 토론되지 못한 것이 아쉽다.

이재명 대통령 후보는 위기극복과 국민통합, 경제성장, 민생회복, 개혁완성, 평화번영의 길로 담대하게 나아가겠다고 약속하고 시민사회와 정치권에 국민통합정부 구성을 위한 국민통합추진위원회를 제안했다. 또 마지막 유세에서 김구 선생이 못다 이룬 자주독립의 꿈, 김대중 대통령이 못다 이룬 평화통일의 꿈, 노무현 대통령이 못다 이룬 반칙과 특권 없는 세상의 꿈, 문재인 대통령이 꿈꾸고 있는 나라다운 나라를 반드시 만들어내겠다고 역설하여 커다란 감동을 주었다.

그러나 윤석열 국민의힘 후보와 안철수 국민의당 후보의 적폐연대가 예견되는 상황에서 진보개혁진영으로 불리었던 심상정 정의당 후보와 김재연 진보당 후보와의 연대연합을 이끌어내지 못하고 근소한 표차로 석패한 점이 매우 아쉽다.

제정당사회단체들은 초박빙 선거로 치러진 제20대 대선에서 정파적 이해를 앞세워 윤석열-안철수 연대를 제압할 수 있는 반보수대연합을 성사시키지 못했다. 그 결과 윤석열 국민의힘당 후보는 16,394,815표를 얻어 득표율 48.56%, 이재명 더불어민주당 후보는 16,147,738표로 득표율 47.83%를 기록했다. 두 후보의 표 차는 불과 247,077표였다. 심상정 정의당 후보는 803,358표로 득표율 2.37%, 김재연 진보당 후보는 37,366표로 득표율 0.11%를 찍었다.

판문점선언의 시대정신을 저버리고 분단적폐의 연장에 합세한 변절자와 배신자들의 행태도 대선 실패의 한 요인으로 분명하게 기록되어야 한다.

제정당사회단체의 진로

우리 민족의 모든 불행과 재앙의 근원은 외세에 의한 식민과 분단이다. 제정당사회단체는 굳게 연대 연합하여 촛불혁명 정신으로 식민과 분단 적폐를 청산하며 판문점선언 완수의 길로 전진해야 한다.

제정당사회단체가 연대 연합하여 자주통일과 평화번영의 길을 전면적으로 밝혀주고 있는 판문점선언을 완수할 민생통일 대통합정권을 세우지 못하면 우리 민족의 염원인 민족자주와 조국통일의 위업을 성취할 수 없다.

제정당사회단체는 그 누가 집권을 하든 우리 민족의 살길인 판문점선언의 완수를 위한 민생통일 대통합정부를 요구하고 그 실현을 위해 총력 투쟁하여야 한다.

더불어민주당 비상대책위원회는 제20대 대선의 실패를 교훈 삼아 촛불혁명 권력으로서 역사적 책무를 올바로 수행해야 한다.

민주당 비대위는 즉각 문재인 대통령이 공약한 6.15공동선언과 10.4선언, 판문점선언의 국회 비준에 나서 판문점선언 완수와 문 대통령의 명퇴의 길을 열어야 한다. 민주당은 이와 동시에 노무현 대통령이 공약한 국가보안법을 폐지하여 과거 반통일정권이 자행한 공안탄압의 원천을 뿌리뽑아야 한다.

민주당 비대위는 이것을 혁신의 출발점으로 하여 제21대국회의 남은 임기 2년 동안 문재인 대통령과 민주당이 그동안 못다한 식민과 분단 적폐청산과 사회대개혁 과업을 완수해야 할 것이다.

윤석열 대통령 당선인은 통합과 번영의 정치를 표명했다. 통합은 조국통일 3대원칙에 명시된 자주와 평화통일을 위한 민족대단결을 실현하는 통합이어야 하고, 번영은 노무현 대통령과 김정일 국방위원장이 합의한 남북관계 발전과 평화번영을 위한 10.4선언을 실천하는 번영이어야 한다.

윤 당선인이 또다시 남북공동선언을 파괴한 이명박 박근혜 정권의 전철을 밟는다면 국민주권자들의 준엄한 심판을 면할 수 없을 것이다.

제정당사회단체는 다함께 판문점선언 완수의 깃발을 높이 들고 민생통일 대통합정권을 기어이 실현해야 한다. 그리하여 자주통일과 평화번영을 이루는 그날 온 겨레의 희망과 행복이 넘치는 새로운 세상의 문은 활짝 열릴 것이다.

촛불혁명은 끝나지 않았다. 국민주권자들이 자주통일 평화번영 정권을 올바로 세워 민족자주와 조국통일을 실현하는 최후승리의 그날 촛불혁명은 마침내 완성될 것이다.

국민주권자들은 판문점선언에 따라 식민과 분단의 모든 적폐를 청산하고 자주통일 평화번영의 위업을 반드시 실현하고야 말 것이다.

2022년 3월 22일
자주통일평화번영운동연대 상임대표 박해전

사람일보 2022. 3. 22.

10
식민과 분단 적폐청산 조국통일 어떻게 할 것인가

정당사회단체 각계인사들이 11일 오후 2시 서울 노무현시민센터 다목적강당에서 '식민과 분단 적폐청산 조국통일 어떻게 할 것인가'를 주제로 조국통일 만민공동회를 열어 김대중 노무현 문재인 대통령의 공과를 성찰하고 우리 민족의 식민과 분단 적폐청산과 조국통일 방안을 밝혔다.

조국통일 만민공동회는 통일원로 전창일(96) 한국진보연대 상임고문의 격려사(고은광순 평화어머니회 대표가 대독)를 시작으로 김정길 6.15공동선언실천남측위원회 상임대표의 '광주아리랑', 한명희 민중민주당 통일위원장의 '임박한 세계대전과 코리아의 자주와 통일', 박준의 국민주권당(준) 위원장(이형구 정책위원장 대독)의 '국민주권정치의 실현이 통일의 열쇠다', 전덕용 사월혁명회 상임의장의 '분단극복과 완전한 자주통일독립국가 건설', 고승우 민언련 고문의 '한미상호방위조약 체결 70년, 미 제국주의 실체 직시해야 할 때', 김광수 (사)부산평화통일센터 하나 이사장의 '분단극복 없는 민주주의 완성 없다!', 정일용 6.15공동선언실천남측위원회 언론본부 상임대표의 '미국이 한국의 동맹국인가-이른바 한미동맹 70주년에 부쳐', 김성수 독한문화원 원장의 '반외세 민족공조', 박해전 자주통일평화번영운동연대 상임대표의 '식민과 분단 적폐청산 조국통일 어떻게 할 것인가' 제하의 연설이 한성 자주통일연구소 소장의 사회로 진행됐다.

박해전 자주통일평화번영운동연대 상임대표의 연설문 '식민과 분단 적폐청산 조국통일 어떻게 할 것인가'를 싣는다. 〈편집자〉

여러분 안녕하십니까.

김대중 노무현 문재인 대통령의 공과를 성찰한 책 〈김대중 노무현 문재인〉 출판을 기념하여 '식민과 분단 적폐청산 조국통일 어떻게 할 것인가'를

주제로 열린 조국통일 만민공동회에서 고견을 밝혀주신 정당사회단체 각계 인사들과 이 모임을 성원해주신 모든 분들께 감사를 드립니다.

우리 민족은 1910년 일본 제국주의의 강점 이래 한 세기가 넘는 세월 외세에 의한 식민과 분단의 고통을 겪어 왔습니다. 우리 민족의 모든 불행과 재앙의 근원은 외세에 의한 식민과 분단입니다.

반만년 오랜 역사를 창조해온 우리 단일민족은 이러한 외세의 침략에 맞서 굴함 없이 민족의 자주독립과 조국통일을 위해 투쟁하였습니다. 현대사에서 자주독립과 조국통일은 우리 민족의 보편적 가치입니다.

이러한 역사와 시대정신을 반영하여 우리 헌법은 전문에 '조국의 민주개혁과 평화적 통일의 사명에 입각하여 정의·인도와 동포애로써 민족의 단결을 공고히 하고, 모든 사회적 폐습과 불의를 타파'한다고 새겨 넣음으로써 식민과 분단 적폐청산과 조국통일, 민족대단결이 국민주권의 근본 요구임을 밝혔습니다.

조국의 평화적 통일을 염원하는 온 겨레의 숭고한 뜻에 따라 21세기 첫해 김대중 대통령과 김정일 국방위원장은 분단 역사상 처음으로 6월 15일 평양에서 남북정상회담을 열어 남북공동선언을 채택하였습니다.

역사적인 6.15 남북공동선언은 민족자주와 조국통일 운동의 새로운 장을 연 자주통일의 대강령이자 이정표로서 온 겨레와 세계의 지지를 받았습니다.

남과 북은 나라의 통일문제를 그 주인인 우리 민족끼리 서로 힘을 합쳐 자주적으로 해결해 나가기로 하였습니다.

남과 북은 나라의 통일을 위한 남측의 연합제안과 북측의 낮은 단계의 연방제안이 서로 공통성이 있다고 인정하고 앞으로 이 방향에서 통일을 지향시켜 나가기로 하였습니다.

남북 정권이 조국통일의 주체와 원칙, 방도를 명백히 천명한 6.15공동선언에 따라 남북의 정부, 정당, 사회단체들이 대단결하여 조국통일을 이룰 수 있게 되었습니다.

김대중 대통령을 계승하여 노무현 대통령은 2007년 10월 4일 평양에서 김정일 국방위원장과 남북정상회담을 갖고 남북관계 발전과 평화번영을 위한 10.4선언을 합의 발표하였습니다.

10.4선언은 6.15공동선언의 정신을 재확인하고 남북관계 발전과 한반도 평화, 민족공동의 번영과 통일을 실현하는 데 따른 제반 문제들의 해법을 마련한 평화번영의 실천강령입니다.

남과 북은 우리 민족끼리 정신에 따라 통일문제를 자주적으로 해결해 나가며 민족의 존엄과 이익을 중시하고 모든 것을 이에 지향시켜 나가기로 하였습니다.

남과 북은 민족경제의 균형적 발전과 공동의 번영을 위해 경제협력사업을 공리공영과 유무상통의 원칙에서 적극 활성화하고 지속적으로 확대 발전시켜 나가기로 하였습니다.

김대중 노무현 대통령을 계승한 문재인 대통령은 2018년 4월 27일 역사의 땅 판문점에서 남북정상회담을 열어 한반도의 평화와 번영, 통일을 위한 판문점선언을 채택하였습니다.

남과 북은 남북 관계의 전면적이며 획기적인 개선과 발전을 이룩함으로써 끊어진 민족의 혈맥을 잇고 공동번영과 자주통일의 미래를 앞당겨 나갈 것을 천명하였습니다.

남과 북은 우리 민족의 운명은 우리 스스로 결정한다는 민족자주의 원칙을 확인하였으며 이미 채택된 남북 선언들과 모든 합의들을 철저히 이행함으로써 관계 개선과 발전의 전환적 국면을 열어나가기로 하였습니다.

김대중 노무현 문재인 대통령이 조국통일 3대원칙에 기초하여 민족공조로 북측 정권과 함께 6.15공동선언과 10.4선언, 판문점선언을 채택함으로써 우리 민족의 살길인 자주통일과 평화번영의 대강령과 청사진을 마련한 것은 지울 수 없는 업적입니다.

이들 정권시기 남북공동선언을 법제화하여 정부와 정당사회단체들이 대단결하여 자주통일과 평화번영을 가로막는 식민과 분단 적폐를 청산하고 남북공동선언을 완수했더라면 민족자주와 조국통일 위업은 오래 전에 실현되었을 것입니다.

그러나 이들 정권과 정당사회단체들은 분단기득권에 안주하여 국민주권과 헌법을 파괴하는 식민과 분단 적폐청산을 제대로 하지 못하고 남북공동선언을 완수해야 할 역사적 책무를 다하지 못했습니다.

이들 김대중 노무현 문재인 정권의 공과를 올바로 평가하고 그 제한성을 극복하는 것은 앞으로 제정당사회단체가 연대연합하여 식민과 분단 적폐를 청산하면서 이들 정권의 실패를 되풀이하지 않는 조국통일 민족대단결 정권을 창조하는 데 필수적 요구로 됩니다.

그러면 김대중 노무현 김대중 정권에서도 방치된 국민주권과 헌법을 파괴하는 식민과 분단 적폐의 내용은 무엇이겠습니까?

우리 현대사에서 외세에 의한 강점과 식민지배는 일본 제국주의의 36년이 전부가 아닙니다. 우리 사회는 미국 제국주의에 의한 한반도 38선 분할, 38선 이남에 대한 군사점령과 3년간의 미군정을 겪었고, 1997년 국가부도 위기를 맞아 국제통화기금의 구제금융을 받고 경제주권을 잃기도 하였습니다.

그러나 우리 사회에서 일제 식민 적폐와 관련한 친일파 청산운동이 벌어지기는 했지만 미군정의 식민과 분단 적폐와 국제통화기금의 식민 적폐 청산이 올바로 제기되지 못했습니다.

일본 제국주의의 36년 침략(1910~1945)에 이어 미국 제국주의는 한반도를 38선으로 가르고 그 이남에서 여운형 선생을 중심으로 한 조선건국준비위원회가 선포한 조선인민공화국과 각지역 인민위원회를 부정하고 1945년부터 1948년까지 3년 동안 불법 점령하면서 일제 식민 적폐청산을 가로막고 미군정을 실시하였습니다. 미국은 특히 1948년 4월 미군정을 반대하고 미군철수를 요구하는 제주도민을 무참히 학살한 범죄에 책임을 져야 합니다.

발전도상국에서 벗어난 국가에서는 처음으로 한국이 1990년대 후반 국제통화기금 구제금융의 대상이 되어 560억달러의 구제금융을 받고 이 기구에 한국 경제주권을 넘긴 후과는 참혹했습니다.

국제통화기금은 한국 경제구조를 다 무너뜨리는 방식의 강도적 구조조정을 강행했습니다. '바이 코리아' 바람이 불고 한국의 '문전옥답' 노른자위 자산들이 저평가된 원화가치에 따라 외국투기자본에 헐값에 팔려나갔습니다. 일례로 미국 캘리포니아 투기자본은 제일은행을 400만달러 헐값에 사서 구조조정을 거치고 150억달러에 되팔아 차익을 남겼습니다.

우리 사회는 일본 제국주의의 한반도 강점 36년 식민지배에 대한 범죄와 그 적폐를 청산하지 못하였습니다. 특히 일제 강점기 일왕에게 충성을 맹세했던 박정희 사대매국정권은 미국의 사주 아래 1965년 일제 강점 식민지배에 면죄부를 준 사대매국조약인 한일기본조약을 체결하여 일제 만행에 대한 정당한 피해 배상 청구권을 포기하였습니다.

일본 총리 아베는 이를 근거로 한국 대법원의 일제 강제징용 배상 판결을 무시하고 적반하장의 경제보복 조치를 취했습니다.

불법적인 일제식민지배의 사죄와 정당한 피해 배상 없이 일제식민통치에 면죄부를 준 한일기본조약은 국민주권과 우리 헌법을 침해하는 것으로 원천무효입니다. 이 사대매국조약을 폐기해야 우리 민족의 일제식민통치에 대한 공정하고 정의로운 심판과 올바른 친일잔재 청산의 길이 열릴 것입니다.

　이승만 사대매국정권이 1953년 대한민국의 군사주권을 미국에 넘긴 한미상호방위조약도 절대로 양도할 수 없는 국민주권과 헌법을 파괴한 것으로 원천무효입니다. 우리 헌법 제1조는 '대한민국의 주권은 국민에게 있고, 모든 권력은 국민으로부터 나온다'라고 명백히 밝히고 있습니다.

　한미상호방위조약은 무엇보다도 일제에 이어 등장한 점령군 미군정의 식민과 분단 적폐청산을 원천봉쇄하였습니다.

　미국은 이 사대매국 노예조약에 근거해 한국의 군사주권을 지배하면서 주한미군을 배치하고 천문학적인 방위비분담금을 요구해왔습니다. 일본 군대는 일제강점기 36년 동안 한국에 주둔했지만, 주한미군은 그 곱절을 기록하고 있습니다. 외국군대가 이토록 오랫동안 남의 나라에 진을 친 역사가 어디에 또 있겠습니까?

　노무현 대통령이 군사작전권 환수에 나서 2012년까지 돌려받기로 했으나, 이명박 박근혜 정권은 이를 취소하고 무기한 연기하였습니다. 근본적으로 군사주권 회복과 주한미군 철거는 불평등한 한미상호방위조약을 폐기해야만 가능합니다.

　일제식민통치 수단이었던 치안유지법을 모태로 한 국가보안법은 우리 민족의 자주통일과 평화번영을 가로막는 식민과 분단 적폐 중의 적폐, 위헌 법률임은 공지의 사실입니다.

　김대중 노무현 문재인 대통령은 앞에서 열거한 식민과 분단 적폐청산을 한국정치의 핵심의제로 올리지 않았고, 국민주권과 헌법을 파괴하면서 남북공동선언의 자주통일과 평화번영을 가로막고 있는 제도적 장벽인 한미상호방위조약과 한일기본조약, 국가보안법을 폐기하지 않고 방치했습니다. 이것은 국민주권과 헌법을 수호해야 할 공직자의 역사적 책무를 저버린 직무유기와 배임이라는 엄정한 비판을 면할 수 없습니다.

오늘날 미국의 한반도 분할지배정책에 따라 조국통일을 가로막고 핵전쟁 위기를 고조시키는 한미일 군사동맹과 합동군사훈련은 조국의 평화적 통일을 사명으로 하는 국민주권과 헌법을 파괴하는 것으로 중단돼야 합니다.

외세에 의한 식민과 분단 적폐청산 없이 식민과 분단 원흉들과 군사동맹을 맺어 한반도 핵전쟁 위기를 불러오는 사대매국범죄를 국민주권과 헌법은 용납할 수 없습니다.

우리 민족이 식민과 분단에서 해방되는 것이 참된 자유이며, 자주독립과 조국통일을 이루는 것이 참된 민주주의입니다. 국민주권과 헌법을 파괴하는 식민과 분단 적폐를 용납하고 방치하는 것은 민주주의가 아닙니다. 식민과 분단 적폐를 청산하면서 우리 민족의 살길인 남북공동선언을 완수하여 조국통일을 앞당기는 것이 국민주권과 헌법이 요구하는 참된 민주주의입니다.

국가의 모든 기관들과 정당사회단체들은 김대중 노무현 문재인 정권의 공과를 통찰하고 지혜와 힘을 모아 국민주권과 헌법의 근본요구인 식민과 분단 적폐를 완전히 청산하고 자주통일과 평화번영을 앞당겨 실현해야 합니다.

정부와 국회, 사법부와 헌법재판소는 국민주권과 헌법을 짓밟은 한미상호방위조약과 한일기본조약, 국가보안법을 폐기하고, 자주통일과 평화번영의 대강령인 남북공동선언을 법제화함으로써 헌법이 부여한 사명을 다해야 합니다. 헌법기관인 이들이 이를 방기하거나 역행한다면 헌법 수호의 책무를 저버린 직무유기와 배임으로 탄핵되어야 할 것입니다.

경찰과 검찰, 공수처는 식민과 분단 적폐를 비호하는 사대매국범죄를 소탕하고 남북공동선언을 완수하는 애국애족운동을 보호함으로써 불의를 타파하고 사회정의와 역사정의를 실현하는 보루가 되어야 합니다.

정당사회단체들은 그동안 6.15공동선언과 이를 계승한 10.4선언, 4.27판문점선언, 9월평양공동선언의 완수를 중심으로 단결하지 못하고 2022년 대통령선거와 지방선거에서 남북공동선언을 부정하는 식민과 분단 적폐세력의 발호를 막지 못함으로써 남북관계는 파탄나고 한반도 핵전쟁 일보직전의 절체절명의 위기상황에 빠지게 되었습니다.

    국민주권자들은 정당사회단체들이 연대 연합하여 6.15공동선언과 10.4선언을 짓밟은 이명박 박근혜 후예 윤석열 사대매국정권을 즉각 탄핵할 것을 요구하고 있습니다.

    정당사회단체들이 국민주권과 헌법을 부정하는 식민과 분단 적폐를 일소하고 자주통일과 평화번영의 길을 전면적으로 밝혀주고 있는 남북공동선언을 완수할 조국통일 민족대단결 중앙정권과 지방정권을 올바로 세울 때 우리 사회의 총체적 국난은 해결되고 민족의 염원인 자주통일과 평화번영의 새 세상이 열릴 것입니다.

    정당사회단체들은 분단기득권에 안주하지 말고 정파적 이해를 초월하여 민족자주와 조국통일에 모든 것을 복무시키는 원칙에서 남북공동선언의 깃발을 높이 들고 이에 역행하는 사대매국범죄를 심판하면서 자주통일과 평화번영을 하루빨리 실현해야 합니다.

    위대한 우리 민족의 자주통일과 평화번영의 위업은 반드시 승리할 것입니다.

    감사합니다.

2023년 10월 11일
조국통일 만민공동회에서

자주통일평화번영운동연대 상임대표 박해전

사람일보 2023. 10. 30.

11
식민과 분단 청산하는 국회를 요구한다

박해전 자주통일평화번영운동연대 상임대표는 남북관계가 파국을 맞은 비상한 상황에서 치르는 4.10 제22대 국회의원 총선거와 관련해 '식민과 분단 청산하는 국회를 요구한다' 제목의 국민주권자들과 제정당사회단체에 보내는 편지를 21일 공개했다. 전문을 싣는다. 〈편집자〉

국회는 헌법과 국민주권을 파괴하는 사대매국노예조약 한미상호방위조약과 한일기본조약, 국가보안법을 지체 없이 폐기하여 헌법기관으로서 책무를 다해야 한다.

윤석열 정권이 들어서 남북관계가 파국을 맞고 한반도 핵전쟁 위기가 최고조로 치닫고 있는 비상상황에서 4월10일 제22대 국회의원 총선거를 치르게 된다.

국민유권자들과 제정당사회단체는 이러한 위기상황을 초래한 근본원인을 성찰하고 이번 총선에서 총체적 국난을 극복할 수 있는 민생주권 국회를 창출해야 한다. 제21대 국회의 무능과 무책임, 직무유기를 통찰하고 외세에 의한 식민과 분단을 끝장내는 국회를 건설해야 한다.

지난 제21대 국회의원 총선거에서 촛불혁명으로 탄생한 문재인 정권을 뒤엎으려는 박근혜 잔당을 물리친 것은 6.15공동선언과 10.4선언을 짓밟은 이명박 박근혜 망령을 되살리려는 사대매국범죄를 심판하고 문재인 대통령과 김정은 국무위원장이 채택한 역사적인 4.27판문점선언에 따라 민족자주와 조국통일을 실현해야 한다는 민심을 반영한 국민주권자들의 승리였다.

　제21대 국회는 무엇보다 먼저 판문점선언 국회 비준동의안을 만장일치로 가결하여 제도화함으로써 문재인 대통령의 법적 실천을 보장해야 했다. 이와 함께 식민과 분단 적폐청산의 핵심과제인 사대매국노예조약 한미상호방위조약과 한일기본조약, 국가보안법을 폐지하여 우리 민족의 살길인 남북공동선언의 완수를 가로막는 제도적 장벽을 해체해야만 했다.

　그러나 21대국회는 판문점선언 국회 비준동의안을 끝내 처리하지 않고 식민과 분단 적폐청산의 역사적 책무를 외면하고 말았다.

　문재인 정권은 6.15공동선언과 10.4선언을 계승한 판문점선언으로 자주통일과 평화번영의 총노선과 정책을 재확인했지만 식민과 분단의 원흉인 외세의 장벽을 뛰어넘지 못하고 허송세월 끝에 우리 민족의 염원인 조국통일을 이루는 데 실패했다.

　제정당사회단체는 그동안 6.15공동선언과 이를 계승한 10.4선언, 4.27 판문점선언, 9월평양공동선언의 완수를 중심으로 단결하지 못하고 2022년

대통령선거와 지방선거에서 남북공동선언을 부정하는 식민과 분단 적폐세력의 발호를 막지 못함으로써 남북관계는 파국을 맞고 한반도 핵전쟁 일보직전의 절체절명의 위기상황에 빠지게 되었다.

오늘날 미국제국주의의 한반도 분할지배정책에 따라 조국통일을 가로막고 핵전쟁 위기를 고조시키는 한미일 군사동맹과 합동군사훈련은 조국의 평화적 통일을 사명으로 하는 국민주권과 헌법을 파괴하는 것으로 중단돼야 한다.

외세에 의한 식민과 분단 적폐청산 없이 식민과 분단 원흉들과 군사동맹을 맺어 한반도 핵전쟁 위기를 불러오는 사대매국범죄를 국민주권과 헌법은 용납할 수 없다.

이승만 사대매국정권이 대한민국의 군사주권을 미국에 넘긴 한미상호방위조약은 절대로 양도할 수 없는 국민주권과 헌법을 파괴한 것으로 원천무효이다. 우리 헌법 제1조는 '대한민국의 주권은 국민에게 있고, 모든 권력은 국민으로부터 나온다'라고 명시하고 있다.

한미상호방위조약은 무엇보다도 일본제국주의에 이어 등장한 점령군 미군정의 식민과 분단 적폐청산을 원천봉쇄하였다.

미국은 이 사대매국노예조약에 근거해 대한민국의 군사주권을 지배하면서 주한미군을 배치하고 천문학적인 방위비분담금을 요구해왔다.

박정희 사대매국정권이 일제식민지배의 사죄와 정당한 피해 배상 없이 일제식민통치에 면죄부를 준 한일기본조약도 국민주권과 헌법을 침해하는 것으로 원천무효이다. 이 사대매국조약을 폐기해야 우리 민족의 일제식민통치에 대한 공정하고 정의로운 심판과 피해배상, 올바른 친일잔재 청산의 길이 열릴 것이다.

일본제국주의 식민통치 수단이었던 치안유지법을 모태로 한 국가보안법은 우리 민족의 자주통일과 평화번영을 가로막는 식민과 분단 적폐 중의 적폐, 위헌 법률임은 공지의 사실이다.

국회의 무능과 무책임, 직무유기와 배임이 더 이상 연장되어서는 안된다.

국회는 22대총선에 앞서 한미일연합군사훈련금지법부터 제정해 일촉즉발의 전쟁위기를 해소해야 한다.

우리 민족의 모든 불행과 재앙의 근원은 외세에 의한 식민과 분단이다.

제정당사회단체들은 이런 식민과 분단의 사슬인 사대매국노예노약 한미상호방위조약과 한일기본조약, 국가보안법을 폐지할 후보를 제22대 국회의원 총선거에 공천해야 할 것이다.

윤석열 정권은 '조국의 민주개혁과 평화적 통일의 사명'이라는 헌법 정신을 위배하여 판문점선언을 짓밟고 외세와의 합동군사훈련으로 남북관계를 파국에 몰아넣은 장본인으로서 22대 총선에서 엄정하게 심판되어야 한다.

우리는 국민주권자들이 22대 총선에서 사대매국악법 폐지와 윤석열 탄핵을 공약한 후보 중에서 최적임자를 선택함으로써 한반도 핵전쟁 위기를 해소하고 식민과 분단의 역사에 종지부를 찍기를 바란다.

국민주권자들과 제정당사회단체는 분단기득권에 안주하지 말고 정파적 이해를 초월하여 민족자주와 조국통일에 모든 것을 복무시키는 원칙에서 제22대 국회의원 총선거를 통해 식민과 분단을 끝장내는 정치로 전진해야 할 것이다.

2024년 3월 21일
자주통일평화번영운동연대 상임대표 박해전

사람일보 2024. 3. 21.

12
사대매국노예조약 폐기 범국민운동을 요청한다

박해전 자주통일평화번영운동연대 상임대표는 판문점선언 6주년을 맞아 25일 '사대매국노예조약 폐기 범국민운동을 요청한다' 제목의 국민주권자들과 제정당사회단체, 헌법기관에 보내는 편지를 냈다. 전문을 싣는다. 〈편집자〉

우리는 역사적인 4.27 판문점선언 6주년을 맞이하며 헌법과 국민주권을 파괴하는 사대매국노예조약 한미상호방위조약과 한일기본조약, 국가보안법을 폐기하기 위한 범국민운동을 국민주권자들과 제정당사회단체, 헌법기관에 요청합니다.

문재인 정권은 6.15공동선언과 10.4선언을 계승하여 판문점선언을 채택함으로써 우리 민족의 살길인 자주통일과 평화번영의 총노선과 정책을 재확인했지만 식민과 분단의 원흉인 외세의 장벽을 걷어내지 못하고 허송세월 끝에 남북공동선언을 완수하는 데 실패했습니다.

김대중 노무현 문재인 정권이 조국통일 3대원칙에 기초하여 민족공조로 북측 정권과 함께 6.15공동선언과 10.4선언, 판문점선언을 채택함으로써 헌법적 요구인 자주통일과 평화번영의 대강령과 청사진을 마련한 것은 특기할 업적입니다.

그러나 이들 정권은 우리 민족의 자주통일과 평화번영을 원천적으로 가로막고 있는 제도적 장벽인 한미상호방위조약과 한일기본조약, 국가보안법의 폐기를 한국 정치의 핵심의제로 올리지 않고 방치했습니다. 헌법과 국민주권을 수호해야 할 헌법기관의 책무를 저버린 직무유기라는 엄정한 비판을 면할 수 없습니다.

　제정당사회단체는 그동안 6.15공동선언과 10.4선언, 4.27판문점선언, 9월평양공동선언의 완수를 중심으로 대단결하지 못하고 2022년 대통령선거와 지방선거에서 남북공동선언을 부정하는 식민과 분단 적폐세력의 발호를 막지 못함으로써 남북관계는 파국을 맞고 한반도 핵전쟁 일보직전의 절체절명의 위기상황에 놓이게 되었습니다.

　윤석열 정권이 들어서 남북관계가 파국을 맞고 한반도 핵전쟁 위기가 최고조로 치닫고 있는 비상상황에서 치러진 제22대 국회의원 총선거에서 정치권은 식민과 분단 적폐청산의 전망을 뚜렷이 제시하지 않고 총체적 국난을 극복할 정치력을 발휘하지 못했습니다.

　제정당사회단체는 22대총선에서 식민과 분단의 사슬인 사대매국노예노약 한미상호방위조약과 한일기본조약, 국가보안법 폐지를 핵심공약으로 내놓지 못하고 의석에서도 지난 총선 결과와 비슷한 현상 유지를 하는 데 그쳤습니다.

　자주통일과 평화번영의 활로를 열지 못한 정치권의 무능과 무책임, 직무유기와 배임이 더 이상 되풀이되어서는 안됩니다. 이제 국민주권자들과 제 정당사회단체, 헌법기관이 적폐 중의 적폐인 사대매국노예노약 한미상호방위조약과 한일기본조약, 국가보안법 폐지 범국민운동에 떨쳐나섬으로써 식민과 분단을 끝장내는 자주통일과 평화번영 정치로 전진해야 할 것입니다.

이승만 사대매국정권이 대한민국의 군사주권을 미국에 넘긴 한미상호방위조약은 절대로 양도할 수 없는 국민주권과 헌법을 파괴한 것으로 원천무효입니다. 우리 헌법 제1조는 '대한민국의 주권은 국민에게 있고, 모든 권력은 국민으로부터 나온다'라고 명시하고 있습니다.

이 사대매국조약에 근거하여 조국통일을 가로막고 핵전쟁 위기를 고조시키는 한미일 군사동맹과 합동군사훈련은 조국의 평화적 통일을 사명으로 하는 국민주권과 헌법을 파괴하는 것으로 즉각 중단돼야 합니다.

외세에 의한 식민과 분단 적폐청산 없이 식민과 분단 원흉들과 군사동맹을 맺어 한반도 핵전쟁 위기를 불러오는 사대매국범죄를 국민주권과 헌법은 용납할 수 없습니다.

박정희 사대매국정권이 일제식민지배의 사죄와 합당한 배상 없이 일제식민통치에 면죄부를 준 한일기본조약도 국민주권과 헌법을 유린하는 것으로 원천무효입니다. 이 사대매국조약을 폐기해야 우리 민족의 일제식민통치에 대한 공정하고 정의로운 심판과 피해배상, 올바른 친일잔재 청산의 길이 열릴 것입니다.

일본제국주의 식민통치 수단이었던 치안유지법을 모태로 한 국가보안법은 우리 민족의 자주통일과 평화번영을 가로막는 식민과 분단 적폐 중의 적폐, 위헌 법률임은 공지의 사실입니다.

대한민국 헌법기관은 지체 없이 헌법과 국민주권을 침해하는 사대매국노예조약과 악법 폐지에 나서야 합니다. 이를 외면하고 방치한다면 헌법 수호의 책무를 저버린 직무유기와 배임으로 즉각 탄핵 사유로 될 것입니다.

정치권이 거론하는 검찰개혁의 본질은 누가 검찰권력을 차지하느냐가 아니라 국가공무원들이 식민과 분단 적폐를 비호하는 사대매국범죄를 일소하면서 사대매국노예노약 한미상호방위조약과 한일기본조약, 국가보안법 폐지에 앞장섬으로써 사대매국의 불의를 타파하고 사회정의와 역사정의를 실현하는 것입니다.

우리는 국민주권자들과 제정당사회단체, 헌법기관이 헌법적 요구인 민족자주와 조국통일에 모든 것을 복무시키는 원칙에서 헌법과 국민주권을 파괴하는 사대매국노예조약 한미상호방위조약과 한일기본조약, 국가보안법 폐기 범국민운동을 적극 벌임으로써 자주통일과 평화번영의 출로를 열 것을 다시한번 요청합니다.

2024년 4월 25일
자주통일평화번영운동연대 상임대표 박해전

사람일보 2024. 4. 25.

13
한국정치 근본적 대혁신을 요구한다

박해전 민주당혁신연대 공동대표는 15일 6.15공동선언 24주년을 맞아 [한국정치 근본적 대혁신을 요구한다] 제목의 성명을 냈다. 6.15공동선언 24주년에 즈음한 민주당혁신연대 성명을 싣는다. 〈편집자〉

우리는 오늘 역사적인 6.15공동선언 24주년을 맞아 자주통일과 평화번영, 식민분단 적폐청산을 위한 한국정치의 근본적인 대혁신을 제정당사회단체와 국민주권자들에게 요청한다.

김대중 정권은 21세기 첫해 분단 역사상 처음으로 조국의 평화적 통일을 염원하는 온 겨레의 숭고한 뜻에 따라 6월 13일부터 15일까지 평양에서 김정일 국방위원장과 남북정상회담을 열어 조국통일의 주체와 원칙, 방안을 담은 6.15공동선언을 발표함으로써 자주통일과 평화번영, 식민분단 적폐청산의 초석을 놓았다.

노무현 정권은 김대중 정권을 계승하여 2007년 10월 4일 김정일 국방위원장과 함께 '남북관계 발전과 평화번영을 위한 10.4선언'을 마련하고, 문재인 정권은 6.15선언과 10.4선언을 계승하여 2018년 4월 27일 김정은 국무위원장과 역사적인 판문점선언을 채택함으로써 자주통일과 평화번영의 대강령과 청사진을 재확인하였다.

그러나 이들 정권에서 남북공동선언을 가로막는 외세의 제도적 장벽인 한미상호방위조약과 한일기본조약을 폐기하지 않고 허송세월 끝에 남북공동선언을 완수하는 데 실패했다.

김대중 노무현 문재인 정권이 조국통일 3대원칙에 따라 민족자주와 민족

1944년 가을 부안에서

자결의 원칙에서 북측 정권과 함께 6.15공동선언과 10.4선언, 판문점선언을 채택함으로써 우리 민족의 살길인 자주통일과 평화번영의 대강령과 이정표를 마련한 것은 한국정치사에서 특기할 업적이다.

하지만 이들 정권은 우리 민족의 자주통일과 평화번영을 원천적으로 가로막고 있는 한미상호방위조약과 한일기본조약, 국가보안법의 폐기를 한국정치의 핵심의제로 올리지 않고 방치했다. 헌법과 국민주권을 수호해야 할 헌법기관의 책무를 다하지 못했다.

제정당사회단체는 그동안 6.15공동선언과 10.4선언, 4.27판문점선언, 9월평양공동선언의 완수를 중심으로 대단결하지 못하고 외세와 결탁한 식민과 분단 적폐세력의 발호를 막지 못함으로써 남북관계는 파탄 나고 한반도 핵전쟁 일보직전의 절체절명의 위기상황에 빠지게 되었다.

윤석열 정권이 들어서 남북관계가 파국을 맞고 한반도 핵전쟁 위기가 고조된 비상상황에서 치러진 제22대 국회의원 총선거에서 제정당사회단체는 자주통일과 평화번영, 식민분단 적폐청산의 전망을 뚜렷이 제시하지 못하고 적폐 중의 적폐인 사대매국노예노약 한미상호방위조약과 한일기본조약, 국가보안법 폐지를 핵심공약으로 올리지 못했다.

이승만 사대매국정권이 대한민국의 군사주권을 미국에 넘긴 한미상호방위조약은 절대로 양도할 수 없는 국민주권과 헌법을 파괴한 것으로 원천무효이다. 우리 헌법 제1조는 '대한민국의 주권은 국민에게 있고, 모든 권력은 국민으로부터 나온다'라고 명시하고 있다.

이 사대매국조약에 근거하여 조국통일을 가로막고 핵전쟁 위기를 고조시키는 한미일 군사동맹과 합동군사훈련은 조국의 평화적 통일을 사명으로 하는 국민주권과 헌법을 파괴하는 것으로 즉각 중단돼야 한다.

외세에 의한 식민과 분단 적폐청산 없이 그 원흉들과 군사동맹을 맺어 한반도 핵전쟁 위기를 불러오는 사대매국범죄를 국민주권과 헌법은 용납할 수 없다.

박정희 사대매국정권이 일제식민지배의 사죄와 합당한 배상 없이 일제식민통치에 면죄부를 준 한일기본조약도 국민주권과 헌법을 유린하는 것으로 원천무효이다. 이 사대매국조약을 폐기해야 우리 민족의 일제식민통치에 대한 공정하고 정의로운 심판과 피해배상, 올바른 친일잔재 청산의 길이 열릴 것이다.

일본제국주의 식민통치 수단이었던 치안유지법을 모태로 한 국가보안법은 우리 민족의 자주통일과 평화번영을 가로막는 식민과 분단 적폐 중의 적폐이다.

헌법과 국민주권을 유린하는 사대매국노예조약을 폐기하지 않고 외세의 간섭과 방해책동을 물리치지 못하면 백년이 가도 자주통일과 평화번영의 남북공동선언은 실현될 수 없다는 것이 오늘날 남북관계 파국의 위기상황이 알리는 엄중한 교훈이다.

6.15공동선언이 탄생하고 4반세기가 되도록 사대매국노예조약을 방치하고 남북공동선언을 완수하지 못한 정치권의 무능과 무책임, 직무유기와 배임이 더 이상 연장되어서는 안된다.

대통령과 국회를 비롯한 대한민국 헌법기관은 지체 없이 헌법과 국민주권을 침해하는 사대매국노예조약과 악법 폐지에 나서야 한다. 이를 외면하고 방치한다면 헌법 수호의 책무를 저버린 직무유기와 배임으로 즉각 탄핵사유로 될 것이다.

한국정치의 근본적인 대혁신을 위해 더불어민주당을 비롯한 제정당사회단체는 자신들의 강령 첫머리에 우리 민족의 살길인 자주통일과 평화번영의 대강령인 남북공동선언의 완수, 국민주권과 헌법을 파괴하고 있는 사대매국노예조약 한미상호방위조약과 한일기본조약 폐기를 대문자로 새겨넣어야 한다.

우리는 제정당사회단체와 국민주권자들이 남북공동선언을 짓밟은 윤석열 정권을 즉각 탄핵하고, 헌법적 요구인 민족자주와 조국통일에 모든 것을 복무시키는 원칙에서 사대매국노예조약 한미상호방위조약과 한일기본조약, 국가보안법을 하루빨리 폐기함으로써 한국정치를 근본저으로 대혁신하고 자주통일과 평화번영의 새로운 출로를 열 것을 다시한번 열렬히 요청한다.

2024년 6월 15일
민주당혁신연대 공동대표 박해전

사람일보 2024. 6. 15.

14
"북남관계 개선과 자주통일 돌파구 열어야"
김정은 위원장 2018 신년사 육성 발표, "겨울철올림픽 대표단 파견 용의"

"조성된 정세는 지금이야말로 북과 남이 과거에 얽매이지 말고 북남관계를 개선하며 자주통일의 돌파구를 열기 위한 결정적인 대책을 세워나갈것을 요구하고있습니다."

북 김정은 국무위원장은 1일 오전 9시(평양시각) 관영 〈조선중앙텔레비죤〉을 통해 발표한 '2018 신년사'에서 "이 절박한 시대적요구를 외면한다면 어느 누구도 민족앞에 떳떳한 모습으로 나설수 없을것"이라며 이렇게 밝혔다.

김정은 국무위원장은 "새해는 우리 인민이 공화국창건 일흔돐을 대경사로 기념하게 되고 남조선에서는 겨울철올림픽경기대회가 열리는것으로 하여 북과 남에 다같이 의의있는 해"라며 "우리는 민족적대사들을 성대히 치르고 민족의 존엄과 기상을 내외에 떨치기 위해서도 동결상태에 있는 북남관계를 개선하여 뜻깊은 올해를 민족사에 특기할 사변적인 해로 빛내여야 한다"고 말했다.

김 위원장은 남북관계 개선과 관련해 "무엇보다 북남사이의 첨예한 군사적긴장상태를 완화하고 조선반도의 평화적환경부터 마련하여야 한다"며 "미국이 아무리 핵을 휘두르며 전쟁도발책동에 광분해도 이제는 우리에게 강력한 전쟁억제력이 있는 한 어쩌지 못할것이며 북과 남이 마음만 먹으면 능히 조선반도에서 전쟁을 막고 긴장을 완화시켜나갈수 있다"고 강조했다.

김 위원장은 또 "남조선당국은 온 겨레의 운명과 이 땅의 평화와 안정을 위협하는 미국의 무모한 북침핵전쟁책동에 가담하여 정세격화를 부추길것

이 아니라 긴장완화를 위한 우리의 성의있는 노력에 화답해나서야 한다"며 "이 땅에 화염을 피우며 신성한 강토를 피로 물들일 외세와의 모든 핵전쟁 연습을 그만두어야 하며 미국의 핵장비들과 침략무력을 끌어들이는 일체 행위들을 걷어치워야 한다"고 말했다.

김 위원장은 "북남관계개선은 당국만이 아니라 누구나가 바라는 초미의 관심사이며 온 민족이 힘을 합쳐 풀어나가야 할 중대사"라며 "진정으로 민족적화해와 단합을 원한다면 남조선의 집권여당은 물론 야당들, 각계각층 단체들과 개별적인사들을 포함하여 그 누구에게도 대화와 접촉, 래왕의 길을 열어놓을것"이라고 밝혔다.

김 위원장은 민족자주와 관련해 "북남관계를 하루빨리 개선하기 위해서는 북과 남의 당국이 그 어느때보다 민족자주의 기치를 높이 들고 시대와 민족앞에 지닌 자기의 책임과 역할을 다하여야 한다"며 "북남사이에 제기되는 모든 문제는 우리 민족끼리의 원칙에서 풀어나가려는 확고한 립장과 관점을 가져야 한다"고 강조했다.

김 위원장은 평창동계올림픽과 관련해 "남조선에서 머지않아 열리는 겨울철올림픽경기대회에 대해 말한다면 그것은 민족의 위상을 과시하는 좋은 계기로 될것이며 우리는 대회가 성과적으로 개최되기를 진심으로 바란다"며 "이러한 견지에서 우리는 대표단파견을 포함하여 필요한 조치를 취할 용의가 있으며 이를 위해 북남당국이 시급히 만날수도 있을것"이라고 밝혔다.

김 위원장은 핵무력과 관련해 "지난해에 우리 당과 국가와 인민이 쟁취한 특출한 성과는 국가핵무력완성의 력사적대업을 성취한것"이라며 "우리 국가의 핵무력은 미국의 그 어떤 핵위협도 분쇄하고 대응할수 있으며 미국이 모험적인 불장난을 할수 없게 제압하는 강력한 억제력으로 된다"고 강조했다.

김 위원장은 또 "미국은 결코 나와 우리 국가를 상대로 전쟁을 걸어오지 못한다"며 "미국본토전역이 우리의 핵타격사정권안에 있으며 핵단추가 내 사무실책상우에 항상 놓여있다는것 이는 결코 위협이 아닌 현실임을 똑바로 알아야 한다"고 밝혔다.

김 위원장이 육성으로 발표한 신년사 전문은 다음과 같다.

〈신년사〉

사랑하는 온 나라 인민들과 영용한 인민군장병들!
동포형제 여러분!
오늘 우리모두는 근면하고 보람찬 로동으로, 성실한 땀과 노력으로 지나간 한해에 자신들이 이루어놓은 자랑스러운 일들을 커다란 기쁨과 자부심속에 감회깊이 추억하며 새로운 희망과 기대를 안고 새해 2018년을 맞이합니다.

나는 희망의 새해를 맞이하면서 온 나라 가정의 건강과 행복, 성과와 번영을 축원하며 우리 어린이들의 새해의 소원과 우리 인민모두가 지향하는 아름다운 꿈이 이루어지기를 바랍니다.

동지들!
겹쌓이는 난관과 시련속에서도 언제나 변함없이 당을 믿고 따르는 강의

한 인민의 진정어린 모습에서 큰 힘과 지혜를 얻으며 조국번영의 진군길을 힘차게 달려온 지난 한해를 돌이켜보면서 나는 얼마나 위대한 인민과 함께 혁명을 하고있는가 하는 생각으로 가슴이 뜨거워집니다.

나는 간고하고도 영광스러운 투쟁의 나날에 뜻과 마음을 같이하며 당의 결심을 지지하고 받들어 반만년민족사에 특기할 기적적승리를 안아온 전체 인민들과 인민군장병들에게 조선로동당과 공화국정부의 이름으로 충심으로 되는 감사와 새해의 인사를 삼가 드립니다.

나는 조국의 통일을 위하여 투쟁하고있는 남녘의 겨레들과 해외동포들, 침략전쟁을 반대하고 우리의 정의의 위업에 굳은 련대성을 보내준 세계 진보적인민들과 벗들에게 새해인사를 보냅니다.

동지들!

2017년은 자력자강의 동력으로 사회주의강국건설사에 불멸의 리정표를 세운 영웅적투쟁과 위대한 승리의 해였습니다.

지난해 미국과 그 추종세력들의 반공화국고립압살책동은 극도에 달하였으며 우리 혁명은 류례없는 엄혹한 도전에 부닥치게 되였습니다. 조성된 정세와 전진도상에 가로놓인 최악의 난관속에서 우리 당은 인민을 믿고 인민은 당을 결사옹위하여 역경을 순경으로, 화를 복으로 전환시키며 사회주의강국건설의 모든 전선에서 눈부신 성과를 이룩하였습니다.

우리는 지난해의 장엄한 투쟁을 통하여 위대한 수령님과 위대한 장군님께서 열어주신 주체의 사회주의한길을 따라 끝까지 나아가려는 절대불변의 신념과 의지, 전체 인민이 당의 두리에 굳게 뭉친 사회주의조선의 일심단결을 내외에 힘있게 과시하였습니다.

지난해에 우리 당과 국가와 인민이 쟁취한 특출한 성과는 국가핵무력완성의 력사적대업을 성취한것입니다.

바로 1년전 나는 이 자리에서 당과 정부를 대표하여 대륙간탄도로케트시험발사준비사업이 마감단계에서 추진되고있다는것을 공표하였으며 지난 한해동안 그 리행을 위한 여러차의 시험발사들을 안전하고 투명하게 진행하여 확고한 성공을 온 세상에 증명하였습니다.

지난해에 우리는 각종 핵운반수단과 함께 초강력열핵무기시험도 단행함으로써 우리의 총적지향과 전략적목표를 성과적으로, 성공적으로 달성하였으며 우리 공화국은 마침내 그 어떤 힘으로도, 그 무엇으로써도 되돌릴수 없는 강력하고 믿음직한 전쟁억제력을 보유하게 되였습니다.

우리 국가의 핵무력은 미국의 그 어떤 핵위협도 분쇄하고 대응할수 있으며 미국이 모험적인 불장난을 할수 없게 제압하는 강력한 억제력으로 됩니다.

미국은 결코 나와 우리 국가를 상대로 전쟁을 걸어오지 못합니다.

미국본토전역이 우리의 핵타격사정권안에 있으며 핵단추가 내 사무실책상우에 항상 놓여있다는것 이는 결코 위협이 아닌 현실임을 똑바로 알아야 합니다.

우리는 나라의 자주권을 믿음직하게 지켜낼수 있는 최강의 국가방위력을 마련하기 위하여 한평생을 다 바치신 위대한 수령님과 위대한 장군님의 념원을 풀어드리였으며 전체 인민이 장구한 세월 허리띠를 조이며 바라던 평화수호의 강력한 보검을 틀어쥐였습니다. 이 위대한 승리는 당의 병진로선과 과학중시사상의 정당성과 생활력의 뚜렷한 증시이며 부강조국건설의 확고한 전망을 열어놓고 우리 군대와 인민에게 필승의 신심을 안겨준 력사적 장거입니다.

나는 생존을 위협하는 제재와 봉쇄의 어려운 생활속에서도 우리 당의 병진로선을 굳게 믿고 절대적으로 지지해주고 힘있게 떠밀어준 영웅적조선인민에게 숭고한 경의를 드립니다.

나는 또한 당중앙의 구상과 결심은 과학이고 진리이며 실천이라는것을 세계앞에 증명하기 위하여 온 한해 헌신분투한 우리 국방과학자들과 군수로동계급에게 뜨거운 동지적인사를 보냅니다.

지난해에 국가경제발전 5개년전략수행에서도 커다란 전진을 이룩하였습니다.

금속공업의 주체화를 실현하기 위한 투쟁을 힘있게 벌려 김책제철련합기업소에 우리 식의 산소열법용광로가 일떠서 무연탄으로 선철생산을 정상화할수 있게 되였으며 화학공업의 자립적토대를 강화하고 5개년전략의 화학고지를 점령할수 있는 전망을 열어놓았습니다.

방직공업, 신발과 편직, 식료공업을 비롯한 경공업부문의 많은 공장들에서 주체화의 기치를 높이 들고 우리의 기술, 우리의 설비로 여러 생산공정의 현대화를 힘있게 벌려 인민소비품의 다종화, 다양화를 실현하고 제품의 질을 높일수 있는 담보를 마련하였습니다.

기계공업부문에서 자력갱생의 기치를 높이 들고 과학기술에 의거하여 당이 제시한 새형의 뜨락또르와 화물자동차생산목표를 성과적으로 점령함으로써 인민경제의 주체화, 현대화와 농촌경리의 종합적기계화를 더욱 힘있게 다그쳐나갈수 있는 튼튼한 기초를 마련하였으며 농업부문에서 과학농법을 적극 받아들여 불리한 기후조건에서도 다수확농장과 작업반대렬을 늘이고 례년에 보기 드문 과일풍작을 안아왔습니다.

우리 군대와 인민은 웅장화려한 려명거리와 대규모의 세포지구 축산기지를 일떠세우고 산림복구전투 1단계 과업을 수행함으로써 군민대단결의 위력과 사회주의자립경제의 잠재력을 과시하였습니다.

만리마속도창조를 위한 벅찬 투쟁속에서 새로운 전형단위들이 련이어 태여났으며 수많은 공장, 기업소들이 년간인민경제계획을 앞당겨 수행하고 최고생산년도수준을 돌파하는 자랑을 떨치였습니다.

지난해에 과학문화전선에서도 성과를 이룩하였습니다.

과학자, 기술자들은 사회주의강국건설에서 나서는 과학기술적문제들을 해결하고 첨단분야의 연구과제들을 완성하여 경제발전과 인민생활향상을 추동하였습니다. 사회주의교육체계가 더욱 완비되고 교육환경이 보다 일신되였으며 의료봉사조건이 개선되였습니다. 온 나라를 혁명적랑만과 전투적기백으로 들끓게 하는 예술공연활동의 본보기가 창조되고 우리의 체육인들이 여러 국제경기들에서 우승을 쟁취하였습니다.

지난해에 이룩한 모든 성과들은 조선로동당의 주체적인 혁명로선의 승리이며 당의 두리에 굳게 뭉친 군대와 인민의 영웅적투쟁이 안아온 고귀한 결실입니다.

공화국의 자주권과 생존권, 발전권을 말살하려는 미국과 그 추종세력들의 제재봉쇄책동이 그 어느때보다도 악랄하게 감행되는 속에서 자체의 힘으로 남들이 엄두도 내지 못할 빛나는 승리를 달성한 바로 여기에 우리 당과 인민의 존엄이 있고 커다란 긍지와 자부심이 있습니다.

나는 지난해의 사변적인 나날들에 언제나 당과 운명을 함께 하고 부닥치는 시련과 난관을 헤치며 사회주의강국건설위업을 승리적으로 전진시켜온 전체 인민들과 인민군장병들에게 다시한번 뜨거운 감사를 드립니다.

동지들!

올해에 우리는 영광스러운 조선민주주의인민공화국창건 일흔돐을 맞이하게 됩니다. 위대한 수령님과 위대한 장군님의 최대의 애국유산인 사회주의 우리 국가를 세계가 공인하는 전략국가의 지위에 당당히 올려세운 위대한 인민이 자기 국가의 창건 일흔돐을 성대히 기념하게 되는것은 참으로 의의깊은 일입니다.

우리는 주체조선의 건국과 발전행로에 빛나는 영웅적투쟁과 집단적혁신의 전통을 이어 혁명의 최후승리를 이룩할 때까지 계속혁신, 계속전진해나가야 합니다. 공화국핵무력건설에서 이룩한 력사적승리를 새로운 발전의 도약대로 삼고 사회주의강국건설의 모든 전선에서 새로운 승리를 쟁취하기 위한 혁명적인 총공세를 벌려나가야 합니다.

《혁명적인 총공세로 사회주의강국건설의 모든 전선에서 새로운 승리를 쟁취하자!》 이것이 우리가 들고나가야 할 혁명적구호입니다. 모든 일군들과 당원들과 근로자들은 전후 천리마대고조로 난국을 뚫고 사회주의건설에서 일대 앙양을 일으킨것처럼 전인민적인 총공세를 벌려 최후발악하는 적대세력들의 도전을 짓부시고 공화국의 전반적국력을 새로운 발전단계에 올려세워야 합니다.

국가경제발전 5개년전략수행의 세번째 해인 올해에 경제전선전반에서 활성화의 돌파구를 열어제껴야 하겠습니다.

올해 사회주의경제건설에서 나서는 중심과업은 당중앙위원회 제7기 제2차전원회의가 제시한 혁명적대응전략의 요구대로 인민경제의 자립성과 주체성을 강화하고 인민생활을 개선향상시키는것입니다.

인민경제의 자립성과 주체성을 강화하는데 총력을 집중하여야 합니다.

전력공업부문에서는 자립적동력기지들을 정비보강하고 새로운 동력자원개발에 큰 힘을 넣어야 합니다. 화력에 의한 전력생산을 결정적으로 늘이며 불비한 발전설비들을 정비보강하여 전력손실을 줄이고 최대한 증산하기 위한 투쟁을 힘있게 벌려야 합니다. 도들에서 자기 지방의 특성에 맞는 전력생산기지들을 일떠세우며 이미 건설된 중소형수력발전소들에서 전력생산을 정상화하여 지방공업부문의 전력을 자체로 보장하도록 하여야 합니다. 전국가적인 교차생산조직을 짜고들며 전력랑비현상과의 투쟁을 힘있게 벌려 생산된 전력을 효과적으로 리용하기 위한 된바람을 일으키도록 하여야 합니다.

금속공업부문에서는 주체적인 제철, 제강기술을 더욱 완성하고 철생산능력을 확장하며 금속재료의 질을 결정적으로 높여 인민경제의 철강재수요를 충족시켜야 합니다. 금속공업부문에 필요한 전력, 철정광, 무연탄, 갈탄, 화차와 기관차, 자금을 다른 부문에 앞세워 계획대로 어김없이 보장하여 다음해 철강재생산목표를 무조건 수행하며 금속공업의 주체화를 기어이 완성하도록 하여야 하겠습니다.

화학공업부문에서 탄소하나화학공업창설을 다그치고 촉매생산기지와 린비료공장건설을 계획대로 추진하며 회망초를 출발원료로 하는 탄산소다생산공정을 개건완비하여야 합니다.

기계공업부문에서는 금성뜨락또르공장과 승리자동차련합기업소를 비롯한 기계공장들을 현대화하고 세계적수준의 기계제품들을 우리 식으로 개발생산하여야 합니다.

나라의 자립적경제토대가 은을 낼수 있게 석탄과 광물생산, 철도수송에서 련대적혁신을 일으켜야 합니다.

특히 철도운수부문에서 수송조직과 지휘를 과학화, 합리화하여 현존수송능력을 최대한 효과있게 리용하며 철도에 군대와 같은 강한 규률과 질서를 세워 렬차의 무사고정시운행을 보장하도록 하여야 합니다.

올해에 인민생활향상에서 전환을 가져와야 합니다.

경공업공장들의 설비와 생산공정을 로력절약형, 전기절약형으로 개조하고 국내원료와 자재로 다양하고 질좋은 소비품들을 더 많이 생산공급하며 도, 시, 군들에서 자체의 원료원천에 의거하여 지방경제를 특색있게 발전시켜야 합니다.

농업과 수산전선에서 앙양을 일으켜야 하겠습니다. 우량종자와 다수확농법, 능률적인 농기계들을 대대적으로 받아들이고 농사를 과학기술적으로 지어 알곡생산목표를 반드시 점령하며 축산물과 과일, 온실남새와 버섯생산을 늘여야 합니다. 배무이와 배수리능력을 높이고 과학적인 어로전을 전개하며 양어와 양식을 활성화하여야 하겠습니다.

올해에 군민이 힘을 합쳐 원산갈마해안관광지구건설을 최단기간내에 완공하고 삼지연군꾸리기와 단천발전소건설, 황해남도물길 2단계 공사를 비롯한 중요대상건설을 다그치며 살림집건설에 계속 힘을 넣어야 합니다.

산림복구전투성과를 더욱 확대하면서 이미 조성된 산림에 대한 보호관리를 잘하는것과 함께 도로의 기술상태를 개선하고 강하천정리를 정상화하며 환경보호사업을 과학적으로, 책임적으로 하여야 합니다.

인민경제 모든 부문과 단위들에서 자체의 기술력량과 경제적잠재력을 총동원하고 증산절약투쟁을 힘있게 벌려 더 많은 물질적재부를 창조하여야 합니다.

자립경제발전의 지름길은 과학기술을 앞세우고 경제작전과 지휘를 혁신하는데 있습니다.

과학연구부문에서는 우리 식의 주체적인 생산공정들을 확립하고 원료와 자재, 설비를 국산화하며 자립적경제구조를 완비하는데서 제기되는 과학기술적문제들을 우선적으로 풀어나가야 합니다. 인민경제 모든 부문과 단위들에서 과학기술보급사업을 강화하며 기술혁신운동을 활발히 벌려 생산장성에 이바지하여야 하겠습니다.

내각을 비롯한 경제지도기관들은 올해 인민경제계획을 수행하기 위한 작전안을 현실성있게 세우며 그 집행을 위한 사업을 책임적으로 완강하게 내밀어야 합니다. 국가적으로 사회주의기업책임관리제가 공장, 기업소, 협동단체들에서 실지 은을 낼수 있도록 적극적인 대책을 세워야 합니다.

사회주의문화를 전면적으로 발전시켜야 하겠습니다.

교원진영을 강화하고 현대교육발전추세에 맞게 교수내용과 방법을 혁신하며 의료봉사사업에서 인민성을 철저히 구현하고 의료설비와 기구, 여러가지 의약품생산을 늘여야 합니다.

대중체육활동을 활발히 벌리고 우리 식의 체육기술과 경기전법을 창조하며 만리마시대 우리 군대와 인민의 영웅적투쟁과 생활, 아름답고 숭고한 인간미를 진실하게 반영한 명작들을 창작창조하여 혁명적인 사회주의문학예술의 힘으로 부르죠아반동문화를 짓눌러버려야 하겠습니다.

전사회적으로 도덕기강을 바로세우고 사회주의생활양식을 확립하며 온갖 비사회주의적현상을 뿌리뽑기 위한 투쟁을 드세게 벌려 모든 사람들이 고상한 정신도덕적풍모를 지니고 혁명적으로 문명하게 생활해나가도록 하여야 합니다.

자위적국방력을 더욱 튼튼히 다져야 하겠습니다.

위대한 수령님께서 조선인민혁명군을 정규적혁명무력으로 강화발전시키신 일흔돐이 되는 올해에 인민군대는 혁명적당군으로서의 면모를 더욱 완벽하게 갖추어야 하며 전투훈련을 실전환경에 접근시켜 강도높이 조직진행하여 모든 군종, 병종, 전문병부대들을 일당백의 전투대오로 만들어야 합니다.

조선인민내무군은 계급투쟁의 날을 예리하게 세우고 불순적대분자들의 준동을 제때에 적발분쇄하며 로농적위군, 붉은청년근위대는 전투정치훈련을 힘있게 벌려 전투력을 백방으로 강화하여야 합니다.

국방공업부문에서는 제8차 군수공업대회에서 당이 제시한 전략적방침대로 병진로선을 일관하게 틀어쥐고 우리 식의 위력한 전략무기들과 무장장비들을 개발생산하며 군수공업의 주체적인 생산구조를 완비하고 첨단과학기술에 기초하여 생산공정들을 현대화하여야 합니다.

핵무기연구부문과 로케트공업부문에서는 이미 그 위력과 신뢰성이 확고히 담보된 핵탄두들과 탄도로케트들을 대량생산하여 실전배치하는 사업에 박차를 가해나가야 합니다.

또한 적들의 핵전쟁책동에 대처한 즉시적인 핵반격작전태세를 항상 유지하도록 하여야 하겠습니다.

정치사상적위력은 우리 국가의 제일국력이며 사회주의강국건설의 활로를 열어나가는 위대한 추동력입니다.

우리앞에 나선 투쟁과업들을 성과적으로 수행하기 위하여서는 전당을 조직사상적으로 더욱 굳게 단결시키고 혁명적당풍을 철저히 확립하여 혁명과 건설사업전반에서 당의 전투력과 령도적역할을 끊임없이 높여나가야 합니다.

모든 당조직들이 당의 사상과 어긋나는 온갖 잡사상과 이중규률을 절대로 허용하지 말고 당중앙위원회를 중심으로 하는 전당의 일심단결을 백방으로 강화하여야 합니다.

전당적으로 당세도와 관료주의를 비롯한 낡은 사업방법과 작풍을 뿌리빼는데 모를 박고 혁명적당풍을 확립하기 위한 투쟁을 강도높이 벌려 당과 인민대중과의 혈연적련계를 반석같이 다져나가야 합니다.

당조직들은 해당 부문, 단위들의 사업이 언제나 당의 사상과 의도, 당정책적요구에 맞게 진행되도록 당적지도를 강화하며 정치사업을 확고히 앞세우고 사상을 발동하는 방법으로 사회주의강국건설에서 나서는 문제들을 성과적으로 풀어나가야 합니다.

전체 군대와 인민을 당의 두리에 사상의지적으로 굳게 묶어세워 모두가 그 어떤 역경속에서도 당과 생사운명을 함께 하며 사회주의위업의 승리를 위하여 한몸바쳐 싸워나가도록 하여야 합니다.

당, 근로단체조직들과 정권기관들은 모든 사업을 일심단결을 강화하는데 지향시키고 복종시켜나가야 합니다. 인민들의 요구와 리익을 기준으로 사업을 설계하고 전개하며 인민들속에 깊이 들어가 고락을 같이하면서 인민들의 마음속고충과 생활상애로를 풀어주어야 합니다. 모든것이 부족한 때일수록 동지들사이에, 이웃들사이에 서로 돕고 진심으로 위해주는 미풍이 높이 발양되도록 하여야 합니다.

오늘의 만리마대진군에서 영웅적조선인민의 불굴의 정신력을 남김없이 폭발시켜야 합니다.

당, 근로단체조직들은 모든 근로자들이 애국주의를 심장에 새기고 자력갱생의 혁명정신과 과학기술을 원동력으로 만리마속도창조대전에서 끊임없는 집단적혁신을 일으켜나가도록 하여야 합니다. 일군들과 당원들과 근로자들이 천리마의 대진군으로 세기적인 변혁을 이룩한 전세대들의 투쟁정신을 이어 누구나 시대의 앞장에서 힘차게 내달리는 만리마선구자가 되도록 하여야 합니다.

동지들!

지난해에도 우리 인민은 민족의 지향과 요구에 맞게 나라의 평화를 지키고 조국통일을 앞당기기 위하여 적극 투쟁하여왔습니다. 그러나 우리 공화국의 자위적핵억제력강화를 막아보려고 감행되는 미국과 그 추종세력들의 악랄한 제재압박소동과 광란적인 전쟁도발책동으로 하여 조선반도의 정세는 류례없이 악화되고 조국통일의 앞길에는 보다 엄중한 난관과 장애가 조성되였습니다.

남조선에서 분노한 각계각층 인민들의 대중적항쟁에 의하여 파쑈통치와 동족대결에 매달리던 보수《정권》이 무너지고 집권세력이 바뀌였으나 북남관계에서 달라진것이란 아무것도 없습니다. 오히려 남조선당국은 온 겨레의 통일지향에 역행하여 미국의 대조선적대시정책에 추종함으로써 정세를 험악한 지경에 몰아넣고 북남사이의 불신과 대결을 더욱 격화시켰으며 북남관계는 풀기 어려운 경색국면에 처하게 되였습니다. 이러한 비정상적인 상태를 끝장내지 않고서는 나라의 통일은 고사하고 외세가 강요하는 핵전쟁의 참화를 면할수 없습니다.

조성된 정세는 지금이야말로 북과 남이 과거에 얽매이지 말고 북남관계를 개선하며 자주통일의 돌파구를 열기 위한 결정적인 대책을 세워나갈것을 요구하고있습니다. 이 절박한 시대적요구를 외면한다면 어느 누구도 민족앞에 떳떳한 모습으로 나설수 없을것입니다.

새해는 우리 인민이 공화국창건 일흔돐을 대경사로 기념하게 되고 남조선에서는 겨울철올림픽경기대회가 열리는것으로 하여 북과 남에 다같이 의의있는 해입니다. 우리는 민족적대사들을 성대히 치르고 민족의 존엄과 기상을 내외에 떨치기 위해서도 동결상태에 있는 북남관계를 개선하여 뜻깊은 올해를 민족사에 특기할 사변적인 해로 빛내여야 합니다.

무엇보다 북남사이의 첨예한 군사적긴장상태를 완화하고 조선반도의 평화적환경부터 마련하여야 합니다.

지금처럼 전쟁도 아니고 평화도 아닌 불안정한 정세가 지속되는 속에서는 북과 남이 예정된 행사들을 성과적으로 보장할수 없는것은 물론 서로 마주앉아 관계개선문제를 진지하게 론의할수도, 통일을 향해 곧바로 나아갈수도 없습니다.

북과 남은 정세를 격화시키는 일을 더이상 하지 말아야 하며 군사적긴장을 완화하고 평화적환경을 마련하기 위하여 공동으로 노력하여야 합니다.

남조선당국은 온 겨레의 운명과 이 땅의 평화와 안정을 위협하는 미국의 무모한 북침핵전쟁책동에 가담하여 정세격화를 부추길것이 아니라 긴장완화를 위한 우리의 성의있는 노력에 화답해나서야 합니다. 이 땅에 화염을 피우며 신성한 강토를 피로 물들일 외세와의 모든 핵전쟁연습을 그만두어야 하며 미국의 핵장비들과 침략무력을 끌어들이는 일체 행위들을 걷어치워야 합니다.

　미국이 아무리 핵을 휘두르며 전쟁도발책동에 광분해도 이제는 우리에게 강력한 전쟁억제력이 있는 한 어쩌지 못할것이며 북과 남이 마음만 먹으면 능히 조선반도에서 전쟁을 막고 긴장을 완화시켜나갈수 있습니다.

　민족적화해와 통일을 지향해나가는 분위기를 적극 조성하여야 합니다.

　북남관계개선은 당국만이 아니라 누구나가 바라는 초미의 관심사이며 온 민족이 힘을 합쳐 풀어나가야 할 중대사입니다. 북과 남사이의 접촉과 래왕, 협력과 교류를 폭넓게 실현하여 서로의 오해와 불신을 풀고 통일의 주체로서의 책임과 역할을 다해야 할것입니다.

　우리는 진정으로 민족적화해와 단합을 원한다면 남조선의 집권여당은 물론 야당들, 각계각층 단체들과 개별적인사들을 포함하여 그 누구에게도 대화와 접촉, 래왕의 길을 열어놓을것입니다.

　상대방을 자극하면서 동족간의 불화와 반목을 격화시키는 행위들은 결정적으로 종식되여야 합니다. 남조선당국은 지난 보수《정권》시기와 다름없이 부당한 구실과 법적, 제도적장치들을 내세워 각계층 인민들의 접촉과 래왕을 가로막고 련북통일기운을 억누를것이 아니라 민족적화해와 단합을 도모하는데 유리한 조건과 환경을 조성하기 위하여 노력하여야 합니다.

　북남관계를 하루빨리 개선하기 위해서는 북과 남의 당국이 그 어느때보다 민족자주의 기치를 높이 들고 시대와 민족앞에 지닌 자기의 책임과 역할을 다하여야 합니다.

　북남관계는 어디까지나 우리 민족내부문제이며 북과 남이 주인이 되여 해결하여야 할 문제입니다. 그러므로 북남사이에 제기되는 모든 문제는 우리 민족끼리의 원칙에서 풀어나가려는 확고한 립장과 관점을 가져야 합니다.

　남조선당국은 북남관계문제를 외부에 들고다니며 청탁하여야 얻을것은 아무것도 없으며 오히려 불순한 목적을 추구하는 외세에게 간섭의 구실을 주고 문제해결에 복잡성만 조성한다는것을 알아야 합니다. 지금은 서로 등을 돌려대고 자기 립장이나 밝힐 때가 아니며 북과 남이 마주앉아 우리 민족끼리 북남관계개선문제를 진지하게 론의하고 그 출로를 과감하게 열어나가야 할 때입니다.

　남조선에서 머지않아 열리는 겨울철올림픽경기대회에 대해 말한다면 그것은 민족의 위상을 과시하는 좋은 계기로 될것이며 우리는 대회가 성과적으로 개최되기를 진심으로 바랍니다. 이러한 견지에서 우리는 대표단파견을 포함하여 필요한 조치를 취할 용의가 있으며 이를 위해 북남당국이 시급히 만날수도 있을것입니다. 한피줄을 나눈 겨레로서 동족의 경사를 같이 기뻐하고 서로 도와주는것은 응당한 일입니다.

　우리는 앞으로도 민족자주의 기치를 높이 들고 모든 문제를 우리 민족끼리 해결해나갈것이며 민족의 단합된 힘으로 내외반통일세력의 책동을 짓부시고 조국통일의 새 력사를 써나갈것입니다.

　나는 이 기회에 해내외의 전체 조선동포들에게 다시한번 따뜻한 새해인사를 보내면서 의의깊은 올해에 북과 남에서 모든 일이 잘되기를 진심으로 바랍니다.

　동지들!

　지난해 국제정세는 세계의 평화와 안전을 파괴하고 인류에게 핵참화를 들씨우려는 제국주의침략세력과는 오직 정의의 힘으로 맞서야 한다는 우리 당과 국가의 전략적판단과 결단이 천만번 옳았다는것을 뚜렷이 실증하였습니다.

　우리는 평화를 사랑하는 책임있는 핵강국으로서 침략적인 적대세력이 우리 국가의 자주권과 리익을 침해하지 않는 한 핵무기를 사용하지 않을것이며 그 어떤 나라나 지역도 핵으로 위협하지 않을것입니다. 그러나 조선반도의 평화와 안전을 파괴하는 행위에 대해서는 단호하게 대응해나갈것입니다.

　우리 당과 공화국정부는 우리 나라의 자주권을 존중하고 우리를 우호적으로 대하는 모든 나라들과의 선린우호관계를 발전시켜나갈것이며 정의롭고 평화로운 새 세계를 건설하기 위하여 적극 노력할것입니다.

    동지들!

    2018년은 우리 인민에게 있어서 또 하나의 승리의 해로 될것입니다.

    새해의 장엄한 진군길이 시작되는 이 시각 인민의 지지를 받고있기에 우리의 위업은 필승불패이라는 확신으로 나는 마음이 든든하며 전력을 다하여 인민의 기대에 기어이 보답할 의지를 더욱 굳게 가다듬게 됩니다.

    조선로동당과 공화국정부는 인민의 믿음과 힘에 의거하여 주체혁명위업의 최후승리를 이룩할 때까지 투쟁과 전진을 멈추지 않을것이며 전체 인민이 존엄높고 행복한 생활을 누리는 사회주의강국의 미래를 반드시 앞당겨올것입니다.

    모두다 조선로동당의 령도따라 영웅조선의 강용한 기상을 떨치며 혁명의 새 승리를 향하여 힘차게 앞으로 나아갑시다.

(출처-통일뉴스)

〈박해전 기자〉

사람일보 2018. 1. 2.

15
"제2의 6.15시대에로 이어가야 한다"
북, 정부·정당·단체연합회의 열어 '전체 조선민족에게 보내는 호소문' 채택

"절세위인의 애국애족의 숭고한 뜻을 받들어 북남관계를 개선하고 자주통일의 돌파구를 열어나가기 위한 거족적투쟁에 한사람같이 떨쳐나서자!"

북은 김정은 국무위원장이 올해 신년사에서 제시한 조국통일과업 관철을 위한 '조선민주주의인민공화국 정부, 정당, 단체연합회의'를 24일 인민문화궁전에서 진행하고 이렇게 '해내외의 전체 조선민족에게 보내는 호소문'을 채택했다고 〈조선중앙통신〉이 보도했다.

'정부 정당 단체연합회의'는 호소문에서 "걷잡을수 없이 몰려드는 핵전쟁의 화염을 두고 온 세계가 우려의 눈길을 보내던 조선반도의 그토록 첨예한 정세가 새해를 기점으로 급격히 완화되고 날로 악화일로를 치달아온 북남관계가 단 며칠사이에 그 면모를 달리하고있는 오늘의 놀라운 현실은 절세위인께서 신년사에서 그어주신 조국통일의 리정표가 얼마나 정확하고 선견지명한것인가를 뚜렷이 확증해주고있다"며 "북과 남, 해외의 온 겨레는 우리 민족이 단합되여 일떠서면 당할자 없다는 필승의 신심드높이 새해 정초에 내짚은 좋은 첫걸음을 자주통일위업수행의 획기적전진으로 이어나가야 한다"고 강조했다.

연합회의는 "올해는 우리 인민이 삶의 요람인 조선민주주의인민공화국 창건 일흔돐을 경사롭게 맞이하게 되고 남조선에서는 겨울철올림픽경기대회가 진행되는것으로 하여 북과 남에 다같이 의의있는 해"이라며 "북과 남은 한피줄을 나눈 동족으로서 민족적대사들을 다같이 성대히 치르고 민족의 존엄과 위상을 내외에 힘있게 떨쳐야 한다"고 밝혔다.

　호소문은 남북관계 개선과 관련해 "북남관계를 시급히 개선하고 통일되고 강성번영할 민족의 밝은 미래를 활짝 열어나가자"며 "온 삼천리강토를 자주통일의 열풍으로 들끓게 하고 6.15공동선언과 10.4선언의 궤도를 따라 북남관계를 과감히 전진시켜나아가자"고 촉구했다.

　호소문은 또 "슬기로운 조선민족다운 높은 자존심과 담대한 배짱으로 북남관계를 우리 민족의 의사와 리익에 맞게 풀어나가자"며 "우리 민족이 틀어쥔 핵보검은 날로 가증되는 미국의 침략과 핵전쟁도발책동을 제압하고 전체 조선민족의 운명과 천만년미래를 굳건히 담보해주고있으며 북남관계를 우리 민족끼리 해결해나갈수 있는 밝은 전망을 열어주고있다"고 강조했다.

　호소문은 한반도 평화와 관련해 "이 땅의 평화를 위협하는 외세와의 합동군사연습이 그칠새없는 첨예한 군사적긴장속에서는 북남관계개선의 밝은 전도를 기대할수 없다는것이 지나온 력사가 실증해준 교훈"이라며 "해내외의 온 겨레가 떨쳐일어나 정세를 격화시키고 평화를 파괴하는 온갖 적대행위와 전쟁책동을 단호히 반대배격하자"고 밝혔다.

　호소문은 남북교류협력과 관련해 "북남사이의 접촉과 래왕,협력과 교류를 폭넓게 실현하고 민족적화해와 통일을 지향해나가는 분위기를 적극 조성해나가자"며 "북과 남의 각계각층이 민족분렬의 장벽을 허물어버리고 하늘길,배길,땅길로 자유롭게 오가며 혈육의 정을 잇고 화해단합의 대세를 적극 추동해나가자"고 촉구했다.

호소문은 또 "해내외의 각계각층 동포들은 사상과 리념, 제도와 지역, 정견과 신앙, 계급과 계층의 차이를 초월하여 조국통일의 기치아래 하나로 굳게 단결하자"며 "온 겨레가 민족적화해와 단합의 새로운 흐름을 저해하는 시대착오적인 법적, 제도적장치들을 제거하고 적대행위를 저지시키기 위한 투쟁을 더욱 힘차게 전개해나가자"고 강조했다.

호소문은 조국통일과 관련해 "민족자주의 기치,우리 민족끼리의 기치를 높이 들고 내외반통일세력의 책동을 짓부시고 조국통일의 새 국면을 힘차게 열어나가자"며 "오늘의 의미있는 출발을 북남관계의 새로운 발전과 제2의 6.15시대에로 이어가야 한다는것이 시대와 민족사의 엄숙한 명령"이라고 밝혔다.

호소문은 또 "해내외의 온 겨레는 민족우선, 민족중시, 민족단합의 립장에서 전민족적위업인 조국통일의 대의에 모든것을 복종시키고 지향시켜나가자"며 "북남사이에 제기되는 모든 문제를 우리 민족끼리의 원칙에서 풀어나가려는 확고한 립장과 관점을 견지하자"고 강조했다.

호소문은 끝으로 "자주통일의 앞길을 가로막아보려는 내외반통일세력의 책동이 제아무리 악랄해도 내 나라, 내 민족을 뜨겁게 품어안고 통일과 평화번영의 대로를 힘차게 열어나가시려는 절세위인의 철의 신념과 의지를 절대로 꺾을수 없으며 위대한 향도따라 나가는 우리 겨레의 앞길을 막을자 그 어디도 없다"며 "모두가 광명한 민족의 래일을 굳게 믿고 뜻깊은 올해를 조국통일사에 영원히 빛날 대전환, 대사변의 해로 빛내이기 위한 성스러운 투쟁에 한사람같이 떨쳐나서자"고 촉구했다.

호소문 전문은 다음과 같다.

해내외의 전체 조선민족에게 보내는 호소문

북과 남, 해외의 전체 조선동포들!

새해의 려명이 밝아오는 첫아침 절세의 위인께서 펼쳐주신 조국통일의 휘황한 설계도따라 뜻깊은 올해의 장엄한 통일대진군이 시작되였다.

열화같은 민족애와 투철한 자주의지가 차넘치고 천리혜안의 예지가 빛발치는 경애하는 최고령도자동지의 신년사는 나라의 통일을 일일천추로 갈망하는 온 겨레의 가슴마다에 지펴진 새로운 희망의 불길이며 대결과 적대의 동토대우에 울려퍼진 화해와 단합의 력사적선언이다.

걷잡을수 없이 몰려드는 핵전쟁의 화염을 두고 온 세계가 우려의 눈길을 보내던 조선반도의 그토록 첨예한 정세가 새해를 기점으로 급격히 완화되고 날로 악화일로를 치달아온 북남관계가 단 며칠사이에 그 면모를 달리하고있는 오늘의 놀라운 현실은 절세위인께서 신년사에서 그어주신 조국통일의 리정표가 얼마나 정확하고 선견지명한것인가를 뚜렷이 확증해주고있다.

북과 남, 해외의 온 겨레는 우리 민족이 단합되여 일떠서면 당할자 없다는 필승의 신심드높이 새해 정초에 내짚은 좋은 첫걸음을 자주통일위업수행의 획기적전진으로 이어나가야 한다.

올해는 우리 인민이 삶의 요람인 조선민주주의인민공화국창건 일흔돐을 경사롭게 맞이하게 되고 남조선에서는 겨울철올림픽경기대회가 진행되는것으로 하여 북과 남에 다같이 의의있는 해이다.

북과 남은 한피줄을 나눈 동족으로서 민족적대사들을 다같이 성대히 치르고 민족의 존엄과 위상을 내외에 힘있게 떨쳐야 한다.

조선민주주의인민공화국 정부, 정당, 단체들은 절세의 위인께서 신년사에서 천명하신 조국통일과업을 높이 받들고 우리 민족끼리 힘을 합쳐 경사로운 올해를 민족사에 특기할 사변적인 해로 빛내일 드높은 의지를 안고 해내외의 전체 조선민족에게 다음과 같이 열렬히 호소한다.

1.절세위인의 애국애족의 숭고한 뜻을 받들어 북남관계를 개선하고 자주

통일의 돌파구를 열어나가기 위한 거족적투쟁에 한사람같이 떨쳐나서자!

　민족의 존엄과 강국의 지위는 탁월한 령도자를 모시여 만방에 떨쳐지고 빛나게 된다.

　애국애족의 최고화신이시며 불세출의 천출위인이신 경애하는 김정은동지를 높이 모신것은 우리 민족의 최상최대의 행운이며 더없는 영광이고 긍지이다.

　절세의 애국자, 민족의 영웅이신 경애하는 김정은동지를 조국통일의 위대한 구성으로 높이 받들어모시자!

　절세위인의 자주통일사상과 로선을 뜨거운 애국의 열정과 마음으로 적극 지지하고 실천해나가자!

　하루속히 북남관계에서 대전환, 대변혁을 이룩하고 자주통일의 새 력사를 써나가자는것이 절세의 위인의 숭고한 뜻을 받들고 일떠선 우리 겨레모두의 확고부동한 의지이다.

　나라와 민족들이 저마다 자기의 리익을 전면에 내세우고 경쟁적으로 발전을 추구하고있는 때에 우리 민족이 북과 남으로 갈라져 반목질시하고 대결하는것은 더없는 민족의 수치이다.

　북남관계를 시급히 개선하고 통일되고 강성번영할 민족의 밝은 미래를 활짝 열어나가자!

　온 삼천리강토를 자주통일의 열풍으로 들끓게 하고 6.15공동선언과 10.4선언의 궤도를 따라 북남관계를 과감히 전진시켜나아가자!

　북남관계는 우리 민족내부문제이며 북과 남이 주인이 되여 해결하여야 할 문제이다.

　북남관계문제를 풀어나가는데서 이제 더는 남의 눈치를 볼것도 없고 외부에 들고다니며 누구의 도움을 청탁할 필요도 없다.

　슬기로운 조선민족다운 높은 자존심과 담대한 배짱으로 북남관계를 우리 민족의 의사와 리익에 맞게 풀어나가자!

　우리 민족이 틀어쥔 핵보검은 날로 가증되는 미국의 침략과 핵전쟁도발책동을 제압하고 전체 조선민족의 운명과 천만년미래를 굳건히 담보해주고 있으며 북남관계를 우리 민족끼리 해결해나갈수 있는 밝은 전망을 열어주고있다.

주체조선의 핵보검에 의해 조선반도의 평화와 안정이 믿음직하게 수호되고있는 엄연한 현실을 부정하며 외세에 빌붙어 무엇을 해결하겠다고 돌아치는것처럼 가련하고 어리석은 일은 없다.

민족의 핵, 정의의 핵보검을 악의에 차서 걸고들며 그것을 북남관계개선의 장애물로 매도하려는 온갖 궤변과 기도를 단호히 짓부셔버리자!

2.북남사이의 첨예한 군사적긴장상태를 완화하고 조선반도의 평화적환경을 마련하기 위한 투쟁을 힘차게 벌려나가자!

조선반도의 첨예한 군사적긴장은 북남관계개선의 결정적걸림돌이며 평화적통일을 가로막는 근본장애이다.

이 땅의 평화를 위협하는 외세와의 합동군사연습이 그칠새없는 첨예한 군사적긴장속에서는 북남관계개선의 밝은 전도를 기대할수 없다는것이 지나온 력사가 실증해준 교훈이다.

우리 민족에게 참혹한 핵재난을 들씌우려는 외세의 전쟁도발책동에 단호히 맞서 싸울대신 오히려 그에 편승하여 동족을 향해 총부리를 겨누는 우매하고 무지한 동족상쟁행위는 비참한 자멸밖에 가져올것이 없다.

해내외의 온 겨레가 떨쳐일어나 정세를 격화시키고 평화를 파괴하는 온갖 적대행위와 전쟁책동을 단호히 반대배격하자!

겨레의 운명과 민족의 전도를 담보하는 조선반도의 평화는 누가 지켜주는것이 아니며 그 주인은 우리 민족자신이다.

민족의 안전과 이 땅의 평화를 수호하기 위한 투쟁에서 우리 겨레모두가 한몸이 그대로 방패가 되고 드놀지 않는 성벽이 되자!

북남대화의 문이 열리고 민족의 중대사들이 진지하게 론의되고있는 오늘 미국의 흉물스러운 핵전략자산들과 침략무력이 남조선에 버티고있을 아무런 리유도 없다.

북남사이의 불신과 대결을 조장격화시키고 이를 구실로 조선반도에 방대한 침략무력을 들이밀어 동북아시아에서 허물어져가는 패권적지위를 지탱해보려는것이 바로 미국의 변함없는 야망이다.

전체 조선민족은 이 땅에 위험한 화염을 피우며 재앙을 몰아오는 미국의 무모한 핵전쟁도발책동을 짓부셔버리기 위한 반전평화옹호투쟁에 총궐기하자!

내외호전광들의 위험천만한 각종 북침핵전쟁연습책동을 영원히 종식시키기 위한 투쟁을 더욱 강력히 전개해나가자!

전민족적인 반미성전으로 전쟁의 화근을 밑뿌리채 들어내고 삼천리강토우에 온 세상이 보란듯이 평화와 통일의 새 시대를 펼쳐나가자!

3. 북남사이의 접촉과 래왕, 협력과 교류를 폭넓게 실현하고 민족적화해와 통일을 지향해나가는 분위기를 적극 조성해나가자!

민족의 화해와 단합을 한사코 반대하고 동족대결에 광분하면서 북남관계를 파국에 몰아넣은 남조선의 보수역적패당이 민심의 준엄한 심판을 받고 파멸된것은 너무도 응당하다.

남조선의 반통일역적무리들이 북남관계에 끼친 파국적후과를 시급히 가시고 조국통일의 전환적국면을 힘있게 열어나가려는것은 온 겨레의 강렬한 열망이며 일치한 의지이다.

북과 남사이의 접촉과 래왕, 협력과 교류를 폭넓게 실현하여 서로의 오해와 불신을 풀고 온 겨레가 통일의 주체로서의 책임과 역할을 다해나가자!

북과 남의 각계각층이 민족분렬의 장벽을 허물어버리고 하늘길, 배길, 땅길로 자유롭게 오가며 혈육의 정을 잇고 화해단합의 대세를 적극 추동해나가자!

올해는 력사적인 남북조선정당, 사회단체대표자련석회의가 개최된지 일흔돐이 되는 뜻깊은 해이다.

북과 남, 해외의 온 겨레는 력사적인 남북조선정당, 사회단체대표자련석회의의 정신을 고수하고 이어나가자!

전민족적인 통일대회합실현을 위한 투쟁을 계속 줄기차게 벌려 민족대단결의 새로운 리정표를 세우고 전민족적통일운동의 일대 전성기를 펼쳐나가자!

해내외의 각 정당별, 계층별, 부문별접촉과 대화를 활성화하고 협력교류를 적극화하여 통일분위기를 고조시켜나가자!

단결은 민족의 힘이며 민족대단결이자 곧 조국통일이다.

해내외의 각계각층 동포들은 사상과 리념, 제도와 지역, 정견과 신앙, 계급과 계층의 차이를 초월하여 조국통일의 기치아래 하나로 굳게 단결하자!

동족간의 불화와 반목을 격화시키는 행위들을 결정적으로 종식시키는것은 민족적화해를 실현하고 통일분위기를 높여나가기 위한 현실적요구이다.

온 겨레가 민족적화해와 단합의 새로운 흐름을 저해하는 시대착오적인 법적, 제도적장치들을 제거하고 적대행위를 저지시키기 위한 투쟁을 더욱 힘차게 전개해나가자!

우리는 올해에 겨레의 통일지향에 역행하는 온갖 도전을 과감히 물리치고 북남선언발표기념일들과 조국해방 73돐을 비롯한 여러 계기들에 해내외의 각 정당, 단체들과 인사들이 참가하는 민족공동행사들을 성대히 개최하여 민족의 자주통일의지를 만방에 떨쳐나갈것이다.

4. 민족자주의 기치, 우리 민족끼리의 기치를 높이 들고 내외반통일세력의 책동을 짓부시고 조국통일의 새 국면을 힘차게 열어나가자!

지금 북남사이에는 우리의 대범하고 주동적인 노력에 의하여 고위급회담을 비롯한 다양한 접촉과 대화들이 진행되고 그 합의리행을 위한 실천적조치들이 련이어 취해지고있다.

오늘의 의미있는 출발을 북남관계의 새로운 발전과 제2의 6.15시대에로 이어가야 한다는것이 시대와 민족사의 엄숙한 명령이다.

우리 민족이 그 어떤 시련과 난관앞에서도 주춤하거나 멈춤없이 오늘의 기세대로 계속 전진해나가자면 민족자주의 리념에 충실하고 우리 민족끼리의 립장이 투철하여야 한다.

민족자주의 리념, 우리 민족끼리의 정신을 외면하고 외세에 아부굴종하면 초래될것은 북남관계파탄과 전쟁밖에 없다.

　해내외의 온 겨레는 민족우선, 민족중시, 민족단합의 립장에서 전민족적위업인 조국통일의 대의에 모든것을 복종시키고 지향시켜나가자!

　외세에 추종하고 민족의 리익을 남에게 내맡기는 추악한 친미사대와 외세굴종책동을 반대하는 투쟁의 불길을 더욱 세차게 지펴올리자!

　북남사이에 제기되는 모든 문제를 우리 민족끼리의 원칙에서 풀어나가려는 확고한 립장과 관점을 견지하자!

　민족자주의 기치를 조국통일운동의 영원한 생명선으로 높이 추켜들고 나아가자!

　북남관계에 개선의 기류가 흐르는 지금 내외반통일세력들은 불안과 공포에 질려 간섭과 방해의 틈을 노리며 그 흐름을 되돌려보려고 단말마적으로 발악하고있다.

　전체 조선민족은 북남관계개선을 가로막고 민족의 대사를 망쳐놓으려는 내외반통일세력들의 방해책동에 각성을 높이고 이를 철저히 짓부시기 위한 정의의 투쟁을 더욱 힘차게 벌려나가자!

　온 겨레가 손을 잡고 힘을 모아 부강번영할 통일된 삼천리조국의 새 아침을 앞당겨오는 자주통일대진군을 더욱 힘차게 추동해나가자!

　해내외의 전체 조선동포들이여!

　위대한 태양의 광휘로운 빛발이 우리 겨레의 앞길을 휘황히 밝혀주고있으며 승리의 기치가 진두에 펄펄 휘날리고있다.

　자주통일의 앞길을 가로막아보려는 내외반통일세력의 책동이 제아무리 악랄해도 내 나라, 내 민족을 뜨겁게 품어안고 통일과 평화번영의 대로를 힘차게 열어나가시려는 절세위인의 철의 신념과 의지를 절대로 꺾을수 없으며 위대한 향도따라 나가는 우리 겨레의 앞길을 막을자 그 어디도 없다.

　모두가 광명한 민족의 래일을 굳게 믿고 뜻깊은 올해를 조국통일사에 영원히 빛날 대전환, 대사변의 해로 빛내이기 위한 성스러운 투쟁에 한사람같이 떨쳐나서자!

주체107(2018)년 1월 24일　　　　　　　　　　　　　　(출처-통일뉴스)

〈박해전 기자〉

사람일보 2018. 1. 25.

16
"엄중한 사태 해결없이 마주앉기 쉽지않아"
리선권 북 조평통 위원장 "북남관계 방향, 전적으로 남측 당국 행동에 달려"

리선권 북 조국평화통일위원회 위원장은 17일 남북고위급회담 중지와 관련해 "북남고위급회담을 중지시킨 엄중한 사태가 해결되지 않는 한 남조선의 현 정권과 다시 마주앉는 일은 쉽게 이루어지지 않을 것"이라고 밝혔다.

리 위원장은 이날 조성된 사태와 관련한 〈조선중앙통신〉 기자의 질문에 대한 대답에서 "남조선당국은 철면피한 추태로 일관된 변명과 구실을 늘어놓으며 터무니없는 책임전가에 매달리면서 시간을 허송할 것이 아니라 현 상황이 만회할 수 없는 최악의 사태로 번져지는데 대해 머리를 싸쥐고 고심해볼 필요가 있다"며 "차후 북남관계의 방향은 전적으로 남조선당국의 행동 여하에 달려있게 될 것"이라고 강조했다.

리 위원장의 대답 전문은 다음과 같다.

조선민주주의인민공화국 조국평화통일위원회 리선권 위원장, 조성된 사태와 관련하여 기자의 질문에 대답

조선민주주의인민공화국 조국평화통일위원회 리선권 위원장은 남조선당국이 예정되어 있던 북남고위급회담이 무산된 책임을 우리에게 전가해보려고 철면피한 추태를 부리고 있는 것과 관련하여 17일 조선중앙통신 기자가 제기한 질문에 다음과 같이 대답하였다.

최근 남조선당국은 한편으로는 미국과 야합하여 우리의 주요전략적대상

들에 대한 정밀타격과 제공권장악을 노린 극히 모험적인 〈2018맥스썬더〉 련합공중전투훈련을 강행하고 다른 한편으로는 들개보다 못한 인간쓰레기들을 〈국회〉 마당에 내세워 우리의 최고존엄과 체제를 헐뜯고 력사적인 판문점선언을 비방중상하는 놀음을 뻐젓이 벌려놓았다.

힘들게 품을 들여 마련한 북남관계개선흐름에 전면역행하는 무모한 행위들이 도가 넘게 벌어지고 있는 것과 관련하여 우리는 이를 엄중시하면서 남조선당국이 책임적인 조치를 취할 때까지 북남고위급회담을 무기한 연기하는 단호한 조치를 취하고 이에 대해 16일 남측 당국에도 통고하고 조선중앙통신 보도로도 공개하였다.

사태가 이쯤 되였으면 늦게라도 제정신을 바로 차리는 것이 지각있는 현인의 처사일 것이다.

그러나 남조선당국은 우리가 취한 조치의 의미를 깊이 새겨보고 필요한 수습대책을 세울 대신 현재까지 터무니없는 〈유감〉과 〈촉구〉따위나 운운하면서 상식이하로 놀아대고 있다.

우리의 통지문을 받은 그 시각부터 변명과 구실로 범벅된 각종 명목의 통지문들을 뻔질나게 들여보내는가 하면 통일부 대변인 명의의 성명을 발표한다, 국방부 장관이 한미련합군 사령관과의 긴급회동을 벌려놓는다 어쩐다 하며 분주탕을 피워대기 시작하였다.

이 모든 것은 일정에 오른 북남대화가 막힌데 대한 책임을 뼈저리게 느끼고 그 수습을 위한데 목적을 둔 움직임이 아니였다.

남조선당국은 먼저 우리에게 북남고위급회담을 〈일방적으로 연기〉한 것은 〈판문점선언의 근본정신과 취지에 부합하지 않는 것〉이라고 하면서 〈유감〉을 표명해댔다.

도대체 누가 누구에게 〈유감〉을 하소해대며 감히 뱉풀이를 한단 말인가.

판문점선언이 채택된 지 불과 보름 남짓한 기간에 우리는 조선반도에서 전쟁위험을 종식시키고 평화번영과 화해의 새시대를 열어나가기 위하여 할 수 있는 정도가 아니라 그 누구도 미처 상상조차 하지 못할 대용단을 과감한 실천행동으로 보여주었다.

이에 대해서는 남조선당국도 내놓고 부인하지 못할 것이다.

오늘날 조선반도와 지역에서 일어나고있는 긍정적인 사태발전은 전적으로 판문점선언리행을 위한 우리의 적극적이며 주동적인 립장과 의지의 산물이다.

그러나 남조선당국은 완전한 〈북핵페기〉가 실현될 때까지 최대의 압박과 제재를 가해야 한다는 미국상전과 짝이 되여 력대 최대규모의 련합공중전투훈련을 벌려놓고 이것이 〈북에 대한 변함없는 압박공세의 일환〉이라고 꺼리낌없이 공언해댔다.

만약 남조선당국이 우리를 언제 쏟아질지 모를 불소나기밑에 태평스레 앉아 말잡담이나 나누고 자기 신변을 직접 위협하는 상대도 분간하지 못한 채 무작정 반기는 그런 비상식적인 실체로 여겼다면 그보다 더 어리석은 오판과 몽상은 없을 것이다.

지어 남조선당국은 집잃은 들개마냥 더러운 잔명부지를 위해 여기저기 싸다니는 인간쓰레기들까지 다른 곳도 아닌 〈국회〉마당에 내세워 우리의 최고존엄과 체제를 악랄하게 비난모독하게 하는 도저히 용납할수 없는 천인공노할 짓거리도 벌려놓았다.

이 모든 행태가 과연 청와대나 통일부, 국정원과 국방부와 같은 남조선당국의 직접적인 관여와 묵인비호밑에 조작되고 실행된 것이 아니란 말인가.

남조선당국은 저들이 〈판문점선언을 충실히 리행해나가고자 하는 확고한 의지〉를 갖고있다고 천연스레 뇌까려대는 추태도 서슴지않았다.

력사적인 판문점선언의 그 어느 조항, 어느 문구에 상대방을 노린 침략전쟁연습을 최대규모로 벌려놓으며 인간쓰레기들을 내세워 비방중상의 도수를 더 높이기로 한 것이 있는가.

흑백을 전도해도 푼수가 있고 얼토당토않아도 정도가 있는 법이다.

하늘소가 관모를 썼다고 령주가 되는 것이 아닌것처럼 사람도 제 입부리를 제멋대로 놀려댄다고 하여 저지른 행위가 은페되거나 따르게 된 엄벌이 없어지는 것은 결코 아니다.

중요한 것은 잘못된 과거와 철저히 결별하고 나라와 민족에게 유익하고 보탬되는 일을 하려는 진정어린 마음에서 나온 새로운 출발이다.

명백히 부언하건대 〈유감〉은 모처럼 마련된 화해흐름에 전면역행해나선 남조선당국에 온 겨레의 치솟는 공분을 담아 우리가 표명해야할 몫일 것이다.

남조선당국이 떠들고있는 〈촉구〉도 다를바 없다.

만약 남조선당국이 민족적화해와 평화번영을 갈망하는 시대의 요구와 겨레의 지향에 부응하려는 일점의 자각이라도 있다면 조성된 사태에서 자기 책임을 무겁게 절감하고 심사숙고해야 할 것이며 잘못 취한 저들의 행태부터 바로잡아야 할 것이다.

그런데 양푼밑바닥같이 뻔뻔스럽기 그지없는 남조선당국은 꼬물만 한 반성이나 죄의식은 고사하고 그 무슨 〈회담개최촉구〉에 대해서만 청을 돋구고 있다.

보다 가관은 〈촉구〉 리유이다.

회담무산의 원인인 침략전쟁연습의 타당성여부를 론하기 위해서라도 회담을 열어야 한다는 남조선당국의 괴이쩍은 론리는 조선반도의 평화와 화해의 흐름을 가로막는 장애물들을 제거하겠다는 것이 아니라 어떻게 하나 북침전쟁연습을 합리화하고 역겨운 비방중상을 지속시켜보려는 철면피와 파렴치의 극치가 아닐 수 없다.

시대착오적인 남조선당국의 이 모든 대결소동들은 지난 시기 적대와 분열을 본업으로 삼던 보수〈정권〉의 속성과 너무나도 일맥상통하다.

이 땅에 펼쳐진 현실에 대한 초보적인 감각도, 마주한 상대에 대한 구체적인 표상도, 흐르는 대세에 대한 현실적인 판별력도 없는 무지무능한 집단이 다름아닌 현 남조선당국이라는 것을 이번 기회에 명백히 판단하게 되였다.

신의신뢰가 결여되고 무례무도한 사람들과 마주앉아서는 그 언제 가도 나라와 민족의 전도를 열어가는 새 력사를 써나갈수 없다는 것은 지난 력사가 보여준 교훈이다.

우리의 립장은 명백하며 불변이다.

북남고위급회담을 중지시킨 엄중한 사태가 해결되지 않는 한 남조선의 현〈정권〉과 다시 마주앉을 일은 쉽게 이루어지지 않을 것이다.

남조선당국은 철면피한 추태로 일관된 변명과 구실을 늘어놓으며 터무니없는 책임전가에 매달리면서 시간을 허송할 것이 아니라 현 상황이 만회할 수 없는 최악의 사태로 번져지는데 대해 머리를 싸쥐고 고심해볼 필요가 있다.

차후 북남관계의 방향은 전적으로 남조선당국의 행동여하에 달려있게 될 것이다.

구름이 걷히면 하늘은 맑고 푸르게 되는 법이다.〈끝〉

(출처-조선중앙통신, 통일뉴스)

〈박해전 기자〉

사람일보 2018. 5. 18.

17
"평화와 번영, 통일의 전성기를 열어나가자"

김정은 위원장 신년사, "전민족적 합의에 기초한 평화적인 통일방안 적극 모색해야"

김정은 국무위원장은 1일 "'온 민족이 역사적인 북남선언들을 철저히 이행하여 조선반도의 평화와 번영, 통일의 전성기를 열어나가자' 이 구호를 높이 들고 나가야 한다"고 밝혔다.

김 국무위원장은 이날 오전 9시 조선중앙텔레비전을 통해 발표한 신년사에서 "우리는 미증유의 사변들로 훌륭히 장식한 지난해의 귀중한 성과들에 토대하여 새해 2019년에 북남 관계 발전과 평화 번영, 조국 통일을 위한 투쟁에서 더 큰 전진을 이룩하여야 한다"며 이렇게 강조했다.

김 위원장은 "북과 남은 통일에 대한 온 민족의 관심과 열망이 전례없이 높아지고 있는 오늘의 좋은 분위기를 놓치지 말고 전민족적 합의에 기초한 평화적인 통일방안을 적극 모색해야 하며 그 실현을 위해 진지한 노력을 기울여나가야 할 것"이라며 "북과 남, 해외 온 겨레는 용기백배하여 북남 선언들을 관철하기 위한 거족적 진군을 더욱 가속화함으로써 올해를 북남관계 발전과 조국 통일 위업 수행에서 또 하나의 획기적인 전환을 가져오는 력사적인 해로 빛내어야 한다"고 밝혔다.

김정은 국무위원장의 신년사 전문은 다음과 같다.

김정은 국무위원장 2019 신년사

사랑하는 온 나라 인민들과 인민군장병들!

1월 1일
김정은 북한 국무위원장 2019년 신년사

　동포형제자매들!

　동지들과 벗들!

　우리는 지울수 없는 또 한번의 력사의 깊은 발자취를 남기며 조국과 혁명, 민족사에 뜻깊은 사변들이 아로새겨진 2018년을 보내고 희망의 꿈을 안고 새해 2019년을 맞이하였습니다.

　새해에 즈음하여 나는 격동적인 지난해의 나날들에 우리 당과 숨결과 보폭을 함께 하며 사회주의건설위업에 헌신하여온 전체 인민들과 인민군장병들에게 충심으로 되는 인사를 드리며 온 나라 가정들에 사랑과 희망, 행복이 넘쳐나기를 축원합니다.

　나는 민족의 화해와 단합, 평화번영의 새 력사를 써나가기 위하여 우리와 마음을 같이한 남녘겨레들과 해외동포들에게 따뜻한 새해인사를 보냅니다.

　나는 사회적진보와 발전, 세계의 평화와 정의를 위하여 노력하고있는 각국의 수반들과 벗들의 사업에서 성과가 있기를 바랍니다.

　동지들!

　2018년은 우리 당의 자주로선과 전략적결단에 의하여 대내외정세에서 커다란 변화가 일어나고 사회주의건설이 새로운 단계에 들어선 력사적인 해였습니다.

지난해 4월에 진행된 당중앙위원회 제7기 제3차전원회의는 병진로선의 위대한 승리에 토대하여 우리 혁명을 새롭게 상승시키고 사회주의의 전진속도를 계속 높여나가는데서 전환적의의를 가지는 중요한 계기로 되였습니다. 사회주의에 대한 필승의 신념을 지니고 간고한 투쟁의 길을 걸어온 우리 인민은 자주권수호와 평화번영의 굳건한 담보를 제손으로 마련하고 부강조국건설의 더 높은 목표를 점령하기 위한 혁명적대진군에 떨쳐나서게 되였습니다.

우리의 주동적이면서도 적극적인 노력에 의하여 조선반도에서 평화에로 향한 기류가 형성되고 공화국의 국제적권위가 계속 높아가는 속에 우리 인민은 커다란 긍지와 자부심을 안고 영광스러운 조선민주주의인민공화국창건 일흔돐을 성대히 경축하였습니다.

9월의 경축행사들을 통하여 온 사회의 사상적일색화와 당과 인민의 일심단결을 실현하고 튼튼한 자립경제와 자위적국방력을 가진 우리 공화국의 위력과 사회주의위업의 승리를 위해 끝까지 투쟁하려는 영웅적조선인민의 강렬한 의지를 세계앞에 힘있게 과시하였습니다.

지난해에 전체 인민이 경제건설에 총력을 집중할데 대한 당의 새로운 전략적로선관철에 떨쳐나 자립경제의 토대를 일층 강화하였습니다.

인민경제의 주체화로선을 관철하기 위한 투쟁에서 의미있고 소중한 전진이 이룩되였습니다. 북창화력발전련합기업소의 전력생산능력이 훨씬 늘어나고 김철과 황철을 비롯한 금속공장들에서 주체화의 성과를 확대하였으며 화학공업의 자립적토대를 강화하기 위한 사업이 힘있게 추진되였습니다. 우리의 힘, 우리의 기술, 우리의 자원으로 만들어낸 긍지와 보람으로 보기만 해도 흐뭇한 각종 륜전기계들과 경공업제품들의 질적수준이 한계단 도약하고 대량생산되여 우리 인민들을 기쁘게 해주고있습니다.

석탄공업부문의 로동계급은 모든것이 어려운 속에서 자립경제의 생명선을 지켜 결사적인 생산투쟁을 벌렸으며 농업부문에서 알곡증산을 위하여 이악하게 투쟁한 결과 불리한 일기조건에서도 다수확을 이룩한 단위들과 농장원들이 수많이 배출되였습니다.

　군수공업부문에서는 경제건설에 모든 힘을 집중할데 대한 우리 당의 전투적호소를 심장으로 받아안고 여러가지 농기계와 건설기계, 협동품들과 인민소비품들을 생산하여 경제발전과 인민생활향상을 추동하였습니다.

　지난해에 당의 웅대한 구상과 작전에 따라 로동당시대를 빛내이기 위한 방대한 대건설사업들이 립체적으로 통이 크게 전개됨으로써 그 어떤 난관속에서도 끄떡없고 멈춤이 없으며 더욱 노도와 같이 떨쳐일어나 승승장구해나가는 사회주의조선의 억센 기상과 우리의 자립경제의 막강한 잠재력이 현실로 과시되였습니다.

　과학교육사업에서 혁명적전환을 일으킬데 대한 당중앙위원회 4월전원회의 결정을 높이 받들고 과학기술부문에서 첨단산업의 발전을 추동하고 인민경제의 활성화에 이바지하는 가치있는 연구성과들을 내놓았으며 교육의 현대화, 과학화가 적극 추진되고 전국의 많은 대학과 중학교, 소학교들의 교육조건과 환경이 개선되였습니다.

　문화예술부문에서는 대집단체조와 예술공연을 창작공연하여 대내외의 커다란 반향을 불러일으키고 주체예술의 발전면모와 특유와 우월성을 뚜렷이 시위하였습니다.

　동지들!

　혁명의 년대기에 자랑찬 승리의 한페지를 새긴 지난해의 투쟁을 통하여 우리는 자기 위업의 정당성과 우리 국가의 불패의 힘에 대하여 다시금 확신하게 되였습니다. 부정의의 도전을 맞받아나가는 우리 인민의 불굴의 투쟁에 의하여 우리 국가의 자강력은 끊임없이 육성되고 사회주의강국에로 향한 발걸음은 더욱 빨라지고있습니다.

　나는 이 자리를 빌어 당을 따라 승리의 길을 멈춤없이 달려 조국청사에 빛나는 위훈을 세운 전체 인민들과 인민군장병들에게 다시한번 뜨거운 감사의 인사를 드리고싶습니다.

동지들!

주체혁명의 새시대를 빛내이기 위한 투쟁속에서 더욱 세련되고 억세여진 우리 당과 인민은 보다 큰 신심과 포부를 안고 새해의 진군길에 나섰습니다.

올해에 우리앞에는 나라의 자립적발전능력을 확대강화하여 사회주의건설의 진일보를 위한 확고한 전망을 열어놓아야 할 투쟁과업이 나서고있습니다.

우리에게는 사회주의의 더 밝은 앞날을 자력으로 개척해나갈수 있는 힘과 토대, 우리 식의 투쟁방략과 창조방식이 있습니다. 당의 새로운 전략적로선을 틀어쥐고 자력갱생, 견인불발하여 투쟁할 때 나라의 국력은 배가될것이며 인민들의 꿈과 리상은 훌륭히 실현되게 될것입니다.

《자력갱생의 기치높이 사회주의건설의 새로운 진격로를 열어나가자!》, 이것이 우리가 들고나가야 할 구호입니다. 우리는 조선혁명의 전 로정에서 언제나 투쟁의 기치가 되고 비약의 원동력으로 되여온 자력갱생을 번영의 보검으로 틀어쥐고 사회주의건설의 전 전선에서 혁명적앙양을 일으켜나가야 합니다.

사회주의자립경제의 위력을 더욱 강화하여야 하겠습니다.

우리는 자체의 기술력과 자원, 전체 인민의 높은 창조정신과 혁명적열의에 의거하여 국가경제발전의 전략적목표를 성과적으로 달성하며 새로운 장성단계에로 이행하여야 합니다.

인민경제전반을 정비보강하고 활성화하기 위한 국가적인 작전을 바로하고 강하게 집행해나가야 하겠습니다.

자립경제의 잠재력을 남김없이 발양시키고 경제발전의 새로운 요소와 동력을 살리기 위한 전략적대책들을 강구하며 나라의 인적, 물적자원을 경제건설에 실리있게 조직동원하여야 합니다. 국가경제사업에서 중심을 틀어쥐고 련쇄고리를 추켜세우며 전망적발전을 도모하면서 경제활성화를 추진해나가야 합니다.

경제전반에 대한 국가의 통일적지도를 원만히 실현하고 근로자들의 자각적열의와 창조력을 최대한 발동할수 있도록 관리방법을 혁신하여야 합니다. 내각과 국가경제지도기관들은 사회주의경제법칙에 맞게 계획화와 가격사업, 재정 및 금융관리를 개선하며 경제적공간들이 기업체들의 생산활성화와 확대재생산에 적극적으로 작용하도록 하여야 합니다. 경제사업의 효률을 높이고 기업체들이 경영활동을 원활하게 해나갈수 있게 기구체계와 사업체계를 정비하여야 합니다.

인재와 과학기술은 사회주의건설에서 대비약을 일으키기 위한 우리의 주되는 전략적자원이고 무기입니다.

국가적으로 인재육성과 과학기술발전사업을 목적지향성있게 추진하며 그에 대한 투자를 늘여야 합니다.

세계적인 교육발전추세와 교육학적요구에 맞게 교수내용과 방법을 혁신하여 사회경제발전을 떠메고나갈 인재들을 질적으로 키워내야 합니다. 새 기술개발목표를 높이 세우고 실용적이며 경제적의의가 큰 핵심기술연구에 력량을 집중하여 경제장성의 견인력을 확보하여야 하며 과학연구기관과 기업체들이 긴밀히 협력하여 생산과 기술발전을 추동하고 지적창조력을 증대시킬수 있도록 제도적조치를 강구하여야 합니다.

인민경제 모든 부문에서 국가경제발전 5개년전략목표수행에 박차를 가하여야 하겠습니다.

전력문제해결에 선차적인 힘을 넣어 인민경제활성화의 돌파구를 열어야 합니다.

올해 사회주의경제건설에서 나서는 가장 중요하고도 절박한 과업의 하나는 전력생산을 획기적으로 늘이는것입니다.

전력공업부문에 대한 국가적인 투자를 집중하여 현존 전력생산토대를 정비보강하고 최대한 효과적으로 리용하면서 절실한 부문과 대상부터 하나씩 개건현대화하여 전력생산을 당면하게 최고생산년도수준으로 끌어올려야 합니다.

나라의 전력문제를 풀기 위한 사업을 전국가적인 사업으로 틀어쥐고 어랑천발전소와 단천발전소를 비롯한 수력발전소건설을 다그치고 조수력과 풍력, 원자력발전능력을 전망성있게 조성해나가며 도, 시, 군들에서 자기 지방의 다양한 에네르기자원을 효과적으로 개발리용하여야 합니다.

석탄공업은 자립경제발전의 척후전선입니다.

석탄이 꽝꽝 나와야 긴장한 전력문제도 풀수 있고 금속공업을 비롯한 인민경제 여러 부문의 연료, 동력수요를 충족시킬수 있습니다.

석탄공업부문에서는 화력탄보장에 최우선적인 힘을 넣어 화력발전소들에서 전력생산을 순간도 멈춤없이 정상화해나가도록 하여야 하겠습니다.

온 나라가 떨쳐나 탄광을 사상정신적으로, 물질기술적으로 힘있게 지원하며 석탄생산에 필요한 설비와 자재, 탄부들의 생활조건을 책임적으로 보장하기 위한 국가적인 대책을 강하게 세워야 합니다.

경제건설의 쌍기둥인 금속공업과 화학공업의 주체화실현에서 더 큰 발전을 이룩해야 합니다.

금속공업부문에서는 주체화된 제철, 제강공정들을 과학기술적으로 완비하고 정상운영하면서 생산원가를 최대한 낮추며 철생산능력이 늘어나는데 맞게 철광석과 내화물, 합금철을 원만히 보장하기 위한 작전안을 세우고 집행하여야 합니다.

화학공업부문에서 린비료공장건설과 탄소하나화학공업창설을 다그치고 회망초공업과 인조섬유공업을 발전시키며 현존 화학설비와 기술공정들을 에네르기절약형, 로력절약형으로 개조하여야 합니다. 올해에 화학비료공장들의 만가동을 보장하고 2.8비날론련합기업소의 생산을 추켜세우는데 국가적인 힘을 넣어야 합니다.

철도를 비롯한 교통운수부문에서 규률강화의 된바람을 일으키고 수송능력과 통과능력을 높여 수송의 긴장성을 풀며 기계제작공업부문에서는 기계설계와 가공기술을 혁신하여 여러가지 현대적인 기계설비들을 우리의 실정에 맞게 우리 식으로 개발생산하여야 합니다.

인민생활을 획기적으로 높이는것은 우리 당과 국가의 제일가는 중대사업니다.

사회주의경제건설의 주타격전방인 농업전선에서 증산투쟁을 힘있게 벌려야 합니다.

내각과 해당 부문들에서는 영농공정별에 따르는 과학기술적지도를 실속있게 짜고들어 올해 농사에 필요한 영농물자를 원만히 보장하여 알곡생산을 결정적으로 늘여야 합니다. 농사의 주인인 농장원들의 의사와 리익을 존중하고 사회주의분배원칙의 요구를 정확히 구현하여야 합니다.

당에서 밝혀준 축산업발전의 4대고리를 틀어쥐고나가며 닭공장을 비롯한 축산기지들을 현대화, 활성화하고 협동농장들의 공동축산과 개인부업축산을 장려하여 인민들에게 더 많은 고기와 알이 차례지게 하여야 합니다.

수산부문의 물질기술적토대를 강화하고 물고기잡이와 양어, 양식을 과학화하며 수산자원을 보호증식시켜 수산업발전의 새 길을 열어나가야 합니다.

경공업부문에서는 현대화, 국산화, 질제고의 기치를 계속 높이 들고 인민들이 좋아하는 여러가지 소비품들을 생산보장하며 도, 시, 군들에서 기초식품공장을 비롯한 지방공업공장들을 현대적으로 일신하고 자체의 원료, 자원에 의거하여 생산을 정상화하여야 합니다.

우리는 올해에도 조국의 부강과 인민의 행복을 위한 거창한 대건설사업들을 통이 크게 벌려야 합니다.

전당, 전국, 전민이 떨쳐나 삼지연군을 산간문화도시의 표준, 사회주의리상향으로 훌륭히 변모시키며 원산갈마해안관광지구와 새로운 관광지구를 비롯한 우리 시대를 대표할 대상건설들을 최상의 수준에서 완공하여야 합니다. 건축설계와 건설공법들을 계속 혁신하고 마감건재의 국산화와 질적발전을 이룩함으로써 모든 건축물들을 우리 식으로 화려하게 일떠세우고 인민들이 문명과 락을 누리게 하여야 합니다. 국가적인 건설이 대대적으로 벌어지는데 맞게 세멘트를 비롯한 건재생산능력을 우리가 계획한대로 확장하여야 합니다.

산림복구전투 2단계 과업을 적극 추진하며 원림록화와 도시경영, 도로관리사업을 개선하고 환경오염을 철저히 막아야 합니다.

모든 부문, 모든 단위에서 예비와 가능성, 잠재력을 최대한 탐구동원하며 증산하고 절약하여 인민경제계획을 지표별로 완수하여야 합니다.

사회주의 우리 국가의 정치사상적힘을 백방으로 다져나가야 하겠습니다.

주체의 인민관, 인민철학을 당과 국가활동에 철저히 구현하여 광범한 군중을 당의 두리에 튼튼히 묶어세워야 합니다.

당과 정권기관, 근로단체조직들은 무슨 일을 작전하고 전개하든 인민의 리익을 최우선, 절대시하고 인민의 마음의 목소리에 귀를 기울이며 인민이 바라고 덕을 볼수 있는 일이라면 천사만사를 제쳐놓고 달라붙어 무조건 해내야 합니다. 언제 어디서나 어떤 조건과 환경에서나 인민을 위해 멸사복무하고 인민생활에 첫째가는 관심을 돌리며 모든 사람들을 품에 안아 보살펴주는 사랑과 믿음의 정치가 인민들에게 뜨겁게 가닿도록 하여야 합니다. 당과 대중의 혼연일체를 파괴하고 사회주의제도를 침식하는 세도와 관료주의, 부정부패의 크고작은 행위들을 짓뭉개버리기 위한 투쟁의 열도를 높여야 하겠습니다.

전체 당원들과 근로자들은 정세와 환경이 어떻게 변하든 우리 국가제일주의를 신념으로 간직하고 우리 식으로 사회주의경제건설을 힘있게 다그쳐나가며 세대를 이어 지켜온 소중한 사회주의 우리 집을 우리 손으로 세상에 보란듯이 훌륭하게 꾸려나갈 애국의 열망을 안고 성실한 피와 땀으로 조국의 위대한 력사를 써나가야 합니다.

사회주의문명건설을 다그쳐야 하겠습니다.

온 사회에 혁명적학습기풍과 문화정서생활기풍을 세워 누구나 발전하는 시대의 요구에 맞는 다방면적인 지식과 문화적소양을 지니도록 하여야 합니다. 문학예술부문에서는 시대와 현실을 반영하고 대중의 마음을 틀어잡는 영화와 노래를 비롯한 문예작품들을 훌륭히 창작하여 민족의 정신문화적재부를 풍부히 하고 오늘의 혁명적대진군을 힘있게 고무추동하여야 합니다.

인민들이 사회주의보건제도의 우월성을 실감할수 있게 제약공장들과 의료기구공장들을 현대화하고 의료기관들의 면모를 일신하며 의료봉사수준을 높여야 합니다. 대중체육활동을 활발히 벌리고 전문체육기술을 발전시켜 온 나라에 기백과 랑만이 차넘치게 하며 국제경기들에서 계속 조선사람들의 슬기와 힘을 떨쳐야 합니다.

사회주의생활양식과 고상한 도덕기풍을 확립하기 위한 된바람을 일으켜 우리 인민의 감정정서와 미학관에 배치되는 비도덕적이고 비문화적인 풍조가 나타나지 않도록 하며 우리 사회를 덕과 정으로 화목한 하나의 대가정으로 꾸려나가야 합니다.

국가방위력을 튼튼히 다져야 하겠습니다.

인민군대는 4대강군화로선을 일관하게 틀어쥐고 투쟁하여 당과 혁명, 조국과 인민의 안전을 믿음직하게 수호하며 사회주의건설의 전투장마다에서 지난날과 마찬가지로 계속 기적적인 신화들을 창조함으로써 혁명군대의 위력, 우리 당의 군대로서의 불패의 위력을 남김없이 과시하여야 합니다.

조선인민내무군은 혁명의 붉은 방패답게 우리 당과 제도, 인민을 결사보위하여야 하며 로농적위군은 창건 예순돐을 맞는 올해에 전투력강화에서 전환을 가져와야 합니다.

강력한 자위적국방력은 국가존립의 초석이며 평화수호의 담보입니다.

군수공업부문에서는 조선반도의 평화를 무력으로 믿음직하게 담보할수 있게 국방공업의 주체화, 현대화를 다그쳐 나라의 방위력을 세계선진국가수준으로 계속 향상시키면서 경제건설을 적극 지원하여야 하겠습니다.

올해 우리앞에 나선 전투적과업을 성과적으로 수행하자면 혁명의 지휘성원들인 일군들이 결심과 각오를 단단히 하고 분발하여 투쟁하여야 합니다.

당정책관철의 주체, 그 주인은 다름아닌 인민대중이며 현실을 누구보다도 잘 아는것도 인민대중입니다. 일군들은 늘 들끓는 현실에 침투하여 모든

것을 직접 자기 눈으로 보고 실태를 전면적으로 분석해야 하며 군중속에 깊이 들어가 그들과 같이 살면서 그들을 발동하여 제기되는 문제를 풀어나가야 합니다. 당의 구상에 자기의 리상과 포부를 따라세우며 끊임없이 실력을 쌓고 시야를 넓혀 모든 사업을 당이 바라는 높이에서 완전무결하게 해제끼는 능숙한 조직자, 완강한 실천가가 되여야 합니다. 일군들은 어려운 일에 한몸을 내대고 조국과 인민을 위해 밤잠을 잊고 피타게 사색하여야 하며 인민의 높아가는 웃음소리에서 투쟁의 보람을 찾아야 합니다.

오늘날 사회주의건설에서 청년들이 한몫 단단히 해야 합니다.

청년들은 최근에 당의 전투적호소를 받들고 새로운 시대의 신화들을 창조한 그 정신과 본때로 당이 부르는 혁명초소들에서 척후대의 영예를 빛내여야 합니다. 격동적인 오늘의 시대에 청년들은 새 기술의 개척자, 새 문화의 창조자, 대비약의 선구자가 되며 청년들이 일하는 그 어디서나 청춘의 기백과 활력이 차넘치게 하여야 합니다.

당조직들의 역할을 결정적으로 높여야 합니다.

각급 당조직들은 시대와 혁명발전의 요구에 맞게 정치사상사업을 진공적으로 벌려 우리 인민의 강의한 정신력이 사회주의건설전역에서 높이 발휘되도록 하여야 합니다. 행정경제일군들이 당정책관철을 위한 작전과 지휘를 책임적으로 하도록 떠밀어주며 자기 부문, 자기 단위에서 집단적혁신과 경쟁열풍을 세차게 일으켜나가야 합니다. 도, 시, 군당위원회들은 농사와 교육사업, 지방공업발전에서 전환을 가져오기 위한 투쟁을 강하게 내밀어야 합니다.

동지들!

지난해는 70여년의 민족분렬사상 일찌기 있어본적이 없는 극적인 변화가 일어난 격동적인 해였습니다.

우리는 항시적인 전쟁위기에 놓여있는 조선반도의 비정상적인 상태를 끝장내고 민족적화해와 평화번영의 시대를 열어놓을 결심밑에 지난해 정초부터 북남관계의 대전환을 위한 주동적이며 과감한 조치들을 취하였습니다.

내외의 커다란 기대와 관심속에 한해동안 세차례의 북남수뇌상봉과 회담이 진행된것은 전례없는 일이며 이것은 북남관계가 완전히 새로운 단계에 들어섰다는것을 뚜렷이 보여주었습니다.

조선반도에 더이상 전쟁이 없는 평화시대를 열어놓으려는 확고한 결심과 의지를 담아 채택된 판문점선언과 9월평양공동선언, 북남군사분야합의서는 북남사이에 무력에 의한 동족상쟁을 종식시킬것을 확약한 사실상의 불가침선언으로서 참으로 중대한 의의를 가집니다.

북과 남의 체육인들이 국제경기대회에서 공동으로 진출하여 민족의 슬기와 힘을 떨칠 때 예술인들은 평양과 서울을 오가며 민족적화해와 통일열기를 뜨겁게 고조시켰습니다.

여러가지 장애와 난관을 과감하게 극복하면서 철도, 도로, 산림, 보건을 비롯한 다양한 분야의 협력사업들을 추진하여 민족의 공동번영을 위한 의미있는 첫걸음을 내디디였습니다.

지난 한해동안 북남관계에서 일어난 놀라운 변화들은 우리 민족끼리 서로 마음과 힘을 합쳐나간다면 조선반도를 가장 평화롭고 길이 번영하는 민족의 참다운 보금자리로 만들수 있다는 확신을 온 겨레에게 안겨주었습니다.

아직은 첫걸음에 불과하지만 북과 남이 뜻을 합치고 지혜를 모아 불신과 대결의 최극단에 놓여있던 북남관계를 신뢰와 화해의 관계로 확고히 돌려세우고 과거에는 상상조차 할수 없었던 경이적인 성과들이 짧은 기간에 이룩된데 대하여 나는 대단히 만족하게 생각합니다.

우리는 미증유의 사변들로 훌륭히 장식한 지난해의 귀중한 성과들에 토대하여 새해 2019년에 북남관계발전과 평화번영, 조국통일을 위한 투쟁에서 더 큰 전진을 이룩하여야 합니다.

온 민족이 《력사적인 북남선언들을 철저히 리행하여 조선반도의 평화와 번영, 통일의 전성기를 열어나가자!》, 이 구호를 높이 들고나가야 합니다.

북남사이의 군사적적대관계를 근원적으로 청산하고 조선반도를 항구적이며 공고한 평화지대로 만들려는것은 우리의 확고부동한 의지입니다.

북과 남은 이미 합의한대로 대치지역에서의 군사적적대관계해소를 지상과 공중, 해상을 비롯한 조선반도전역에로 이어놓기 위한 실천적조치들을 적극 취해나가야 합니다.

북과 남이 평화번영의 길로 나가기로 확약한 이상 조선반도정세긴장의 근원으로 되고있는 외세와의 합동군사연습을 더이상 허용하지 말아야 하며 외부로부터의 전략자산을 비롯한 전쟁장비반입도 완전히 중지되여야 한다는것이 우리의 주장입니다.

정전협정당사자들과의 긴밀한 련계밑에 조선반도의 현 정전체제를 평화체제로 전환하기 위한 다자협상도 적극 추진하여 항구적인 평화보장토대를 실질적으로 마련해야 합니다.

온 겨레는 조선반도평화의 주인은 우리 민족이라는 자각을 안고 일치단결하여 이 땅에서 평화를 파괴하고 군사적긴장을 부추기는 일체의 행위들을 저지파탄시키기 위한 투쟁을 힘차게 벌려나가야 할것입니다.

북남사이의 협력과 교류를 전면적으로 확대발전시켜 민족적화해와 단합을 공고히 하며 온 겨레가 북남관계개선의 덕을 실지로 볼수 있게 하여야 합니다.

당면하여 우리는 개성공업지구에 진출하였던 남측기업인들의 어려운 사정과 민족의 명산을 찾아보고싶어하는 남녘동포들의 소망을 헤아려 아무런 전제조건이나 대가없이 개성공업지구와 금강산관광을 재개할 용의가 있습니다.

북과 남이 굳게 손잡고 겨레의 단합된 힘에 의거한다면 외부의 온갖 제재와 압박도, 그 어떤 도전과 시련도 민족번영의 활로를 열어나가려는 우리의 앞길을 가로막을수 없을것입니다.

우리는 북남관계를 저들의 구미와 리익에 복종시키려고 하면서 우리 민족의 화해와 단합, 통일의 앞길을 가로막는 외부세력의 간섭과 개입을 절대로 허용하지 않을것입니다.

북과 남은 통일에 대한 온 민족의 관심과 열망이 전례없이 높아지고있는 오늘의 좋은 분위기를 놓치지 말고 전민족적합의에 기초한 평화적인 통일방안을 적극 모색해야 하며 그 실현을 위해 진지한 노력을 기울여나가야 할 것입니다.

　북과 남, 해외의 온 겨레는 용기백배하여 북남선언들을 관철하기 위한 거족적진군을 더욱 가속화함으로써 올해를 북남관계발전과 조국통일위업수행에서 또 하나의 획기적인 전환을 가져오는 력사적인 해로 빛내여야 합니다.

　동지들!

　지난해 우리 당과 공화국정부는 세계의 평화와 안전을 수호하고 여러 나라들과의 친선을 확대강화하기 위하여 책임적인 노력을 기울였습니다.

　세차례에 걸치는 우리의 중화인민공화국방문과 꾸바공화국대표단의 우리 나라 방문은 사회주의나라들사이의 전략적인 의사소통과 전통적인 친선협조관계를 강화하는데서 특기할 사변으로 되였습니다.

　지난해 우리 나라와 세계 여러 나라들사이에 당, 국가, 정부급의 래왕과 교류가 활발히 진행되여 호상리해가 깊어지고 국제사회의 건전한 발전을 추동하려는 립장과 의지가 확인되였습니다.

　력사적인 첫 조미수뇌상봉과 회담은 지구상에서 가장 적대적이던 조미관계를 극적으로 전환시키고 조선반도와 지역의 평화와 안전을 보장하는데 크게 기여하였습니다.

　6.12조미공동성명에서 천명한대로 새 세기의 요구에 맞는 두 나라사이의 새로운 관계를 수립하고 조선반도에 항구적이며 공고한 평화체제를 구축하고 완전한 비핵화에로 나가려는것은 우리 당과 공화국정부의 불변한 립장이며 나의 확고한 의지입니다.

　이로부터 우리는 이미 더이상 핵무기를 만들지도 시험하지도 않으며 사용하지도 전파하지도 않을것이라는데 대하여 내외에 선포하고 여러가지 실천적조치들을 취해왔습니다.

우리의 주동적이며 선제적인 노력에 미국이 신뢰성있는 조치를 취하며 상응한 실천적행동으로 화답해나선다면 두 나라 관계는 보다 더 확실하고 획기적인 조치들을 취해나가는 과정을 통하여 훌륭하고도 빠른 속도로 전진하게 될것입니다.

　우리는 조미 두 나라사이의 불미스러운 과거사를 계속 고집하며 떠안고 갈 의사가 없으며 하루빨리 과거를 매듭짓고 두 나라 인민들의 지향과 시대발전의 요구에 맞게 새로운 관계수립을 향해 나아갈 용의가 있습니다.

　지난해 급속히 진전된 북남관계현실이 보여주듯이 일단 하자고 결심만 하면 못해낼 일이 없으며 대화상대방이 서로의 고질적인 주장에서 대범하게 벗어나 호상 인정하고 존중하는 원칙에서 공정한 제안을 내놓고 옳바른 협상자세와 문제해결의지를 가지고 림한다면 반드시 서로에게 유익한 종착점에 가닿게 될것입니다.

　나는 미국과의 관계에서도 올해 북남관계가 대전환을 맞은것처럼 쌍방의 노력에 의하여 앞으로 좋은 결과가 꼭 만들어질것이라고 믿고싶습니다.

　나는 지난해 6월 미국대통령과 만나 유익한 회담을 하면서 건설적인 의견을 나누었으며 서로가 안고있는 우려와 뒤엉킨 문제해결의 빠른 방도에 대하여 인식을 같이했다고 생각합니다.

　나는 앞으로도 언제든 또다시 미국대통령과 마주앉을 준비가 되여있으며 반드시 국제사회가 환영하는 결과를 만들기 위해 노력할것입니다.

　다만 미국이 세계앞에서 한 자기의 약속을 지키지 않고 우리 인민의 인내심을 오판하면서 일방적으로 그 무엇을 강요하려들고 의연히 공화국에 대한 제재와 압박에로 나간다면 우리로서도 어쩔수없이 부득불 나라의 자주권과 국가의 최고리익을 수호하고 조선반도의 평화와 안정을 이룩하기 위한 새로운 길을 모색하지 않을수 없게 될수도 있습니다.

　조선반도와 지역의 정세안정은 결코 쉽게 마련된것이 아니며 진정으로 평화를 바라는 나라라면 현 국면을 소중히 여겨야 할 공동의 책임을 지니고 있습니다. 주변나라들과 국제사회는 조선반도의 긍정적인 정세발전을 추동하려는 우리의 성의있는 립장과 노력을 지지하며 평화를 파괴하고 정의에 역행하는 온갖 행위와 도전들을 반대하여 투쟁하여야 할것입니다.

우리 당과 공화국정부는 자주, 평화, 친선의 리념에 따라 사회주의나라들과의 단결과 협조를 계속 강화하며 우리를 우호적으로 대하는 모든 나라들과의 관계를 발전시켜나갈것입니다.

동지들!

우리는 내 나라, 내 조국을 위해, 후대들의 더 밝은 웃음을 위해 결사분투할 각오를 다시금 가다듬으며 새해의 려정을 시작하게 됩니다.

가혹한 경제봉쇄와 제재속에서도 자기 힘을 믿고 자기 손으로 앞길을 개척하면서 비약적인 발전을 이룩한 지난 한해를 긍지높이 총화하면서 다시한번 재삼 확신하게 되는것은 우리 국가는 그 어떤 외부적인 지원이나 그 누구의 도움 없이도 얼마든지 능히 우리 인민의 억센 힘과 노력으로 우리 식 사회주의발전의 길을 따라 힘차게 전진해나갈수 있다는 진리입니다.

올해에도 우리의 전진과정은 부단한 장애와 도전에 부닥칠것이나 그 누구도 우리의 결심과 의지, 힘찬 진군을 돌려세우지 못할것이며 우리 인민은 반드시 자기의 아름다운 리상과 목표를 빛나게 실현할것입니다.

모두다 참다운 인민의 나라, 사회주의조국의 부강발전을 위하여 한마음한뜻으로 힘차게 일해나아갑시다.

〈박해전 기자〉

사람일보 2019. 1. 1.

18
"평화와 번영, 통일의 전성기를 열어나가자"
북 정부·정당·단체 연합회의, 〈전체 조선민족에게 보내는 호소문〉 채택

　북측은 올해 신년사에서 제시한 조국통일과업 관철을 위한 정부·정당·단체 연합회의를 23일 평양시 인민문화궁전에서 진행하고 〈전체 조선민족에게 보내는 호소문〉을 채택했다고 24일 〈로동신문〉이 보도했다.

　연합회의는 역사적인 판문점선언과 9월평양공동선언 이행과 관련해 "북남관계개선을 멈춤없이 추동하여 조선반도의 평화와 번영, 통일의 전성기를 열어나가려는것은 겨레의 한결같은 지향이며 시대의 엄숙한 요청"이라며 "온 겨레가 《력사적인 북남선언들을 철저히 리행하여 조선반도의 평화와 번영, 통일의 전성기를 열어나가자!》는 구호를 높이 들고나가자!"고 호소했다.

　연합회의는 또 "력사적인 판문점선언과 9월평양공동선언을 철저히 리행하는데 민족의 화해단합과 평화번영의 전성기를 열어나가는 지름길이 있다"며 "북과 남은 민족 앞에 확약한 력사적인 선언들을 귀중히 여기고 그 리행을 일관성 있게 추진해나가자!"고 강조했다.

　연합회의는 항구적이며 공고한 평화지대와 관련해 "조선반도를 항구적이며 공고한 평화지대로 만들려는 것은 우리의 확고부동한 의지이며 전쟁이 없는 평화로운 세상에서 살려는 것은 겨레의 절박한 념원"이라며 "북남사이의 군사적 적대관계를 근원적으로 청산하고 조선반도를 항구적이며 공고한 평화지대로 만들자!"고 호소했다.

　연합회의는 또 "북남선언들과 북남군사분야합의서는 조선반도에 더이상 전쟁이 없는 평화시대를 열어놓으려는 북과 남의 확고한 결심과 의지를 반

영한 사실상의 불가침선언"이라며 "북과 남은 첨예한 대치지역에서의 군사적 적대관계를 청산하기 위한 공동의 노력이 안아온 지난해의 성과를 지상과 공중, 해상을 비롯한 조선반도 전지역으로 확대해나가기 위한 실천적 조치들을 적극 취해나가자!"고 촉구했다.

연합회의는 남북 교류협력과 관련해 "북남사이에 다방면적인 협력과 교류를 전면적으로 발전시켜나가는 것은 민족적 뉴대와 단합을 공고히 하고 온 겨레가 북남관계개선의 덕을 실지로 볼수 있게 하기 위한 민족공동의 사업"이라며 "북남사이의 협력과 교류를 전면적으로 확대발전시켜나가자!"고 호소했다.

연합회의는 또 "개성공업지구와 금강산관광을 아무런 전제조건이나 대가없이 재개하려는 것은 개성공업지구에 진출하였던 남측기업인들의 어려운 사정과 민족의 명산을 찾아보고 싶어하는 남녘형제들의 소망을 풀어주려는 한없이 숭고한 동포애의 발현"이라며 "내외반통일세력에 의하여 중단된 개성공업지구와 금강산관광을 재개하여 북남협력사업을 활력있게 전진시켜나가자!"고 강조했다.

연합회의는 전민족적합의에 기초한 평화적인 통일방안과 관련해 "조국통일은 누구도 외면하여서는 안될 민족사적 책무이며 새로운 단계에 들어선 북남관계는 마땅히 겨레의 숙원인 조국통일을 지향해나가야 한다"며 "전민족적합의에 기초한 평화적인 통일방안을 마련하고 그것을 실현하기 위해 진지한 노력을 기울여나가자!"고 호소했다.

연합회의는 또 "북과 남은 통일에 대한 온 민족의 관심과 열망이 전례없이 높아지고 있는 오늘의 좋은 분위기를 놓치지 말고 전민족적합의에 기초한 평화적인 통일방안을 적극 모색해나가자!"며 "북과 남에 존재하는 사상과 제도를 인정하고 용납하는 기초 우에서 민족의 의사와 요구에 맞는 전민족적인 통일방안을 마련하기 위하여 지혜와 힘을 합쳐나가야 한다"고 강조했다.

연합회의는 "위대한 력사의 증견자, 격동적인 시대의 주인공들인 우리 민족의 앞길에 찬란한 태양이 빛을 뿌리고 있고 민족적 화해와 평화번영의 더 높은 목표가 우리 모두를 부르고 있다"며 "온갖 외풍과 역풍을 가간히 박차고 세계가 격찬하는 민족사의 새 시대를 열어놓은 우리 힘을 당할자 이 세상에 없으며 우리 민족이 단결하면 미증유의 천하대업도 얼마든지 이룩할 수 있다"고 밝혔다.

연합회의는 "모두다 필승의 신심과 용기를 안고 북남선언관철을 위한 거족적 진군을 더욱 가속화함으로써 올해를 북남관계발전과 조국통일위업 수행에서 또 하나의 획기적인 전환을 가져오는 력사적인 해로 빛내이자!"고 호소했다.

이날 연합회의에는 양형섭 최고인민회의 상임위원회 부위원장과 김영철 당 부위원장, 로두철 내각부총리 겸 국가계획위원회 위원장 등 정부·정당 대표들과 사회단체 일꾼들, 6.15공동선언실천 북측위원회, 조국통일범민족연합 북측본부, 조국통일범민족청년학생연합 북측본부, 민족화해협의회 관계자 등 단체 대표들이 참가한 가운데 양형섭 부위원장의 보고에 이어 리선권 조국평화통일위원회 위원장, 김영대 조선사회민주당 위원장, 주영길 조선직업총동맹 위원장의 토론이 진행됐다.

호소문은 다음과 같다.

전체 조선민족에게 보내는 호소문

북과 남, 해외의 전체 조선동포들!

희망찬 새해를 맞이한 우리 민족은 보다 큰 신심과 락관에 넘쳐 민족적화해와 평화번영의 더 높은 령마루를 향한 거족적진군길에 한사람같이 떨쳐나서고있다.

력사의 땅 판문점에서 울려퍼진 뜻깊은 울림이 화해와 단합, 통일과 번영의 새시대로 승화된 격동적인 지난해를 감회깊이 돌이켜보며 새로운 결심과 의지를 불태우고있는 이 시각 온 민족을 보다 큰 비약에로 이끄시는 절세위인의 애국애족의 호소가 우리의 심장을 끝없이 격동시키고있다.

경애하는 김정은동지께서 천명하신 력사적인 신년사는 우리 민족이 뜻과 힘을 합쳐 올해에 북남관계발전과 평화번영, 조국통일위업실현에서 더 큰 전진을 이룩하기 위한 휘황한 진로이며 승리의 표대이다.

우리모두 돌이켜보자!

지난해에 민족분렬사상 일찌기 있어본적이 없는 극적인 사변들과 련속적으로 펼쳐진 경이적인 화폭들이 얼마나 온 겨레를 충격과 환희, 격정과 락관으로 세차게 끓어번지게 하였던가.

내외의 지지와 격찬속에 북남수뇌상봉이 세차례나 마련되고 력사적인 판문점선언과 9월평양공동선언이 채택발표되여 북남관계는 완전히 새로운 단계에 올라섰다.

북남선언들을 리행하는 과정에 조선반도의 첨예한 군사적긴장상태가 크게 완화되여 전쟁의 검은 구름이 무겁게 감돌던 삼천리강산에 평화의 봄기운이 태동하였다.

북과 남은 각 분야의 대화와 접촉, 협력과 교류를 활성화하여 민족의 혈맥을 잇고 공영, 공리를 도모해나갈수 있는 의미있는 첫걸음을 내디디였다.

국제무대에 공동으로 진출하여 민족의 슬기와 용맹을 힘있게 과시한 북과 남에 온 세계가 박수갈채를 보내였고 각계각층 동포들속에서 전례없이 고조된 통일열기는 통일조국의 밝은 래일에 대한 신심과 희망을 더욱더 북돋아주었다.

지난 시기의 몇년, 몇십년동안에도 이룩할수 없었던 경이적인 사변들이 단 한해동안에 이룩된것은 세인들이 일치하게 평하고있는것처럼 그 누구도 상상하지 못한 극적인 변화이며 경탄할 기적이 아닐수 없다.

이 놀라운 사변적성과들은 북남수뇌분들의 확고한 북남관계개선의지와 그 뜻을 받들어 북과 남, 해외의 온 겨레가 력사적인 북남선언들을 관철하기 위해 줄기차게 투쟁해온 민족공동의 자랑찬 결실이다.

우리 민족은 지난해 북남관계에서 이룩된 성과들을 통하여 민족의 존엄과 리익을 우선시하고 그 길에서 뜻과 마음을 합쳐나간다면 그 어떤 엄혹한 난관과 장애도 극복하고 민족적화해와 자주통일의 대통로를 열어나갈수 있다는 귀중한 철리를 페부에 깊이 새기였다.

절세위인의 력사적인 신년사에는 지난해 이룩된 귀중한 성과에 토대하여 북남관계를 보다 높은 단계에 올려세우려는 뚜렷한 방향과 방도가 명시되여있고 민족적화해와 평화번영의 시대를 더욱 힘있게 떠밀어나가려는 겨레의 열망이 세차게 맥동치고있다.

하기에 전체 조선민족은 절세위인의 애국애족적호소에 화답하여 올해를 민족사에 기록될 또 하나의 사변적인 해로 장식하려는 드높은 결심과 열의에 넘쳐있다.

조선민주주의인민공화국 정부, 정당, 단체들은 민족의 화해단합과 평화번영을 위한 자랑스러운 력사를 계속 써나가려는 전체 조선민족의 일치한 요구와 의지를 담아 다음과 같이 열렬히 호소한다.

1. 온 겨레가 《력사적인 북남선언들을 철저히 리행하여 조선반도의 평화와 번영, 통일의 전성기를 열어나가자!》는 구호를 높이 들고나가자!

북남관계개선을 멈춤없이 추동하여 조선반도의 평화와 번영, 통일의 전성기를 열어나가려는것은 겨레의 한결같은 지향이며 시대의 엄숙한 요청이다.

지난해 북남관계에서 이룩된 성과들은 더없이 귀중하고 괄목할만한것이지만 온 겨레의 뜨거운 통일열기에 비해볼 때 아직은 첫걸음에 불과하다.

력사적인 판문점선언과 9월평양공동선언을 철저히 리행하는데 민족의 화해단합과 평화번영의 전성기를 열어나가는 지름길이 있다.

북과 남은 민족앞에 확약한 력사적인 선언들을 귀중히 여기고 그 리행을 일관성있게 추진해나가자!

해내외동포들은 서로 사는 곳은 달라도 한마음한뜻이 되여 북남선언들을 실천하기 위한 통일애국운동에 한사람같이 떨쳐나서자!

북남선언들에 대한 립장과 태도는 자주와 사대, 통일과 분렬, 애국과 매국을 가르는 시금석이다.

격변하는 조선반도정세를 외면하고 북남선언들의 리행에 제동을 걸려는 일체의 반통일적행위를 용납하지 말고 민족의 단합된 힘으로 단호히 짓부셔버리자!

전체 조선민족은 북남선언들의 철저한 리행으로 자주에 살고 애국에 살며 통일에 살려는 민족의 드높은 기상과 의지를 만천하에 과시하자!

2. 북남사이의 군사적대관계를 근원적으로 청산하고 조선반도를 항구적이며 공고한 평화지대로 만들자!

조선반도를 항구적이며 공고한 평화지대로 만들려는것은 우리의 확고부동한 의지이며 전쟁이 없는 평화로운 세상에서 살려는것은 겨레의 절박한 념원이다.

북남선언들과 북남군사분야합의서는 조선반도에 더이상 전쟁이 없는 평화시대를 열어놓으려는 북과 남의 확고한 결심과 의지를 반영한 사실상의 불가침선언이다.

북과 남은 첨예한 대치지역에서의 군사적대관계를 청산하기 위한 공동의 노력이 안아온 지난해의 성과를 지상과 공중, 해상을 비롯한 조선반도

전지역으로 확대해나가기 위한 실천적조치들을 적극 취해나가자!

조선반도정세긴장의 근원으로 되고 북남관계개선에 백해무익한 외세와의 합동군사연습을 반대하고 외부로부터의 전략자산을 비롯한 전쟁장비반입을 반대배격하자!

조선반도의 평화를 절절히 바라는것도 우리 민족이고 평화를 지켜내는 힘도 우리 민족에게 있다.

북남사이의 군사적대결과 긴장을 조장하는 내외반통일세력의 책동을 추호도 용납하지 말고 저지파탄시키자!

전체 조선민족은 반전평화의 기치아래 굳게 단결하여 조선반도에서 군사적적대관계의 근원을 송두리채 들어내고 삼천리강토를 세상에서 가장 평화롭고 후손만대에 길이 번영하는 참다운 보금자리로 만들자!

3. 북남사이의 협력과 교류를 전면적으로 확대발전시켜나가자!

북남사이에 다방면적인 협력과 교류를 전면적으로 발전시켜나가는것은 민족적뉴대와 단합을 공고히 하고 온 겨레가 북남관계개선의 덕을 실지로 볼수 있게 하기 위한 민족공동의 사업이다.

북과 남은 첫걸음을 뗀 북남협력과 교류를 더욱 활성화하여 서로의 리해와 신뢰를 두터이해나가며 그 과정을 통해 민족의 화해와 단결을 적극 추동해나가자!

북남선언들에 명시된 협력사업들을 지속적으로 추진하여 민족의 공동번영을 위한 토대를 마련해나가자!

개성공업지구와 금강산관광을 아무런 전제조건이나 대가없이 재개하려는것은 개성공업지구에 진출하였던 남측기업인들의 어려운 사정과 민족의 명산을 찾아보고싶어하는 남녘형제들의 소망을 풀어주려는 한없이 숭고한 동포애의 발현이다.

내외반통일세력에 의하여 중단된 개성공업지구와 금강산관광을 재개하여 북남협력사업을 활력있게 전진시켜나가자!

우리 민족이 주인이 되여 진행하는 북남협력사업에서 남의 눈치를 보거나 그 누구의 《승인》을 받을 리유가 없다.

　북과 남이 굳게 손잡고 겨레의 단합된 힘으로 외부의 온갖 제재와 압박을 짓부시고 민족번영의 활로를 열어나가자!

　북남사이에 불신과 리간을 조장하려는 외부의 교활한 책동에 각성을 높이고 북남관계를 저들의 구미와 리익에 종속시키려는 불순한 기도를 단호히 짓부셔버리자!

　4. 전민족적합의에 기초한 평화적인 통일방안을 마련하고 그것을 실현하기 위해 진지한 노력을 기울여나가자!

　조국통일은 누구도 외면하여서는 안될 민족사적책무이며 새로운 단계에 들어선 북남관계는 마땅히 겨레의 숙원인 조국통일을 지향해나가야 한다.

　북과 남은 통일에 대한 온 민족의 관심과 열망이 전례없이 높아지고있는 오늘의 좋은 분위기를 놓치지 말고 전민족적합의에 기초한 평화적인 통일방안을 적극 모색해나가자!

　북과 남에 존재하는 사상과 제도를 인정하고 용납하는 기초우에서 민족의 의사와 요구에 맞는 전민족적인 통일방안을 마련하기 위하여 지혜와 힘을 합쳐나가야 한다.

　북남관계를 발전시켜나가는것은 곧 통일의 길을 열어나가는 과정이다.

　북남관계에서 제기되는 모든 문제를 민족중시, 민족우선의 관점과 립장에서 풀어나가자!

　조국통일에 대한 관심을 고조시키기 위한 통일론의를 적극 장려하며 민족성원모두가 통일의 주체로서의 책임과 역할을 다하여야 한다.

　판문점선언과 9월평양공동선언발표 1돐을 비롯한 민족공동의 의의깊은 날들을 성대히 기념하여 민족적단합과 조국통일열기가 삼천리강토에 도도히 굽이치게 하자!

　해내외의 전체 조선동포들이여!

　위대한 력사의 증견자, 격동적인 시대의 주인공들인 우리 민족의 앞길에 찬란한 태양이 빛을 뿌리고있고 민족적화해와 평화번영의 더 높은 목표가 우리모두를 부르고있다.

　온갖 외풍과 역풍을 과감히 박차고 세계가 격찬하는 민족사의 새시대를 열어놓은 우리 힘을 당할자 이 세상에 없으며 우리 민족이 단결하면 미증유의 천하대업도 얼마든지 이룩할수 있다.

　모두다 필승의 신심과 용기를 안고 북남선언관철을 위한 거족적진군을 더욱 가속화함으로써 올해를 북남관계발전과 조국통일위업수행에서 또 하나의 획기적인 전환을 가져오는 력사적인 해로 빛내이자!

　　조선민주주의인민공화국 정부, 정당, 단체련합회의
　　주체108(2019)년 1월 23일

<박해전 기자>

사람일보 2019. 1. 26.

19
김정은 국무위원장 5일 새벽 평양 도착
북 신문, "사랑하는 전체 인민들에게 따뜻한 귀국인사"

　김정은 국무위원장이 하노이 제2차 조미정상회담과 베트남 공식친선방문 열흘간의 일정을 마치고 5일 새벽 전용열차로 평양에 도착했다.
　〈로동신문〉은 이날 "조선노동당 위원장이시며 조선민주주의인민공화국 국무위원회 위원장이신 우리 당과 국가, 군대의 최고영도자 김정은동지께서 웰남사회주의공화국에 대한 공식친선방문을 성과적으로 마치시고 3월 5일 전용열차로 조국에 도착하시였다"고 보도했다.
　신문은 "경애하는 최고령도자동지를 모시고 조선로동당 중앙위원회 부위원장들인 김영철동지, 리수용동지, 김평해동지, 오수용동지, 외무상 리용호동지, 인민무력상 노광철동지, 조선로동당 중앙위원회 제1부부장들인 김여정동지, 리영식동지, 김성남동지, 외무성 부상 최선희동지, 조선로동당 강원도위원회 위원장 박정남동지와 당중앙위원회 부부장들, 조선민주주의인민공화국 국무위원회 부장, 국장들이 함께 도착하였다"고 알렸다.
　신문은 "조선로동당 중앙위원회 정치국 상무위원회 위원들인 김영남, 최룡해, 박봉주를 비롯한 당과 정부, 무력기관의 간부들이 김정은 위원장을 영접했으며, 북 주재 '웰남사회주의공화국' 대사관 성원들도 함께 나왔다"고 보도했다.
　신문은 "세계의 커다란 관심과 이목이 집중된 가운데 제2차 조미수뇌회담과 웰남사회주의공화국에 대한 방문을 성과적으로 마치고 돌아오시는 경애하는 최고영도자동지를 맞이하기 위하여 역구내에 달려 나온 군중들은 끝없는 감격과 흥분으로 설레이는 마음안고 최고영도자동지께 축하의 인사

를 드릴 시각을 기다리고 있었다"고 전했다.

신문은 "새벽 3시 환영곡이 울리는 가운데 경애하는 최고영도자동지께서 타신 전용열차가 평양역구내에 서서히 들어서자 최고영도자동지를 자나 깨나 꿈결에도 그리며 몹시 돌아오실 날만을 하루하루 손꼽아 기다려온 온 나라 인민들의 열화 같은 흠모의 정과 세찬 격정의 분출인양 〈만세!〉의 폭풍 같은 환호성이 평양하늘가를 가득 채우며 메아리쳐갔다"고 알렸다.

김정은 위원장이 열차에서 내리자 조선인민군 명예위병대장이 영접보고를 했고, 영접하는 의식이 평양역에서 진행됐다.

신문은 "경애하는 최고령도자동지께서는 마중나온 당과 정부, 무력기관의 간부들과 일일이 악수하시며 인사를 나누시였다"며 "환영군중들의 열광적인 환호에 답례하시며 사랑하는 전체 인민들에게 따뜻한 귀국인사를 보내시였다"고 보도했다.

〈박해전 기자〉

사람일보 2019. 3. 5.

20
"자력갱생으로 적대세력에 심각한 타격 줘야"
김정은 위원장, 당 중앙위원회 제7기 제4차 전원회의를 지도

김정은 조선로동당 위원장은 10일 당 중앙위원회 제7기 제4차 전원회의를 지도하면서 보고를 통해 "우리 나라의 조건과 실정에 맞고 우리의 힘과 기술, 자원에 의거한 자립적민족경제에 토대하여 자력갱생의 기치높이 사회주의건설을 더욱 줄기차게 전진시켜나감으로써 제재로 우리를 굴복시킬 수 있다고 혈안이 되여 오판하는 적대세력들에게 심각한 타격을 주어야 한다"고 밝혔다.

북 〈로동신문〉은 11일 "조선로동당 위원장동지께서는 보고에서 변천된 국제적환경과 날로 첨예화되여가는 현정세의 특수성을 과학적으로 분석하시고 최근에 진행된 조미수뇌회담의 기본취지와 우리 당의 립장에 대하여 밝히시면서" 이렇게 말했다고 보도했다.

신문은 "김정은동지께서 전원회의에서 력사적인 결론을 하시였다"며 "이번 전원회의가 자력갱생을 조선혁명의 영원한 생명선으로 내세우고 자립경제건설의 강력한 토대를 마련해주신 위대한 수령님과 위대한 장군님의 불멸의 업적을 옹호고수하고 빛내이며 확고한 주체적립장에서 사회주의강국건설위업을 전진시켜나가는데서 중요한 리정표를 마련한 력사적계기로 된다고 강조하시였다"고 전했다.

신문은 또 "조선로동당 위원장동지께서는 경제강국건설이 주되는 정치적과업으로 나선 오늘 자력갱생을 번영의 보검으로 틀어쥐고 전당, 전국, 전민이 총돌격전, 총결사전을 과감히 벌림으로써 사회주의건설의 일대 앙양기를 열어놓자는것이 당중앙위원회 제7기 제4차전원회의의 기본정신이

라고 강조하시였다"며 "자력갱생의 원칙에서 나라의 경제력을 더욱 튼튼히 다져야 할 필요성을 강조하시고 자력갱생을 구호로만 들고나갈것이 아니라 발전의 사활적인 요구로 내세워야 하며 오늘의 사회주의건설을 추동하는 실제적인 원동력으로 전환시켜 자력으로 부흥하는 새로운 력사를 창조할데 대하여 말씀하시였다"고 보도했다.

신문은 "조선로동당 위원장동지께서는 자력갱생전략을 바로세우고 모든 사업을 과학적으로 조직진행해나가는데서 일군들이 맡고있는 임무의 중요성과 역할을 다시금 강조하시였다"며 "당조직과 근로단체조직들에서 전체 당원들과 근로자들을 자력갱생대진군에로 힘있게 불러일으키기 위한 정치사업을 드세게 벌려 온 나라가 새로운 혁명적분위기로 들끓게 할데 대하여 강조하시였다"고 전했다.

신문은 이번 전원회의에서 김재룡, 리만건, 최휘, 박태덕, 김수길, 태형철, 정경택을 당중앙위원회 정치국 위원으로, 조용원, 김덕훈, 리룡남, 박정남, 리히용, 조춘룡을 당중앙위원회 정치국 후보위원으로 보선했다고 보도했다.

신문은 또 박봉주, 리만건을 당중앙위원회 부위원장으로 선거하고, 김재룡, 리만건, 태종수, 김조국을 당중앙군사위원회 위원으로 보선했다고 전했다.

〈박해전 기자〉

사람일보 2019. 4. 11.

21

김정은 국무위원장 최고인민회의에서 재추대
최고인민회의 상임위원장 김영남 물러나고 최룡해 당 부위원장 올라

　김정은 국무위원장이 11일 평양 만수대의사당에서 진행된 최고인민회의 제14기 제1차회의 1일회의에서 만장일치로 재추대되었다.
　〈조선중앙통신〉은 12일 "최고인민회의 제14기 제1차회의에서 경애하는 최고영도자 김정은동지를 조선민주주의인민공화국 국무위원회 위원장으로 높이 추대하였다"며 "최고인민회의에서는 전체 조선인민의 총의를 대표하여 탁월한 사상이론적예지와 노숙하고 세련된 영도로 온 사회의 김일성-김정일주의화의 새 역사를 펼치시고 인민대중제일주의, 우리 국가제일주의로 사회주의조선의 정치사상적힘과 무진막강한 국력을 최상의 경지에서 떨쳐가시는 김정은동지께서 조선민주주의인민공화국 국무위원회 위원장으로 높이 추대되시였음을 내외에 엄숙히 선언하였다"고 보도했다.
　통신은 김정은 국무위원장을 "전체 조선인민의 최고대표자이며 공화국의 최고령도자인 조선민주주의인민공화국 국무위원회 위원장"으로 호칭해 대외적으로 국가를 대표하는 지위임을 알렸다.
　통신은 최고인민회의 상임위원장에 김영남이 물러나고 최룡해 당 부위원장이 올랐다고 전했다. 최고인민회의 의장은 박태성 당 부위원장, 부의장은 박천민 박금희가 선출됐다. 최고인민회의 상임위원회 부위원장은 양형섭 부위원장이 물러나고 태형철, 김영대가 올랐다. 서기국장은 정영국, 위원은 김영철, 김능오, 강지영, 주영길, 김창엽, 장춘실, 박명철, 리명철, 강수린, 강명철, 리철 등이 이름을 올렸다.
　최룡해 당 부위원장은 국무위원회 제1부위원장, 부위원장은 총리에서 물

러난 박봉주가, 위원은 김재룡, 리만건, 리수용, 김영철, 태종수, 리용호, 김수길, 노광철, 정경택, 최부일, 최선희가 선거됐다.

이날 최고인민회의 14기 1차회의에서는 내각도 새로 구성됐다.

내각총리는 김재룡 전 자강도 당위원회 위원장이 내각성원들의 전원찬성으로 임명됐다. 내각 부총리 겸 국가계획위원장 로두철, 부총리 임철웅, 김덕훈, 리주오, 리룡남, 전광호, 동정호, 부총리 겸 농업상 고인호, 외무상 리용호, 전력공업상 김만수, 석탄공업상 문명학, 금속공업상 김충걸, 화학공업상 장길룡, 철도상 장혁, 육해운상 강종관, 채취공업상 렴철수, 국가자원개발상 김철수, 원유공업상 고길선, 임업상, 한룡국, 기계공업상 양승호, 선박공업상 강철구, 원자력공업상 왕창욱, 전자공업상 김재성이 임명됐다.

체신상 김광철, 건설건재공업상 박훈, 국가건설감독상 권성호, 경공업상 최일룡, 지방공업상 조영철, 일용품공업상 리강선, 수산상 송춘섭, 재정상 기광호, 노동상 윤강호, 대외경제상, 김영재, 국가과학기술위원장 리충길, 국가과학원 원장 장철, 국토환경보호상 겸 국무위원회 산림정책 감독국장 김경준, 도시경영상 강영수, 수매량정상 문응조, 상업상 김경남, 교육위원장 김승두, 김일성종합대학 총장 겸 당지도위원회 위원장, 교육위원회 고등

교육상 최상건, 보건상 오춘복, 문화상 박춘남, 체육상 김일국, 중앙은행 총재 김천균, 중앙통계국장 최승호, 내각사무장 김영호 등으로 내각이 구성됐다.

중앙검찰소장 김명길, 중앙재판소장 강윤혁이 이름을 올렸고 최고인민회의 부문위원회인 법제위원회는 위원장 최부일, 위원 김명길, 강윤석, 박정남, 김영배, 정경일, 허광일 등으로 구성됐다.

예산위원회는 위원장 오수영, 위원 리히용, 홍서현, 김광욱, 최영일, 박형렬, 리금옥이 선거됐다.

외교위원회는 위원장 리수용, 위원 리룡남, 리선권, 김정숙, 최선희, 김성일, 김동선 등으로 구성됐다.

이날 회의에서는 사회주의헌법 수정보충에 대한 최고인민회의 법령도 채택됐다.

통신은 "최고인민회의 제14기 제1차회의는 계속된다"고 전했다.

〈박해전 기자〉

사람일보 2019. 4. 12.

22
"북남선언 성실한 이행으로 자기 책임 다해야"

김정은 국무위원장 시정연설, "미국이 어떤 계산법을 가지고 나오는가에 달려있다"

　김정은 국무위원장은 남북관계 발전과 관련해 12일 "남조선당국이 진실로 북남관계개선과 평화와 통일을 바란다면 판문점상봉과 9월 평양상봉때의 초심으로 되돌아와 북남선언의 성실한 리행으로 민족앞에 지닌 자기의 책임을 다해야 한다"고 밝혔다.

　김 위원장은 이날 최고인민회의 제14기 제1차회의에서 한〈현 단계에서의 사회주의건설과 공화국정부의 대내외정책에 대하여〉제하의 시정연설에서 "남조선당국은 추세를 보아가며 좌고우면하고 분주다사한 행각을 재촉하며 오지랖넓은《중재자》,《촉진자》행세를 할것이 아니라 민족의 일원으로서 제정신을 가지고 제가 할 소리는 당당히 하면서 민족의 리익을 옹호하는 당사자가 되여야 한다"며 이렇게 말했다고〈로동신문〉이 13일 보도했다.

　신문은 김 위원장이 또 "북남관계개선의 분위기를 계속 살려나가자면 적대적인 내외반통일, 반평화세력들의 준동을 짓부셔버려야 한다는것이 우리의 일관한 주장"이라며 "미국과 함께 허울만 바꿔 쓰고 이미 중단하게 된 합동군사연습까지 다시 강행하면서 은폐된 적대행위에 집요하게 매달리는 남조선군부호전세력의 무분별한 책동을 그대로 두고, 일방적인 강도적요구를 전면에 내들고 관계개선에 인위적인 장애를 조성하고있는 미국의 시대착오적인 오만과 적대시정책을 근원적으로 청산하지 않고서는 북남관계에서의 진전이나 평화번영의 그 어떤 결실도 기대할수 없다는것을 때늦기 전에 깨닫는것이 필요하다"고 말했다고 전했다.

김 위원장은 "북과 남, 해외의 온 겨레는 민족의 운명과 전도를 걸고 북남관계개선과 평화통일에로 향한 력사적흐름에 도전해나서는 미국과 남조선 보수세력의 책동을 단호히 저지파탄시켜야 한다"며 "남조선당국이 진실로 북남관계개선과 평화와 통일의 길로 나아갈 의향이라면 우리의 립장과 의지에 공감하고 보조를 맞추어야 하며 말로써가 아니라 실천적행동으로 그 진심을 보여주는 용단을 내려야 한다"고 밝혔다.

김 위원장은 제3차 조미정상회담과 관련해 "미국이 옳바른 자세를 가지고 우리와 공유할수 있는 방법론을 찾은 조건에서 제3차 조미수뇌회담을 하자고 한다면 우리로서도 한번은 더 해볼 용의가 있다"며 "그러나 지금 이 자리에서 생각해보면 그 무슨 제재해제문제때문에 목이 말라 미국과의 수뇌회담에 집착할 필요가 없다는 생각을 하게 된다"고 말했다.

김 위원장은 "어쨌든 올해말까지는 인내심을 갖고 미국의 용단을 기다려볼것이지만 지난번처럼 좋은 기회를 다시 얻기는 분명 힘들것"이라며 "앞으로 조미쌍방의 리해관계에 다같이 부응하고 서로에게 접수가능한 공정한 내용이 지면에 씌여져야 나는 주저없이 그 합의문에 수표할것이며 그것은 전적으로 미국이 어떤 자세에서 어떤 계산법을 가지고 나오는가에 달려있다"고 밝혔다.

　김 위원장은 "명백한것은 미국이 지금의 정치적계산법을 고집한다면 문제해결의 전망은 어두울것이며 매우 위험할것"이라며 "나는 미국이 오늘의 관건적인 시점에서 현명한 판단을 내리리라고 기대하며 가까스로 멈춰세워놓은 조미대결의 초침이 영원히 다시 움직이지 않게 되기를 바란다"고 경고했다.

　김 위원장의 시정연설 전문은 다음과 같다.

〈현 단계에서의 사회주의건설과 공화국정부의 대내외정책에 대하여〉

　친애하는 대의원동지들!
　조선민주주의인민공화국 최고인민회의 제14기 제1차회의는 자주의 길을 따라 전진하는 우리 공화국의 존엄과 국력이 힘있게 과시되고 사회주의건설이 매우 관건적인 시기에 들어선 시점에 소집되였습니다.
　전체 인민의 높은 정치적열의와 적극적인 참가밑에 최고인민회의 제14기 대의원선거가 성과적으로 진행되고 공화국정부가 새로 조직됨으로써 우리 국가주권은 가일층 강화되고 당과 공화국정부의 두리에 한마음한뜻으로 뭉쳐 사회주의의 더 높은 단계를 향하여 확신성있게 나아가는 우리 인민의 혁명적진군은 더욱 속도를 내게 될것입니다.
　나는 모든 대의원동지들이 전체 인민의 의사를 대표하여 나에게 영광스러운 우리 조국 조선민주주의인민공화국의 국무위원회 위원장으로서 또다시 국가의 전반사업을 이끌어나가도록 커다란 믿음을 표시하여준데 대하여 충심으로 되는 감사를 드리며 공화국의 발전, 번영과 우리 인민의 행복을 위하여 헌신분투할것을 엄숙히 맹약합니다.
　동지들!
　온 사회의 김일성-김정일주의화의 기치를 높이 들고 사회주의위업을 완성하는것은 공화국정부앞에 나서는 중대한 력사적임무입니다.

온 사회의 김일성-김정일주의화는 우리 당과 공화국정부의 최고강령이 며 사회주의국가건설의 총적방향, 총적목표입니다.

김일성-김정일주의를 국가건설과 활동에 철저히 구현하여야 우리 공화 국을 영원히 위대한 김일성, 김정일동지의 국가로 강화발전시키고 수령님과 장군님의 뜻과 념원대로 우리 인민의 자주적요구와 리상을 빛나게 실현해 나갈수 있습니다.

우리 공화국정부는 온 사회를 김일성-김정일주의화하기 위한 투쟁을 더 욱 힘있게 벌려 사회주의위업수행에서 결정적승리를 이룩해나갈것입니다.

1

동지들!

온 사회의 김일성-김정일주의화를 실현하는데서 우리앞에 나서는 기본 투쟁과업은 사회주의강국건설위업을 완수하는것입니다.

사회주의강국건설은 사회주의완전승리를 이룩하기 위한 투쟁의 력사적 단계이며 그것은 김일성-김정일주의국가건설사상을 철저히 구현함으로써 만 빛나게 완성될수 있습니다.

김일성-김정일주의국가건설사상에는 우리 공화국을 력사상 가장 존엄있 고 위력한 사회주의국가로 강화발전시켜오신 위대한 수령 김일성동지와 위 대한 령도자 김정일동지의 국가건설사상과 업적이 집대성되여있으며 국가 정권을 정치적무기로 하여 사회주의위업을 완성하기 위한 방향과 방도가 뚜렷이 명시되여있습니다.

공화국정부는 위대한 김일성-김정일주의국가건설사상을 확고한 지도적 지침으로 틀어쥐고 나라의 전략적지위와 국력을 새로운 높이에 올려세우며 주체의 사회주의위업수행에서 근본적인 전환을 가져와야 합니다.

국가건설과 활동에서 자주의 혁명로선을 철저히 관철하여야 합니다.

자주는 우리 공화국의 정치철학이며 김일성-김정일주의국가건설사상에서 중핵을 이룹니다. 사회주의국가는 모든 활동에서 자주적대를 세우고 주체적립장을 확고히 견지하여야 나라의 존엄과 인민의 운명을 수호하고 자체의 실정에 맞게 자기 힘으로 사회주의를 건설하고 완성할수 있습니다. 우리 공화국은 자주를 조선혁명의 생명으로,국가건설의 근본초석으로 내세우고 사대와 교조,외세의 강권과 압력을 단호히 배격하며 혁명과 건설을 우리 식으로 전진시켜오신 위대한 수령님과 위대한 장군님의 현명한 령도밑에 자주,자립,자위의 사회주의국가로 건설되고 발전하여왔으며 오늘도 자주의 강국으로 세계에 그 존엄과 위용을 높이 떨치고있습니다. 최근년간 제국주의와의 결사적인 대결속에서 병진의 력사적대업을 성취하고 평화에로 향한 정세흐름을 주도하고있는 우리 공화국의 전략적지위와 영향력은 날로 강화되고있습니다. 다른 나라들의 자주권을 제 마음대로 롱락하는 제국주의의 행태가 그 어느때보다 로골화되고 적지 않은 나라들이 자기를 지킬 힘이 없어 비참한 운명을 강요당하고있는 오늘의 세계에서 우리 공화국과 같이 자주적대가 강하고 국가의 안전과 인민의 행복을 자력으로 담보해가는 나라는 찾아보기 힘듭니다.

국가건설과 활동에서 자주의 혁명로선을 견지하는것은 우리 공화국의 일관하고도 확고부동한 립장입니다.

우리 나라는 지리적으로 대국들사이에 위치하여있고 의연히 국토가 분렬되여있으며 우리 공화국을 억제하고 약화시키며 압살하려는 적대세력들의 책동이 가중되는 속에서 사회주의건설을 진행하고있습니다. 지역적,세계적범위에서 패권쟁탈을 위한 렬강들의 모순과 대결도 한층 격화되고있습니다.

우리 혁명의 특수한 환경과 오늘의 복잡한 세계정세속에서 공화국이 자주권과 존엄을 고수하고 참다운 번영을 이룩하기 위하여서는 확고한 자주적립장에서 자기 힘을 강화하고 자립적으로 발전해나가야 합니다. 우리 공화국은 세계사회주의진영이 존재하고 크건작건 나라들사이의 협조관계가 이루어지던 지난 시기에도 혁명과 건설에서 독자성과 자주성을 견지하여왔으며 자력갱생으로 사회주의건설을 전진시켜왔습니다. 자주의 혁명로선을 틀어쥐고 자력으로 사회주의를 건설해나가는것은 우리 공화국이 변함없이 견지하여야 할 국가건설의 근본원칙으로 됩니다.

우리 공화국은 앞으로도 동풍이 불어오든 서풍이 불어오든 그 어떤 도전과 난관이 앞을 막아서든 우리 국가와 인민의 근본리익과 관련된 문제에서는 티끌만 한 양보나 타협도 하지 않을것이며 모든것을 자력자강의 원칙에서 해결해나가면서 우리 식,우리 힘으로 사회주의강국건설을 다그쳐나갈것입니다.

자주의 혁명로선을 국가건설과 활동에 구현해나가는데서 중요한것은 혁명의 주체적력량을 강화하고 사회생활의 모든 분야를 우리 식으로 발전시켜나가는것입니다. 우리는 인민들을 위대한 주체사상,민족자주정신으로 튼튼히 무장시키고 당과 공화국정부의 두리에 굳게 묶어세워 나라의 정치사상진지를 철통같이 다져나가야 합니다. 공화국정부는 경제와 국방,문화의 모든 분야를 확고한 주체적립장에서 우리 식으로 발전시키며 남의 식,남의 풍을 추호도 허용하지 않을것입니다.

당과 인민대중이 통일단결되여 혁명의 강력한 주체를 이루고 자주,자립,자위의 튼튼한 기초우에서 끊임없이 강화발전되여나가는 우리 공화국의 전도는 밝고 양양합니다.

국가활동과 사회생활전반에 인민대중제일주의를 철저히 구현하여야 합니다.

인민대중제일주의는 인민대중을 혁명과 건설의 주인으로 보고 인민대중에게 의거하며 인민을 위하여 멸사복무할데 대한 정치리념입니다. 인민대중제일주의에는 인민을 세상에서 가장 귀중하고 힘있는 존재로 내세우는 주체의 혁명철학이 구현되여있고 인민을 끝없이 사랑하고 인민의 요구와 리익을 끝까지 실현하려는 우리 당과 공화국정부의 투철한 립장이 반영되여있습니다.

인민은 사회주의국가의 뿌리이고 지반이며 그 발전의 담당자입니다. 당과 정권기관들의 모든 활동이 인민의 요구와 리익을 옹호실현하고 인민을 위해 충실히 복무하는데 철저히 지향복종되여야 혁명과 건설이 성과적으로 추진되고 사회주의의 생명력과 우월성이 높이 발휘될수 있습니다.

국가활동에서 인민을 중시하는 관점과 립장을 견지하는것은 사회주의건설과정에 일군들속에서 세도와 관료주의와 같은 인민의 리익을 침해하는 현상들이 나타날수 있는것과 관련하여 중요한 문제로 제기됩니다. 인민우에 군림하여 인민이 부여한 권한을 악용하는 특권행위는 사회주의의 영상과 인민적성격을 흐리게 하고 당과 국가에 대한 인민들의 지지와 신뢰를 약화시켜 사회주의제도의 존재자체를 위태롭게 만들수 있습니다.

우리 당은 한평생 인민을 하늘처럼 믿고 인민을 위하여 모든것을 바쳐오신 위대한 수령님과 위대한 장군님의 이민위천의 숭고한 사상과 뜻을 계승하고 높이 받들어나가기 위하여 혁명의 지도사상인 김일성-김정일주의의 본질을 인민대중제일주의로 정식화하였으며 주체의 인민관,인민철학을 당과 국가활동에 구현하는것을 최대의 중대사로 내세웠습니다.

《모든것을 인민을 위하여,모든것을 인민대중에게 의거하여!》라는 구호에는 우리 당과 공화국정부의 인민대중제일주의립장이 응축되여있습니다. 우리는 국가사회생활전반에서 인민적인것,대중적인것을 최우선,절대시하고 인민의 복리증진을 위함에 모든것을 아낌없이 돌려왔습니다. 최근년간 우리 국가가 거창한 대건설사업들을 통이 크게 벌리고있는것도 결코 나라에 자금이 남아돌아가서가 아니라 세상에서 제일 좋은 우리 인민들에게 보다 행복하고 문명한 생활을 마련해주기 위해서입니다.

우리 당과 공화국정부는 인민의 리익을 침해하는 세도와 관료주의,부정부패를 반대하는 투쟁을 국가존망과 관련되는 운명적인 문제로 내세우고 그와의 단호한 전쟁을 선포하였으며 강도높은 투쟁을 벌리도록 하였습니다.

당과 국가활동,사회생활전반에 인민대중제일주의를 구현하기 위한 투쟁속에서 당과 국가와 인민은 하나의 운명공동체를 이루게 되였으며 우리 공화국은 류례없는 시련과 난관속에서도 흔들림없이 자기의 발전궤도를 따라 힘차게 전진해올수 있었습니다.

우리는 사회주의건설이 심화될수록 인민대중제일주의를 구현하기 위한 사업에 더 큰 힘을 넣어 혁명의 전진동력을 배가하고 남들이 모방할수 없는 우리 식 사회주의의 고유한 우월성을 계속 높이 발양시켜나가야 합니다.

당과 국가는 인민을 위하여 멸사복무하고 인민들은 당과 국가에 자기의 운명과 미래를 전적으로 의탁하며 진정을 다해 받드는 바로 여기에 인민대중제일주의가 구현된 우리 국가의 참모습이 있습니다.

공화국정부는 인민대중제일주의를 근본중의 근본으로 변함없이 확고히 틀어쥐고 인민의 힘에 의거하여 인민이 리상하는 사회주의의 밝은 미래를 앞당기기 위하여 힘차게 투쟁해나갈것입니다.

국가의 전반사업에 대한 당의 령도를 백방으로 보장하여야 합니다.

당의 령도는 사회주의국가건설의 본성적요구이며 국가활동의 생명선입니다. 사회주의국가는 인민대중의 요구와 리익의 체현자인 당의 령도밑에서만 인민의 복무자로서의 사명을 훌륭히 수행할수 있고 사회생활의 모든 분야와 지역에 대한 통일적지도와 전반적사회주의건설을 위한 투쟁을 옳바로 조직진행해나갈수 있습니다. 혁명적당의 령도가 보장되지 못한 사회주의정권은 자기의 본색을 잃고 반동들과 음모군들의 롱락물로 전락되게 되며 결국은 인민들이 정치적고아의 불행한 신세를 면치 못하게 됩니다.

우리 당은 여러 단계의 사회혁명과 사회주의건설을 이끌어오는 과정에 풍부한 경험을 쌓고 높은 령도적수완과 능력을 소유한 로숙하고 세련된 혁명의 참모부입니다. 적대세력과의 첨예한 대결속에서 사회주의강국을 건설하기 위한 거창한 창조대전을 이끌어나가면서 세계가 괄목하는 기적적승리들을 련이어 안아오고있는 우리 당의 령도는 인민들에게 무한한 긍지와 필승의 신심을 북돋아주고있습니다.

국가활동에 대한 당의 령도는 정치적지도, 정책적지도로 일관되여야 합니다. 당은 사회주의정권이 나아갈 지침을 안겨주고 모든 국가활동을 옳바로 진행해나가도록 이끌어주는 향도적력량이며 국가는 당의 로선과 정책의 집행자, 관철자입니다. 당과 정권의 이러한 호상관계로부터 우리 당은 국가활동에 대한 당적령도를 실현함에 있어서 모든 당조직들이 자기 부문,자기 단위의 사업을 통일적으로 장악하고 정치적으로,정책적으로 지도하도록 하는데 깊은 관심을 돌리고있습니다. 정치적령도기관인 당이 행정사업에 말려들고 실무적방법에 매달리면 자기의 본도를 잃게 되는것은 물론 행정기관들의 기능을 마비시키고 당의 권위를 훼손시키며 결국은 혁명과 건설을 망쳐먹을수 있습니다.

지금 우리 공화국정권은 조선로동당의 혁명적인 지도사상과 과학적인 전략전술에 의거하여 국가와 사회에 대한 통일적지도를 원만히 실현하고있습니다. 공화국정부는 앞으로도 당의 사상과 령도에 충실함으로써 인민대중의 자주적권리의 대표자,창조적능력과 활동의 조직자,인민생활을 책임진 호주,인민의 리익의 보호자로서의 사명을 다해나가야 합니다.

김일성-김정일주의가 밝혀준 사회주의국가건설사상과 원칙을 튼튼히 틀어쥐고나갈 때 우리 공화국은 누구도 건드릴수 없는 자주의 강국,인민의 리상이 전면적으로 실현되는 인민의 국가로,무한대한 발전잠재력을 남김없이 발휘하며 세계를 앞서나가는 위대한 나라로 보다 훌륭히 건설될것이며 사회주의위업의 승리는 더욱 앞당겨지게 될것입니다.

2

동지들!

사회주의강국건설을 위한 현 단계의 투쟁에서 우리 공화국앞에 나서고있는 중심과업은 나라의 모든 힘을 경제건설에 집중하여 사회주의의 물질적기초를 튼튼히 다지는것입니다.

경제적자립은 자주적인 국가건설의 물질적담보이고 전제입니다. 자립적이고 강력한 경제력에 의해서만 국가의 존엄을 지키고 정치군사적위력도 끊임없이 강화해나갈수 있습니다.

오늘의 정치정세흐름은 우리 국가로 하여금 자립,자력의 기치를 더 높이 추켜들것을 요구하고있습니다.

최근 우리 핵무장력의 급속한 발전현실앞에서 저들의 본토안전에 두려움을 느낀 미국은 회담장에 나와서 한편으로는 관계개선과 평화의 보따리를 만지작거리고 다른 한편으로는 경제제재에 필사적으로 매여달리면서 어떻게 하나 우리가 가는 길을 돌려세우고 선 무장해제,후 제도전복야망을 실현할 조건을 만들어보려고 무진 애를 쓰고있습니다. 미국이 우리 국가의 근본리익에 배치되는 요구를 그 무슨 제재해제의 조건으로 내들고있는 상황에서 우리와 미국과의 대치는 어차피 장기성을 띠게 되여있으며 적대세력들의 제재 또한 계속되게 될것입니다. 우리는 적대세력들의 항시적인 제재속에서 사회주의를 건설해왔지만 그렇다고 하여 그에 만성화되여서는 절대로 안되며 혁명의 전진속도를 조금도 늦출수 없습니다. 힘으로는 우리를 어쩔수 없는 세력들에게 있어서 제재는 마지막 궁여일책이라 할지라도 그자체가 우리에 대한 참을수 없는 도전인것만큼 결코 그것을 용납할수도 방관시할수도 없으며 반드시 맞받아나가 짓뭉개버려야 합니다. 장기간의 핵위협을 핵으로 종식시킨것처럼 적대세력들의 제재돌풍은 자립,자력의 열풍으로 쓸어버려야 합니다.

우리에게는 최단기간내에 나라의 경제를 활성화하고 세계선진수준에로 도약할수 있는 자립적발전능력과 기반이 있습니다. 수십년간 다져온 자립경제토대와 능력있는 과학기술력량,자력갱생을 체질화하고 애국의 열의로 피끓는 영웅적인민의 창조적힘은 우리의 귀중한 전략적자원입니다. 우리는 이 거대하고도 무한한 잠재력을 총폭발시켜 다시한번 세상을 놀래우는 기적적인 신화를 창조해야 하며 남들을 앞서 더 높이 비약해나가야 합니다.

자립적민족경제건설로선을 튼튼히 틀어쥐고 자력갱생의 혁명정신을 높이 발휘해나갈 때 우리는 남들이 가능할수도 상상할수도 없는 힘으로 놀라운 발전상승의 길을 내달리게 될것입니다.

사회주의경제건설에서 우리 당과 공화국정부가 내세우고있는 전략적방침은 인민경제를 주체화,현대화,정보화,과학화하는것입니다.

인민경제의 자립성과 주체성을 백방으로 강화하여야 합니다.

자립경제발전의 기본담보로 되는 동력과 연료,원료의 자급자족을 실현하기 위한 투쟁을 힘있게 전개하여야 합니다.

전력공업부문에서는 이미 있는 동력기지들을 정비보강하여 생산을 최대한 늘이고 전력공급을 과학화,합리화하며 수력과 조수력,원자력을 비롯한 전망성있는 에네르기자원을 적극적으로 개발하여 더 많은 발전능력을 조성하여야 합니다.

경제발전의 척후전구인 탄광,광산들에서 탐사와 굴진을 앞세우고 채굴과 운반의 기계화실현에 힘을 집중하여 공업의 식량인 석탄과 광물생산을 대대적으로 늘여야 합니다.

금속공업부문에서 주체철생산기지들을 과학기술적으로 완비하고 정상운영하면서 우리의 실정에 맞는 새로운 현대적이고 대규모적인 철생산체계를 확립하여야 하며 화학공업을 철저히 우리의 원료와 자원에 의거하는 주체공업으로,에네르기절약형,로력절약형공업으로 전환시켜 비료와 화학섬유,합성수지를 비롯한 여러가지 화학제품들에 대한 국내수요를 충족시켜야 합니다.

인민생활향상에서 결정적의의를 가지는 먹는 문제와 소비품문제를 최단기간에 풀어야 합니다.

농업부문에서 종자와 비료,물문제와 경지면적보장에 특별한 주목을 돌리고 과학적농사방법을 받아들이며 농산작업의 기계화비중을 높여 당이 제시한 알곡고지를 무조건 점령하여야 합니다. 닭공장과 돼지공장을 비롯한 축산기지들을 현대적으로 신설,개건하며 집짐승사양관리를 과학화하고 군중적으로 풀먹는집짐승기르기를 근기있게 내밀어야 하며 수산업의 물질기술적토대를 강화하여 수산물생산과 가공에서 전환을 가져와야 합니다.

경공업공장들에서 원료,자재의 국산화와 함께 재자원화를 중요한 전략으로 틀어쥐고나가며 생산공정의 현대화를 다그치고 새 제품개발에 힘을 넣어 인민들에게 다양하고 질좋은 소비품이 더 많이 차례지게 하여야 합니다.

우리는 인민들에게 보다 훌륭하고 문명한 생활조건을 마련해주기 위한 대건설사업을 더욱 힘있게 전개하여야 합니다. 건설부문에서는 건축설계와 건설공법을 혁신하고 건설단위들의 기술장비수준을 높여 세계적인 건축물들을 더 많이 일떠세우며 건재공업부문에서 세멘트생산능력을 확장하고 마감건재의 국산화비중을 결정적으로 높여야 합니다.

교통운수부문에서는 우리 나라의 현실적조건에 맞게 철도수송과 배수송을 강화하기 위한 혁명적인 대책을 세우며 수도와 도소재지들의 려객운수문제를 우리 식으로 해결하여야 합니다.

인민경제의 부문구조를 보다 개선완비하고 모든 부문을 조화롭게 발전시키며 마그네샤공업과 흑연공업을 비롯하여 전망성있는 경제분야들에서 세계적인 경쟁력을 확보하여야 합니다.

인민경제의 현대화,정보화를 적극적으로 실현하여 나라의 경제를 지식경제로 확고히 전환시켜야 합니다.

기계제작공업,전자공업과 정보산업,나노산업,생물산업을 비롯한 첨단기술산업의 발전을 위한 전략과 목표를 세우고 투자를 집중하여야 합니다. 모든 부문에서 과학기술과 생산이 일체화되고 생산공정의 자동화,지능화,무인화가 높은 수준에서 실현된 어미공장,표준공장을 꾸리고 일반화하여 경제전반을 세계선진수준에 올려세워야 합니다.

지방경제를 발전시키며 대외경제사업을 활성화하여야 합니다.

도,시,군들에서는 자기 지방의 자연지리적유리성과 경제기술적 및 전통적특성을 옳게 살려 지역적특색이 있는 경제를 건설하고 발전시켜나가야 합니다. 국가적으로 지방이 자체로 일떠서고 발전해나갈수 있게 권한을 주고 실무적대책을 따라세워야 합니다.

대외경제부문에서는 자립적민족경제건설로선에 철저히 립각하여 나라의 경제토대를 강화하는데 절실히 필요한 부분과 고리를 보충하는 방향에서 대외경제협조와 기술교류,무역활동을 다각적으로,주동적으로 책략있게 벌려야 합니다.

사회주의자립경제의 잠재력을 남김없이 발양시키기 위하여 나라의 모든 인적,물적자원과 가능성을 통일적으로 조직동원하고 경제발전의 새로운 요소와 동력을 살리기 위한 전면적인 대책을 강구하여야 합니다.

나라의 경제사업을 국가의 통일적인 장악과 통제,전략적인 작전과 지휘 밑에 진행해나가야 합니다.

국가경제발전전략과 단계별계획을 과학적으로 현실성있게 세우고 어김없이 집행하며 경제사업에 대한 국가의 통일적지도와 전략적관리를 원만히 실현하면서 기업체들이 생산과 경영활동을 원활하게 조직진행해나갈수 있도록 기구체계와 사업체계를 정비하여야 합니다.

경제사업과 관련한 국가의 제도적,법률적조건과 환경을 개선하며 경제기관,기업체들이 국가의 리익과 인민의 복리증진을 우선시하고 정해진 법과 질서를 엄격히 지키도록 강한 규률을 세워야 합니다.

사회주의경제의 본성적요구에 맞게 계획화사업을 보다 개선하고 경제관리의 중요고리들인 가격,재정,금융문제를 경제원리와 법칙에 맞으면서도 현실적의의가 있게 해결하여 기업체들과 생산자들이 높은 의욕과 열의를 가지고 일해나가도록 하여야 합니다. 경제사업을 과학적타산에 기초하여 최량화,최적화하기 위한 대책을 세우며 원료와 자재,자금과 로력을 극력 절약하고 지출의 효과성을 높여 나라의 모든 자원이 국가발전에 최대로 이바지되도록 하여야 합니다.

자립경제발전의 기본동력은 인재와 과학기술입니다.

인재중시,과학기술중시기풍이 확고한 국풍으로 되게 하며 인재를 널리 찾아 적재적소에 등용하고 생산과 기술발전을 주도해나가도록 하여야 하며 과학기술부문에 대한 국가적투자를 끊임없이 늘여야 합니다.

전략적이고 핵심적이며 실리있고 경제적의의가 큰 중요과학기술연구과제와 대상들을 바로 정하고 력량과 자금을 집중함으로써 경제전반을 활성화하고 첨단기술산업을 발전시키는데서 과학기술이 결정적인 기여를 하도록 하여야 합니다.

공화국의 정치군사적위력을 더욱 강화하여야 하겠습니다.

우리 공화국의 정치사상적힘은 사회주의국가정치제도의 우월성과 공고성에 바탕을 두고있습니다. 우리는 전체 인민들에게 참다운 정치적권리와 존엄을 실질적으로 보장해주며 온 나라가 사상의지적으로,도덕의리적으로 단합되여 끊임없는 발전을 이룩해나가는 우리 제도의 정치사상적우월성을 높이 발양시켜나가야 합니다.

공화국정부는 인민의 리익을 절대적기준으로 삼고 인민의 의사와 요구를 반영하여 정책을 세우고 집행함으로써 로동자,농민,지식인을 비롯한 광범한 근로대중이 국가정치의 참다운 주인으로서 국가사회관리에 적극적으로 참가하도록 하여야 합니다.

공화국정부는 사회주의사회의 본성적요구에 맞게 정치사상사업을 확고히 앞세워 사회의 모든 성원들을 참다운 김일성-김정일주의자로 키우며 우리 국가의 정치사상적통일과 단결을 더욱 공고히 다져나가야 합니다.

공화국정부는 국가의 법체계를 완비하고 국가사회생활에서 법의 역할을 강화하도록 하여야 합니다.

공화국법은 혁명의 전취물을 수호하고 사회주의제도를 공고발전시키며 인민의 권리와 리익을 옹호보장하는 위력한 무기입니다. 혁명과 건설이 심화되는데 맞게 당정책적요구에 립각하고 현실을 반영하여 법규범과 규정을 보다 세분화,구체화하여 과학적으로 제정완성하고 제때에 수정보충함으로써 사회주의국가의 인민적인 정치실현을 믿음직하게 담보하여야 합니다. 온 사회에 사회주의준법기풍을 철저히 확립하여 전체 인민이 높은 준법의식을 가지고 국가의 법을 존엄있게 대하고 자각적으로,의무적으로 준수하도록 하며 법기관들의 역할을 높이고 법집행에서 이중규률을 허용하지 말며 법적용에서 과학성과 객관성,공정성과 신중성을 철저히 견지함으로써 우리 나라를 법이 인민을 지키고 인민이 법을 지키는 가장 우월한 사회주의법치국가로 만들어야 합니다.

자위적국방력은 우리 공화국의 자주권수호의 강력한 보검입니다.

오늘 조선반도에 도래하기 시작한 평화의 기류는 공고한것이 아니며 우리 공화국에 대한 적대세력의 침략기도가 사라진것도 아닙니다. 우리는 강력한 군력에 의해서만 평화가 보장된다는 철리를 항상 명심하고 자위의 원칙을 확고히 견지하며 나라의 방위력을 계속 튼튼히 다져야 합니다.

공화국정부는 인민군대를 강화하고 전민무장화,전국요새화를 실현하는데 필요한 인적,물적자원을 우선적으로 충분히 보장하며 국방공업의 주체화,현대화를 완벽하게 실현하여 국가방위력을 끊임없이 향상시켜나갈것입니다.

사회주의문화를 우리 식으로 개화발전시켜야 하겠습니다.

국가적으로 교육을 최우선시하는 기풍을 세우고 우리 식의 교육혁명을 다그쳐 발전된 나라들의 교육수준을 따라앞서야 합니다. 교육부문에서는 교원진영을 강화하고 현대교육발전추세에 맞게 교육의 질을 높여 나라의 과학기술발전과 사회주의건설을 떠메고나갈 인재들을 더 많이 육성하여야 합니다.

전민과학기술인재화의 구호를 높이 들고 모든 근로자들을 일하면서 배우는 교육체계에 망라시켜 지식형근로자로 키워야 합니다.

공화국정부는 사회주의보건사업에 특별히 큰 힘을 넣어야 합니다. 의료봉사사업을 더욱 개선하고 의학과학기술을 첨단수준에 올려세우며 보건부문의 물질기술적토대를 강화하여 인민들이 우리 나라 사회주의보건제도의 혜택을 더 잘 받아안도록 하여야 합니다.

문화예술부문에서 시대의 요구와 인민들의 지향을 반영한 명작들을 더 많이 창작창조하며 특히 영화부문에서 새 세기 영화혁명의 불길을 일으켜 사회주의문화발전의 새로운 전성기를 열어나가는데서 선구자적역할을 하여야 합니다.

체육은 나라의 국력을 다지고 민족의 슬기와 존엄을 떨치는데서 매우 중요한 역할을 합니다. 국가적으로 체육과학과 전문체육기술을 발전시키고 대중체육활동을 널리 조직진행하는데 힘을 넣으면서 국제경기들도 원만히

치를수 있게 체육시설들을 늘이고 현대적으로 개건하기 위한 사업을 예견성있게 진행하여야 합니다.

사회주의생활양식과 도덕기강을 확립하는것은 우리 사상,우리 제도를 지키고 빛내이기 위한 심각한 정치투쟁이며 첨예한 계급투쟁입니다.

우리는 모든 사회성원들이 사회주의 우리 문화가 제일이고 우리의 생활양식과 도덕이 제일이라는 긍지와 자부심을 가지고 집단주의적생활기풍과 도덕기풍을 높이 발휘하며 문명발전을 지향하는 오늘의 시대적미감에 맞는 우리 식의 혁명적이고 랑만적인 생활문화를 적극 창조하고 널리 향유하도록 하여야 합니다. 사람들의 정신을 침식하고 사회를 변질타락시키는 온갖 불건전하고 이색적인 현상들의 자그마한 요소에 대해서도 경계심을 가지고 사상교양,사상투쟁을 강도높이 벌리며 법적투쟁의 도수를 높여 우리 국가의 사상문화진지를 굳건히 수호하여야 합니다.

공화국정부앞에 나선 방대한 혁명과업을 성과적으로 수행하기 위하여서는 인민정권기관들의 기능과 역할을 높여야 합니다.

인민정권기관들은 혁명발전의 요구에 맞게 사회전반에 대한 통일적지도를 가일층 강화하여야 합니다.

사회주의정치제도를 끊임없이 공고발전시키고 경제문화건설을 다그치기 위한 사업을 틀어쥐고나가야 합니다. 특히 정권기관 사업에서 경제사업을 우선시하고 인민생활을 향상시키는데 힘을 집중하여야 합니다. 사회생활의 모든 분야와 지역을 장악하고 통일적으로 지도하면서 개별적부문과 단위들의 창발성을 높이 발양시켜야 합니다.

인민정권기관들은 자기의 본분에 맞게 인민대중을 위하여 멸사복무하는 기풍을 세워야 합니다.

인민정권기관들은 늘 인민들의 목소리에 귀를 기울이고 그들의 요구를 반영하여 사업을 작전하고 설계하며 인민이 바라는 일을 찾아 끝까지 실천하고 인민대중을 발동하여 당의 로선과 정책을 관철해나가야 합니다. 모든 사업에서 인민들의 리익과 편의를 최우선적으로 보장하며 인민생활을 책임지고 보살펴주어야 합니다.

인민정권기관들은 위대한 장군님께서 나라가 가장 어려웠던 시기에도 변함없이 고수하여오신 무료의무교육제와 무상치료제를 비롯하여 우월한 인민적시책들을 정확히 실시함으로써 인민들이 사회주의조국의 고마움을 생활을 통하여 실감하며 조국의 부강발전을 위하여 떨쳐나서도록 하여야 합니다.

인민정권기관들은 당의 령도밑에서만 사업하는것을 철칙으로 삼아야 합니다.

인민정권기관들은 당의 사상과 방침을 자로 하여 모든 사업을 조직진행하며 당정책을 적극적으로 옹호하고 당이 제시한 혁명과업을 충실히 집행함으로써 우리 당정책의 생활력이 힘있게 과시되도록 하여야 합니다. 각급 당조직들은 혁명발전의 요구에 맞게 정권기관들의 활동에 대한 집체적지도를 심화시키며 모든 일군들이 혁명앞에 지닌 자기의 책임과 본분을 다하도록 적극 떠밀어주어야 합니다.

각급 인민정권기관 일군들의 책임성과 역할을 높여야 합니다.

오늘의 벅찬 현실은 우리 일군들로 하여금 총공세의 앞장에서 과감한 투쟁을 벌려 혁명의 지휘성원으로서의 본분을 다해나갈것을 절박하게 요구하고있습니다.

인민정권기관 일군들은 높은 당성과 혁명적원칙성을 지니고 맡은 사업을 자기가 전적으로 책임지는 립장에서 대담하게 적극적으로 밀고나가야 합니다. 대담성과 적극성이 당을 믿는 마음에서 생긴다면 소심성과 눈치놀음은 당에 대한 믿음이 부족한데서 나옵니다. 일군들은 당에서 밀어주어야만 일자리를 내는 수동적이고 피동적인 사업태도를 결정적으로 뿌리뽑아야 하며 당에서 준 과업은 몸이 부서지는 한이 있어도 끝까지 해내는 강인한 혁명가적일본새를 지녀야 합니다. 일군들은 착상력과 조직력,장악력과 지도력,전개력을 부단히 키워 그 어떤 과업도 막힘없이 해제끼는 사업의 능수가 되여야 합니다. 우리 당의 군중공작방법을 체득하고 모든 사업에서 이신작칙의 기풍을 발휘하며 인민들을 위하여 발이 닳도록 뛰여야 합니다. 우리 당의 인민사랑의 참뜻을 심장에 쪼아박고 인민앞에서 무한히 겸손하여야 하며 늘 인민들과 생사고락을 같이하면서 인민을 위하여 한몸을 깡그리 바치는 인민의 참된 충복이 되여야 합니다.

3

동지들!

민족최대의 숙원인 조국통일을 위한 우리의 력사적투쟁은 오늘 새로운 국면을 맞이하고있습니다.

우리는 위대한 수령 김일성동지와 위대한 령도자 김정일동지께서 한평생 최대의 심혈과 로고를 기울이신 조국통일위업을 기어이 실현할 확고한 결심을 가지고 북남관계개선과 조선반도평화보장을 위한 획기적인 조치들을 련속 취해나가고있습니다.

지난해 우리가 3차에 걸쳐 력사적인 북남수뇌상봉과 회담들을 진행하고 북남선언들을 채택하여 북남관계에서 극적인 전환을 가져온것은 각일각 전쟁의 문어구로 다가서는 엄중한 정세를 돌려세우고 조국통일을 위한 새로운 려정의 출발을 선언한 대단히 의미가 큰 사변이였습니다.

지금 온 민족은 력사적인 판문점선언과 9월평양공동선언이 철저히 리행되여 조선반도의 평화적분위기가 지속적으로 이어지고 북남관계가 끊임없이 개선되여나가기를 절절히 바라고있습니다.

그러나 남조선의 보수세력들은 민족의 지향과 국제사회의 한결같은 기대앞에 너무나 부실한 언동으로 화답하고있으며 북남관계를 판문점선언발표이전시기로 되돌려보려고 모지름을 쓰고있습니다.

미국은 남조선당국에 《속도조절》을 로골적으로 강박하고있으며 북남합의리행을 저들의 대조선제재압박정책에 복종시키려고 각방으로 책동하고있습니다.

이로 말미암아 우리앞에는 조선반도의 긴장을 완화하고 북남관계개선의 분위기를 계속 이어나가는가 아니면 전쟁의 위험이 짙어가는 속에 파국에로 치닫던 과거에로 되돌아가는가 하는 엄중한 정세가 조성되고있습니다.

우리는 민족의 운명과 전도,지역의 평화와 안전에 대한 심각한 우려를 자아내는 현 사태를 수수방관할수 없으며 온 겨레의 한결같은 지향과 념원에 맞게 그것을 바로잡기 위한 적극적인 대책을 시급히 강구해나가야 합니다.

그러자면 그 어떤 난관과 장애가 가로놓여도 민족의 총의가 집약된 북남선언들을 변함없이 고수하고 철저히 리행해나가려는 립장과 자세부터 바로 가져야 합니다.

이미 천명한바와 같이 남조선당국과 손잡고 북남관계를 지속적이며 공고한 화해협력관계로 전환시키고 온 겨레가 한결같이 소원하는대로 평화롭고 공동번영하는 새로운 민족사를 써나가려는것은 나의 확고부동한 결심이라는것을 다시한번 분명히 해둡니다.

조성된 불미스러운 사태를 수습하고 북과 남이 힘들게 마련한 관계개선의 좋은 분위기를 고조시키고 그것이 평화와 통일의 의미있는 결실로 빛을 보게 하자면 자주정신을 흐리게 하는 사대적근성과 민족공동의 리익을 침해하는 외세의존정책에 종지부를 찍고 모든것을 북남관계개선에 복종시켜야 합니다.

나는 남조선당국이 진실로 북남관계개선과 평화와 통일을 바란다면 판문점상봉과 9월 평양상봉때의 초심으로 되돌아와 북남선언의 성실한 리행으로 민족앞에 지닌 자기의 책임을 다해야 한다고 생각합니다.

남조선당국은 추세를 보아가며 좌고우면하고 분주다사한 행각을 재촉하며 오지랖넓은 《중재자》,《촉진자》행세를 할것이 아니라 민족의 일원으로서 제정신을 가지고 제가 할 소리는 당당히 하면서 민족의 리익을 옹호하는 당사자가 되여야 합니다.

북남관계개선의 분위기를 계속 살려나가자면 적대적인 내외반통일,반평화세력들의 준동을 짓부셔버려야 한다는것이 우리의 일관한 주장입니다.

미국과 함께 허울만 바꿔 쓰고 이미 중단하게 된 합동군사연습까지 다시 강행하면서 은폐된 적대행위에 집요하게 매달리는 남조선군부호전세력의 무분별한 책동을 그대로 두고,일방적인 강도적요구를 전면에 내들고 관계개선에 인위적인 장애를 조성하고있는 미국의 시대착오적인 오만과 적대시정책을 근원적으로 청산하지 않고서는 북남관계에서의 진전이나 평화번영의 그 어떤 결실도 기대할수 없다는것을 때늦기 전에 깨닫는것이 필요합니다.

북과 남,해외의 온 겨레는 민족의 운명과 전도를 걸고 북남관계개선과 평화통일에로 향한 력사적흐름에 도전해나서는 미국과 남조선보수세력의 책동을 단호히 저지파탄시켜야 합니다.

남조선당국이 진실로 북남관계개선과 평화와 통일의 길로 나아갈 의향이라면 우리의 립장과 의지에 공감하고 보조를 맞추어야 하며 말로써가 아니라 실천적행동으로 그 진심을 보여주는 용단을 내려야 합니다.

우리 당과 공화국정부는 앞으로도 민족의 지향과 념원을 숭엄히 새기고 북남관계의 지속적인 발전과 나라의 평화통일을 실현하기 위하여 계속 진지하고 인내성있는 노력을 기울여나갈것입니다.

동지들!

세계의 각광속에 지난해 6월 싱가포르에서 력사상 처음으로 진행된 조미수뇌상봉과 회담은 불과 불이 오가던 조선반도에 평화정착의 희망을 안겨준 사변적계기였으며 6.12조미공동성명은 세기를 이어오며 적대관계에 있던 조미 두 나라가 새로운 관계력사를 써나간다는것을 세상에 알린 력사적인 선언인것으로 하여 평화를 지향하는 국제사회의 전폭적인 지지와 찬동을 받았습니다.

조선민주주의인민공화국은 핵시험과 대륙간탄도로케트시험발사중지를 비롯한 중대하고도 의미있는 조치들을 주동적으로 취하여 조미적대관계해소의 기본열쇠인 신뢰구축의 첫걸음을 떼였으며 미국대통령이 요청한 미군유골송환문제를 실현시키는 대범한 조치도 취하여 새로운 조미관계수립의 리정표로 되는 6.12조미공동성명을 성실히 리행하려는 의지를 과시하였습니다.

하지만 지난 2월 하노이에서 진행된 제2차 조미수뇌회담은 우리가 전략적결단과 대용단을 내려 내짚은 걸음들이 과연 옳았는가에 대한 강한 의문을 자아냈으며 미국이 진정으로 조미관계를 개선하려는 생각이 있기는 있는가 하는데 대한 경계심을 가지게 한 계기로 되였습니다.

우리는 제2차 조미수뇌회담에서 6.12조미공동성명리행을 위해 반드시 거쳐야 할 필수적인 단계와 경로를 조미쌍방의 리해관계에 부합되게 설정하고 보다 진중하고 신뢰적인 조치들을 취할 결심을 피력하였으며 이에 대한 미국의 화답을 기대하였습니다.

그런데 미국은 전혀 실현불가능한 방법에 대해서만 머리를 굴리고 회담장에 찾아왔습니다.

다시말하여 우리를 마주하고 앉아 문제를 풀어나갈 준비가 안되여있었으며 똑똑한 방향과 방법론도 없었습니다.

미국은 그러한 궁리로는 백번,천번 우리와 다시 마주앉는다 해도 우리를 까딱도 움직이지 못할것이며 저들의 리속을 하나도 챙길수 없을것입니다.

지금 미국에서는 우리의 대륙간탄도로케트요격을 가상한 시험이 진행되고 미국대통령이 직접 중지를 공약한 군사연습들이 재개되는 등 6.12조미공동성명의 정신에 역행하는 적대적움직임들이 로골화되고있으며 이것은 우리를 심히 자극하고있습니다.

나는 이러한 흐름을 매우 불쾌하게 생각합니다.

바람이 불면 파도가 일기마련이듯이 미국의 대조선적대시정책이 로골화될수록 그에 화답하는 우리의 행동도 따라서게 되여있습니다.

최근 미국이 제3차 조미수뇌회담을 또다시 생각하고있으며 대화를 통한 문제해결을 강력히 시사하고있지만 새로운 조미관계수립의 근본방도인 적대시정책철회를 여전히 외면하고있으며 오히려 우리를 최대로 압박하면 굴복시킬수 있다고 오판하고있습니다.

우리도 물론 대화와 협상을 통한 문제해결을 중시하지만 일방적으로 자기의 요구만을 들이먹이려고 하는 미국식대화법에는 체질적으로 맞지 않고 흥미도 없습니다.

미국이 대화를 통하여 문제를 해결하자고 하면서도 우리에 대한 적대감을 날로 더 고조시키는것은 기름으로 붙는 불을 진화해보겠다는것과 다를바 없는 어리석고도 위험한 행동입니다.

조미사이에 뿌리깊은 적대감이 존재하고있는 조건에서 6.12조미공동성명을 리행해나가자면 쌍방이 서로의 일방적인 요구조건들을 내려놓고 각자의 리해관계에 부합되는 건설적인 해법을 찾아야 합니다.

그러자면 우선 미국이 지금의 계산법을 접고 새로운 계산법을 가지고 우리에게 다가서는것이 필요합니다.

지금 미국이 제3차 조미수뇌회담개최에 대해 많이 말하고있는데 우리는 하노이조미수뇌회담과 같은 수뇌회담이 재현되는데 대하여서는 반갑지도 않고 할 의욕도 없습니다.

하지만 트럼프대통령이 계속 언급하는바와 같이 나와 트럼프대통령사이의 개인적관계는 두 나라사이의 관계처럼 적대적이지 않으며 우리는 여전히 훌륭한 관계를 유지하고있으며 생각나면 아무때든 서로 안부를 묻는 편지도 주고받을수 있습니다.

미국이 옳바른 자세를 가지고 우리와 공유할수 있는 방법론을 찾은 조건에서 제3차 조미수뇌회담을 하자고 한다면 우리로서도 한번은 더 해볼 용의가 있습니다.

그러나 지금 이 자리에서 생각해보면 그 무슨 제재해제문제때문에 목이 말라 미국과의 수뇌회담에 집착할 필요가 없다는 생각을 하게 됩니다.

어쨌든 올해말까지는 인내심을 갖고 미국의 용단을 기다려볼것이지만 지난번처럼 좋은 기회를 다시 얻기는 분명 힘들것입니다.

앞으로 조미쌍방의 리해관계에 다같이 부응하고 서로에게 접수가능한 공정한 내용이 지면에 씌여져야 나는 주저없이 그 합의문에 수표할것이며 그것은 전적으로 미국이 어떤 자세에서 어떤 계산법을 가지고 나오는가에 달려있습니다.

명백한것은 미국이 지금의 정치적계산법을 고집한다면 문제해결의 전망은 어두울것이며 매우 위험할것입니다.

나는 미국이 오늘의 관건적인 시점에서 현명한 판단을 내리리라고 기대하며 가까스로 멈춰세워놓은 조미대결의 초침이 영원히 다시 움직이지 않게 되기를 바랍니다.

공화국정부는 우리 나라의 자주권을 존중하고 우호적으로 대하는 세계 모든 나라들과의 친선과 협조의 뉴대를 강화발전시켜나갈것이며 조선반도에서 항구적이며 공고한 평화체제를 구축하기 위하여 세계 모든 평화애호력량과 굳게 손잡고 나아갈것입니다.

동지들!

방금 말했지만 적대세력들의 제재해제문제따위에는 이제 더는 집착하지 않을것이며 나는 우리의 힘으로 부흥의 앞길을 열것입니다.

우리의 투쟁목표는 방대하고 사회주의건설의 앞길에 의연히 도전과 난관이 가로놓여있지만 김일성-김정일주의기치높이 자력으로 부강의 새로운 국면을 열고 강국의 리상과 목표를 실현해나가려는 우리 당과 공화국정부의 의지는 확고부동합니다.

자주의 길에 번영이 있고 승리가 있습니다. 자기 힘을 믿고 제힘으로 앞길을 개척해나가려는 투철한 신념과 의지를 지닌 국가와 인민의 도도한 진군은 그 무엇으로써도 돌려세우거나 멈춰세우지 못합니다.

모두다 위대한 김일성-김정일주의기치를 더욱 높이 들고 당과 공화국정부의 두리에 굳게 뭉쳐 사회주의강국건설위업을 빛나게 실현하기 위하여 총진격해나아갑시다.

〈박해전 기자〉

사람일보 2019. 4. 15.

23
"조국통일 3대원칙은 불멸의 통일대강"
북측 조국평화통일위원회, 7.4남북공동성명 발표 47돌 맞아 기념논설 발표

북측 조국평화통일위원회는 자주, 평화통일, 민족대단결의 조국통일 3대원칙을 밝힌 역사적인 7.4 남북공동성명 발표 47돌을 맞아 4일 "우리 민족에게 있어서 조국통일 3대원칙은 아무리 세월이 흐르고 정세가 열백번 변해도 드팀없이 일관하게 틀어쥐고나가야 할 불멸의 통일대강"이라고 밝혔다.

위원회는 이날 〈우리 민족끼리〉에 실은 '자주, 평화통일, 민족대단결의 3대원칙은 조국통일에로 향한 우리 민족의 불변침로이다' 제하의 기념논설에서 "민족의 운명에 대한 중대한 책임감을 안고 자주, 평화통일, 민족대단결의 불변의 침로따라 억세게 나아가는 8천만겨레의 장엄한 대진군을 더욱 힘있게 추동하기 위하여 이 기념론설을 발표한다"며 이렇게 밝혔다.

위원회의 기념논설 내용은 다음과 같다.

자주, 평화통일, 민족대단결의 3대원칙은
조국통일에로 향한 우리 민족의 불변침로이다
-조선민주주의인민공화국 조국평화통일위원회 기념론설-

자주, 평화통일, 민족대단결의 조국통일3대원칙을 핵으로 하는 력사적인 7. 4공동성명발표로 온 세계를 충격의 도가니에 몰아넣고 북남삼천리를 통일의 열기로 들끓게 했던 잊지 못할 그때로부터 어느덧 마흔일곱번째의 년륜이 아로새겨지고있다.

　우리 민족에게 있어서 조국통일3대원칙은 아무리 세월이 흐르고 정세가 열백번 변해도 드팀없이 일관하게 틀어쥐고나가야 할 불멸의 통일대강이다.
　조선민주주의인민공화국 조국평화통일위원회는 력사적인 7.4공동성명 발표 47돐에 즈음하여 민족의 운명에 대한 중대한 책임감을 안고 자주, 평화통일, 민족대단결의 불변의 침로따라 억세게 나아가는 8천만겨레의 장엄한 대진군을 더욱 힘있게 추동하기 위하여 이 기념론설을 발표한다.
　위대한 령도자 김정일동지께서는 다음과 같이 교시하시였다.
　《자주, 평화통일, 민족대단결의 3대원칙은 조국통일문제를 민족의 의사와 리익에 맞게 민족자체의 힘으로 풀어나갈수 있는 근본립장과 근본방도를 천명한 조국통일의 초석이다. 조국통일3대원칙은 북과 남이 7.4공동성명을 통하여 확인하고 내외에 엄숙히 선포한 민족공동의 통일대강이다.》
　력사의 난파도를 과감히 헤치며 하나의 조국, 부강번영하는 통일강국의 리상을 실현하려면 민족적대의에 부합되고 온 겨레가 공유하는 절대불변의 대원칙이 있어야 한다.
　위대한 수령 김일성동지께서 력사적인 7.4공동성명에서 제시하신 자주,

평화통일, 민족대단결의 조국통일3대원칙은 조국통일의 근본초석이며 민족공동의 통일대강이다.

자주의 원칙은 통일문제해결의 근본립장이며 출발점이다.

외세는 우리 민족의 분렬을 산생시킨 장본인이며 우리 나라의 통일을 한사코 가로막고있는 기본장애물이다. 전범국도 전패국도 아닌 우리 나라가 해방과 동시에 북과 남으로 갈라지게 된것도 다름아닌 외세때문이다. 강대국의 패권주의야망의 산물로 초래된 우리 민족의 분렬은 장장 70여년동안이나 지속되고있으며 오늘도 외세는 조선반도의 통일을 한사코 가로막아나서고있다.

민족분렬로 고통을 당하는것은 우리 민족이며 어부지리를 얻는것은 외세이다.

외세에게 의존해서는 언제 가도 나라의 통일문제를 민족의 의사와 요구에 맞게 해결할수 없다.

조국통일의 주인, 당사자는 어디까지나 우리 민족이다. 통일론의를 해도 외세가 아닌 우리 민족끼리 하여야 하며 조국통일의 새 력사도 우리 민족끼리의 단합된 힘으로 써나가야 한다. 자주의 원칙을 변함없이 고수하는데 민족의 운명문제를 풀어나가는 근본열쇠가 있다.

평화통일의 원칙은 동족상쟁을 끝장내고 대화와 협력을 통해 통일문제를 해결하기 위한 중요한 요구이다.

여기에는 전쟁을 반대하고 평화를 바라는 우리 민족의 지향과 념원이 반영되여있다. 평화는 우리 민족의 생존과 직결되여있으며 통일의 필수적전제이다. 사상과 제도가 다르다고 하여 동족끼리 싸워야 할 리유가 없다. 북과 남이 서로 대결하고 싸우면 화를 입을것은 우리 민족뿐이다.

통일문제의 평화적해결은 조선반도와 동북아시아, 나아가서 세계의 평화와 안전을 유지공고화하기 위해서도 관건적인 문제로 나선다.

민족대단결의 원칙은 온 민족을 조국통일의 기치밑에 굳게 묶어세우는 행동의 지침이며 자주적평화통일의 기본담보이다.

우리 나라의 통일문제는 누가 누구에게 이기는가 지는가 하는 문제가 아니라 끊어진 민족의 혈맥을 다시 잇고 민족적단합을 실현하는 문제이다.

우리 민족은 북에 살건 남에 살건 해외에 살건 공통된 민족적감정과 일치한 통일념원을 가지고있다. 유구한 력사를 통해 형성되고 공고화된 공통된 심리와 정서, 단결력과 우수한 민족성은 대단결실현의 기초로, 중요한 사상정신적원천으로 된다. 하나의 피줄로 이어진 우리 겨레가 사상과 제도의 차이를 뒤로 미루고 민족공동의 요구와 리익을 우선시한다면 얼마든지 대단결을 실현할수 있다.

하나의 목적과 지향으로 단결된 우리 민족의 힘은 그 누구도 당해낼수 없다.

자주, 평화통일, 민족대단결의 조국통일3대원칙이야말로 통일문제를 민족의 의사와 리익에 맞게 민족자체의 힘으로 풀어나갈수 있는 근본립장과 방도를 천명한 조국통일의 근본초석이다.

조국통일3대원칙을 제시하시여 우리 민족이 나아갈 자주통일의 앞길을 환히 밝혀주신 위대한 수령 김일성동지의 불멸의 업적은 조국통일운동사와 더불어 길이 빛날것이다.

위대한 김일성동지는 조국통일을 위한 민족사적대업을 불변의 침로를 따라 승리의 한길로 줄기차게 전진시켜오신 절세의애국자이시다.

위대한 수령님께서는 자주, 평화통일, 민족대단결의 조국통일3대원칙을 제시하시고 그에 기초하여 가장 현실적이고 합리적인 고려민주련방공화국창립방안과 그 실천강령인 전민족대단결10대강령을 천명하시여 통일운동사에 길이 빛날 거대한 공적을 이룩하시였다.

고귀한 혁명생애의 마지막순간까지도 민족최대의 숙원인 조국통일을 위해 불면불휴의 심혈과 로고를 다 바치신 위대한수령님의 불같은 애국헌신이 있어 민족의 통일열기는 비상히 고조되고 거족적통일운동의 전성기가 펼쳐질수 있었다.

위대한 김정일동지는 자주, 평화통일, 민족대단결의 기치밑에 우리 민족의 조국통일운동을 새 세기의 요구에 맞게 변함없는 승승장구의 길로 이끌어주신 통일의 구성이시다.

위대한 장군님께서는 수령님께서 제시하신 조국통일3대원칙과 고려민주련방공화국창립방안, 전민족대단결10대강령을 조국통일3대헌장으로 정립하시고 민족대단결5대방침을 비롯한 탁월한 사상과 로선들을 제시하시여 조국통일의 밝은 전망을 열어놓으시였다.

위대한 장군님께서 숭고한 통일애국의지와 대용단으로 민족분렬사상 처음으로 두차례의 북남수뇌상봉과 회담을 진행하시고 우리민족끼리리념을 핵으로 하는 6. 15공동선언과 10. 4선언을 채택발표하도록 하시여 새 세기 자주통일리정표를 마련해주신것은 북남관계발전과 조국통일을 위한 투쟁에서 전환적국면을 열어놓은 특기할 사변이였으며 민족사적쾌거였다.

조국통일을 위한 우리 민족의 장구한 려정은 오늘 새로운 발전단계에 들어서고있다.

위대한 김일성동지와 김정일동지의 필생의 념원을 기어이 실현하는것을 자신의 숭고한 사명으로 받아들이신 경애하는최고령도자 김정은동지께서는 조국통일에 대한 철석의 의지로 가슴 불태우시며 자주통일과 평화번영의 새시대를 진두에서 열어가고계신다.

경애하는 최고령도자 김정은동지께서 련이은 북남수뇌상봉과 회담들을 통하여 력사적인 판문점선언과 9월평양공동선언을 마련하여주신것은 북남관계개선의 새로운 지평을 열고 조국통일을 위한 새로운 려정의 출발을 선언한 거대한 력사적공적이다.

력사적인 판문점선언과 9월평양공동선언은 조국통일3대원칙을 철저히 구현하여 민족자주와 민족자결의 원칙을 고수하고 북남관계를 화해와 단합, 평화와 공동번영의 길로 확고하게 발전시켜나갈수 있는 방향과 방도를 구체적으로 명시한 민족공동의 통일대강이다.

하지만 외세는 력사의 변천과 북남관계개선의 새로운 환경과 분위기에 어울리지 않게 아직도 여전히 북남관계를 저들의 구미와 리해관계에 복종시키려고 하면서 동족사이의 불신과 대립을 격화시켜보려고 책동하고있다. 이에 편승하여 남조선의 반통일보수세력들은 민족의 총의가 반영된 북남선언들을 《파기되여야 할 리적문서》로 모독하면서 과거의 대결시대를 부활시키려고 발악하고있다.

현실은 온 겨레가 자주, 평화통일, 민족대단결의 조국통일3대원칙을 더욱 견결히 고수하고 철저히 구현해나갈것을 절실히 요구하고있다.

민족자주의 원칙을 고수하고 구현해나가는데 내외반통일세력의 책동을 짓부시고 평화번영과 통일의 미래에로 나아갈수 있는 길이 있다.

사대와 외세의존은 민족의 장래를 어둡게 하는 망국의 길이다.

북과 남, 해외의 온 겨레는 북남관계에 대한 외세의 간섭을 절대로 허용하지 말아야 하며 우리 민족끼리 힘을 합쳐 자주통일과 평화번영의 길을 주동적으로 개척해나가야 한다.

평화통일의 원칙을 일관하게 견지하여 조선반도를 항구적이며 공고한 평화지대로 만들어나가기 위한 책임적이며 실질적인 노력을 기울여나가야 한다.

대치지역에서의 군사적적대관계종식을 조선반도전역에로 이어나가기 위한 실천적조치들을 적극 취해나가야 하며 외세와의 합동군사연습과 외부로부터의 전략자산을 비롯한 전쟁장비들을 끌어들이는 행위를 더이상 용납하지 말아야 한다. 북과 남이 평화번영의 길로 나가기로 확약한 이상 상대방을 겨냥한 적대행위들은 그것이 공개적이든 은폐적이든 동족상쟁을 종식시킬것을 다짐한 북남선언들과 군사분야합의서에 대한 란폭한 위반으로, 전체 조선민족에 대한 도전으로 된다. 북과 남, 해외의 전체 조선민족은 조선반도평화의 주인은 우리 민족이라는 자각을 안고 이 땅에서 평화를 파괴하고 군사적긴장을 부추기는 일체의 행위들을 단호히 저지파탄시켜야 한다.

민족대단결의 위력을 높이 발양시켜나가야 한다.

북에 살든 남에 살든 해외에 살든 온 겨레가 민족의 한 성원으로서 사상과 정견, 리념의 차이를 초월하여 평화번영과 통일위업실현을 위한 거족적

진군의 대하에 합류해나서야 한다. 북남선언들을 고수하고 철저히 리행하기 위한 북, 남, 해외의 공동행동, 련대투쟁을 통하여 민족단합의 기운을 더욱 고조시켜나가며 적대적인 내외반통일, 반평화세력들의 악랄한 도전을 민족대단결의 위력으로 분쇄해버려야 한다.

자주, 평화통일, 민족대단결의 3대원칙은 조국통일에로 향한 우리 민족의 불변침로이며 그 생명력은 영원하다.

뜨거운 민족애와 투철한 조국통일의지, 탁월한 령도력과 한없는 포용력으로 평화번영과 자주통일을 위한 우리 민족의 투쟁을 승리에로 이끌어나가시는 경애하는 최고령도자 김정은동지를 진두에 높이 모시고 자주, 평화통일, 민족대단결의 불변의 침로따라 승리의 한길로 억세게 나아가는 우리 겨레의 힘찬 진군을 막을자는 이 세상에 없다.

우리 민족은 이 땅우에 존엄높고 번영하는 통일강국을 기어이 일떠세우고야말것이다.

〈박해전 기자〉

사람일보 2019. 7. 5.

24
"신형 대구경조종방사포의 시험사격 지도"
김정은 위원장, "우리의 시험사격결과가 털어버릴수 없는 고민거리로 될것"

북측이 7월31일 원산 일대에서 시험발사한 무기는 단거리탄도미사일이 아닌 대구경조종방사포로 밝혀졌다.

조선중앙통신은 1일 "조선로동당 위원장이시며 조선민주주의인민공화국 국무위원회 위원장이시며 조선민주주의인민공화국무력 최고사령관이신 우리 당과 국가, 무력의 최고령도자 김정은동지께서 7월31일 새로 개발한 대구경조종방사포의 시험사격을 지도하시였다"고 보도했다.

통신은 "조선로동당 제7차대회가 제시한 무력건설 포병현대화전략적방침에 따라 단기간내에 지상군사작전의 주역을 맡게 될 신형조종방사탄을 개발하고 첫 시험사격을 진행하게 된 일군들과 과학자, 기술자들은 커다란 긍지와 흥분에 휩싸여있었다"고 전했다.

통신은 "시험사격을 통하여 새로 개발한 신형대구경조종방사탄의 전술적제원과 기술적특성이 설계값에 도달하였다는것이 과학적으로 확인되고 무기체계전반에 대한 전투적용효과성이 검증되였다"며 "경애하는 최고령도자동지께서는 신형대구경조종방사포의 시험사격결과를 보시고 정말 대단하다고, 이 무기의 과녁에 놓이는 일을 자초하는 세력들에게는 오늘 우리의 시험사격결과가 털어버릴수 없는 고민거리로 될것이라고 말씀하시였다"고 보도했다.

통신은 "경애하는 최고령도자동지께서는 시험사격결과에 거듭 만족을 표시하시면서 인민군대의 전투력을 비상히 강화하는데서 커다란 전략적의의를 가지는 또 하나의 훌륭한 우리 식 방사포무기체계를 만들어낸 국방과

학부문과 군수로동계급의 공로를 높이 평가하시였다"고 알렸다.

통신은 "조용원동지, 리병철동지, 유진동지, 김정식동지, 박정천동지가 동행하였다"며 "경애하는 최고령도자동지를 현지에서 장창하동지, 전일호동지를 비롯한 국방과학부문의 지도간부들이 맞이하였다"고 전했다.

〈박해전 기자〉

사람일보 2019. 8. 1.

25
"우리 상대로 불장난질 해볼 엄두도 못내게"
북 신문, "김정은 국무위원장이 새 무기 시범사격을 또 다시 지도"

김정은 국무위원장이 16일 새 무기 시범사격을 또 다시 지도했다고 북측 〈로동신문〉이 17일 보도했다.

〈로동신문〉은 이날 "우리 당과 국가, 무력의 최고령도자 김정은동지께서 8월 16일 오전 새 무기의 시험사격을 또다시 지도하시였다"며 "국방과학자들은 이번 시험사격에서도 완벽한 결과를 보여주었으며 이 무기체계에 대한 보다 큰 확신을 굳힐수 있게 해주었다"고 전했다.

신문은 "경애하는 최고령도자동지께서는 우리의 미더운 국방과학연구부문 과학자들이 최근에 당에서 구상하고있던 주요군사적타격수단들을 최단기간내에 개발해내고 신비하고도 놀라울 정도의 성공률을 기록한것만 보아도 나라의 국방과학기술의 발전정도를 가늠할수 있으며 국방공업의 물질기술적토대 또한 높은 수준에서 완비되여가고있음을 그대로 실증해준다고 커다란 만족을 표하시였다"고 알렸다.

신문은 또 "경애하는 최고령도자동지께서는 당과 혁명, 조국과 인민을 철벽으로 보위하고 우리 당의 원대한 사회주의강국건설위업을 빛나게 실현하자면 강력한 국방력이 믿음직하게 보장되여야 한다고 하시며 그 누구도 범접할수 없는 무적의 군사력을 보유하고 그를 계속 강화해나가는것이 우리 당의 국방건설목표이라고, 이를 관철하기 위한 단계별 점령목표들은 이미 정책적인 과업으로 시달되였다고 하시면서 국방과학연구부문과 군수공업부문에서는 더 높이, 더 빨리의 구호를 추켜들고 당의 국방건설로선을 지금처럼 충직하고 완벽하게 받들어나가기 위한 투쟁에 총매진해야 한다고

말씀하시였다"고 보도했다.

  신문은 "그 어떤 세력이든 우리를 상대로는 불장난질을 해볼 엄두도 못 내게 만드는것, 만약 물리적힘이 격돌하는 상황이 온다고 해도 우리의 절대적인 주체병기들앞에서는 그가 누구이든 속수무책으로 당하지 않으면 안되는 그러한 강한 힘을 가지는것이 우리 당의 국방건설의 중핵적인 구상이고 확고부동한 의지임을 모두가 명심해야 한다고 말씀하시였다"며 "경애하는 최고령도자동지께서는 국방과학연구부문과 군수공업부문에서는 지난 3년간 간고한 투쟁을 벌려 핵전쟁억제력을 자기 손에 틀어쥐던 그 기세, 그 본때대로 당과 혁명에 대한 변함없는 충성심을 간직하고 나라의 방위력을 백방으로 다져나가기 위한 성스러운 활동에 용진하여야 한다고 호소하시였다"고 알렸다.

  신문은 "리병철동지, 김정식동지, 장창하동지, 전일호동지, 정승일동지를 비롯한 당중앙위원회와 국방과학부문의 지도간부들이 시험사격을 함께 지도하였다"과 전했다.

〈박해전 기자〉

사람일보 2019. 8. 17.

26
"세계적인 최강의 초대형방사포 연구개발"
북 신문, "김정은 국무위원장이 시험사격 지도…또 하나의 주체병기 탄생"

　북측 〈로동신문〉은 25일 "나라의 국방력강화에서 중대한 의의를 가지는 세계적인 최강의 우리 식 초대형방사포를 연구개발해내는 전례없는 기적을 창조하였다"며 "조선로동당 위원장이시며 조선민주주의인민공화국 국무위원회 위원장이시며 조선민주주의인민공화국무력 최고사령관이신 우리 당과 국가, 무력의 최고령도자김정은동지께서 8월 24일 새로 연구개발한 초대형방사포시험사격을 지도하시였다"고 보도했다.

　신문은 또 "우리 혁명의 최고리익과 현대전의 특성, 조선반도주변에서 극도로 첨예화되는 군사정치정세의 요구에 맞게 나라의 국방공업을 세계최강의 수준에 올려세울데 대한 웅대한 구상을 펼치시고 천재적인 예지와 특출한 과학적통찰력으로 새로 개발할 무기체계의 설계방안과 전술기술적제원에 이르기까지 구체적인 가르치심을 주신 경애하는최고령도자동지의 세심한 지도와 정력적인 령도에 의하여 세상에 없는 또 하나의 주체병기가 탄생하게 되였다"며 "리병철동지, 김정식동지, 장창하동지, 전일호동지, 정승일동지를 비롯한 당중앙위원회와 국방과학부문의 지도간부들이 시험사격을 함께 지도하였다"고 전했다.

　신문은 "경애하는최고령도자동지께서는 초대형방사포무기체계개발정형을 료해하시고 시험사격명령을 내리시였다"며 "초대형방사포무기체계의 거대한 전투적위력을 보시며 기쁨을 금치 못하시였다"고 알렸다.

　신문은 "경애하는최고령도자동지께서는 오늘 무엇보다도 기쁜것은 새 무기 개발과정을 통하여 주체적국방공업의 비약적발전을 떠메고나갈 젊고

쟁쟁한 인재부대가 육성되고있는것이라고 하시면서 이들은 천만금을 주고도 바꿀수 없는 나라의 귀중한 보배이며 재부이라고, 당에 충실하고 재능있는 국방과학자, 기술자들이 있기에 주체적국방공업은 끊임없이 강화발전될 것이라고 긍지에 넘쳐 말씀하시였다"며 "우리가 개발완성한 하나하나의 주체무기들마다에는 조국과 인민의 운명과 미래를 책임지고 우리 식 사회주의를 굳건히 수호해나갈수 있는 강력한 전쟁억제력을 마련한 조선로동당의 위대성과 당의 령도를 받들어 애국의 피와 땀을 아낌없이 바쳐가는 우리 국방과학자들의 고결한 충정의 세계가 응축되여있다고 말씀하시였다"고 전했다.

　신문은 "경애하는최고령도자동지께서는 8월 24일은 정말 잊을수 없는 좋은 날이라고, 3년전 바로 오늘 우리는 세계적으로 몇 안되는 전략잠수함탄도탄수중시험발사에서도 성공하였다고 감회깊이 말씀하시면서 중중첩첩 막아서는 시련의 천만고비들을 강행돌파하시며 전략무기들을 개발완성하시던 잊을수 없는 나날들을 사랑하는 전우들과 함께 회억하시였다"며 "우리의 국방공업이 지닌 중대한 사명은 국가방위력을 철벽으로 다져 당과 혁명, 조국과 인민을 보위하고 혁명의 최후승리를 담보하며 사회주의강국건설을 선도하고 적극 추동하는데 있다고 하시면서 우리의 힘을 우리가 요구하는 수준으로 끌어올리기 위한 굴함없는 공격전을 벌려 적대세력들의 가증되는 군사적위협과 압박공세를 단호히 제압분쇄할 우리 식의 전략전술무기개발을 계속 힘있게 다그쳐나가야 한다고 강조하시였다"고 보도했다.

〈박해전 기자〉

사람일보 2019. 8. 25.

27

"새시대에로의 진군을 가속화해나갈것"
북 통신, '2022년도 집행 정형 총화와 2023년도 사업계획에 대하여' 보도

　　북 김정은 국무위원장은 2023년 사업계획과 관련해 "우리의 투쟁은 단순히 직면한 난국을 견디여내고 자체를 유지보존하는데만 머무르지 않으며 새로운 변화발전, 사회주의건설의 전면적발전에로 나아가는 미증유의 거창한 위업"이라며 "새해에도 우리의 투쟁은 결코 쉽지 않은 시련과 난관을 동반하게 될것이지만 자기 위업에 대한 굳은 확신과 자기 힘에 대한 자신심을 안고 국가발전의 새 지평을 향하여 힘차게 나아가야 한다"고 밝혔다.

　　조선중앙통신은 1일 지난 12월26일부터 31일까지 진행된 '조선로동당 중앙위원회 제8기 제6차 전원회의 확대회의'에 관한 보도를 통해 김정은 국무위원장이 폐회사에서 "우리는 그 어떤 요행수나 외부의 도움이 아니라 오직 자체의 힘으로 걸음걸음 부닥치는 도전과 난국을 결연히 타개하고 우리의 구상과 결심대로, 우리가 정한 시간표대로 새시대에로의 진군을 가속화해나갈것"이라며 이렇게 밝혔다고 전했다.

　　통신은 회의에서 '2022년도 주요 당 및 국가정책들의 집행 정형 총화와 2023년도 사업계획에 대하여'를 비롯해 다섯 가지 의정을 다루었다며 상세한 내용을 보도했다.

　　조선중앙통신 보도 전문은 다음과 같다.

조선로동당 중앙위원회 제8기 제6차 전원회의 확대회의에 관한 보도

　　가장 정의로운 사명과 원대한 리상을 안고 개척되고 전진하는 성스러운

 조선혁명은 매 시기, 매 단계마다 과학적인 진로와 명확한 실천방략을 제시하고 철저하고도 완벽한 집행에로 강력히 인도하는 조선로동당의 찬란한 향도의 손길에 의하여 그 줄기찬 상승발전이 확고히 담보되고있다.

 백전백승 조선로동당의 전투적기치따라 위대한 조선인민특유의 백절불굴의 정신과 견인불발의 투쟁력으로 전대미문의 온갖 도전과 위협들이 가득했던 2022년을 영예롭게 이겨낸 우리의 당원들과 근로자들, 인민군장병들은 사회주의건설의 전면적발전에로 나아가는 거창한 행정에서 가장 어려운 고비를 완강하게, 지혜롭게 돌파해온 나날들을 무한한 긍지와 자부심에 넘쳐 되새겨보고있다.

 시련에 찬 2022년에 우리 당과 인민은 자기 위업의 정당성과 자기의 존엄과 명예를 지켜 영웅적인 투쟁을 전개하여 조선의 잠재력, 조선의 정신, 조선혁명의 견결성을 힘있게 과시하였으며 뚜렷하고도 의미있는 진전을 이룩하는 과정을 통하여 자기 힘을 더 믿게 되고 변혁의 중심고리들을 더 명백히 찾아쥐게 되였으며 전면적인 발전의 로정도를 더 선명하게 설계하게 되였다.

국가존망을 판가리하는 위험천만하고 급박한 고비들을 성공적으로 딛고 넘어 새로운 전진도약을 지향하는 오늘의 형세하에서 우리 혁명앞에는 의연 피할수도 에돌수도 없는 장애들이 버티고있으며 이는 오직 조선로동당의 정확하고 세련된 령도와 조선인민의 일치단합되고 강인하며 용감한 투쟁으로써만 타개하고 극복할수 있다.

조선혁명의 불변지침인 자주, 자립, 자위의 사상을 철저히 구현하여 우리 식 사회주의를 새로운 변혁과 발전에로 줄기차게 견인해나가기 위한 적극적이며 과학적인 정책방향을 확정명시함에 목적을 둔 조선로동당 중앙위원회 제8기 제6차전원회의 확대회의가 주체111(2022)년 12월 26일부터 31일까지 혁명의 최고참모부인 우리 당중앙위원회 본부에서 진행되였다.

조선로동당 총비서이신 경애하는 김정은동지께서 전원회의에 참석하시였다.

김정은동지께서 주석단에 등단하시자 폭풍같은 《만세!》의 환호성이 장내를 진감하였다.

전체 참가자들은 주체혁명의 방향타를 억세게 틀어잡으시고 투철한 자주적신념과 비범한 령도활동으로 전당강화의 전성기를 펼치시며 사회주의위업을 비약적인 전면적발전에로 확신성있게 이끌어나가시는 우리 당과 혁명의 위대한 수령이시며 우리 국가, 우리 인민의 모든 영예와 승리의 기치이신 김정은동지를 우러러 최대의 영광을 삼가 드리였다.

조선로동당 중앙위원회 정치국 상무위원회 위원들과 조선로동당 중앙위원회 정치국 위원, 후보위원들, 조선로동당 중앙위원회 위원, 후보위원들이 회의에 참가하였으며 당중앙위원회 부서 일군들, 성, 중앙기관, 도급지도적기관과 시, 군, 중요공장, 기업소 책임일군들이 방청하였다.

당중앙위원회 정치국 위원들로 집행부가 선거되였다.

조선로동당 중앙위원회 정치국은 김정은동지께 전원회의 사회를 위임하였다.

경애하는 총비서동지께서는 당 제8차대회이후 우리 당이 10년투쟁과 맞먹는 힘겨운 곤난과 진통을 인내하면서 전당과 전체 인민의 투쟁열의를 더욱 고조시켜 사회주의건설을 더 힘차게, 더 폭넓게 진척시켜온데 대하여 평가하시고 이 과정에 조선혁명의 대내외적환경의 특수성을 정확히 파악하고 우리의 혁명원칙과 방법론, 전진방향을 확증한것이야말로 가장 고귀한 경험으로 된다고 말씀하시였다.

김정은동지께서는 2022년의 완강한 투쟁을 통하여 축적된 경험과 교훈, 실제적전진에 토대하여 이번 전원회의가 새로운 비약의 진로를 밝히며 가장 정확하고 효과적인 방략을 세워 국가발전의 활로를 열고 인민들에게 보다 큰 신심과 락관을 주는 계기로 되게 하며 이를 위해 당중앙지도기관 성원들이 높은 책임성과 적극성을 발휘하여야 한다고 하시면서 당중앙위원회 제8기 제6차전원회의 개회를 선포하시였다.

전원회의에는 다음과 같은 의정들이 상정되였다.

1. 2022년도 주요당 및 국가정책들의 집행정형총화와 2023년도 사업계획에 대하여

2. 조직문제

3. 2022년도 국가예산집행정형과 2023년도 국가예산안에 대하여

4. 혁명학원들에 대한 당적지도를 강화할데 대하여

5. 새시대 당건설의 5대로선에 대하여

전원회의는 상정된 의정들을 전원일치로 승인하였다.

전원회의는 첫째 의정 《2022년도 주요당 및 국가정책들의 집행정형총화와 2023년도 사업계획에 대하여》를 토의하였다.

김정은동지께서 첫째 의정에 대한 보고를 하시였다.

총비서동지께서는 보고에서 우리 당과 인민이 굳게 단결하여 간고한 투쟁속에서도 계속 힘있는 발전을 이룩하여온 2022년의 성과들에 대하여 평가하시였다.

우리 당의 활동과 자체강화에서 괄목할만한 성과와 진전이 이룩되였다.

당중앙위원회는 제8기 제4차, 제5차전원회의 결정의 완벽한 집행에 당

활동의 총적방향을 지향시키고 대내외형세의 급격하고도 준엄한 변화국면에서도 주도적이며 령활한 령도실천으로 전당과 전체 인민을 계속적인 전진과 발전에로 강력히 인도하였으며 과감하고도 기민하게 대응하는 령도풍격을 철저히 유지하여 자기의 향도력을 더욱 세련시키고 혁명대오의 단결된 위력을 비상히 높은 경지에로 승화시키였다.

전당적으로 당사업을 강화하는데서 관건으로 되는 중요고리들을 보강하기 위한 실속있는 조치들이 실행되였으며 당의 백년, 천년미래를 담보하는 새시대 당건설리론이 정립되여 우리 당을 전도양양하게 발전시킬수 있는 강위력한 무기가 마련되였다.

가장 적중하고 가장 중대한 시기에 조선민주주의인민공화국 핵무력정책을 공식법화하여 만년대계의 안전담보를 구축하고 우리 국가의 전략적지위를 세계에 명백히 각인시키는 력사적과제를 해결한것은 우리 당의 투철한 자주적대와 자위사상의 과시이며 세계정치구도의 변화를 주노하는 견지에서 보나, 국가발전의 궤도를 새로운 높이에 올려세운 견지에서 보나 그 어떤 정치적사변보다 더 큰 위력을 가진다.

보고는 국방력강화와 대적투쟁에서 달성된 극적인 변화들을 분석평가하였다.

우리 국방력강화를 위한 줄기찬 투쟁을 전개하여 우리의 강세를 더욱 확실하게 하고 강대무비한 군사력을 키운것은 우리 당과 공화국정부, 인민의 크나큰 자부이다.

다사다변하고 격돌하는 국제정치정세의 흐름속에서도 우리 당의 국익수호, 국위제고의 기본원칙이 훌륭히 관철됨으로써 당의 전략적구상과 결단대로 미제국주의의 강권과 전횡, 대조선정책에 심대한 타격을 안기였다.

보고는 경제건설과 문화건설에서 이룩된 뚜렷한 성과들을 개괄하였다.

건설분야의 가장 주되는 과업으로 내세운 화성지구와 련포지구건설에서 2022년의 투쟁을 상징하는 훌륭한 성과들이 창조되고 경제장성과 인민생활향상에서 중요한 의의를 가지는 대상들이 준공되였다.

새로운 농촌혁명강령을 실현하기 위한 투쟁이 본격적인 시발을 떼고 전국의 시, 군들에 농촌발전의 새시대를 대표하는 본보기살림집들이 일떠섰으며 경제관리를 개선하고 국가적인 위기대응능력과 나라의 문명수준을 높이기 위한 사업이 적극 전개되였다.

총비서동지께서는 2022년이 결코 무의미하지 않은 시간이였고 분명코 우리는 전진하였다고 하시면서 당과 국가의 제반 사업에서 이룩된 확실한 성과들은 혹독한 국난을 억척같이 감내해주며 자력갱생, 간고분투의 정신력과 창조력을 발휘해준 위대한 우리 인민만이 전취할수 있는 값비싼 승리이며 조국청사에 길이 빛날 불멸의 공적이라고 선언하시였다.

총비서동지께서는 력사가 알지 못하는 가장 강인하고 용감한 투쟁으로 당정책을 견결히 옹호관철함으로써 국가의 명예와 존엄과 위상을 만천하에 과시하고 2022년을 우리 혁명의 새로운 고조국면을 열어나가는데서 중요한 리정표로 되는 해로 빛내인 온 나라 전체 당원들과 인민들에게 당중앙위원회를 대표하여 뜨거운 감사의 인사를 드리시였다.

당 제8차대회가 제시한 5개년계획실현에서 관건적의의를 가지는 세번째 해의 과업을 수행하며 조국해방전쟁승리 70돐과 공화국창건 75돐을 기념하게 되는 2023년은 우리의 사회주의발전로정과 공화국의 력사에서 중요한 계기로 되는 해이라고 하시면서 총비서동지께서는 사회주의건설에서 새로운 국면을 열기 위한 전인민적인 투쟁을 더욱 확대발전시켜 5개년계획완수의 결정적담보를 구축하는것을 새해사업의 총적방향으로 제시하시였다.

총비서동지께서는 2022년의 투쟁기세를 더욱 배가하여 올해 목표달성과 새로 제기된 전망과제수행에 총매진함으로써 2023년을 공화국의 발전행로에 크게 아로새길 위대한 전환의 해, 변혁의 해로 만들자고 말씀하시였다.

총비서동지께서는 국가경제의 안정적발전을 보장하며 인민생활향상에서 실제적인 변화를 가져오기 위한 제반 과업들을 밝히시였다.

보고는 국가경제발전 5개년계획완수를 위한 더 높은 목표와 방대한 과업이 나서고있는 2023년을 국가경제발전의 큰걸음을 내짚는 해, 생산장성과 정비보강전략수행, 인민생활개선에서 관건적인 목표들을 달성하는 해로 규정하고 전반적부문과 단위들의 생산을 활성화하면서 당대회가 결정한 정비보강계획을 기본적으로 끝내는것을 경제사업의 중심과업으로 내세웠다.

총비서동지께서는 우리 당이 국가창건으로부터 사회주의건설의 전 행정에서 위대한 수령님께서 제시하신 자립의 사상을 철저히 구현하며 패배주의와 기술신비주의를 청산하기 위해 강하게 투쟁해왔음에도 불구하고 이러한 낡은 사상경향이 아직도 교묘한 외피를 쓰고 일부 경제일군들속에 고질병, 토착병처럼 계속 잠복해있고 잠재하고있는데 대하여 엄책하시였다.

전원회의는 아직까지도 남의 기술에 대한 의존을 털어버리지 않고 자력의 원칙을 흥정하려드는 낡은 사상에 단호하고도 심대한 타격을 주었으며 객관적환경에 빙자하면서 우리 사업을 방해하고있는 온갖 그릇된 사상잔재를 말끔히 청산하기 위한 투쟁을 계속 전개해야 한다고 인정하였다.

총비서동지께서는 인민경제의 성과적발전에서 중요한 핵심부문 로동계급과 과학자, 기술자들이 다시한번 1960년대, 70년대의 투쟁정신과 기치를 높이 들고 혁명의 난국을 우리 힘으로 타개해나갈것을 열렬히 전투적으로 호소하시였다.

보고는 새 년도에 인민경제 각 부문들에서 달성하여야 할 경제지표들과 12개 중요고지들을 기본과녁으로 정하고 그 점령방도들을 구체적으로 명시하였으며 2023년의 계획수행이 경제발전의 중장기전략수행에로 이어지게 하는데 작전과 지도의 중심을 둘데 대하여 강조하였다.

세기적인 변혁을 안아오는 하나의 혁명이며 인민들이 제일 반기는 사업인 살림집건설을 제1차적인 중요정책과제로 내세우고 평양시 5만세대 살림집건설의 세번째 해에 수도건설을 보다 통이 크게 벌려 화성지구 2단계 1만세대건설과 함께 새로운 3,700세대 거리를 하나 더 형성하며 2022년에 축적된 경험에 토대하여 농촌건설에 더 큰 힘을 넣어야 한다.

보고는 인민생활에서 실제적인 변화를 가져오는것을 우리 당이 제일 중시하고 품들여 추진하고있는 정책적과업으로 제기하였으며 농업부문에서 철저히 중시해야 할 과업들과 방도들을 구체화하였다.

경공업과 지방공업, 편의봉사, 수산, 도시경영부문을 비롯하여 인민생활과 직결된 부문들에서는 당과 국가의 시책이 인민들에게 정확히 가닿을수 있게 현실성있고 합리적인 사업체계와 방법을 모색하고 무조건 실행하여야 한다.

보고에서는 인민경제발전과 인민생활향상에서 견인기적역할을 하는 과학기술의 중요성을 똑바로 인식하고 당의 과학기술중시, 과학기술선행의 원칙을 철저히 견지할데 대하여 언급되였으며 나라의 과학기술수준을 새로운 높은 단계에로 올려세우기 위한 혁신방향이 명시되였다.

보고는 2022년의 투쟁과정에 교육, 보건을 비롯하여 사회주의문화건설의 각 방면에서 달성한 성과와 경험들을 확대하고 편향들을 극복하기 위한 원칙과 방도적문제들을 취급하였다.

총비서동지께서는 국가부흥발전의 강력한 추동력인 사회주의애국운동, 혁명적인 대중운동을 활발히 조직하고 옳게 이끌데 대하여 지적하시였다.

조선혁명고유의 전통인 충실성의 전통, 우리 국가고유의 전통인 애국의 전통을 든든히 견지하고 이어놓는데 선차적인 주목을 돌리고 충성과 애국의 위대한 힘으로 혁명을 전진시켜야 한다고 하시면서 총비서동지께서는 당조직들과 근로단체조직들에서 여러가지 대중적인 애국운동을 활발히 조직전개하는데서 나서는 원칙적문제들을 밝히시였다.

보고에서는 북남관계의 현 상황과 지역의 평화와 안전을 엄중히 위협하는 외부적도전들에 대한 분석에 기초하여 자위적국방력강화에 박차를 가할데 대한 중대한 정책적결단이 천명되였다.

최근 미국과 적대세력들은 우리 군사력의 급속한 고도화와 세계유일무이의 핵법령발포로 심대한 타격을 받은데 이어 우리의 초강경대응의지에 부딪친 후 공포와 불안속에 전전긍긍하면서도 그 악착성과 발악상에 있어서 인류사에 류례를 찾아볼수 없는 극도의 대조선고립압살책동에 매달리고있다.

　미국은 2022년에 들어와 각종 핵타격수단들을 남조선에 상시적인 배치수준으로 자주 들이밀면서 우리 공화국에 대한 군사적압박수위를 최대로 끌어올리는 한편 일본, 남조선과의 3각공조실현을 본격적으로 추진하면서 《동맹강화》의 간판밑에 《아시아판 나토》와 같은 새로운 군사쁠럭을 형성하는데 골몰하고있다.

　남조선은 그 무슨 《위협》에 대처한다는 간판밑에 무분별하고 위험천만한 군비증강책동에 광분하는 한편 적대적군사활동들을 활발히 하며 대결적자세로 도전해나서고있다.

　조성된 정세는 우리 국가를 정조준하고있는 미국과 적대세력들의 우려스러운 군사적동태에 대처하여 공화국의 주권과 안전, 근본리익을 철저히 담보할수 있는 압도적인 군사력강화에 배가의 노력을 가할것을 요구하고있다.

　보고는 핵무력강화의 중요성을 강조하면서 우리의 핵무력은 전쟁억제와 평화안정수호를 제1의 임무로 간주하지만 억제실패시 제2의 사명도 결행하게 될것이라고 하였으며 제2의 사명은 분명 방어가 아닌 다른것이라고 밝혔다.

　공화국의 절대적존엄과 자주권, 생존권을 억척으로 수호하기 위한 우리 당과 공화국정부의 핵무력강화전략과 기도에 따라 신속한 핵반격능력을 기본사명으로 하는 또다른 대륙간탄도미싸일체계를 개발할데 대한 과업이 제시되였다.

　또한 우리 국가를 《주적》으로 규제하고 《전쟁준비》에 대해서까지 공공연히 줴치는 남조선괴뢰들이 의심할바없는 우리의 명백한 적으로 다가선 현 상황은 전술핵무기 다량생산의 중요성과 필요성을 부각시켜주고 나라의 핵탄보유량을 기하급수적으로 늘일것을 요구하고있다고 하면서 이를 기본중심방향으로 하는 2023년도 핵무력 및 국방발전의 변혁적전략을 천명하였다.

국가우주개발국은 마감단계에서 추진하고있는 정찰위성과 운반발사체준비사업을 빈틈없이 내밀어 최단기간내에 조선민주주의인민공화국의 첫 군사위성을 발사할것이라고 하였다.

보고에서는 국가방위력의 주체인 인민군대의 정치사상적, 군사기술적위력을 강화할데 대한 문제를 중요과업으로 내세웠다.

당 제8차대회와 중요당회의들에서 천명된 군건설방향에 립각하여 위대한 조국해방전쟁승리 70돐과 《일당백》구호제시 60돐이 되는 2023년을 공화국무력의 정치사상적위력을 백방으로 강화하는 해, 전쟁동원준비와 실전능력제고에서 전환을 일으키는 해로 만들어야 한다.

보고는 온 한해 초긴장의 생산돌격투쟁, 과학연구투쟁으로 우리 당이 제시한 주요국방정책과제들을 훌륭히 수행한 군수공업부문 로동계급과 과학자, 일군들의 헌신과 공훈을 높이 평가하고 새 년도에 점령해야 할 무장장비개발과 생산목표들을 제시하였다.

보고에서는 우리 혁명의 대외적환경에 대한 분석에 기초하여 대남, 대외부문의 중심과업을 밝히였다.

국제관계구도가 《신랭전》체계로 명백히 전환되고 다극화의 흐름이 더욱 가속화되는데 맞게 우리 당과 공화국정부가 국위제고, 국권수호, 국익사수를 위하여, 지역의 평화와 안전을 위하여 철저히 견지해야 할 대외사업원칙이 강조되였다.

특히 강대강, 정면승부의 대적투쟁원칙에서 우리의 물리적힘을 더욱 믿음직하고 확실하게 다지는 실제적인 행동에로 넘어갈데 대한 구체화된 대미, 대적대응방향이 천명되였으며 미국의 동맹전략에 편승하여 우리 국가의 신성한 존엄과 자주권을 찬탈하는데 발을 잠그기 시작한 나라들에도 경종을 울리였다.

총비서동지께서는 보고에서 우리 나라 국가사회제도를 공고발전시키고 그 우월성과 위력을 발양시켜나가는데서 나서는 중요한 문제들에 대하여 밝히시였다.

사회주의법률제도를 더욱 개선강화할 때 법이 인민을 지키고 인민이 법을 지키는 진정한 인민의 나라로서의 우리 제도의 본태를 적극 살리고 당정책과 국가적시책들을 옳바로 집행하며 혁명대오의 순결성과 우리식 사회주의의 공고발전을 옹호고수해나갈수 있다.

변화발전하는 환경과 심화되는 사회주의건설투쟁에 맞게 국가관리기구체계를 실리적으로 정비하며 일군들의 사업태도와 일본새를 개변하는데서 나서는 원칙적문제들도 제기되였다.

총비서동지께서는 각급 당조직들의 전투력을 강화하고 당사업과 간부사업을 근본적으로 개선함으로써 우리당 고유의 정치풍토를 유지공고화하고 당의 전망적발전을 실속있게 담보하기 위한 중요사항들과 개선방향, 원칙적문제들을 밝혀주시였다.

모든 당조직들과 당일군들 특히 해당 지역의 정치적참모부인 도당위원회와 도당책임비서들의 사업에서 전환이 일어나야 한다.

총비서동지께서는 우리 공화국의 강화발전사에서 가장 중대하고 책임적인 시기에 혁명의 각 분야 사업, 당정책의 운명을 전적으로 책임지고있는 지도간부들이 당과 인민의 믿음과 기대에 높은 충실성과 헌신적복무로 보답하기 위하여 맡겨진 책무리행에서 결정적인 개진을 일으켜나감으로써 새해의 투쟁에서 조국과 인민의 운명을 걸머진 조선로동당이 어떻게 난국을 이겨내고 더 큰 위대한 승리에로 나아가는가를 만천하에 힘있게 보여주자는 열렬한 호소로 3일간에 걸친 보고를 마치시였다.

간고분투의 정신으로 혁혁한 발전을 이룩한 2022년의 전인민적인 투쟁을 긍지높이 총화하고 변천하는 혁명정세에 대처한 우리의 전진방향과 비약의 해법을 명확히 밝힌 총비서동지의 보고에 전체 참가자들은 열렬한 박수로써 전적인 지지찬동을 표시하였다.

사회주의건설의 미래를 철두철미 우리 식으로, 우리 힘으로 개척해나갈 필승의 자신심으로 충만된 총비서동지의 열정적인 보고는 당과 인민이 일심단결된 위대하고 무진한 힘을 적극 승화시켜 그 절대의 위력과 과감하고 용의주도한 투쟁으로 국가부흥의 실제적인 발전변화를 줄기차게 달성해나갈수 있게 하는 불멸의 전투적기치로 된다.

회의에서는 경제부문을 비롯하여 전반적국가사업을 개선강화하는데서 나서는 대책적문제들에 대한 내각총리 김덕훈동지의 제의를 청취하였으며 여러 부문 지도간부들의 토론 및 서면토론이 있었다.

총비서동지의 강령적인 보고의 사상과 정신에 립각하여 방대한 2023년도 투쟁과업의 철저하고도 정확한 실행계획을 과학적으로, 세부적으로 수립하는 분과별 연구 및 협의회가 2일간에 걸쳐 진행되였다.

당과 정부의 간부들이 분과별로 연구 및 협의회를 지도하였다.

당중앙위원회 정치국은 결정서초안에 대한 종합된 의견들을 최종심의하고 새해 국가예산안심의정형을 검토하였으며 인민경제 주요부문의 발전을 위한 중요조치를 취할데 대한 문제를 토의하였다.

전원회의는 첫째 의정에 대한 결정서를 만장일치로 채택하였다.

전원회의는 둘째 의정으로 조직문제를 토의하였다.

조선로동당 중앙위원회 위원, 후보위원들을 소환 및 보선하였다.

전승국동지, 김두일동지, 송영건동지, 박성철동지를 당중앙위원회 후보위원에서 위원으로 보선하였으며 방두섭동지, 최철웅동지, 박명선동지, 리영식동지, 백성국동지, 김용수동지, 김용환동지, 리호림동지, 허철용동지, 유진동지, 신기철동지, 김상건동지, 리혜정동지를 당중앙위원회 위원으로 직접 보선하였다.

김영식동지, 태형철동지, 김창석동지, 조석철동지, 정용남동지, 리성범동지, 김평현동지, 원경모동지, 신성국동지, 안승학동지, 허철호동지, 송명훈동지, 배성국동지, 김금철동지, 오철수동지, 최선일동지, 김선국동지, 장세일동지, 리경일동지, 전인철동지, 김두홍동지, 박인기동지, 유철우동지, 김성철동지, 최두용동지, 량길성동지를 당중앙위원회 후보위원으로 보선하였다.

조선로동당 중앙위원회 정치국 위원, 후보위원들을 소환 및 보선하였다.

박수일동지를 당중앙위원회 정치국 위원으로 보선하였다.

주창일동지, 리히용동지, 김수길동지, 김상건동지, 강순남동지를 당중앙위원회 정치국 후보위원으로 보선하였다.

조선로동당 중앙위원회 비서를 해임 및 선거하였다.

박정천동지를 해임하고 리영길동지를 당중앙위원회 비서로 선거하였다.

조선로동당 중앙군사위원회 부위원장을 소환 및 보선하였다.

박정천동지를 소환하고 리영길동지를 당중앙군사위원회 부위원장으로 보선하였다.

조선로동당 중앙검사위원회 부위원장을 소환 및 보선하였다.

김상건동지를 당중앙검사위원회 부위원장으로 보선하였다.

조선로동당 중앙위원회 부장들과 제1부부장을 해임 및 임명하였다.

오일정동지, 김상건동지, 김용수동지, 리혜정동지를 당중앙위원회 부장으로 임명하였다.

김영식동지를 당중앙위원회 제1부부장으로 임명하였다.

도당위원회 책임비서들을 해임 및 임명하였다.

김수길동지를 평양시당위원회 책임비서로, 박태덕동지를 황해남도당위원회 책임비서로, 백성국동지를 강원도당위원회 책임비서로 임명하였다.

정부기관의 간부들을 해임 및 임명하였다.

김철하동지를 화학공업상으로, 김창석동지를 경공업상으로, 조석철동지를 품질감독위원장으로, 리영식동지를 내각 정치국 국장 겸 당위원회 책임비서로 임명하였다.

무력기관의 일부 지휘관들을 해임 및 임명하였다.

박수일동지를 조선인민군 총참모장으로, 강순남동지를 조선민주주의인민공화국 국방상으로, 리태섭동지를 사회안전상으로 임명하였다.

전원회의는 셋째 의정토의에서 국가예산심의조가 검토하여 제기한 2022년도 국가예산집행정형과 2023년도 국가예산안을 최종심의하고 최고인민회의 제14기 제8차회의에 제출할것을 승인하였다.

전원회의는 넷째 의정으로 《혁명학원들에 대한 당적지도를 강화할데 대하여》를 토의하고 해당 결정서를 일치가결하였다.

전원회의는 다섯째 의정 《새시대 당건설의 5대로선에 대하여》를 토의하였다.

김정은동지께서 다섯째 의정에 대한 보고를 하시였다.

조선인민의 운명과 미래를 책임질 중대한 사명을 걸머지고 80성상을 가까이하는 장구한 집권행로를 아로새겨온 우리 당에 있어서 시대의 변천을 직시하고 당의 실태를 투시한데 기초하여 자기의 혁명적성격과 본태를 굳건히 고수하며 령도적, 전위적역할을 비상히 강화해나갈수 있는 위력한 지침을 마련하는것은 중차대한 문제이다.

총비서동지께서 독창적으로 제시하신 새시대 당건설사상과 리론은 력사적으로 축적되여온 조직, 사상, 령도예술건설의 혁명적진수와 내용, 고귀한 경험을 다 포함하면서도 당사업실천에서 절박하게 나서는 문제들을 전면에 제기하고 과학적으로 해명한것으로 하여 제시된지 몇달 안되는 기간에 당일군들과 당원들의 전적인 지지찬동을 획득하였다.

당건설에 관한 리론체계를 정치건설, 조직건설, 사상건설, 규률건설, 작풍건설로 새롭게 구성하고 그 내용을 풍부하고 정연하게 하는 사업이 실행되였다.

특히 전당강화의 새 전기를 열기 위한 투쟁을 통하여 각급 당조직들의 전투력이 전면적으로, 세부적으로 재정비되고 당일군들과 당원들의 정치적각성과 역할이 앙양강화되고있는것을 비롯하여 당건설을 지속적으로, 안정적으로 심화발전시킬수 있는 튼튼한 발판이 마련되였다.

당중앙의 두리에 조직사상적으로, 도덕의리적으로 굳게 결속되여 건전하고 결백한 정치풍토를 확립하기 위해 적극 투쟁하는 당조직들과 수백만 당원들을 가지고있으며 수천만의 인민들이 당을 백승의 향도자로, 위대한 어머니로 절대신뢰하고 일편단심 따르는것은 당강화의 믿음직한 력량으로, 억척의 지반으로 된다.

혁명발전의 새로운 요구를 반영하고 력사적행정에서 그 계승성을 확인하였으며 실현가능성도 과학적으로, 객관적으로 확증한데 따라 새시대 5대당건설방향을 당의 로선으로 책정하는것은 조건적으로나 시기적으로 적실하면서도 성숙된 문제로 부상하고있다.

총비서동지께서는 새시대 당건설리론에 기초한 5대방향이 우리 당의 당건설로선으로 확정되면 조선로동당이 자기의 성격과 본태를 항구적으로 견지하고 강화하면서 인민앞에 지닌 성스러운 사명과 책임을 백년, 천년 다해나갈수 있을것이라는 확신을 표명하시면서 전당의 의사가 집대성된 새시대 당건설방향을 정식 당의 로선으로 책정할것을 전원회의앞에 정중히 제의하시였다.

경애하는 총비서동지의 독창적인 당건설사상과 리론에 기초한 5대방향을 우리 당의 새시대 당건설로선으로 책정함에 관한 결정서가 장내를 진감하는 우렁찬 박수속에 전원일치로 채택되였다.

김정은동지께서 폐회사를 하시였다.

우리의 투쟁은 단순히 직면한 난국을 견디여내고 자체를 유지보존하는데만 머무르지 않으며 새로운 변화발전, 사회주의건설의 전면적발전에로 나아가는 미증유의 거창한 위업이다.

새해에도 우리의 투쟁은 결코 쉽지 않은 시련과 난관을 동반하게 될것이지만 자기 위업에 대한 굳은 확신과 자기 힘에 대한 자신심을 안고 국가발전의 새 지평을 향하여 힘차게 나아가야 한다.

우리는 그 어떤 요행수나 외부의 도움이 아니라 오직 자체의 힘으로 걸음걸음 부닥치는 도전과 난국을 결연히 타개하고 우리의 구상과 결심대로, 우리가 정한 시간표대로 새시대에로의 진군을 가속화해나갈것이다.

총비서동지께서는 전체 참가자들의 높은 당성과 혁명성, 헌신성에 의하며 전원회의결정들이 착실한 집행과 실제적인 변혁에 이어지고 당과 혁명발전의 새로운 전성기는 끝없이 펼쳐질것이라는 굳은 확신을 표명하시며 폐회를 선언하시였다.

전체 참가자들은 비범한 사상리론적예지와 세련된 령도예술, 불면불휴의 헌신으로 전당강화와 국가부흥의 활로를 열어주시고 줄기차게 인도하시는 존엄높은 우리당 총비서동지를 우러러 열광의 환호를 터쳐올리면서 위대한 우리 국가, 우리 인민을 위하여 이제 또다시 강용히 넘고 헤쳐야 할 시련의 준령들앞에 새로운 신심과 의지로 충만된 마음들을 엄숙히 세워보며 당중앙을 따르는 혁명의 한길에 일편단심 변함없을 충성의 맹세를 다지였다.

우리식 사회주의위업을 확신성있게 이끌어나가는 우리 당의 원숙한 령도력을 힘있게 과시하고 자기가 선택한 길을 따라 굴함없이, 멈춤없이 전진하는 우리 국가의 도도한 전진기상과 우리 인민의 백절불굴의 투쟁기세에 새로운 용기와 활력을 더해준 조선로동당 중앙위원회 제8기 제6차전원회의는 우리 혁명의 승리적행로에 특유의 중대한 변곡점을 마련한 의의깊은 계기로 성스러운 주체혁명사에 길이 빛날것이다.

〈박달해 기자〉

사람일보 2023. 1. 1.

28
북 전략무기《화성포-17》형 발사훈련
북 통신 "압도적인 공세조치로 대응해나가려는 실천적인 행동의지"

　북 조선중앙통신은 17일 "조선민주주의인민공화국을 상대로 광란적으로 감행되고있는 미국과 남조선괴뢰역도들의 도발적이며 침략적인 대규모전쟁연습소동으로 하여 조선반도지역에 가장 불안정한 안전환경이 조성되고있는 엄중한 형세하에서 조선로동당 중앙군사위원회는 3월 16일 대륙간탄도미싸일《화성포-17》형발사훈련을 단행하도록 하였다"며 "전략무기발사훈련은 우리의 엄중한 경고를 외면하고 무책임하고 무분별한 군사적위협에 계속 매달리며 조선반도의 긴장을 의도적으로 격화시키고있는 적들에게 보다 강력한 경고를 보내고 위협적인 현실로 다가온 무력충돌우려를 인식시키며 언제든 압도적인 공세조치로 대응해나가려는 우리 당과 정부의 실천적인 행동의지를 더욱 선명히 보여준 계기로 된다"고 보도했다.

　통신은 또 "대륙간탄도미싸일발사훈련은 우리의 핵전쟁억제력의 기동적이며 경상적인 가동성과 신뢰성을 확인하는데 목적을 두고 진행되였다"며 "평양국제비행장에서 발사된 대륙간탄도미싸일《화성포-17》형은 최대정점고도 6,045km까지 상승하며 거리 1,000.2km를 4,151s간 비행하여 조선동해 공해상 목표수역에 탄착되였다. 발사훈련은 주변국가들의 안전에 그 어떤 부정적영향을 끼치지 않았다"고 전했다.

　보도 전문은 다음과 같다.

대륙간탄도미싸일 《화성포-17》형 발사

조선민주주의인민공화국을 상대로 광란적으로 감행되고있는 미국과 남조선괴뢰역도들의 도발적이며 침략적인 대규모전쟁연습소동으로 하여 조선반도지역에 가장 불안정한 안전환경이 조성되고있는 엄중한 형세하에서 조선로동당 중앙군사위원회는 3월 16일 대륙간탄도미싸일 《화성포-17》형 발사훈련을 단행하도록 하였다.

전략무기발사훈련은 우리의 엄중한 경고를 외면하고 무책임하고 무분별한 군사적위협에 계속 매달리며 조선반도의 긴장을 의도적으로 격화시키고있는 적들에게 보다 강력한 경고를 보내고 위협적인 현실로 다가온 무력충돌우려를 인식시키며 언제든 압도적인 공세조치로 대응해나가려는 우리 당과 정부의 실천적인 행동의지를 더욱 선명히 보여준 계기로 된다.

조선로동당 총비서이시며 조선민주주의인민공화국 국무위원장이신 경애하는 김정은동지께서 대륙간탄도미싸일부대의 발사훈련을 현지에서 지도하시였다.

조선로동당 중앙위원회 주요간부들과 미싸일총국의 지휘관들이 경애하는 김정은동지를 모시고 발사훈련을 참관하였다.

대륙간탄도미싸일발사훈련은 우리의 핵전쟁억제력의 기동적이며 경상적인 가동성과 신뢰성을 확인하는데 목적을 두고 진행되였다.

평양국제비행장에서 발사된 대륙간탄도미싸일 《화성포-17》형은 최대정점고도 6,045㎞까지 상승하며 거리 1,000.2㎞를 4,151s간 비행하여 조선동해 공해상 목표수역에 탄착되였다.

발사훈련은 주변국가들의 안전에 그 어떤 부정적영향을 끼치지 않았다.

발사훈련을 통하여 대륙간탄도미싸일부대의 림전태세와 공화국전략무력의 비상한 전투성이 확인되고 신뢰성이 엄격히 검증되였다.

경애하는 김정은동지께서는 발사훈련을 참관하신 후 커다란 만족을 표시하시면서 더욱 고도화되고있는 우리 핵전략무력의 가동체계들에 대한 확신과 담보를 다시한번 뚜렷이 립증하였다고 말씀하시였다.

경애하는 김정은동지께서는 전망적인 국가의 안전환경과 적들의 위협에 대처해나가기 위한 우리의 활동방향과 로선에는 변함이 없다고 하시면서 누구도 되돌릴수 없는 핵전쟁억제력강화로써 적들에게 두려움을 주고 실제전쟁을 억제하며 우리 인민의 평화적인 삶과 사회주의건설투쟁을 믿음직하게 담보하여야 한다고 말씀하시였다.

경애하는 김정은동지께서는 우리 공화국을 로골적으로 적대시하며 조선반도지역에서 대규모군사연습을 빈번히 벌리고있는 미국과 남조선에 그 무모성을 계속 인식시킬것이라고 하시면서 반공화국군사적준동이 지속되고 확대될수록 저들에게 다가오는 돌이킬수 없는 위협이 엄중한 수준에 이르게 된다는것을 스스로 깨닫게 만들것이라고 대적대응방침을 피력하시였다.

경애하는 김정은동지께서는 핵에는 핵으로,정면대결에는 정면대결로 대답할것이라는 우리 당과 공화국정부의 엄숙한 천명을 다시금 상기하시면서 그 어떤 무력충돌과 전쟁에도 림할수 있도록 전략무력의 신속대응태세를 엄격히 유지해나갈데 대하여 강조하시였다.

공화국핵전략무력은 그 언제든 자기의 중대한 사명을 결행할 준비에 완벽을 기해나갈것이다.

〈박달해 기자〉

사람일보 2023. 3. 17.

29
"김정은 위원장, 핵무기병기화사업 지도"
북 통신, "우리 핵무력이 상대할 적은 전쟁과 핵참화 그 자체"

북 조선중앙통신은 "조선로동당 총비서이시며 조선민주주의인민공화국 국무위원장이신 경애하는 김정은동지께서 3월 27일 핵무기병기화사업을 지도하시였다"고 28일 보도했다.

통신은 또 "경애하는김정은동지께서는 핵무기적용수단과 작전의 목적과 타격대상에 따르는 새로운 전술핵무기들의 기술적제원 및 구조작용특성, 각이한 무기체계들과의 호환성 등에 대하여 구체적으로 료해하시였으며 최근에 진행된 핵반격가상종합전술훈련에서 그 과학성과 믿음성, 안전성이 엄격히 검증된 국가핵무기종합관리체계《핵방아쇠》의 정보화기술상태를 료해하시였다"며 "우리는 참으로 간고하고도 머나먼 핵보유의 길을 굴함없이 걸어왔다고 감회깊이 말씀하시면서 강력한 억제력을 비축한 우리 핵무력이 상대할 적은 그 어떤 국가나 특정한 집단이 아니라 전쟁과 핵참화 그 자체라고, 우리 당의 핵력량증강로선은 철두철미 국가의 만년안전과 지역의 평화와 안정수호에 그 목적이 있다고 재삼 천명하시였다"고 전했다.

통신은 "경애하는김정은동지께서는 우리 핵무력의 철저한 대응태세를 다져나가는 사업에서 절대로 만족을 몰라야 하며 핵력량의 끊임없는 강화를 위해 계속 노력해야 한다고 하시면서 우리가 그 언제든, 그 어디에든 핵무기를 사용할수 있게 완벽하게 준비되여야 영원히 핵무기를 사용하지 않게 될것이라고, 상상을 초월하는 강력하고 우세한 핵무력이 공세적인 태세를 갖출 때라야 적이 우리를 두려워하고 우리 국권과 제도와 인민을 감히 건드릴수 없게 된다고 말씀하시였다"며 "핵무기연구소와 원자력부문에서

핵무기보유량을 기하급수적으로 늘일데 대한 당중앙의 구상을 철저히 관철하기 위해 무기급핵물질생산을 전망성있게 확대하며 계속 위력한 핵무기들을 생산해내는데 박차를 가해나가야 한다고 하시면서 핵무기연구소와 원자력부문앞에 나서는 강령적과업들을 제시하시였다"고 알렸다.

보도 전문은 다음과 같다.

경애하는 김정은동지께서 핵무기병기화사업을 지도하시였다

조선로동당 총비서이시며 조선민주주의인민공화국 국무위원장이신 경애하는 김정은동지께서 3월 27일 핵무기병기화사업을 지도하시였다.

조선로동당 중앙위원회 제1부부장 홍승무동지를 비롯한 당중앙위원회 군수공업부 일군들과 핵무기연구소와 미싸일총국의 일군들이 참가하였다.

조선민주주의인민공화국 핵무기연구소는 조선로동당 제8차대회와 당중앙위원회 제8기 제6차전원회의가 제시한 핵무기발전방향과 전략적방침에 따라 공화국핵무력을 질량적으로 강화하기 위한 최근년간의 사업정형과 생산실태에 대하여 김정은동지께 보고올리였다.

경애하는 김정은동지께서는 핵무기적용수단과 작전의 목적과 타격대상에 따르는 새로운 전술핵무기들의 기술적제원 및 구조작용특성, 각이한 무기체계들과의 호환성 등에 대하여 구체적으로 요해하시였으며 최근에 진행된 핵반격가상종합전술훈련에서 그 과학성과 믿음성, 안전성이 엄격히 검증된 국가핵무기종합관리체계《핵방아쇠》의 정보화기술상태를 요해하시였다.

또한 준비된 핵반격작전계획과 명령서들을 검토하시였다.

경애하는 김정은동지께서는 핵무기연구소가 다각적인 작전공간에서 각이한 수단으로 핵무기를 통합운용할데 대한 당중앙의 전략적구상과 기도에 맞게 우리의 핵무력을 임의의 핵긴급정황에도 대처할수 있는 믿음직한 력량으로 강화하기 위한 사업에 이바지한 진함없는 노력과 이룩해놓은 커다란 성과를 높이 평가하시였다.

경애하는 김정은동지께서는 우리는 참으로 간고하고도 머나먼 핵보유의 길을 굴함없이 걸어왔다고 감회깊이 말씀하시면서 강력한 억제력을 비축한 우리 핵무력이 상대할 적은 그 어떤 국가나 특정한 집단이 아니라 전쟁과 핵참화 그 자체라고, 우리 당의 핵력량증강로선은 철두철미 국가의 만년안전과 지역의 평화와 안정수호에 그 목적이 있다고 재삼 천명하시였다.

경애하는 김정은동지께서는 우리 핵무력의 철저한 대응태세를 다져나가는 사업에서 절대로 만족을 몰라야 하며 핵력량의 끊임없는 강화를 위해 계속 노력해야 한다고 하시면서 우리가 그 언제든, 그 어디에든 핵무기를 사용할수 있게 완벽하게 준비되여야 영원히 핵무기를 사용하지 않게 될것이라고, 상상을 초월하는 강력하고 우세한 핵무력이 공세적인 태세를 갖출 때라야 적이 우리를 두려워하고 우리 국권과 제도와 인민을 감히 건드릴수 없게 된다고 말씀하시였다.

경애하는 김정은동지께서는 핵무기연구소와 원자력부문에서 핵무기보유량을 기하급수적으로 늘일데 대한 당중앙의 구상을 철저히 관철하기 위해 무기급핵물질생산을 전망성있게 확대하며 계속 위력한 핵무기들을 생산해내는데 박차를 가해나가야 한다고 하시면서 핵무기연구소와 원자력부문앞에 나서는 강령적과업들을 제시하시였다.

경애하는 김정은동지의 직접적인 지도를 또다시 받아안은 핵무기연구소의 과학자, 일군들은 당과 혁명, 조국과 인민이 부여한 중대한 사명에 언제나 충실하여 우리 당의 믿음직한 《핵전투원》들답게 강위력한 핵무기생산실적으로써 성스러운 주체혁명위업을 억척같이 보위해나갈 불타는 충성의 결의를 다지였다.

〈박달해 기자〉

사람일보 2023. 3. 28.

30
"전쟁광들의 망동에는 대가가 따를것"
북 통신, "팔자에 없는 참변을 당하지 않으려면 숙고해야 할 것"

북 조선통신사는 한미연합군사훈련과 관련해 2일 '전쟁광들의망동에는 대가가 따를것이다' 제하의 논평을 내어 "미국과 괴뢰들이 이번 전쟁연습소동으로 그치지 않고 오는 6월에 가서는 륙해공군합동무력과 최신무기들이 총동원되는 력대 최대규모의 이른바《련합합동화력격멸훈련》으로 이어갈것이라고 뻐젓이 내놓고 떠벌이고있는것은 우리 인민과 군대로 하여금 전쟁의 참화를 강요당하였던 1950년 6월을 떠올리게 하고있으며 더욱 비상한 각성을 불러일으키고있다"며 "미국과 그 추종무리들은 저들이 상대하는 국가가 실제에 있어서 핵공격력을 갖추고있다는 사실 그리고 빈말을 모르는 우리 인민과 군대의 특질을 절대로 잊지 말아야 한다"고 경고했다.

북 통신은 또 "미국과 괴뢰들이 우리 공화국을 향해 로골적인 군사적도발을 걸어오고있는 이상 우리의 선택도 그에 상응할것"이라며 "핵을 두려워할줄 모르고 날뛰는 자들에게 만약 전쟁억제력이 효력이 없다면 우리의 핵이 그 다음은 어떻게 쓰이겠는가 하는것이야 너무도 명백할것이다. 진짜로 팔자에 없는 참변을 당하지 않으려면 숙고해야 할것이며 망동을 부리는것만큼 꼭 대가를 치르게 된다는것을 명심해야 한다"고 전했다.

　논평 전문은 다음과 같다.

전쟁광들의 망동에는 대가가 따를것이다

조선중앙통신사 론평

　우리는 이미 미국과 남조선의 군사적허세와 객기가 우리와는 전혀 통하지 않으며 오히려 스스로 엄중한 위험에 더 바투 다가가는 리롭지 못한 처사라는데 대하여 명백히 경고했다.

　그러나 호전광들의 발악적행태는 극에서 극으로 종횡하고있다.

　우리 공화국에 대한 전면전쟁을 가상하여 지난 3월 13일부터 11일간이라는 력대 최장기의 대규모합동군사연습 《프리덤 쉴드》를 강행한 미국과 남조선의 전쟁광기는 련합상륙훈련 《쌍룡》에 병행돌입한 이후 최절정으로 치닫고있다.

　미국은 《쌍룡》훈련이 개시된 지난 3월 20일부터 5일간에 걸쳐 괴뢰공군과 미제7공군 제51전투비행단을 내몰아 조선서해해상에서 우리의 《핵심표적》에 대한 정밀타격능력제고에 목적을 둔 공중대공중실탄사격 및 공중대지상폭격훈련을 감행한데 이어 26일부터는 나흘동안 괴뢰군무력을 동원하여 우리 공화국의 《도시점령》을 위한 련합전술훈련을 벌렸다.

　《F-35B》스텔스전투기 수십대를 탑재한 미해군 강습상륙함 《마킨 아일랜드》호를 위시한 수십척의 함선,함정들과 각종 전투기 및 상륙돌격장갑차들 그리고 조선반도유사시 미국본토에서 제일먼저 증파되게 되여있는 미1

해병원정군과 미핵항공모함 《니미쯔》호타격집단,추종국가의 특수전부대, 남조선괴뢰군무력까지 합세한 《쌍룡》훈련은 《결정적행동》이라는 도발적인 단계도 거쳤다.

《상륙작전의 핵심》이라고 하는 이른바 《결정적행동》단계훈련은 상륙목표구역을 향한 《대규모화력지원》하에 미국과 괴뢰군련합합동무력이 방대한 규모로 공중과 해상에서 상륙,돌격 및 목표점령의 차례로 감행되였다.

훈련시작과 함께 미국과 남조선괴뢰,추종국가의 특수전부대들이 《C-130》수송기들을 리용하여 《강하돌격》하고 해안에서는 상륙함들에 타고있던 해상돌격부대가 상륙돌격장갑차와 공기부양상륙정을 타고 우리 공화국 령토를 가상한 지역으로 《진격》하였다.

미국과 남조선괴뢰들의 전투기,함정의 화력지원밑에 해당 지역에 상륙한 련합해병대가 목표지역으로 기동한 뒤 해안교두보를 탈취,확보하며 임무를 완수하는 《결정적행동》단계훈련은 철두철미 선제공격으로 우리 령토를 타고앉기 위한 침략적인 전쟁연습이였다.

한편 3월 30일 미공군의 핵전략폭격기 《B-52H》 2대가 또다시 조선반도 상공에 날아들어 우리에 대한 위협을 로골화하고있는 속에 강습단의 우두머리를 비롯한 호전광들이 《우리도 다양한 수단을 가지고있다.》,《어떤 령역에서도 공격할수 있다.》고 허세를 부리였다.

그리고 3월 30일부터 4월 1일까지 미해군 강습상륙함 《마킨 아일랜드》호에서 출격한 스텔스전투기들이 남조선강원도지역의 상공을 돌아치며 지상대상물타격훈련을 감행하였다.

미국은 이번 훈련의 연장선상에서 다음주에는 3월 28일 부산작전기지에 기여든 미해군의 핵항공모함 《니미쯔》호를 포함하여 조선동해상에서 미일남조선괴뢰 3자해상무력이 참가하는 련합해상훈련도 획책하고있다.

미국과 괴뢰들이 이전에는 감히 입에 올리는것조차 꺼리며 암암리에 추진하던 《평양점령》과 《참수작전》을 공공연히 뇌까리면서 그것을 실전에 옮기기 위한 훈련에 열을 올리고있는것은 우리에 대한 적대행위가 최악의 상태에 이르렀다는것을 보여주고있다.

 이로써 미국방성과 국무성것들이 기회가 있을 때마다 《남조선과의 훈련은 오래 지속되여온 방어적이고 일상적인것》이라는 《모범답안》을 앵무새처럼 외워대면서 제아무리 이번 훈련에 《방어적》,《일상적》따위의 외피를 씌워도 도발자들의 침략적정체와 조선반도와 지역의 평화와 안정을 파괴하려는 음흉한 기도와 선택에서 출발한 의도적인 군사적망동이라는 사실은 절대로 감출수 없다.

 미국과 괴뢰들이 이번 전쟁연습소동으로 그치지 않고 오는 6월에 가서는 륙해공군합동무력과 최신무기들이 총동원되는 력대 최대규모의 이른바 《련합동화력격멸훈련》으로 이어갈것이라고 뻐젓이 내놓고 떠벌이고있는것은 우리 인민과 군대로 하여금 전쟁의 참화를 강요당하였던 1950년 6월을 떠올리게 하고있으며 더욱 비상한 각성을 불러일으키고있다.

 미국과 그 추종무리들은 저들이 상대하는 국가가 실제에 있어서 핵공격력을 갖추고있다는 사실 그리고 빈말을 모르는 우리 인민과 군대의 특질을 절대로 잊지 말아야 한다.

 미국과 괴뢰들이 우리 공화국을 향해 로골적인 군사적도발을 걸어오고있는 이상 우리의 선택도 그에 상응할것이다.

 핵을 두려워할줄 모르고 날뛰는 자들에게 만약 전쟁억제력이 효력이 없다면 우리의 핵이 그 다음은 어떻게 쓰이겠는가 하는것이야 너무도 명백할것이다.

 진짜로 팔자에 없는 참변을 당하지 않으려면 숙고해야 할것이며 망동을 부리는것만큼 꼭 대가를 치르게 된다는것을 명심해야 한다.

〈박창덕 기자〉

사람일보 2023. 4. 2.

31
"북 조선기자동맹 제9차대회 진행"
북 통신, "출판보도사업을 획기적으로 개선하기 위한 중요한 계기"

　북 조선중앙통신은 5일 "조선기자동맹 제9차대회가 4월 3일과 4일 수도 평양에서 진행되였다"며 "대회는 사상의 위력으로 혁명과 건설을 승리와 영광의 한길로 이끌어오신 절세위인들의 불멸의 영도업적을 옹호고수하고 빛내이며 우리 당의 주체적출판보도사상과 리론을 확고한 지침으로 삼고 출판보도사업을 획기적으로 개선하기 위한 중요한 계기로 되였다"고 보도했다.

　통신 보도 전문은 다음과 같다.

조선기자동맹 제9차대회 진행

　위대한 당중앙의 령도따라 필승의 신심드높이 전면적부흥발전에로 향한 우리의 사회주의건설이 더욱 과감한 투쟁력과 줄기찬 용진력을 요구하는 중대한 시기에 시대정신의 주도자, 총진군대오의 사상적기수들의 혁명적사명감을 배가해주며 조선기자동맹 제9차대회가 4월 3일과 4일 수도 평양에서 진행되였다.

　대회는 사상의 위력으로 혁명과 건설을 승리와 영광의 한길로 이끌어오신 절세위인들의 불멸의 영도업적을 옹호고수하고 빛내이며 우리 당의 주체적출판보도사상과 리론을 확고한 지침으로 삼고 출판보도사업을 획기적으로 개선하기 위한 중요한 계기로 되였다.

　대회에서는 총결기간 기자동맹사업정형이 전면적으로 심도있게 총화되

고 동맹사업을 근본적으로 혁신하여 조선노동당 제8차대회 결정과 웅대한 전망목표관철로 들끓는 시대의 전진을 강력히 선도하기 위한 언론공세, 사상공세를 전개해나가는데서 나서는 과업과 실천방도들이 토의되었다.

대회에는 각급 기자동맹조직들에서 선출된 대표자들이 참가하였다.

조선노동당 중앙위원회 해당 부서 일군들과 각 도당위원회의 선전부문 일군들, 중앙과 지방의 출판보도부문과 연관부문의 일군, 기자, 언론인들이 방청으로 참가하였다.

조선노동당 중앙위원회 정치국 위원이며 당중앙위원회 비서인 리일환동지와 조선기자동맹 중앙위원회 집행위원들, 중앙의 신문, 통신, 방송, 출판부문 책임일군들, 출판보도부문의 모범적인 일군, 기자, 언론인들이 주석단에 자리잡았다.

개회가 선언되자 조선민주주의인민공화국 국가가 주악되었다.

대회에서는 집행부와 서기부를 선거하였다.

대회는 다음과 같은 의정을 승인하였다.

1. 조선기자동맹 중앙위원회 사업총화
2. 조선기자동맹규약개정에 대하여

3. 조선기자동맹 중앙지도기관 선거

조선로동당 총비서이시며 조선민주주의인민공화국 국무위원장이신 경애하는 김정은동지께서 출판보도부문 사업을 개선강화할데 대하여 하신 강령적인 말씀을 당중앙위원회 비서 리일환동지가 정중히 전달하였다.

대회에서는 첫째 의정 《조선기자동맹 중앙위원회 사업총화》에 대한 보고를 기자동맹중앙위원회 위원장 박동석동지가 하였다.

보고자는 사상론의 기치를 높이 추켜드시고 정의와 진리의 힘으로 혁명과 건설을 줄기차게 전진시켜오신 위대한 수령, 탁월한 영도자의 정력적이고 세심한 지도밑에 우리의 출판보도물이 시대의 선도자, 혁명의 나팔수로서의 무궁한 견인력과 생활력을 힘있게 과시하여온데 대하여 언급하였다.

혁명과 건설에서 붓대와 마이크의 역할을 깊이 통찰하신 위대한 영도자 김정일동지께서는 독창적인 언론중시사상과 영도로 출판보도활동의 사상적대, 정책적대를 굳건히 세워주시였으며 우리 기자, 언론인들이 당의 사상과 위업을 충직하게 받들고 시대와 혁명, 조국과 인민앞에 지닌 사명과 임무를 훌륭히 수행하며 새 세기 진군나팔소리를 기세차게 울려나가도록 이끌어주시였다고 그는 강조하였다.

경애하는 김정은동지를 높이 모시여 새로운 주체100년대에 우리 당출판보도물이 혁명적전환기를 맞이한데 대하여 보고자는 언급하였다.

총비서동지께서는 천재적인 예지와 정력적인 사상리론활동으로 온 사회의 김일성-김정일주의화위업실현에서 출판보도물이 자기의 중대한 책임과 역할을 다해나가는데서 보검으로 되는 강령적지침들을 마련해주시였다.

김일성-김정일주의출판보도물의 사명과 임무를 뚜렷이 밝혀주시고 새로운 신문혁명, 보도혁명, 방송혁명, 출판혁명의 불길을 세차게 일으킬데 대한 사상, 기사, 편집물들의 정치성, 론리성, 인민성, 통속성을 보장하는데서 나서는 방도를 비롯하여 출판보도활동에서 견지해야 할 원칙적문제들을 명시해주신 총비서동지의 정력적이고도 세심한 영도가 있었기에 우리 기자, 언론인들은 주체혁명의 새시대의 진군길을 당을 따라 곧바로, 힘차게 걸어올수 있었다.

총비서동지께서는 기자, 언론인들의 정신력과 출판보도물의 위력을 최대로 증폭시켜 전당과 온 사회에 우리 당의 혁명사상이 세차게 높뛰게 하고 전진하는 대오에 보다 큰 활력을 부어주도록 하시였다.

《당선전일군들은 항일유격대나팔수가 되자!》는 구호밑에 전국출판보도부문 기자, 언론인들의 백두산지구 혁명전적지답사가 조직진행된데도 우리 문필가들을 항일혁명선열들의 숭고한 정신을 꿋꿋이 이어가는 참된 혁명가들로 키우시려는 총비서동지의 숭고한 의도가 담겨져있다.

보고자는 혁명과 건설에서 사상전선에 첫째가는 의의를 부여하시고 신문, 통신, 방송을 비롯한 출판보도부문 일군들에게 혁신적안목과 창조의 묘술도 안겨주시며 출판보도물의 내용과 형식, 문풍을 시대의 변천에 맞게 혁신해나가도록 이끌어주신 위대한 스승의 손길아래 당의 권위와 국가의 존엄, 시대의 숨결을 훌륭히 반영하고 인민들이 반기는 새롭고 참신한 기사, 편집물들이 개척되여온데 대하여 언급하였다.

그는 전체 대회참가자들과 온 나라 기자, 언론인들의 한결같은 마음을 담아 독창적인 붓대중시사상과 탁월한 영도로 우리 당출판보도물건설에 거대한 업적을 쌓아올리신 위대한 영도자 김정일동지께 숭고한 경의를 드리였으며 새시대 주체언론이 나아갈 길을 환히 밝혀주시고 출판보도사업을 혁신과 발전에로 강력히 인도해나가시는 경애하는 김정은동지께 최대의 영광과 가장 뜨거운 고마움의 인사를 삼가 드리였다.

오늘의 시대는 경애하는 김정은동지의 혁명사상으로 전당과 온 사회를 일색화하는것을 총적임무로 내세우고 위대한 사상의 힘, 일심단결의 위력으로 전진하는 주체혁명의 새시대라고 하면서 그는 이 역사적진군을 힘있게 가속화해나가는데서 기수가 되여야 할 사람들은 다름아닌 우리 기자, 언론인들이라고 강조하였다.

보고는 새로운 혁신, 대담한 창조, 부단한 전진이 혁명의 요구, 시대의 지향으로 되고있는 오늘 마땅히 모든 변화와 발전을 실질적으로 추동하고 견인해야 할 출판보도부문에서부터 근본적인 변혁이 일어나야 한다고 지적하면서 총결기간 동맹사업이 당과 혁명의 요구에 따라서지 못한 결함과 원인, 교훈들을 분석총화하였다.

보고자는 당과 대중을 하나의 사상과 숨결로 이어주며 사회의 모든 성원들을 당정책관철이라는 하나의 목표에로 지향시키고 불러일으키는데서 누구도 대신할수 없는 중요한 역할을 담당수행하고있는 기자, 언론인들이 비상한 각오와 투지를 안고 대중의 혁명열, 애국열을 더욱 힘있게 분출시킬데 대하여 언급하였다.

이 중대한 임무를 수행하자면 우리 기자, 언론인들부터 총비서동지의 혁명사상의 열렬한 신봉자, 견결한 옹호자, 철저한 관철자가 되여야 한다고 그는 말하였다.

경애하는 김정은동지의 혁명사상은 우리 혁명의 백전백승의 기치이며 현 시대를 향도하는 불멸의 지도적지침이라고 하면서 그는 모든 기자, 언론인들이 총비서동지의 혁명사상과 그 구현인 당의 노선과 정책을 절대적인 진리로 받아들이고 피타는 사색과 연구로 그 진수와 내용을 깊이 파악하며 신속정확히 온 사회에 뿜어주는 유능한 정치활동가가 되여야 한다고 지적하였다.

우리 당 투쟁노선과 방침의 정당성과 진리성, 위대한 생활력을 실감있게 해설선전하는 기사, 편집물들을 더 많이 내보내여 당원들과 근로자들을 당중앙의 두리에 더욱 굳게 묶어세우며 필승의 신심드높이 조국의 강성부흥을 위한 투쟁에 총매진하도록 고무하여야 한다.

보고에서는 당 제8차대회와 당중앙전원회의들의 결정을 높이 받들고 사회주의건설의 새로운 고조국면을 열기 위한 전인민적진군을 힘있게 떠미는 붓대포의 포성, 진격의 나팔소리를 기세차게 울려나가기 위한 방도적문제들이 제기되였다.

조선혁명의 불변지침인 자주, 자립, 자위의 사상을 출판보도활동에 철저히 구현하여 우리 위업에 대한 확신과 무궁무진한 우리의 잠재력, 우리의 정신에 대한 자신심을 가지고 연속적인 힘찬 투쟁을 벌려나가도록 전체 인민을 고무하는 기사, 편집물들을 기동성있게 내보내야 한다.

새시대 농촌혁명강령의 정당성과 생활력을 널리 해설선전하며 모든 농업근로자들이 농촌진흥의 주인으로서의 본분을 다하도록 사상정신적으로 각성분발시키고 온 나라를 당의 농촌발전전략실행에로 힘있게 불러일으키기 위한 정치공세, 사상공세를 강력히 들이대야 한다.

우리 국가제일주의시대에 걸맞으며 인민들이 기다리고 반기는 친근한 길동무, 생활의 벗이 될수 있는 새롭고 참신한 형식의 기사, 편집물을 더 많이 내놓아 사상사업의 실효성과 침투력을 최대로 높여나가야 한다.

보고는 발전하는 시대의 요구에 맞게 정보기술수단들이 대중의 학습공간, 교양공간, 선전공간으로 되도록 옳은 방법론을 찾아쥐고 적극 활용해나감으로써 선전의 신속성과 전파력을 계속 증폭시킬데 대하여 지적하였다.

보고에서는 각급 기자동맹위원회의 사업을 결정적으로 개선하여 출판보도사업에서 새로운 혁신과 변화를 이룩하기 위한 과업들이 제기되었다.

위대한 김정은시대의 혁혁한 승리와 대변혁을 조국청사에 긍지높이 기록하고 전당과 전체 인민을 당중앙의 영도따라 억세게 싸워나가도록 신심과 용기를 백배해주는데서 무거운 책임을 지니고있는 기자, 언론인들이 당중앙의 충실한 대변자, 당정책의 적극적인 선전자, 대중의 친근한 교양자가 되여 공세적인 언론전으로 사회주의건설의 전면적부흥발전을 힘있게 선도해나갈것을 열렬히 호소하였다.

대회에서는 첫째 의정에 대한 토론들이 진행되였다.

조선중앙방송위원회 부위원장 백봉선동지, 노동신문사 부주필 백룡동지, 조선중앙통신사 부사장 박광철동지, 조선기자동맹 중앙위원회 부장 박정수동지, 조선중앙방송위원회 책임방송원 리춘히동지, 로동신문사 논설위원 동태관동지, 조선노동당출판사 부사장 김성호동지, 황해북도방송위원회 기자 리현옥동지, 청년전위신문사 책임주필 최순철동지, 황남일보사 기자 박준동지, 외국문출판사 주필 김철동지, 조선중앙방송위원회 부국장 허남희

동지가 토론하였다.

평안남도방송위원회 위원장 홍영표동지, 공업출판사 주필 라신현동지, 함남일보사 부주필 안호영동지, 금성청년출판사 기자 김은혜동지, 민주조선사 부주필 전정호동지, 농업출판사 부사장 김광철동지가 서면토론을 제기하였다.

토론들에서는 총결기간에 이룩된 성과와 경험, 나타난 결함과 그 원인들이 해당 단위들의 구체적인 사업정형에 근거하여 분석총화되였다.

토론자들은 우리식 사회주의를 새로운 발전과 변혁의 높은 단계에 올려세우기 위한 기본열쇠가 주체의 사상론을 틀어쥐고 인민대중의 정신력을 총발동시키는데 있다는 당의 숭고한 의도를 받들고 출판보도혁명의 불길속에 달성한 성과들에 대하여 언급하였다.

전당과 전체 인민을 당중앙의 혁명사상으로 튼튼히 무장시키며 당정책선전교양의 출력을 배가해오는 과정에 당의 권위와 우리의 국위와 국광을 과시하는 명작, 명편집물들을 연속적으로 개척, 갱신하여온 경험들이 소개되였다.

토론자들은 우리의 출판보도물이 전체 인민을 줄기찬 위훈창조에로 불러일으키는 사상적무기가 되자면 혁명이 심화되는데 맞게 기사, 편집물의 내용과 형식을 부단히 개선해나가야 한다고 하면서 변천하는 현실의 요구에 맞게 사고관점과 창조방식을 따라세우지 못하고있는 페단들을 냉철하게 분석하고 이를 시급히 극복하기 위한 대책적문제들을 언급하였다.

토론들에서는 언론전선에서부터 혁신이 일어나야 사회전반에서 우리 식의 새로운 변화발전, 사회주의건설의 전면적발전이 촉진된다는것을 명심하고 대담한 개척과 창조의 기수가 될 결의들이 피력되였다.

토론들을 청취하면서 전체 참가자들은 우리 혁명의 천하지대본인 일심단결을 백방으로 강화하고 사회주의건설의 활기찬 전진을 가속화하는데서 자신들의 임무와 역할의 중대함과 절박성을 다시금 깊이 인식하였으며 새로운 분발로써 우리 당과 국가의 제일가는 위력인 정치사상적힘을 튼튼히 다지는데 적극 기여해나갈 의지를 가다듬었다.

대회에서는 둘째 의정 《조선기자동맹규약개정에 대하여》가 토의되였다.

새시대 기자동맹앞에 나선 투쟁과업에 따라 수정보충된 조선기자동맹규약개정에 대한 보고에 이어 결정서가 전원찬성으로 채택되였다.

대회에서는 셋째 의정 《조선기자동맹 중앙지도기관 선거》를 토의하였다.

조선기자동맹 중앙위원회를 선거하였다.

추천된 동맹중앙위원회 위원후보자들 모두가 참가자들의 전원찬성으로 동맹중앙위원회 위원으로 선거되였다.

기자동맹중앙위원회 제9기 제1차전원회의가 진행되였다.

조선노동당 중앙위원회 비서 리일환동지가 기자동맹중앙위원회 제9기 제1차전원회의결과를 발표하였다.

기자동맹중앙위원회 집행위원회가 선거되였다.

기자동맹중앙위원회 위원장으로 박동석동지, 부위원장으로 렴철호동지가 선거되였다.

대회에서는 경애하는 김정은동지께 드리는 맹세문이 참가자들의 열광적인 박수속에 채택되였다.

조선기자동맹 제9차대회는 우리 당을 충성과 애국의 필봉으로 옹위해온 자랑스러운 역사와 전통을 더욱 승화발전시켜 우리 수령, 우리 제도, 우리 사상의 위대성과 우월성을 만방에 선전하며 전당과 전체 인민을 새로운 승리에로 고무추동하는 출력높은 확성기, 잡음없는 증폭기가 되여 당의 혁명위업을 충직하게 받들어나갈 기자, 언론인들의 억척의 신념과 의지를 과시한 대회로 주체언론사에 빛나게 아로새겨질것이다.

〈박창덕 기자〉

사람일보 2023. 4. 5.

32
"대응 불가능한 군사적행동방안들 마련"
북 통신, "당 중앙군사위원회 제8기 제6차확대회의 진행"

북 조선중앙통신은 11일 '조선로동당 중앙군사위원회 제8기 제6차확대회의'와 관련해 "미제와 남조선괴뢰역도들의 가증되는 침략전쟁도발책동에 대처하여 나라의 전쟁억제력을 백방으로 확대강화하기 위한 전략적조치들이 강력히 실천되여가고있는 우리 무력발전의 전환기에 또다시 중대한 군사적의의를 가지는 조선로동당 중앙군사위원회 제8기 제6차확대회의가 4월 10일 당중앙위원회 본부청사에서 진행되였다"며 "조선로동당 중앙군사위원회 제8기 제6차확대회의에서 토의된 군사적대책들은 적들의 전쟁도발책동에 대처한 우리 당과 공화국정부의 립장을 더욱 선명히 하고 굳건한 방위력과 압도적인 공격력제고를 위한 무력강화행정에서 또 한번의 큰걸음을 내짚은 사변적계기로 된다"고 보도했다.

보도는 다음과 같다.

조선로동당 중앙군사위원회 제8기 제6차확대회의 진행

미제와 남조선괴뢰역도들의 가증되는 침략전쟁도발책동에 대처하여 나라의 전쟁억제력을 백방으로 확대강화하기 위한 전략적조치들이 강력히 실천되여가고있는 우리 무력발전의 전환기에 또다시 중대한 군사적의의를 가지는 조선로동당 중앙군사위원회 제8기 제6차확대회의가 4월 10일 당중앙위원회 본부청사에서 진행되였다.

조선로동당 총비서이시며 조선로동당 중앙군사위원회 위원장이시며 조

 선민주주의인민공화국 국무위원장이신 경애하는 김정은동지께서 조선로동당 중앙군사위원회 제8기 제6차확대회의를 지도하시였다.
 회의에는 조선로동당 중앙군사위원회 주요성원들과 조선인민군 전선대련합부대의 지휘관들이 참가하였다.
 조선로동당 중앙군사위원회 제8기 제6차확대회의에서는 미제와 남조선괴뢰역도들의 침략적인 군사정책과 행위들이 위협적인 실체로 부상하고있는 현 조선반도안전상황의 엄중함을 명백히 인식하고 그에 대처하여 나라의 방위력과 전쟁준비를 더욱 완비하는데서 나서는 중요한 군사적문제들을 토의하였다.
 최근 들어 《평양점령》과 《참수작전》이라는 호전적인 망언들까지 로골적으로 흘리며 우리 공화국과의 전면전쟁을 가상한 대규모합동군사연습을 광란적으로 감행한 적들은 련일 반공화국대결망발과 공격성군사행위들을 의도적으로 고취하며 자기들의 불순한 침략적정체를 행동으로 명백히 보여주었다.
 회의에서는 미제와 남조선괴뢰역도들의 침략전쟁준비책동이 날로 우심해지고있는 현정세를 심도있게 분석한데 기초하여 우리의 군사적선택을 더욱 명백히 하고 강력한 실천행동으로 이행할수 있는 철저한 준비를 엄격히 갖추는것을 필수적인 요구로 제기하였으며 적들이 그 어떤 수단과 방식으로도 대응이 불가능한 다양한 군사적행동방안들을 마련하기 위한 실무적문제와 기구편제적인 대책들을 토의하고 해당 결정들을 전원일치로 가결하였다.

경애하는 김정은동지께서는 날로 엄중해지고있는 조선반도안전상황을 더욱 엄격히 통제관리하기 위한 대책으로서 가속적으로 강화되고있는 우리의 전쟁억제력을 더욱 실용적으로,공세적으로 확대하고 효과적으로 운용해야 할 필요성에 대하여 강조하시였다.

경애하는 김정은동지께서는 전선공격작전계획과 여러 전투문건들을 료해하시면서 군대의 전쟁수행능력을 부단히 갱신하고 완비하기 위한 군사적대책들을 끊임없이 연구하고 실천해나가는데서 나서는 원칙적인 문제들을 밝히시였다.

조선로동당 중앙군사위원회 제8기 제6차확대회의에서 토의된 군사적대책들은 적들의 전쟁도발책동에 대처한 우리 당과 공화국정부의 립장을 더욱 선명히 하고 굳건한 방위력과 압도적인 공격력제고를 위한 무력강화행정에서 또 한번의 큰걸음을 내짚은 사변적계기로 된다.

〈박창덕 기자〉

사람일보 2023. 4. 11.

33
"새형의 '화성포-18'형 시험발사 성공"
북 통신, "잘못된 저들의 선택에 대하여 후회하고 절망에 빠지게 할것"

북 조선중앙통신은 신형대륙간탄도미사일 '화성포-18'형 시험발사와 관련해 14일 "2023년 4월 13일 조선민주주의인민공화국 전략무력의 끊임없는 발전상을 보여주는 위력적실체가 자기의 출현을 세상에 알렸다. 공화국 전략무력의 전망적인 핵심주력수단으로, 중대한 전쟁억제력의 사명을 수행하게 될 새형의 대륙간탄도미싸일《화성포-18》형시험발사가 단행되였다"며 "조선로동당 총비서이시며 조선민주주의인민공화국 국무위원장이신 경애하는 김정은동지께서 신형대륙간탄도미싸일 첫 시험발사를 현지에서 직접 지도하시였다"고 보도했다.

통신은 또 "시험발사는 대출력고체연료다계단발동기들의 성능과 단분리기술, 각이한 기능성조종체계들의 믿음성을 확인하고 새로운 전략무기체계의 군사적효용성을 평가하는데 목적을 두었다"며 "이번 시험발사는 주변국가들의 안전과 령내비행중 다계단분리의 안전성을 고려하여 1계단은 표준탄도비행방식으로, 2,3계단은 고각방식으로 설정하고 시간지연분리시동방식으로 미싸일의 최대속도를 제한하면서 무기체계의 각 계통별 기술적특성들을 확증하는 방법으로 진행하였다"고 전했다.

통신은 "경애하는 김정은동지께서는 우리 당과 공화국정부는 고질적인 침략적정책과 위협적인 군사적준동으로 조선반도의 환경을 위태하게 하고 우리 인민의 평화적인 삶과 사회주의건설투쟁을 방해하고있는 적들에게 더욱 분명한 안보위기를 체감시키고 부질없는 사고와 망동을 단념할 때까지 시종 치명적이며 공세적인 대응을 가하여 극도의 불안과 공포에 시달리

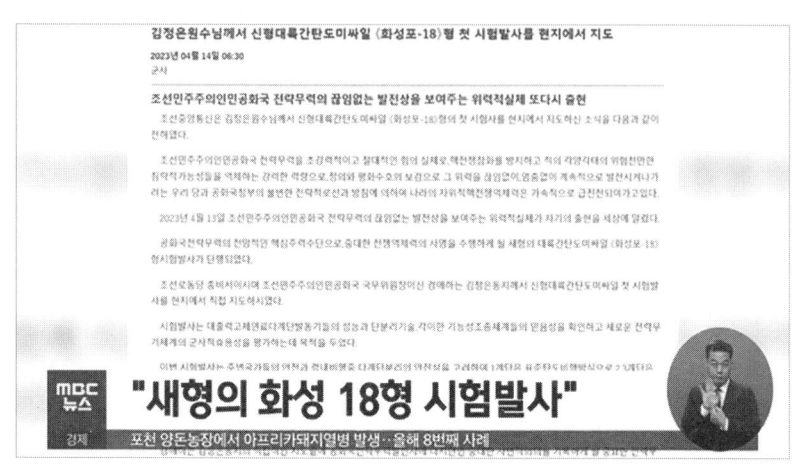

게 할것이며 반드시 불가극복의 위협에 직면하게 만들어 잘못된 저들의 선택에 대하여 후회하고 절망에 빠지게 할것이라고 확언하시였다"며 "새로운 전략무기체계시험에서의 성공은 공화국핵전략무력과 그 발전의 직접적담당자인 우리 미싸일과학기술집단이 우리 당의 전략적기도를 관철함에 항상 철저하고 완벽하며 그 언제든 자기의 중대한 사명을 결행할수 있게 준비되여가고있음을 실증해준 계기로 된다"고 알렸다.

통신 보도 전문은 다음과 같다.

조선민주주의인민공화국 전략무력의 끊임없는 발전상을 보여주는 위력적실체 또다시 출현

경애하는 김정은동지께서 신형대륙간탄도미싸일《화성포-18》형 첫 시험발사를 현지에서 지도하시였다

조선민주주의인민공화국 전략무력을 초강력적이고 절대적인 힘의 실체로,핵전쟁참화를 방지하고 적의 각양각태의 위험천만한 침략적가능성들을 억제하는 강력한 력량으로,정의와 평화수호의 보검으로 그 위력을 끊임없

이,멈춤없이 계속적으로 발전시켜나가려는 우리 당과 공화국정부의 불변한 전략적로선과 방침에 의하여 나라의 자위적핵전쟁억제력은 가속적으로 급진전되여가고있다.

2023년 4월 13일 조선민주주의인민공화국 전략무력의 끊임없는 발전상을 보여주는 위력적실체가 자기의 출현을 세상에 알렸다.

공화국전략무력의 전망적인 핵심주력수단으로,중대한 전쟁억제력의 사명을 수행하게 될 새형의 대륙간탄도미싸일 《화성포-18》형시험발사가 단행되였다.

조선로동당 총비서이시며 조선민주주의인민공화국 국무위원장이신 경애하는 김정은동지께서 신형대륙간탄도미싸일 첫 시험발사를 현지에서 직접 지도하시였다.

시험발사는 대출력고체연료다계단발동기들의 성능과 단분리기술,각이한 기능성조종체계들의 믿음성을 확인하고 새로운 전략무기체계의 군사적효용성을 평가하는데 목적을 두었다.

이번 시험발사는 주변국가들의 안전과 령내비행중 다계단분리의 안전성을 고려하여 1계단은 표준탄도비행방식으로,2,3계단은 고각방식으로 설정하고 시간지연분리시동방식으로 미싸일의 최대속도를 제한하면서 무기체계의 각 계통별 기술적특성들을 확증하는 방법으로 진행하였다.

경애하는 김정은동지께서 시험발사현장에서 발사전 준비공정을 직접 지켜보시면서 새로운 무기체계를 료해하시였다.

경애하는 김정은동지의 직접적인 지도밑에 공화국전략무력발전사에 다시한번 중대한 사변적의의를 기록하게 될 중요한 전략무기시험발사를 앞둔 발사장은 조선민주주의인민공화국의 또 다른 위력적핵공격수단의 출현을 온 세상에 알리고 믿음직한 우리 국가의 핵전쟁억제력을 보란듯이 과시할 전체 국방과학자들과 군수로동계급의 불타는 의지로 끓어번졌다.

시험발사준비끝!

경애하는 김정은동지께서 신형전략무기시험발사를 승인하시자 장창하대장이 시험발사임무를 맡은 미싸일총국 제2붉은기중대에 발사명령을 내리였다.

　순간 천지를 뒤흔드는 요란한 폭음과 함께 서슬찬 불줄기가 거세차게 내뻗치며 조선민주주의인민공화국의 불가항력을 만장약한 거대한 실체가 힘있게 대지를 박차고 만리대공으로 솟구쳐올랐다.

　신형대륙간탄도미싸일시험발사는 주변국가들의 안전에 그 어떤 부정적영향도 주지 않았으며 분리된 1계단은 함경남도 금야군 호도반도앞 10㎞ 해상에, 2계단은 함경북도 어랑군 동쪽 335㎞ 해상에 안전하게 락탄되였다.

　시험발사를 통하여 신형전략무기체계의 모든 정수들이 설계상요구에 정확히 도달되였으며 신형대륙간탄도미싸일이 보다 군사적효용성이 큰 위력적인 전략적공격수단으로 된다는 담보와 신뢰를 가질수 있게 되였다.

　국가핵무력건설전망계획에 따라 공화국전략무력이 장비하고 운용하게 될 신형대륙간탄도미싸일 《화성포-18》형무기체계는 조선민주주의인민공화국을 방어하고 침략을 억제하며 국가의 안전을 수호하는데서 가장 강위력한 핵심주력수단으로서 중대한 자기의 사명과 임무를 맡아 수행하게 된다.

　경애하는 김정은동지께서는 시험발사를 지도하시면서 경이적인 성과에 대만족을 표시하시고 날로 더욱 고도화되고있는 우리 국방기술력의 막강한 잠재력과 현실성을 다시한번 뚜렷이 확증하고 무력강화목표달성을 위한 드팀없는 결단과 실천능력을 힘있게 과시한데 대하여 기쁨을 피력하시였다.

　경애하는 김정은동지께서는 날로 악화되고있는 조선반도안전환경과 전망적인 군사적위협들에 대처하여 보다 발전적이고 선진적이며 강위력한 무기체계개발을 지속적으로 빠르게 다그치는것은 우리 당과 공화국정부의 일관한 립장이라고 하시면서 새형의 대륙간탄도미싸일 《화성포-18》형개발은 우리의 전략적억제력구성부분을 크게 재편시킬것이며 핵반격태세의 효용성을 급진전시키고 공세적인 군사전략의 실용성을 변혁시키게 될것이라고 그 의의에 대하여 긍지높이 말씀하시였다.

경애하는 김정은동지께서는 핵에는 핵으로,정면대결에는 정면대결로 대답할것이라는 우리 당과 공화국정부의 대적대응투쟁방침을 자위력강화발전의 실천적성과로 받들어나가는것은 우리 국방과학력량이 견지하여야 할 절대적인 사명이고 본분이라고 하시면서 공화국핵전략무력강화를 더욱 힘있게 추진해나가는데서 나서는 중대한 전략적과업들을 제시하시였다.

경애하는 김정은동지께서는 우리 당과 공화국정부는 고질적인 침략적정책과 위협적인 군사적준동으로 조선반도의 환경을 위태하게 하고 우리 인민의 평화적인 삶과 사회주의건설투쟁을 방해하고있는 적들에게 더욱 분명한 안보위기를 체감시키고 부질없는 사고와 망동을 단념할 때까지 시종 치명적이며 공세적인 대응을 가하여 극도의 불안과 공포에 시달리게 할것이며 반드시 불가극복의 위협에 직면하게 만들어 잘못된 저들의 선택에 대하여 후회하고 절망에 빠지게 할것이라고 확언하시였다.

새로운 전략무기체계시험에서의 성공은 공화국핵전략무력과 그 발전의 직접적담당자인 우리 미싸일과학기술집단이 우리 당의 전략적기도를 관철함에 항상 철저하고 완벽하며 그 언제든 자기의 중대한 사명을 결행할수 있게 준비되여가고있음을 실증해준 계기로 된다.

〈박창덕 기자〉

사람일보 2023. 4. 14.

34
"세계적인 핵렬강으로서의 지위는 최종적"
북 최선희 외무상, "G7은 미국의 패권적지위보장에 복종하는 정치적도구"

북 최선희 외무상은 7개국 외무장관들의 공동성명과 관련해 21일 담화를 내어 "G7은 조선민주주의인민공화국의 주권행사와 국가적지위에 대하여 가타부타할 권한이나 자격이 없다"며 "조선민주주의인민공화국이 지금까지 취해온 자위적국방력강화조치들은 미국과 그 동맹세력들의 무분별하고 도발적인 군사적행동으로 초래된 불안정한 안보환경에 대처하여 위협을 억제하고 국가의 자주권과 령토완정을 수호하며 조선반도지역정세를 안정적으로 통제관리하기 위한 정당한 주권행사"라고 밝혔다.

최 외무상은 조선중앙통신이 보도한 담화에서 "G7외무상들이 조선민주주의인민공화국의 합법적인 주권행사를 악랄하게 걸고들면서 극히 내정간섭적이고 온당치 못한 내용으로 일관된 《공동성명》이라는것을 발표한것과 관련하여 다음과 같은 립장을 밝힌다"며 이렇게 밝혔다.

최 외무상은 또 "우리는 미국과 그와 련대한 적대세력들이 가해오는 군사적위협을 완전히 제거하고 국가의 자주적존립과 발전에 저해되는 적대적인 주변환경이 근원적으로 종식될 때까지 주권국가에 부여된 모든 합법적권리들에 립각한 행동조치들을 계속 취해나갈것"이라며 "조선민주주의인민공화국의 핵보유국지위는 그 누가 선사했거나 인정해준데 따라 주어진것이 아니며 실제적인 핵억제력의 존재와 더불어 성립되고 전체 조선인민의 총의에 의하여 채택된 국가핵무력정책법령에 따라 국법으로 고착된것"이라고 알렸다.

최 외무상은 "이제 달라져야 하는것은 우리가 아니라 바로 미국이며 미

국은 대조선적대시정책을 근원적으로 완전하게 철회해야만 자기의 안전이 담보될수 있다는것을 숙고해야 한다"며 "세계적인 핵렬강으로서의 조선민주주의인민공화국의 지위는 최종적이며 불가역적이다"라고 강조했다.

최 외무상은 "한줌도 못되는 극소수 국가들의 페쇄된 리익집단에 불과한 G7은 결코 정의로운 국제사회를 대변하지 않으며 미국의 패권적지위보장에 복종하는 정치적도구에 불과하다"며 "이 기회에 나는 조선민주주의인민공화국이 핵무기전파방지조약의 제10조에 밝혀진 탈퇴절차에 따라 20년전에 벌써 상기조약에서 합법적으로 탈퇴함으로써 그 어떤 조약상의무로부터 자유롭다는것을 G7외무상들에게 다시한번 정중히 상기시키는바이다"라고 전했다.

담화 전문은 다음과 같다.

조선민주주의인민공화국 최선희 외무상 담화

나는 G7외무상들이 조선민주주의인민공화국의 합법적인 주권행사를 악랄하게 걸고들면서 극히 내정간섭적이고 온당치 못한 내용으로 일관된《공동성명》이라는것을 발표한것과 관련하여 다음과 같은 립장을 밝힌다.

G7은 조선민주주의인민공화국의 주권행사와 국가적지위에 대하여 가타부타할 권한이나 자격이 없다.

조선민주주의인민공화국이 지금까지 취해온 자위적국방력강화조치들은 미국과 그 동맹세력들의 무분별하고 도발적인 군사적행동으로 초래된 불안정한 안보환경에 대처하여 위협을 억제하고 국가의 자주권과 령토완정을 수호하며 조선반도지역정세를 안정적으로 통제관리하기 위한 정당한 주권행사이다.

우리는 미국과 그와 련대한 적대세력들이 가해오는 군사적위협을 완전히 제거하고 국가의 자주적존립과 발전에 저해되는 적대적인 주변환경이 근원적으로 종식될 때까지 주권국가에 부여된 모든 합법적권리들에 립각한 행동조치들을 계속 취해나갈것이다.

조선민주주의인민공화국의 핵보유국지위는 그 누가 선사했거나 인정해준데 따라 주어진것이 아니며 실제적인 핵억제력의 존재와 더불어 성립되고 전체 조선인민의 총의에 의하여 채택된 국가핵무력정책법령에 따라 국법으로 고착된것이다.

우리에게 《완전하고 되돌릴수 없는 핵포기》를 설교하며 핵무기전파방지조약에 따라 핵보유국지위를 가질수 없다고 운운하는것이야말로 조선민주주의인민공화국의 신성한 국법을 어길것을 강요하는 가장 황당무계하고 불법무도한 내정간섭행위이다.

명백히 하건데 그 누구로부터 인정받기 위해서가 아니라 철두철미 미국의 위협으로부터 자기를 방어하기 위하여 부득불 핵을 가지게 되였다는데 우리 핵보유의 본질이 있다.

미국과 서방이 백년이고 천년이고 인정하지 않아도 우리의 핵보유국지위는 부인할수 없는 엄연한 실체로서 남아있게 될것이다.

핵타격권리와 능력이 워싱톤에만 있다고 본다면 그것은 시대착오적인 생각이다.

우리는 미국의 핵위협에 맞받아칠수 있는 힘만 가지면 그만이며 절대로 그 누구의 인정도, 승인도 추구하지 않을것이다.

미국과 서방은 우리의 핵보유국지위에 대하여 이러쿵저러쿵 말할 권리가 없으며 그들이 뭐라고 말한다고 해서 우리의 지위가 달라질것은 아무것도 없다.

이제 달라져야 하는것은 우리가 아니라 바로 미국이며 미국은 대조선적 대시정책을 근원적으로 완전하게 철회해야만 자기의 안전이 담보될수 있다는것을 숙고해야 한다.

세계적인 핵렬강으로서의 조선민주주의인민공화국의 지위는 최종적이며 불가역적이다.

한줌도 못되는 극소수 국가들의 폐쇄된 리익집단에 불과한 G7은 결코 정의로운 국제사회를 대변하지 않으며 미국의 패권적지위보장에 복종하는 정치적도구에 불과하다.

우리는 G7이 하는 일에 대하여 추호의 관심도 가지고있지 않지만 만일 그들이 조선민주주의인민공화국의 자주권과 근본리익을 침해하려는 그 어떤 행동적기도를 보이는 경우 강력한 대응으로 철저히 불허할것이라는것을 명백히 한다.

이 기회에 나는 조선민주주의인민공화국이 핵무기전파방지조약의 제10조에 밝혀진 탈퇴절차에 따라 20년전에 벌써 상기조약에서 합법적으로 탈퇴함으로써 그 어떤 조약상의무로부터 자유롭다는것을 G7외무상들에게 다시한번 정중히 상기시키는바이다.

〈박창덕 기자〉

사람일보 2023. 4. 21.

35
"전쟁억제력강화활동을 철저히 실행할 것"
북 리병철 부위원장, "자기의 중대한 사명을 책임적으로 수행할것"

　북 리병철 당 중앙군사위원회 부위원장은 29일 한미 연합합동화력격멸훈련과 관련해 "우리는 현재 직면한 위협과 전망적인 위협들을 전면적으로 고찰하고 포괄적이며 실용적인 전쟁억제력강화활동을 보다 철저한 실천으로 행동에 옮겨나갈것"이라며 "조선민주주의인민공화국무력은 국가의 자주권과 안전을 믿음직하게 수호하기 위한 자기의 중대한 사명을 책임적으로 수행할것"이라고 밝혔다.
　북 통신은 30일 "5월 29일 리병철 조선로동당 중앙군사위원회 부위원장은 날로 침략적성격이 무모해지는 미국과 남조선의 반공화국군사적준동으로 조선반도와 지역의 군사적긴장이 더욱 엄중해지고있는것과 관련하여 조선중앙통신사를 통하여 다음과 같은 자위력강화입장을 발표하였다"며 이렇게 보도했다.
　보도 전문은 다음과 같다.

조선로동당 중앙군사위원회 부위원장 미국과 그 추종세력들의 군사적적대행위로 조선반도지역에 엄중한 정세가 조성된것과 관련하여 자위력강화입장을 표명

　5월 29일 리병철 조선로동당 중앙군사위원회 부위원장은 날로 침략적성격이 무모해지는 미국과 남조선의 반공화국군사적준동으로 조선반도와 지역의 군사적긴장이 더욱 엄중해지고있는것과 관련하여 조선중앙통신사를 통하여 다음과 같은 자위력강화입장을 발표하였다.

　현재 군사분계선과 인접한 남조선 경기도 포천일대에서는 미군과 남조선괴뢰군이 6년만에 처음으로 역대 최대규모의 《연합합동화력격멸훈련》이라는것을 벌려놓고있다.

　말그대로 교전상대에 대한 《격멸》을 목적으로 하여 다음달중순까지 련속적으로 진행되는 이번 연습에는 남조선주둔 미군과 괴뢰군의 각종 공격용 무장장비들이 동원된다.

　이와 함께 미국은 5월말부터 《대량살육무기전파방지》라는 구실밑에 남조선은 물론 일본, 오스트랄리아를 비롯한 추종세력들을 규합하여 주권국가에 대한 해상차단봉쇄를 기정사실화한 《전파안보발기(PSI)》훈련을 벌려놓으려 하고있다.

　지난 4월말 미국과 남조선이 우리 국가에 대한 핵무기사용계획을 서면화한 《워싱톤선언》이라는것을 발표한데 따라 40여년만에 처음으로 미해군 전략핵잠수함이 곧 남조선지역에 전개되게 된다.

　더욱 방치해둘수 없는것은 최근 미군이 아시아태평양작전전구에 배비된 각종 공중정찰수단들을 집중동원하여 조선반도와 주변지역에 대한 적대적인 공중정탐활동을 유례없는 수준에서 벌리고있는것이다.

지난 시기 조선동해 배타적경제수역권밖에서 우리 공화국의 동부지역을 감시하는데 동원되던 미공군 전략정찰기《RC-135S》들이 5월에 들어와 조선서해상공에까지 연일 투입되여 우리 영토의 전략적종심에 대한 감시정찰을 상시적으로 진행하고있으며《U-2》고공전략정찰기는 물론 무인전투기와 정찰기들인《MQ-9》와《RQ-4B》를 비롯한 각종 공중정찰수단들도 군사분계선으로부터 멀지 않은 조선서해 전연해상상공에까지 접근하여 매우 도발적이고 위험한 방식으로 우리측지역 특히는 서부지대에 대한 정탐행위를 감행하고있다.

조선반도지역에 전개되여 행동하는 미군의 공중정찰자산들의 작전반경과 감시권은 수도 평양을 포함한 공화국 서북부지대는 물론 주변국가의 종심지역과 수도권까지 포괄하고있으며 이는 조선민주주의인민공화국과 주변국가들에 있어서 심각한 위협으로 된다.

지역의 군사적긴장을 극도로 과열시키는 이러한 공중정탐행위들은 유사시 압도적인 정찰정보력을 바탕으로 우리 국가에 대한 선제적군사행동계획을 달성해보려는 미국주도의 연합군의 흉계를 명백히 보여주는것이며 적들의 반공화국침략군사행동준비상태를 여실히 실증해주고있다.

올해에 들어와 미국방장관의 남조선지역 행각을 계기로 상시배비수준으로 격상된 미핵전략공격수단들의 조선반도전개,규모와 기간에서 역대 최대로 확장된 미국남조선연합훈련들,사상유례없는 수준에서 벌어지고있는 공중정탐행위들은 조선반도안전환경의 현주소를 보여주는 집약판이며 지역정세에 매우 위험한 후폭풍과 역류를 몰아올수 있는 폭발잠재력을 내포하고있다.

미국과 그 추종세력들의 위험천만한 군사적준동으로 조성된 지역의 우려스러운 안전환경은 우리로 하여금 적들의 군사적행동기도를 실시간 장악할수 있는 믿음직한 정찰정보수단의 확보를 최대급선무로 요구하고있다.

하여 우리 당 제8차대회와 그 이후 진행된 6차례의 당중앙위원회 전원회의는 우리 무력앞에 절박한 과업을 제시하고 정당방위적조치를 강구할것을 명령하였다.

 오는 6월에 곧 발사하게 될 우리의 군사정찰위성 1호기와 새로 시험할 예정인 다양한 정찰수단들은 날이 갈수록 무모한 침략야욕을 노골적으로 드러내놓고있는 미국과 그 추종무력들의 위험한 군사행동을 실시간으로 추적,감시,판별하고 사전억제 및 대비하며 공화국무력의 군사적준비태세를 강화하는데서 필수불가결한것이다.

 미국과 남조선의 무분별한 군사적준동이 불러온 현 정세하에서 우리는 정찰정보수단의 확대와 각이한 방어 및 공격형무기들의 갱신의 필요성을 부단히 느끼고있으며 그 발전계획들을 실행해나갈 시간표들을 가지고있다.

 우리는 현재 직면한 위협과 전망적인 위협들을 전면적으로 고찰하고 포괄적이며 실용적인 전쟁억제력강화활동을 보다 철저한 실천으로 행동에 옮겨나갈것이다.

 조선민주주의인민공화국무력은 국가의 자주권과 안전을 믿음직하게 수호하기 위한 자기의 중대한 사명을 책임적으로 수행할것이다.

〈박창덕 기자〉

사람일보 2023. 5. 31.

36
북 김정은국무위원장, 금수산태양궁전 참배
북 통신, "가장 경건한 마음으로 추모"

북 조선중앙통신은 8일 김일성주석 서거 29돌에 즈음해 '경애하는 김정은동지께서 민족최대의 추모의 날에 즈음하여 금수산태양궁전을 찾으시였다'를 보도했다.

보도 전문은 다음과 같다.

경애하는 김정은동지께서 민족최대의 추모의 날에 즈음하여 금수산태양궁전을 찾으시였다

위대한 수령 김일성동지의 서거 29돐에 즈음하여 온 나라 전체 인민은 세월이 흘러도 진함없는 절절한 그리움과 경모심을 안고 자주, 자립, 자위로 부강번영하는 사회주의조선의 새 역사를 개척하시고 우리 조국의 존엄과 위상을 온 누리에 떨쳐주신 걸출한 수령, 민족의 어버이를 가장 경건한 마음으로 추모하고있다.

민족만대, 혁명만대에 길이 빛날 위대한 수령님의 고귀한 생애와 불멸의 업적은 강대한 조선의 영원한 힘, 백승의 기치가 되여 당중앙따라 전면적국가부흥의 새 지평을 향한 역사적진군을 다그치고있는 우리 당과 인민을 힘있게 고무추동하고있다.

조선노동당 총비서이시며 조선민주주의인민공화국 국무위원장이신 경애하는 김정은동지께서 민족최대의 추모의 날에 즈음하여 금수산태양궁전을 찾으시였다.

조선노동당 중앙위원회 정치국 상무위원회 위원들인 김덕훈동지, 조용원동지, 최룡해동지를 비롯한 당중앙지도기관 성원들, 조선노동당 중앙위원회 책임일군들, 무력기관, 성, 중앙기관 일군들이 참가하였다.

위대한 우리 당, 우리 공화국의 창건자, 건설자이시며 사회주의조선의 거룩한 영상이신 위대한 수령 김일성동지와 위대한 영도자 김정일동지께서 영생의 모습으로 계시는 금수산태양궁전은 숭엄한 분위기에 휩싸여있었다.

위대한 수령 김일성동지와 위대한 영도자 김정일동지의 입상에 경애하는 김정은동지께서 드리는 꽃바구니가 진정되였다.

조선노동당 중앙위원회, 조선민주주의인민공화국 국무위원회, 조선민주주의인민공화국 최고인민회의 상임위원회, 조선민주주의인민공화국 내각의 명의로 된 꽃바구니들이 진정되였다.

경애하는 김정은동지께서는 위대한 수령님과 위대한 장군님의 입상을 우러러 숭고한 경의를 표시하시였다.

참가자들은 한평생 주체의 신념과 강철의 담력으로 우리 당과 인민을 현명하게 영도하시며 사회주의강국건설위업의 승리적전진과 완성을 위한 만년주추를 억척으로 다져주신 위대한 수령님과 위대한 장군님께 삼가 영생

축원의 인사를 드리였다.

 전체 참가자들은 경애하는 김정은동지의 영도따라 필승의 낙관과 투지를 백배하여 당 제8차대회와 당중앙위원회 전원회의들의 결정관철을 위한 전인민적진군의 선봉에서 혁명의 지휘성원으로서의 책무를 다함으로써 우리 국가의 변혁적발전을 힘있게 견인해나갈 굳은 결의를 다짐하였다.

〈박달해 기자〉

사람일보 2023. 7. 8.

37
북 고체연료 '화성포-18'형 시험발사 단행
김정은 국무위원장 현지 지도, "새로운 전략무기체계시험에서의 대성공"

북 조선중앙통신은 전날 신형대륙간탄도미사일 '화성포-18'형시험발사를 단행했고 김정은 국무위원장이 지도했다고 13일 보도했다.

통신은 "핵전쟁의 참화로부터 우리 국가의 안전과 지역의 평화를 믿음직하게 수호하고 적대세력들의 위험천만한 군사적준동을 철저히 억제하기 위한 정당방위권강화의 일환으로 7월 12일 미싸일총국에서는 조선민주주의인민공화국 전략무력의 핵심무기체계인 신형대륙간탄도미싸일《화성포-18》형시험발사를 단행하였다"며 "이번 시험발사는 조선민주주의인민공화국을 적대시하는 미국과 그 추종세력들의 군사적도발행위가 전례없이 가증됨으로써 조선반도와 지역의 군사안보형세가 랭전시대를 초월하는 핵위기국면에 다가선 엄중한 시기에 당중앙군사위원회의 전략적판단과 중대결심에 따라 진행되였다"고 알렸다.

통신은 또 "신형대륙간탄도미싸일시험발사는 공화국전략핵무력을 더욱 고도화하는데 목적을 둔 필수적공정인 동시에 우리 국가에 대한 핵위협정책을 더욱 명백히 하고있는 우리의 적수들에게 흔들림없는 압도적대응의지와 물리적힘의 실체를 똑똑히 보여주고 적들에게 반공화국군사적선택의 위험성과 무모성을 다시한번 뚜렷이 각인시키기 위한 강력한 행동적경고로도 된다"며 "조선로동당 총비서이시며 조선민주주의인민공화국 국무위원장이신 경애하는 김정은동지께서 신형대륙간탄도미싸일《화성포-18》형시험발사를 현지에서 직접 지도하시였다"고 보도했다.

통신은 "발사된 미싸일은 최대정점고도 6,648.4㎞까지 상승하며 거리

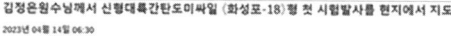

1,001.2㎞를 4,491s간 비행하여 조선동해 공해상 목표수역에 정확히 탄착되였다"며 "시험발사를 통하여 확증된 모든 신기록들은 신형전략무기체세의 능력과 믿음성, 군사적효용성의 증시로 되며 우리 공화국핵전략무력의 신뢰성에 대한 의심할바 없는 검증으로 된다"고 전했다.

보도 전문은 다음과 같다.

조선민주주의인민공화국 전략무력의 강화발전행로에 새겨진 또 하나의 의의 깊은 대사변

신형대륙간탄도미싸일시험발사 단행
경애하는 김정은동지께서 대륙간탄도미싸일 《화성포-18》형시험발사를 지도하시였다

핵전쟁의 참화로부터 우리 국가의 안전과 지역의 평화를 믿음직하게 수호하고 적대세력들의 위험천만한 군사적준동을 철저히 억제하기 위한 정당

방위권강화의 일환으로 7월 12일 미싸일총국에서는 조선민주주의인민공화국 전략무력의 핵심무기체계인 신형대륙간탄도미싸일 《화성포-18》형시험발사를 단행하였다.

이번 시험발사는 조선민주주의인민공화국을 적대시하는 미국과 그 추종세력들의 군사적도발행위가 전례없이 가증됨으로써 조선반도와 지역의 군사안보형세가 냉전시대를 초월하는 핵위기국면에 다가선 엄중한 시기에 당중앙군사위원회의 전략적판단과 중대결심에 따라 진행되였다.

지난 4월 반공화국핵대결강령인 《워싱톤선언》을 조작해낸 미국은 미일남조선《3자핵동맹》의 모체로 될 미국남조선《핵협의그루빠》회의를 통하여 공공연히 우리 국가를 반대하는 핵무기사용을 모의하려고 획책하고있으며 미전략자산의《가시성》증대의 미명하에 핵추진잠수함과 핵전략폭격기를 조선반도와 그 주변에 무시로 출몰시키면서 지역정세를 사상초유의 핵전쟁접경에로 몰아가고있다.

보다 엄중한것은 우리의 주권영역을 침범하면서까지 극히 도발적인 공중정탐행위에 매여달리고있는 미국이 40년만에 처음으로 전략핵을 탑재한 미핵잠수함을 남조선에 투입하여 조선반도지역에 핵무기를 재반입하려고 기도하고있는것이다.

미국의 이러한 군사적망동은 교전일방을 겨냥한 상시적인 군사준비태세를 훨씬 초월하여 조선반도정세를 실제적인 무력충돌상황으로 몰아가는 철두철미 침략성도발행위이며 지역의 군사정치정세와 안전구도에 돌이킬수 없는 부정적영향을 미치고있다.

조선반도와 동북아시아지역에 새로운 연쇄핵위기를 몰아올 미국과 남조선의 광기적인 대결기도가 더이상 허용할수 없는 임계점에 근접한 현정세는 조선민주주의인민공화국으로 하여금 적대세력들의 무모한 정치군사적도발을 물리적힘으로 억제하고 자기스스로를 철통같이 방위하기 위한 자위력강화, 자위적핵전쟁억제력제고에 더욱 박차를 가할것을 요구하고있다.

신형대륙간탄도미싸일시험발사는 공화국전략핵무력을 더욱 고도화하는

데 목적을 둔 필수적공정인 동시에 우리 국가에 대한 핵위협정책을 더욱 명백히 하고있는 우리의 적수들에게 흔들림없는 압도적대응의지와 물리적힘의 실체를 똑똑히 보여주고 적들에게 반공화국군사적선택의 위험성과 무모성을 다시한번 뚜렷이 각인시키기 위한 강력한 행동적경고로도 된다.

조선로동당 총비서이시며 조선민주주의인민공화국 국무위원장이신 경애하는 김정은동지께서 신형대륙간탄도미싸일《화성포-18》형시험발사를 현지에서 직접 지도하시였다.

시험발사는 신형대륙간탄도미싸일무기체계의 기술적신뢰성과 운용믿음성을 재확인하는데 목적을 두고 진행되였다.

시험발사는 주변국가들의 안전과 영내비행중 다계단분리의 안전성을 고려하여 1계단은 표준탄도비행방식으로, 2, 3계단은 고각비행방식으로 설정하고 최대사거리체제에서의 무기체계의 각 계통별 기술적특성들을 확증하는 방법으로 진행하였다.

경애하는 김정은동지께서 중앙지휘감시소에 오르시여 신형전략무기시험발사를 승인하시자 김정식대장이 시험발사임무를 맡은 미싸일총국 제2붉은기중대에 발사명령을 하달하였다.

순간 온 행성을 뒤흔들며 우리의 힘, 우리의 기술이 만장약된 전략무기의 실체를 세상에 알리는 장엄한 폭음이 터져오르고 거대한 동체가 시뻘건 불줄기를 내뿜으며 대지를 박차고 우주만리로 솟구쳐올랐다.

신형대륙간탄도미싸일시험발사는 주변국가들의 안전에 그 어떤 부정적영향도 주지 않았다.

발사된 미싸일은 최대정점고도 6,648.4㎞까지 상승하며 거리 1,001.2㎞를 4,491s간 비행하여 조선동해 공해상 목표수역에 정확히 탄착되였다.

시험발사를 통하여 확증된 모든 신기록들은 신형전략무기체계의 능력과 믿음성, 군사적효용성의 증시로 되며 우리 공화국핵전략무력의 신뢰성에 대한 의심할바 없는 검증으로 된다.

국가핵무력건설전망계획에 따라 조선민주주의인민공화국 전략무력이 장비하고 운용하게 되는 이 신형대륙간탄도미싸일 《화성포-18》형무기체계는 각이한 반공화국핵전쟁위협과 도발적인 침략행위들을 철저히 억제하고 압도적으로 대응하며 우리 국가의 안전을 믿음직하게 수호하는 가장 강력한 핵심주력수단으로서의 사명과 임무를 수행하게 된다.

경애하는 김정은동지께서는 시험발사결과에 대만족을 표시하시면서 굳건한 자위적핵전쟁억제력, 압도적인 공격력을 철저히 갖춘 공화국의 위력적실상을 힘있게 과시한 오늘의 이 사변적인 성과는 공화국전략무력발전에서 또 한번의 중요한 진일보로 된다고 기쁨에 넘쳐 말씀하시였다.

경애하는 김정은동지께서는 적대세력들에 의해 조선반도안전환경이 각일각 엄중히 위협당하고있는 불안정한 현정세는 당 제8차대회가 제시한 핵전쟁억제력강화노선관철에 더욱 강도높이 매진분투할것을 요구하고있다고 하시면서 보다 발전적이고 효용적이며 신뢰할수 있는 무기체계개발을 지속적으로 다그쳐나가려는 우리 당과 공화국정부의 전략적노선과 방침에는 추호의 변화도, 흔들림도 없을것이라고 다시금 천명하시였다.

경애하는 김정은동지께서는 현실이 보여주듯이 적대세력들의 군사적위협과 도전들이 가증될수록 국가방위력강화를 위한 우리의 전진행로에는 보다 놀라운 사변들만이 끊임없이 새겨지게 된다는것이 공인된 법칙이라고, 미제와 남조선괴뢰역도들이 부질없는 반공화국적대시정책의 수치스러운 패배를 절망속에 자인하고 단념할 때까지 보다 강력한 군사적공세를 연속적으로 취해나갈것이라고 재삼 확언하시였다.

경애하는 김정은동지께서는 공화국핵전략무력강화를 힘있게 추동해나가는데서 국방과학부문앞에 나서는 전략적과업들을 제시하시였다.

경애하는 김정은동지께서는 미제의 《강대성》의 신화를 여지없이 깨버리고 위대한 조선인민이 쟁취한 뜻깊은 전승절 70돐을 앞두고 새로운 전략무기체계시험에서의 대성공으로써 영원한 승리의 역사를 시대와 미래앞에 기약한 국방과학연구부문의 전체 과학자, 기술자들에게 열렬한 축하와 감사의 인사를 보내시였다.

전체 국방과학자들은 당과 혁명, 조국과 인민앞에 지닌 중대한 사명과 임무를 다해나갈 엄숙한 맹세를 다짐하였다.

〈박달해 기자〉

사람일보 2023. 7. 13.

38
"인류 평화와 안전 수호한 기념비적대승"
북 신문, '위대한 전승의 력사적 의의는 영원불멸할 것이다' 논설

북측은 '전승절'이라 부르는 오는 27일 6·25전쟁 정전협정 70주년을 앞두고 7.27의 의의와 관련해 "현대력사에서 7. 27이 가지는 중대한 의미는 공화국의 존엄과 자주권, 찬란한 미래를 지켜낸데만 있는것이 아니다"며 "새로운 세계대전을 막아내여 인류와 행성을 대참화로부터 구원하고 자주시대의 흐름을 힘있게 추동한 바로 여기에 위대한 전승 7. 27의 세계사적의의가 있고 영웅적조선인민의 특출한 공적이 있다"고 밝혔다.

북 로동신문은 24일 '위대한 전승의 력사적 의의는 영원불멸할 것이다' 제하의 논설에서 "조국해방전쟁의 승리는 미제의 세계제패전략실행을 저지 파탄시키고 인류의 평화와 안전을 수호한 기념비적대승"이라며 이렇게 밝혔다.

논설은 전쟁의 국제적 성격에 대해 "조국해방전쟁은 지리적규모에서 볼 때 조선반도에서 벌어진 국부전쟁이였지만 그 성격에서 볼 때는 새로운 세계대전의 서막이였다. 제2차 세계대전후 제국주의진영의 우두머리, 초대국으로 등장한 미국의 침략야망은 행성의 모든 곳에 뻗어있었다. 미제가 조선전쟁을 도발한것은 공화국북반부를 강점하고 전 조선을 식민지화할뿐 아니라 제3차 세계대전을 일으켜 세계를 제패하기 위한 첫 실천행동이였다"며 "미제의 새로운 세계대전도발야망은 제1단계는 조선침략전쟁으로 시작하며 제2단계는 전쟁을 만주로 확대하며 마지막단계에는 쏘련에까지 쳐들어갈것을 예견한 《A, B, C계획》을 작성한데서 여실히 드러났다. 조선전쟁의 국제적성격은 미제침략군만이 아니라 방대한 추종국가무력까지 참전한 사실을 놓고서도 잘 알수 있다"고 알렸다.

　논설은 "식민지통치하에서 갓 해방된 나라, 아직은 너무도 청소한 군사경제력을 가진 작은 나라가 자기의 운명뿐 아니라 인류의 장래까지도 걸머지고 력사적중임을 훌륭히 수행한것은 사상초유의 기적이 아닐수 없다"며 "결코 1950년대뿐만이 아니였다. 이후 70년간 사회주의와 제국주의간의 가장 첨예한 전구, 세계최대의 열점지역을 지켜선 우리 공화국은 불패의 보루로 위용떨쳐왔으며 동아시아지역과 세계의 평화번영에 거대한 기여를 하였다. 만일 우리 국가와 인민이 남들처럼 경제발전에만 편중하였더라면 이 땅에서는 력사에 기록된 모든 전쟁보다 더 큰 참변을 빚어낼 열핵전쟁이 수십번도 일어나고 세계적판도에로 확대되였을것이며 오늘의 문명세계도 존재하지 못하였을것"이라고 전했다.

　논설 전문은 다음과 같다.

위대한 전승의 력사적의의는 영원불멸할것이다
조국해방전쟁승리 70돐에 즈음하여

　제국주의강적을 때려부신 승리자들의 함성이 강산을 진감하고 온 행성이 영웅조선의 전승신화에 대한 경탄으로 들끓던 력사의 그날로부터 어느덧 70년세월이 흘렀다.

　세계전쟁사에 그 전례를 찾아볼수 없는 중과부적인 열전에서 1950년대의 조국수호자들은 막중한 시대적사명감을 자각하고 우리 조국의 존엄과 자주권뿐 아니라 세계의 평화와 안전을 피로써 지켜냈으며 광활한 미래를 열어놓았다.

　시대는 전진하고 투쟁목표는 비할바없이 높아졌지만 우리 혁명의 계급적 성격은 변하지 않았다. 미국과 그 추종세력의 도전은 날로 가중되고 조건과 환경은 의연히 엄혹하다. 조국과 혁명앞에, 시대와 인류앞에 우리 인민이 스스로 걸머진 영예로운 중임도 달라지지 않았다.

　경애하는 김정은동지의 령도따라 사회주의건설의 전면적발전을 위한 장엄한 진군을 다그치고있는 오늘 가장 준엄한 시련속에서 쟁취한 위대한 전승을 돌이켜보고 그 의의를 다시금 새겨안는것은 우리 세대에 있어서 영웅적위훈을 창조해나갈수 있는 사상정신적량식을 든든히 마련하는 중요한 계기로 된다.
　조국해방전쟁승리의 력사적의의는 우리모두가 어떤 신념을 가져야 하고 무엇을 지켜야 하며 어떤 인생관, 미래관으로 투쟁하여야 하는가를 생동하게 가르쳐주고 위대한 새 승리에로 떠밀어준다. 그것으로 하여 승리의 7.27의 의의는 당대에도 거대하였지만 오늘도 끝없이 증폭되고있다.

1

　경애하는 김정은동지께서는 다음과 같이 말씀하시였다.
　《위대한 수령 김일성동지의 현명한 령도밑에 청소한 우리 군대와 인민은 조국해방전쟁에서 력량상 대비가 안되는 강대한 적, 세계〈최강〉을 자랑하는 미제를 타승하는 력사의 기적을 창조하였다.》

전쟁은 한 나라, 한 민족에 있어서 존망이 판가름되는 최악의 전면적시련이다. 이 시기에 해당 나라 인민의 운명개척정신의 높이와 정치, 군사, 경제력의 총체인 국력의 심도가 뚜렷이 검증된다. 비할바없이 우세한 대적과 맞서 가장 극악한 조건과 환경에서 승리를 전취한 국가와 인민이야말로 최강의 정신력과 국력을 가지고있다고 당당히 자부할수 있다.

　　지난 조국해방전쟁은 락후한 식민지반봉건사회의 처지에서 갓 벗어난 신생조선이 제국주의렬강들을 선두로 한 방대한 침략무력과 맞서야 했던 너무도 힘에 부친 대란이였다. 우리 민족사에 강대한 외래침략자들과 대적한 례는 한두번이 아니였지만 이때처럼 근 20개 나라의 다국적무력과 치렬한 혈전을 치르어야 했던적은 일찌기 없었다.

　　미제가 조선의 운명은 《72시간내에 결판》나게 될것이라고 호언장담하였던 전쟁이 2만 7천여시간이나 지속되고 마침내 우리 국가와 인민의 통쾌한 승전으로 결속된것은 세인의 예상을 안전히 뒤바꾼 천지지변이였다. 하기에 외국의 한 언론은《너무도 얻어맞아 만신창이 되다 못해 아예 없어질번한 미국의〈큰 주먹〉과 세계의 찬탄의 눈길을 모으며 승리의 단상에 오른 공화국의〈작은 주먹〉! 크지만 약한 리유, 작지만 강한 까닭은 과연 무엇인가.》라고 대서특필하였다.

　　우리의 승리는 참으로 값비싼것이였다. 전쟁의 3년간 인두겁을 쓴 미제의 야수적만행으로 하여 우리 인민이 입은 정신물질적피해는 천문학적액수에 달한다. 이 나라 모든 가정이 피눈물에 젖었고 수많은 혈육들이 갈라졌으며 온 나라가 완전히 재더미로 되였다. 하지만 우리는 전쟁의 승리를 통하여 잃은것보다 더 귀하고 많은것을 얻었으며 가장 큰 국난을 전진과 발전의 도약대로 반전시켰다.

　　조국해방전쟁의 승리가 가지는 의의는 무엇보다 공화국의 존엄과 명예, 자주권을 사수하고 자주적발전환경을 지켜낸데 있다.

　　위대한 수령님께서는 사대와 망국으로 얼룩진 민족수난의 력사와 인민의 념원, 시대발전의 추이를 깊이 통찰하신데 기초하여 새형의 자주독립국가,

조선민주주의인민공화국을 창건하시였다. 우리 공화국은 창건된 첫날부터 모든 로선과 정책을 자기 인민의 리익과 자기 나라의 실정에 맞게 책정실시하였으며 강력한 자립경제와 자위력건설을 힘있게 추진하였다.

미제와 그 주구들의 무력침공은 자주, 자립, 자위의 기치를 높이 추켜든 우리 국가에 있어서 처음으로 되는 경난이였다. 또다시 제국주의의 식민지가 되느냐 아니면 자주독립국가의 존엄을 지키느냐 하는 운명적인 전쟁에서 력사적쾌승을 이룩함으로써 우리 공화국은 피로써 쟁취한 민족적독립을 고수하고 해방후 달성한 민주개혁과 새조국건설의 성과들을 수호하였으며 국가활동에서 자주성을 꿋꿋이 견지할수 있게 되였다. 우리 당과 인민은 국가건설의 첫시기부터 주체험을 강화하여왔기에 창건된지 불과 2년도 안되였지만 배심든든히 제국주의떼무리와 맞서 싸울수 있었다. 남의 원조에는 한계가 있기마련이다. 우리의 힘이 강하지 않았더라면 세계평화애호력량의 지지성원도 기대할수 없었을것이며 정전협정에서 우리의 요구를 전면적으로 관철할수도 없었을것이다.

국가가 존립하고 자주적으로 발전하려면 자유로운 삶을 누리는 인민이 있어야 하고 령토가 있어야 한다. 수천만 사람들의 생명과 귀중한 국토를 지켜낸 조국해방전쟁의 력사적승리로 하여 우리 국가는 자주의 궤도따라 줄기차게 전진하게 되였으며 인민의 무궁무진한 창조적지혜와 힘, 풍요한 자연부원에 의거하여 자력번영을 이룩해나갈수 있게 되였다.

조국해방전쟁의 승리가 가지는 의의는 또한 전후 우리 나라 사회주의혁명과 건설의 위대한 새 력사를 방향지을수 있게 한데 있다.

자주성을 완전히 실현하는것은 인민대중의 최고리상이며 그 세기적인 숙망과 리상을 성취하는 유일한 길은 사회주의에 있다. 사회주의혁명과 건설은 인류력사상 가장 심각한 사회적변혁인것만큼 그를 수행하자면 자체의 강력한 혁명력량과 전제조건이 마련되여야 한다.

제국주의강적을 짓부시는 매우 어렵고 복잡한 전쟁행정에서 혁명의 참모부인 당이 조직사상적으로 더욱 강화되고 인민정권이 튼튼히 다져졌으며 풍부한 실천경험을 소유한 핵심골간들이 육성되였다. 특히 우리 인민의 정치적 및 계급적각성이 비상히 높아지고 사상의지도 억세게 단련되였다. 위대한 수령님께서 교시하신바와 같이 지난날의 조선인민을 단련되지 않은 《떡쇠》라고 한다면 전쟁을 이긴 조선인민은 전기로에서 단련된 《특수강》이라고 할수 있었다. 실로 이것은 전쟁과정에 이룩된 가장 큰 승리이고 계속혁명의 제일 큰 밑천이였다.

생산관계의 사회주의적개조는 도시와 농촌에서 오랜 세월 내려오던 개인경리를 집단경리로 개조하는 력사적변혁이므로 그 준비사업을 착실하게 하여 유리한 전제조건과 충분한 경험을 쌓는것이 절실하다. 위대한 수령님의 선견지명있는 령도밑에 전화의 불길속에서 공업과 농업, 상업부문 등에서 사회주의경제형태를 확대하기 위한 준비사업이 적극 추진되였다. 전후 그처럼 짧은 기간에 복구건설을 끝내였으며 지체없이 사회주의혁명을 수행하고 불패의 사회주의국가를 일떠세울수 있은것은 가렬한 전쟁시기 이를 위한 주체적력량과 토대를 마련하는 사업을 예견성있게 내밀어오신 위대한 수령님의 현명한 령도를 떠나서 생각할수 없다.

조국해방전쟁승리의 의의는 또한 우리 조국과 인민이 영원히 승리해나갈수 있는 긍지높은 전통과 재부를 마련한데 있다.

다른 사물현상에는 우연이 있을수 있어도 힘과 정신력의 대결인 전쟁에서는 우연이란 있을수 없다. 대비할수없이 우세한 강적들을 련이어 타승했다면 그것은 우연이 아니라 필연이다. 간고한 항일대전에서 빛나는 승리를 이룩한데 이어 준엄한 조국해방전쟁에서 미제를 괴수로 하는 제국주의련합세력을 굴복시킴으로써 반제대결전에서의 백전백승은 우리 인민의 자랑스러운 전통으로 반석같이 자리잡았다. 이 특유의 전통이 있음으로 하여 지난세기 50년대부터 오늘까지 영웅조선은 비대한 힘을 믿고 설쳐대는《악의 제국》을 걸음마다 통쾌하게 족쳐대기만 하고 미국은 움쩍거릴 때마다 우리에게 된매를 맞는 수치와 오욕의 력사를 되풀이하고있다.

전민항전인 혁명전쟁의 빛나는 승리는 인민의 사상정신력을 최대로 분출시키는 기폭제이다. 조국해방전쟁에서 수령결사옹위정신, 애국주의정신, 영웅적희생정신을 핵으로 하는 조국수호정신이 창조되고 전인민적인 사상감정으로 승화됨으로써 이후 공화국의 전진로에서는 천리마대고조, 속도전의 시대, 사회주의강국건설의 새시대의 탄생과 같은 기적적사변들이 련속다발적으로 일어나게 되였다.

한마디로 말하여 우리는 조국해방전쟁에서 자주의 성새, 인민의 새 나라를 지켜냈고 더욱 강대하고 번영할 주체조선의 밝은 미래를 떠올렸다.

2

현대력사에서 7. 27이 가지는 중대한 의미는 공화국의 존엄과 자주권, 찬란한 미래를 지켜낸데만 있는것이 아니다. 새로운 세계대전을 막아내여 인류와 행성을 대참화로부터 구원하고 자주시대의 흐름을 힘있게 추동한 바로 여기에 위대한 전승 7. 27의 세계사적의의가 있고 영웅적조선인민의 특출한 공적이 있다.

조국해방전쟁의 승리는 미제의 세계제패전략실행을 저지파탄시키고 인류의 평화와 안전을 수호한 기념비적대승이다.

조국해방전쟁은 지리적규모에서 볼 때 조선반도에서 벌어진 국부전쟁이였지만 그 성격에서 볼 때는 새로운 세계대전의 서막이였다. 제2차 세계대전후 제국주의진영의 우두머리, 초대국으로 등장한 미국의 침략야망은 행성의 모든 곳에 뻗어있었다. 미제가 조선전쟁을 도발한것은 공화국북반부를 강점하고 전 조선을 식민지화할뿐 아니라 제3차 세계대전을 일으켜 세계를 제패하기 위한 첫 실천행동이였다. 미제의 새로운 세계대전도발야망은 제1단계는 조선침략전쟁으로 시작하며 제2단계는 전쟁을 만주에로 확대하며 마지막단계에는 쏘련에까지 쳐들어갈것을 예견한 《A, B, C계획》을 작성한데서 여실히 드러났다. 조선전쟁의 국제적성격은 미제침략군만이 아니라 방대한 추종국가무력까지 참전한 사실을 놓고서도 잘 알수 있다.

대홍수가 나기 전에는 큰비가 내리듯이 세계대전에도 첫 징후가 있다. 돌이켜보면 파쑈도이췰란드의 뽈스까침공은 세계정복야망을 실현하기 위한 모험적인 첫걸음이였다. 그것을 제때에, 단호히 저지시키지 못한것으로 하여 제2차 세계대전이 발발하였다. 5,000만~5,500만명이 목숨을 잃고 5만개의 도시와 농촌이 재더미로 화하였으며 수억만 인민들이 헤아릴수 없는 불행과 고통을 겪어야 했던 력사의 대참극은 절대로 되풀이되여서는 안된다.

위대한 7. 27은 미제가 세계제패전략실행의 첫걸음부터 패전의 고배를 마시게 함으로써 전쟁광신자들의 기를 꺾어놓았다. 력사의 이날이 없었다면 인류사에 가장 참혹하였던 제2차 세계대전의 페허에서 금방 벗어나 평화와 발전의 새시대를 맞이하였던 인류의 머리우에 또다시 불세례가 쏟아졌을것이다. 미제는 조선전쟁기간 원자탄사용기도를 한두번만 드러내지 않았으며 실지로 남조선에 원자탄을 반입하고 그 두하훈련까지 벌리였다. 미국이 기도한 제3차 세계대전은 불피코 핵전쟁으로 번져졌을것이며 그것은 상상만 해도 몸서리치는 대재앙이 되였을것이다. 력사는 자기의 무수한 피와 목숨을 바쳐 미제를 침략전쟁의 불을 질렀던 자리에 꿇어앉히고 각일각 림박하였던 핵전쟁위기를 가져냈으며 세계의 평화로운 발전환경을 사수한 영웅적조선인민의 거대한 공헌과 업적을 금문자로 아로새겼으며 영원히 전해갈것이다.

조국해방전쟁의 승리가 가지는 다른 하나의 인류사적의의는 세계정치구도를 변화시키고 자주와 사회주의에로 나아가는 시대의 흐름을 힘차게 추동하였다는데 있다.

제2차 세계대전이 반파쑈민주진영의 승리로 끝남으로써 국제적력량관계에서는 근본적인 변화가 일어났다. 미제는 제국주의체계유지에 치명적타격으로 되는 사회주의체계의 출현을 매우 두려워하면서 그를 요람기에 없애버리는데 총력을 기울였다. 여기에서 미국이 제일 중시한 곳이 쏘련, 중국과 직접 잇닿아있고 새로 독립한 나라들의 선두에서 사회주의길로 활기차게 나아가는 우리 공화국이였다. 미제는 조선은 아시아에서 미국의 모든 성공이 달려있을지도 모르는 리념상의 싸움터라고 하면서 이 두 제도간의 대결에서 미국의 승리를 보장하여야 한다고 내놓고 떠벌이였다.

미제가 도발한 조선전쟁은 제국주의련합세력의 《반공십자군원정》이였다. 조국해방전쟁의 승리는 자본주의에 비한 사회주의의 절대적우월성과 위력을 남김없이 과시하였으며 지구의 도처에서 사회주의를 지향하는 열기를 고조시키는 전환점으로 되였다. 우리 인민이 민주주의진영의 최전방을 철옹성같이 사수하였기에 사회주의나라, 인민민주주의나라들은 유리한 평화적환경속에서 혁명과 건설을 힘있게 다그칠수 있게 되였다.

한점의 불꽃이 료원의 불길로 타오르듯이 제국주의의 예속을 반대하고 민족적독립을 위한 투쟁에서 혁혁한 승리를 쟁취한 우리 인민의 영웅적기개와 본보기적경험은 세계의 자주화실현에서 비상한 견인력을 발휘하였다. 조선전쟁전까지만 하여도 세계피압박민족들은 식민지노예의 처지에서 벗어나 자유와 해방을 누리기를 갈구하였으나 그 실현을 위한 투쟁에 적극 나서지 못하고있었다. 그것은 숭미공미사상, 제국주의에 대한 환상과 공포에 깊숙이 빠져있었기때문이였다. 반미대승의 시원인 조국해방전쟁은 제국주의괴수인 미국이 결코 불가항력적인 존재도, 《자유세계의 화신》, 《문명의 사도》도 아니며 작은 나라 인민들도 정의의 위업을 위하여 힘을 다해 싸우면 그 어떤 강대한 제국주의침략세력도 능히 타승할수 있다는것을 실증함으로써 제국주의에 대한 세상사람들의 견해를 근본적으로 변화시키고 반제민족해방투쟁의 열기를 격양시켰다. 이것은 조국해방전쟁직후인 1955년부터 1966년에 이르는 기간에 식민지기반에서 해방된 독립국가의 수가 근 2배로 장성한 사실만 놓고서도 잘 알수 있다.

식민지통치하에서 갓 해방된 나라, 아직은 너무도 청소한 군사경제력을 가진 작은 나라가 자기의 운명뿐 아니라 인류의 장래까지도 걸머지고 력사적중임을 훌륭히 수행한것은 사상초유의 기적이 아닐수 없다. 결코 1950년대뿐만이 아니였다. 이후 70년간 사회주의와 제국주의간의 가장 첨예한 전구, 세계최대의 열점지역을 지켜선 우리 공화국은 불패의 보루로 위용떨쳐왔으며 동아시아지역과 세계의 평화번영에 거대한 기여를 하였다. 만일 우리 국가와 인민이 남들처럼 경제발전에만 편중하였더라면 이 땅에서는 력사에 기록된 모든 전쟁보다 더 큰 참변을 빚어낼 열핵전쟁이 수십번도 일어나고 세계적판도에로 확대되였을것이며 오늘의 문명세계도 존재하지 못하였을것이다.

하기에 위대한 7. 27은 국제적의무에 충실한 영웅조선의 상징으로서 우리 인민뿐 아니라 세계가 영원히 경축하는 인류공동의 명절로 되는것이다.

3

우리 조국과 민족의 운명개척과 인류력사발전에 커다란 공헌을 한 위대한 전승 7. 27은 고귀한 진리를 새겨주었으며 그 생명력은 영원하다.

이 진리를 명줄처럼 새겨안고 그 요구대로 투쟁하면 우리는 언제나 백전백승하며 위대한 전승국, 영웅조선, 영웅인민의 명성과 영예를 대를 이어 빛내여나갈수 있다. 우리 당과 인민이 해마다 7. 27을 성대히 기념하는것은 단순히 빛나는 과거를 자축하기 위해서가 아니라 억만금으로도 살수 없는 진리를 다시금 뼈에 새기고 보다 큰 승리를 안아오기 위해서이다.

7. 27이 가르쳐주는 진리는 첫째로 자기 수령을 절대적으로 믿고 그 령도에 충실한 인민은 어떠한 강적도 물리치고 필승불패한다는것이다.

수령의 현명한 령도는 전쟁승리의 결정적요인이다. 발톱까지 무장한 제국주의반동세력과 싸워야 하는 혁명전쟁에서 승리하자면 위대한 수령의 령도를 받아야 한다. 수령의 탁월한 령도는 위대한 혁명사상과 신념, 백승의 전략전술로 무장한 인민과 군대를 키우고 적대세력의 수적, 기술적우세도 타파하는 기적을 낳는다.

지난 조국해방전쟁시기 적들은 최신무장장비들을 갖추고 물질경제적잠재력도 막강하였다. 우리 인민과 군대는 비록 무기는 렬세하였지만 자신감이 강하였다. 그것은 민족의 전설적영웅이시고 백전백승의 강철의 령장이신 위대한 김일성장군님께서 우리를 이끄시기에 반드시 승리한다는 든든한 배심이 있었기때문이다. 전쟁의 3년간은 이 절대적믿음이 과학임을 뚜렷이 증시하였다.

위대한 수령님께서 전쟁의 매 단계마다 제시하신 독창적이고 과학적인 전략전술적방침과 전법들은 제노라 하는 부르죠아군사가, 책략가들이 고안해낸 수많은 《군사적공세》들을 물거품으로 만들었다. 위대한 수령님의 숭고한 사랑과 믿음은 청소한 우리 인민군대가 필승불패의 강군으로 위용떨치고 평범한 인민들뿐 아니라 나어린 소년들까지 향토보위에서 적들을 전률케 하는 무비의 영웅성을 발휘할수 있게 한 원천이였다.

단순히 용맹한 기질로만이 아니라 미래에 대한 신념으로 하는것이 혁명전쟁이다. 포연속에 잠긴 우리 조국땅에서는 전후복구건설을 위한 계획도 작성, 과학원과 공장대학창립, 전선에서 대학생들과 체육선수들의 소환, 대과수기지의 창설과 산림보호와 관련한 최고사령관 명령발표와 같은 경이적인 사변들이 련이어 터지였다. 위대한 수령님의 혁명적락관주의와 드놀지 않는 배짱은 승리할 래일을 확신하며 하나밖에 없는 조국을 위하여 피더운 가슴으로 적화점을 막고 팔다리가 부서지면 턱으로 중기압철을 누른 불사조들, 적들의 폭격과 포격의 불바다속에서도 전쟁전보다 더 많은 알곡수확을 내는 애국농민들의 대부대를 낳았다.

사실 조국해방전쟁은 두개의 전쟁 즉 정면으로 덤벼드는 침략자들과의 대격전과 함께 내부에서 악랄하게 준동하는 반당반혁명분자들과의 투쟁을 동시에 벌려야 하는 매우 간고한 싸움이였다. 력사에는 비밀없는 전쟁을 치르어야 하는 극난속에서도 강인담대한 배짱과 령활무쌍한 지략으로 항상 주도권을 틀어쥐고 강대한 제국주의련합세력을 타승하신 위대한 수령님과 같은 전설적인 령장은 없다.

위대한 수령님만 믿고 따르면 살길도 열리고 수령님의 가르치심대로만 하면 타승 못할 대적도, 극복 못할 난관도 없다. 이것이 철화속을 헤치며 우리 인민이 체득한 승리철학이다. 하기에 전화의 나날 우리 인민과 군대는 수령의 구상과 의도, 명령지시를 철저히 관철하는것을 삶의 더없는 보람으로 여기고 희생적으로 싸웠다.

오늘도 조국해방전쟁승리기념관을 찾는 사람들에게 커다란 충격과 감명을 안겨주는것은 위대한 수령님께 화선용사들과 후방의 인민들, 소년근위대원들이 삼가 올린 충성의 맹세문들이다. 수령과 인민의 일치단결의 축도인 력사의 증견물들은 전쟁승리의 근본원천이 어디에 있으며 제국주의가 가질수도 흉내낼수도 없는 조선의 《절대병기》가 무엇인가를 후세토록 전해주는 영원한 승리의 증서들이다. 미제는 저들의 패전원인에 대해 불리한 지형과 맞다들고 시기를 잘못 택하였다는 식으로 변명하였다. 그러나 적들은 어제도 오산하였고 오늘도 오산하고있다. 위대한 수령을 모신 나라, 수령과 일심일체를 이룬 위대한 인민을 감히 건드리려는자들은 어느때든, 어느곳에서나 패배를 면치 못한다.

7. 27이 새겨주는 진리는 둘째로 전체 인민의 반제계급의식이 투철하여야 승리자가 될수 있다는것이다.

혁명전쟁은 계급적원쑤들과의 누가 누구를 하는 판가리싸움이다. 계급적원쑤들에 대한 비타협적인 투쟁정신으로 머리끝부터 발끝까지 무장하지 못하면 치렬한 전쟁에서 승리할수 없다.

반제계급성전에서 혁명적인민이 지녀야 할 사상정신은 제국주의자들과 계급적원쑤들의 본성은 절대로 변하지 않으며 원쑤들과는 오직 견결하게, 끝까지 싸워 이겨야 한다는 투철한 각오이다. 승냥이는 피를 먹어야 살수 있듯이 제국주의자들과 계급적원쑤들은 근로인민의 피와 땀으로써만 생존할수 있다. 침략과 략탈, 야수성을 체질화한 원쑤들에 대한 환상은 곧 죽음이다.

우리 당은 새조국건설의 첫시기부터 영원히 변할수 없는 미제의 본성과 흉계를 꿰뚫어보고 그에 철저히 대비하였기에 적들의 불의의 침공도, 단말마적발악도 걸음마다 분쇄하고 승리를 쟁취할수 있었으며 온 민족이 완전히 절멸될번한 대참사도 막아낼수 있었다.

투철한 반제계급의식과 량립될수 없는 사상경향이 바로 적에 대한 공포이다. 적에 대한 환상이 원쑤들의 본성에 대한 무지의 표현이라면 공포는 적의 《강대성》에 대한 패배의식의 발현이다. 전략적인 일시적후퇴시기 우리 인민과 군대는 추호의 비관과 동요도 없이 고난의 천리길을 헤쳐 위대한 수령님의 품으로 찾아왔으며 미제의 끈질긴 원자탄공갈에도 끄떡하지 않고 대중적영웅주의와 희생성을 발휘하여 마침내 전승의 축포를 쏴올릴수 있었다.

화약은 젖지 말아야 멸적의 위력을 발휘한다. 가렬한 조국해방전쟁과 오늘까지의 반미대결전이 보여주듯이 계급의식, 주적관이 흔들림없을 때 피로써 쟁취한 승리의 전통을 꿋꿋이, 줄기차게 이어나갈수 있다.

그 어떤 대적도 압승할수 있는 자위력우에 영원한 평화가 있다. 이것은 조국해방전쟁과 이후 70년의 조미대결사가 새겨주는 또 하나의 진리이다.

강자앞에서는 비굴해지고 약자앞에서는 포악해지는것이 제국주의승냥이들의 행태이다. 힘을 만능으로 삼는 제국주의자들은 오직 힘으로만 굴복시킬수 있으며 그 힘은 세계제일의것이여야 한다. 만일 70여년전에 우리의 군력이 오늘처럼 막강하였더라면 미제는 감히 전쟁을 일으킬 엄두도 내지 못하였을것이다. 조선반도에서 전쟁위험을 완전히 제거하자면 절대적인 국가안전담보력을 갖추어야 한다.

군력강화에서 종착점이란 있을수 없다. 답보는 곧 퇴보를 낳으며 뒤떨어진 나라와 인민은 제국주의의 롱락물이 된다. 그 어떤 대가를 치르더라도 군사적강세는 멈춤없이 더욱더 빠른 속도로 유지확대하여야 한다, 이는 참혹한 전란으로 소용돌이친 20세기와 오늘의 21세기의 피의 절규이며 나라와 민족, 후손만대의 영원한 평화번영을 위해 만난을 이겨내며 투쟁하는 우리 인민의 드높은 자각이다.

진리는 인식하는것으로 그쳐서는 안된다. 그것이 우리의 투쟁과 생활의 순간순간에 구현되는것이 중요하며 여기에 광휘로운 미래를 앞당기는 지름길이 있다. 고귀한 7. 27의 진리가 새세대 근로자들과 인민군장병들의 심장마다에 고동치기에 승리는 영원히 조선의것이다.

오늘 경애하는 김정은동지께서는 우리 국가와 인민을 보다 큰 반미대승과 전면적부흥에로 억세게 향도하고계신다. 세기를 이어 계속된 미국의 대조선압살정책을 총파산시키고 이 땅우에 세계가 우러러보는 천하제일강국의 력사, 민족자주, 평화번영의 력사가 끝없이 흐르게 하려는것이 위대한 당중앙의 확고부동한 의지이다.

경애하는 김정은동지의 령도따라 위대한 전승의 전통을 꿋꿋이 이어나가는 우리 인민은 강국건설의 력사적대업실현에서 세계를 들었다놓는 전설적인 신화와 변혁들을 끊임없이 창조해갈것이다.

채철룡, 김철

〈박창덕 기자〉

사람일보 2023. 7. 24.

39

"김정은위원장, 전군지휘훈련정형 요해"

북 통신, "남반부 전 영토 점령하는데 총적목표를 둔 작전계획전투문건들 요해"

　김정은 국무위원장은 29일 조선인민군 총참모부 훈련지휘소를 방문해 전군지휘훈련진행정형을 요해했다고 조선중앙통신이 31일 보도했다.
　통신은 "조선인민군 원수 박정천동지,국방상 대장 강순남동지가 동행하였다"고 전했다.
　통신은 "김정은동지께서는 원쑤들의 불의적인 무력침공을 격퇴하고 전면적인 반공격으로 이행하여 남반부 전 영토를 점령하는데 총적목표를 둔 연습참모부의 기도와 그를 관철하기 위한 각급 대연합부대, 연합부대 참모부들의 작전계획전투문건들을 요해하시였으며 유사시 전선 및 전략예비포병이용계획과 적후전선형성계획, 해외무력개입파탄계획 등 총참모부의 실제적인 작전계획문건들을 구체적으로 검토하시였다"고 알렸다.
　통신은 또 "김정은동지께서는 작전초기에 적의 전쟁잠재력과 적군의 전쟁지휘구심점에 심대한 타격을 가하고 지휘통신수단들을 맹목시켜 초기부터 기를 꺾어놓고 전투행동에 혼란을 주며 적의 전쟁수행의지와 능력을 마비시키는데 최대의 주목을 돌릴데 대하여 강조하시면서 적들의 중추적인 군사지휘거점들과 군항과 작전비행장 등 중요군사대상물들, 사회정치,경제적혼란사태를 연발시킬수 있는 핵심요소들에 대한 동시다발적인 초강도타격을 가하며 다양한 타격수단에 의한 부단한 소탕전과 전선공격작전, 적후에서의 배후교란작전을 복합적으로, 유기적으로 배합적용하여 전략적주도권을 확고히 틀어쥘데 대한 문제, 특히 적의 그 어떤 반작용으로부터도 타격수단들을 철저히 보존하기 위한 대책을 철저히 세울데 대한 문제, 작전지

휘체계와 화력지휘통신방식을 전면갱신할데 대한 문제 등 앞으로의 작전조직과 지휘,전쟁준비에서 인민군대가 견지하여야 할 전면적인 과업들과 원칙적요구와 방도들을 구체적으로 밝히시였다"고 보도했다.

통신은 "김정은동지께서는 현대전은 두뇌전의 대결이라고 하시면서 전쟁에서의 승패여부는 싸움에 앞서 지휘관의 두뇌에 의해 먼저 결정된다고, 전군의 모든 지휘관들이 능숙한 조직적수완과 영활한 영군술을 소유하기 위한 참모부훈련과 작전전투정황처리훈련을 실전환경속에서 강도높이 진행함으로써 훈련이 아닌 실지 전쟁마당에서 임기응변하는 만능싸움군, 당당한 실력가들로 철저히 준비되여야 한다"며 "미국과《대한민국》군부깡패들의 분주한 군사적움직임과 빈번히 행해지는 확대된 각이한 군사연습들은 놈들의 반공화국침략기도의 여지없는 폭로로 된다고 하시면서 우리가 이에 철저히 대응해야 할 필요성을 다시금 강조하시였다"고 전했다.

〈박창덕 기자〉

사람일보 2023. 8. 31.

40
"북 핵무력 정책을 헌법에 명시했다"
북 통신, "강위력한 정치적무기를 마련한 력사적인 사변"

북이 26~27일 최고인민회의를 열어 핵무력 정책을 헌법에 명시했다고 28일 조선중앙통신이 보도했다.

통신은 "조선로동당 총비서 이시며 조선민주주의인민공화국 국무위원장이신 경애하는 김정은동지 께서 조선민주주의인민공화국 최고인민회의 제14기 제9차회의에 참석하시여 뜻깊은 연설을 하시였다"고 전했다.

통신은 "김정은동지 께서는 바로 1년전 전체 조선인민의 총의에 따라 국가핵무력정책을 엄숙히 법화한 이 의사당에서 조선민주주의인민공화국 사회주의헌법 제4장 58조에 핵무기발전을 고도화하여 나라의 생존권과 발전권을 담보하고 전쟁을 억제하며 지역과 세계의 평화와 안정을 수호한다는 내용을 명기할데 대하여 만장일치로 채택한것은 매우 심원하고 중대한 의미를 가진다고 하시면서 이로써 우리 인민의 성스러운 투쟁을 통하여 이룩한 성과와 국가핵무력정책을 공화국 최고법으로 담보하는 필수불가결한 력사적, 정치적과제가 빛나게 달성되였다고 강조하시였다"고 알렸다.

통신은 또 "김정은동지 께서는 공화국의 핵무력건설정책이 그 누구도, 그 무엇으로써도 다칠수 없게 국가의 기본법으로 영구화된것은 핵무력이 포함된 국가방위력을 비상히 강화하고 그에 의거한 안전담보와 국익수호의 제도적, 법률적기반을 튼튼히 다지며 우리식 사회주의의 전면적발전을 촉진시킬수 있는 강위력한 정치적무기를 마련한 력사적인 사변이라고 말씀하시였다"고 전했다.

통신은 "조선민주주의인민공화국 사회주의헌법은 우리 국가와 인민의

존엄과 주권,자주적발전을 담보하는 법적기초이며 혁명과 건설의 승리적전 진방향을 밝힌 정치헌장"이라며 "사회주의조선과 더불어 영존할 국가최고 법에 핵무력강화정책기조를 명명백백히 규제한것은 현시대의 당면한 요구 는 물론 사회주의국가건설의 합법칙성과 전망적요구에 철저히 부합되는 가 장 정당하고 적절한 중대조치로 된다"고 보도했다.

통신 보도 전문은 다음과 같다.

(평양 9월 28일발 조선중앙통신)

조선로동당 총비서 이시며 조선민주주의인민공화국 국무위원장 이신 경 애하는 김정은동지 께서 조선민주주의인민공화국 최고인민회의 제14기 제 9차회의에 참석하시여 뜻깊은 연설을 하시였다.

친애하는 대의원동지들!

존경하는 상임위원장동지,그리고 최고인민회의 의장동지!

방청자 여러분!

오늘 우리 혁명은 간고하고도 완강한 투쟁으로 이룩한 귀중한 성과에 토대하여 자주,자립,자위의 불패의 사회주의강국에로 힘차게 나아가는 새로운 전진과 력동의 시대에 들어섰습니다.

특히 우리의 공화국창건 75돐과 위대한 조국해방전쟁승리 70돐이 되는 뜻깊은 올해는 사회주의강국건설위업을 완성해나가는 새로운 고조기,격변기를 맞이하고있는 우리 혁명에 있어서 커다란 의의를 가지는 매우 중요한 해로 됩니다.

당중앙은 우리의 사회주의발전로정과 공화국의 력사에서 중요한 계기로 되는 올해에 전인민적인 투쟁기세를 더욱 배가하여 2023년을 공화국의 발전행로에 크게 아로새길 위대한 전환의 해,변혁의 해로 만들데 대하여 호소하였으며 그 실현을 위한 전략적과업들을 제시하였습니다.

당과 혁명의 부름에 언제나 애국충성으로 화답해온 우리의 전체 인민군장병들과 인민들은 당 제8차대회와 당중앙위원회 전원회의들에서 제시된 주요당 및 국가정책과업들을 관철하기 위한 헌신적투쟁을 과감히 벌려 사회주의건설의 모든 분야에서 자랑찬 성과들을 이룩하였습니다.

국가적인 정치문화행사를 비롯한 여러 계기들을 통해서 당과 인민의 일심단결을 핵으로 하는 우리의 정치사상적위력을 남김없이 과시하였으며 국가경제의 안정적발전을 보장하고 인민생활향상에서 실제적변화를 가져오기 위한 투쟁에 모두가 총궐기해나섬으로써 경제건설의 각 분야에서 뚜렷한 장성추이를 보이고있습니다.

극심한 자연재해를 이겨내고 풍작을 거두고있는 농업발전의 놀라운 현실과 날마다 몰라보게 일떠서는 새 거리,새 살림집을 비롯하여 나라의 곳곳에서 일어나고있는 기적적인 변화들은 우리 인민들에게 유족하고 문명한 생활조건을 마련해줄수 있는 밝은 전망을 기약해주고있습니다.

올해 우리가 이룩한 성과중에 가장 큰 성과는 나라의 국가방위력,핵전쟁억제력강화에서 비약의 전성기를 확고히 열어놓은것입니다.

국방과학발전 및 무기체계개발 5개년계획의 주요과업들이 성과적으로 수행되고 우리 식의 위력한 핵공격수단들과 새로운 전략무기체계개발도입에서 급진적인 도약을 이룩함으로써 우리 공화국핵전략무력의 신뢰성을 만방에 과시하고 적대세력들을 불가극복의 위협과 공포속에 몰아넣었습니다.

오늘 우리 국가의 전략적힘,핵전쟁억제력은 지난 년대들과는 대비할수 없을 정도로 비상히 다져지고 끊임없이 강화되여가고있습니다.

강력한 방위력과 압도적인 공격력을 철저히 갖춘 공화국의 위력적실상을 현실로 보여주는 이러한 눈부신 성과는 자기의 자주권과 생존권을 건드리는 그 어떤 행위도 용납하지 않으려는 조선의 담력과 결행력이 어떤것인가를 명명백백히 증빙하여주었습니다.

이것이 바로 위대한 우리 인민이 자체의 힘으로,자신의 손으로 이룩한 결실이고 빛나는 기적입니다.

우리 국가의 최고주권기관인 최고인민회의는 이번 제14기 제9차회의에서 75년에 걸치는 존엄높은 자기의 주권활동사와 공화국의 영광스러운 발전사에 특기할 또 하나의 의의깊고 사변적인 정치적성과를 이루어냈습니다.

이번 최고인민회의가 국가관리와 경제발전,인민적시책과 관련된 여러 법령들의 채택과 함께 나라의 헌법에 새시대 우리 국력의 실상을 반영하는 사업을 성과적으로 진행한것으로 하여 본 회기는 공화국의 헌정사에 괄목할 페지를 새긴 력사적인 회의로 기록되게 되였습니다.

김정은동지 께서는 바로 1년전 전체 조선인민의 총의에 따라 국가핵무력정책을 엄숙히 법화한 이 의사당에서 조선민주주의인민공화국 사회주의헌법 제4장 58조에 핵무기발전을 고도화하여 나라의 생존권과 발전권을 담보하고 전쟁을 억제하며 지역과 세계의 평화와 안정을 수호한다는 내용을 명기할데 대하여 만장일치로 채택한것은 매우 심원하고 중대한 의미를 가진다고 하시면서 이로써 우리 인민의 성스러운 투쟁을 통하여 이룩한 성과와 국가핵무력정책을 공화국 최고법으로 담보하는 필수불가결한 력사적,정치적과제가 빛나게 달성되였다고 강조하시였다.

김정은동지 께서는 공화국의 핵무력건설정책이 그 누구도,그 무엇으로써

도 다칠수 없게 국가의 기본법으로 영구화된것은 핵무력이 포함된 국가방위력을 비상히 강화하고 그에 의거한 안전담보와 국익수호의 제도적,법률적기반을 튼튼히 다지며 우리식 사회주의의 전면적발전을 촉진시킬수 있는 강위력한 정치적무기를 마련한 력사적인 사변이라고 말씀하시였다.

김정은동지 께서는 오직 자존과 존엄을 생명보다 더 귀중히 여기고 그것을 위하여 어떤 대가도 치를 각오와 의지가 전체 인민의 신념으로 굳건한 국가,실제로 세대를 잇는 장구하고도 간고한 전대미문의 투쟁으로 핵보유의 대업을 성취하고 그것을 자주와 정의,발전의 가장 귀중한 절대적힘으로 틀어쥔 정부와 인민만이 이러한 기적을 탄생시킬수 있는것이라고 하시면서 조선민주주의인민공화국 국무위원장 으로서 전체 조선인민의 위대하고 신성한 투쟁의 전취물을 헌법으로 고착시키는 대단히 중대하고 의의있는 국정토의에서 자기의 결의권을 가장 책임적으로 행사하여준 대의원동지들에게 충심으로부터의 감사를 드린다고 하시였다.

조선민주주의인민공화국 사회주의헌법은 우리 국가와 인민의 존엄과 주권,자주적발전을 담보하는 법적기초이며 혁명과 건설의 승리적전진방향을 밝힌 정치헌장입니다.

사회주의조선과 더불어 영존할 국가최고법에 핵무력강화정책기조를 명명백백히 규제한것은 현시대의 당면한 요구는 물론 사회주의국가건설의 합법칙성과 전망적요구에 철저히 부합되는 가장 정당하고 적절한 중대조치로 됩니다.

우리 공화국이 세계최대의 핵무기보유국이며 가장 위험한 전쟁국가인 미국과 그 추종세력과의 장기적인 대결속에서 자위를 위해 불가피하게 핵을 보유하였고 핵무력강화정책을 법화한데 대하여서는 세계가 공인하는 사실입니다.

지금도 패권열망과 팽창주의적환상실현에 광분하고있는 제국주의반동세력에 의해 전지구적범위에서 《신랭전》구도가 현실화되고 주권국가들의 존립과 인민들의 생존권마저 엄중히 위협당하고있는 현 상황은 모진 시련을 이겨내며 핵무력을 건설하고 그것을 불가역적인 국법으로 고착시킨 우리 공화국의 결단이 얼마나 천만지당한가를 립증해주고있습니다.

만일 우리 공화국이 계속 가증되여온 미국의 핵공갈과 위협앞에서 남들의 핵우산에 막연한 기대를 걸고 앉아있었거나 제국주의자들이 극성스레 광고하는 알량한 《선의》와 화려한 유혹에 환상을 가지고 핵보유로선을 결단하지 못하였더라면,그리고 출발을 뗀 간고한 길에서 멈춰서거나 후퇴하였더라면 기필코 오래전에 핵참화와 절멸의 재난을 면치 못했을것이며 적들의 횡포무도한 도전과 압박에 단호히 대응하면서 국가의 존위와 위력을 선양하고 세계의 정의를 선도하는 오늘의 자랑스러운 현실을 상상조차 할수 없을것입니다.

이미 지난 세기에 우리 국가의 물리적제거를 국책으로 내세우고 그 실현을 위한 전쟁까지 강요했던 미국은 오늘에 이르러서도 우리의 《정권종말》을 실현하기 위한 침략전쟁각본을 부단히 개악하면서 《대한민국》과의 공모밑에 우리 국가에 대한 핵무기사용을 목적으로 한《핵협의그루빠》를 가동시킨데 기초하여 침략적성격이 명백한 대규모핵전쟁합동군사연습을 재개하고 조선반도지역에 핵전략자산들을 상시배치수준에서 끌어들임으로써 우리 공화국에 대한 핵전쟁위협을 사상최악의 수준에로 극대화하고있습니다.

뿐만아니라 일본,《대한민국》과의 3각군사동맹체계수립을 본격화함으로써 전쟁과 침략의 근원적기초인 《아시아판 나토》가 끝내 자기 흉체를 드러내게 되였으며 이것은 그 무슨 수사적위협이나 표상적인 실체가 아닌 실제적인 최대의 위협입니다.

랭전식사고방식에 쩌들대로 쩌든 미국의 반공화국군사적도발책동이 극도에 달하고있는 오늘날 전략적억제력의 확고한 우세를 차지하고 더욱 철저히 제압하고 관리하면서 조선반도지역의 안정을 수호하기 위한 투쟁에서 책임적인 핵보유국으로서의 사명을 다해나가자면 핵무기의 고도화를 가속적으로 실현해나가는것이 매우 중차대한 문제로 나섭니다.

그렇다고 하여 공화국정부가 단순히 림박한 정세악화의 추이만을 분석고찰하고 핵무력강화정책의 헌법화라는 중대의제를 최고인민회의에 상정시킨것은 아닙니다.

우리 공화국이 사회주의국가로 존재하는한,자주와 사회주의를 말살하려는 제국주의자들의 폭제의 핵이 지구상에 존재하는한 핵보유국의 현 지위를 절대로 변경시켜서도,양보하여서도 안되며 오히려 핵무력을 지속적으로 더욱 강화해나가야 한다는것이 우리 당과 정부가 내린 엄정한 전략적판단입니다.

력사를 돌이켜보면 이 행성에 핵무기가 출현하고 첫 핵참화가 일어난 때로부터 인류는 핵무기가 없는 세계를 소망하였으며 우리 공화국도 1950년의 조선전쟁때부터 시작된 핵공갈의 직접적인 피해당사자로서 조선반도와 지역을 비핵지대로 만들기 위한 평화애호적인 노력을 거듭하여왔습니다.

그러나 미제는 단지 사상과 제도가 다르다는 리유로 우리의 평화애호적인 제안들을 모두 무시하고 비핵국가인 공화국에 대한 핵위협을 장장 수십년간 지속해 가증시켜왔으며 이로 하여 우리의 사회주의건설은 막대한 장애와 엄중한 난관을 겪지 않으면 안되였으며 지어 국가존립마저 위태로운 비상국면에 직면한 때도 적지 않았습니다.

이것은 우리 공화국으로 하여금 적대세력의 핵위협에는 반드시 핵으로 맞서야 한다는 철리와 함께 일단 보유한 핵은 세월이 흐르고 대가 바뀌여도 국가의 영원한 전략자산으로 보존강화하고 누구도,어떤 경우에도 이를 훼손할수 없게 해야 할 필연성을 절감하게 하였습니다.

김정은동지 께서는 국가핵무력정책을 법화한데 이어 헌법에까지 당당히 명기함으로써 자주적이며 자위적인 국가건설과 국가방위력강화의 전위를 개척한데 대하여 응당한 자긍심을 가져야 하며 이 력사적인 성과에 토대하여 우리식 사회주의의 전면적발전을 위한 투쟁을 더욱 힘있게 벌려나가야 한다고 말씀하시였다.

김정은동지 께서는 조선로동당 제8차대회가 제시한 현 단계의 투쟁강령실현에서 우리 당과 공화국정부가 잠시도 멈춤없이 추진시켜야 할 중대과제는 핵무력을 질량적으로 급속히 강화하는것이라고 하시면서 핵무기생산을 기하급수적으로 늘이고 핵타격수단들의 다종화를 실현하며 여러 군종에 실전배비하는 사업을 강력히 실행해나갈데 대하여 강조하시였다.

김정은동지 께서는 현 단계에서의 우리 당의 대외정책에 대하여 다시금 구체적으로 명시하시면서 그에 립각하여 대외사업을 능동적으로 전개해나가는데서 나서는 원칙적문제들을 밝히시였다.

김정은동지 께서는 대외사업부문에서 당중앙의 대외전략을 일관하게 틀어쥐고 우리 혁명에 유리한 조건과 환경을 마련하기 위한 대외활동을 폭넓고 전망성있게 벌리는것과 함께 반제자주적인 나라들의 전위에서 혁명적원칙,자주적대를 확고히 견지하면서 미국과 서방의 패권전략에 반기를 든 국가들과의 련대를 가일층 강화해나갈데 대하여 강조하시였다.

이번 최고인민회의는 공화국정부의 인민적시책을 더 잘 보장하고 나라의 중요경제사업들을 안정궤도에 올려세우기 위한 부문법들도 심의채택하게 됩니다.

물론 시대와 혁명발전의 요구에 맞게 사회주의건설을 보다 강력히 추진시킬수 있는 법적무기를 마련한것은 귀중한 성과로 되지만 더우기 중요한것은 당과 국가의 결정지시가 철저히 관철되여 모든 부문,모든 분야에서 실질적인 전진비약이 이룩되도록 하는것입니다.

사회주의의 전면적발전에로 향한 새로운 5개년계획을 내세운 당 제8차대회 결정을 완수하기 위한 우리 당과 인민의 력사적투쟁은 오늘 중대한 시기에 들어섰습니다.

건국이래 류례를 찾아볼수 없는 국난이 겹쌓인 속에서도 과감한 계속전진의 기세로 쟁취한 기적적인 승리와 성과들이 더 큰 승리와 성과로 이어지는가 못하는가 하는것이 이제부터의 2년 남짓한 기간에 달려있습니다.

정치와 경제,문화의 모든 방면에서 지금까지의 투쟁과정에 이룩된 성과와 경험을 더욱 공고히 하면서 당대회와 당중앙전원회의들이 포치한 계획과 당면과업들을 한치의 드팀도 없이 무조건 관철하고 훌륭한 실체로 전환시키는데 끊임없는 박차를 가하여야 합니다.

오늘 우리 공화국정부에 있어서 인민경제발전 12개 고지를 비롯한 경제목표들을 빛나게 달성하여 나라의 경제사업과 인민생활문제해결에서 실질적인 변화를 가져오는것은 제일 절박한 과제로 나섭니다.

내각을 비롯한 국가경제지도기관들과 도,시,군인민위원회들은 나라의 경제전반과 해당 지역의 경제사업실태를 말끔히 장악하고 변천하는 현실적조건과 환경에 맞게 경제작전과 지도를 보다 치밀하고 박력있게 하여 당과 국가가 결정한 경제발전목표와 과업들이 철저히 완벽하게 달성되도록 하여야 합니다.

인민경제발전 12개 고지를 맡은 경제부문들에서 공화국력사에 위대한 천리마시대를 펼쳐놓은 전세대들의 투쟁정신,투쟁기풍으로 새로운 생산적앙양과 혁신적성과를 이룩하며 사회주의경제건설전반을 더욱 힘있게 추동하여야 합니다.

특히 우리 당이 제시한 새시대 농촌혁명강령을 철저히 관철하는데 농업부문이 더욱 과감히 분기하고 국가의 강력한 지원을 부단히 증대시켜 우리 인민의 세기적숙망을 하루빨리 위대한 현실로 만들어야 합니다.

인민의 리익과 요구를 최우선,절대시하는것을 자기 활동의 최고원칙으로 하고있는 공화국정부는 인민들의 복리증진을 위한 사업에 계속 우선적인 힘을 넣어야 합니다.

평양시 5만세대 살림집건설과 지방건설,농촌건설을 통이 크게,힘있게 내밀고 당의 육아보육정책,경공업정책들을 정확히 집행하며 국토의 면모와 생태환경을 끊임없이 개선하는것은 우리 국가의 인민적성격으로부터 반드시 결실을 안아와야 할 중요과업들입니다.

공화국정부는 우리 국격과 국위가 높아지고있는데 맞게 과학과 교육,보건을 비롯한 사회주의문화부문에서 뚜렷하고도 결정적인 개진을 가져와야 합니다.

당대회와 당중앙전원회의들이 결정한 국가과학기술발전전략과 계획들을 성과적으로 집행하고 나라의 교육구조,교육내용과 방법을 선진교육을 줄수 있게 질적으로 개선하며 가장 인민적인 보건제도의 우월성이 발양되도록 전반적인 보건토대를 높은 수준에서 강화하기 위한 사업들을 확신성있게 밀고나가야 합니다.

문학예술과 출판보도,체육부문에서 우리 공화국의 위상과 발전상,우리 인민의 애국열의와 혁명적기상을 더욱 높이는데 이바지하는 자랑찬 혁신적성과들을 이룩해나가도록 하여야 합니다.

공화국정부는 나라의 기강을 강하게 세우고 온 사회에 훌륭한 공산주의적국풍을 수립하며 모든 부문,모든 분야에서 발전지향적인 창조방식,혁명적인 사업기풍이 차넘치게 하는것을 한시도 소홀히 하지 말아야 할 투쟁과 업으로 틀어쥐고나가야 합니다.

당 제8차대회를 계기로 당적,행정적,법적으로 이를 위한 투쟁의 도수가 더욱 높아졌다고 하지만 최근 국가적인 재해방지사업에서 대단히 엄중한 결점이 집중적으로 드러난것만 보아도 의연히 국가지도기관들과 일군들의 사업에 무질서,무책임성,무관심성을 비롯한 페단들이 고질적으로 내재하고 있다는것을 실증하여줍니다.

공화국정부는 모든 기관,기업소,공민들이 높은 정치의식,책임의식을 가지고 국가의 중앙집권적규률에 복종하며 나라의 법을 철저히 준수하고 온갖 반사회주의,비사회주의적현상을 억제하도록 통일적이며 강도높은 통제와 투쟁을 계속 드세게 벌려나가야 합니다.

우리 혁명의 격동적인 년대들에 발휘되였던 혁명적인 대중운동,전인민적인 애국운동의 고귀한 전통이 생활력을 나타내도록 하여 이것이 우리 시대는 물론 대를 이어 굳건히 계승발전되게 하며 모든 부문,모든 분야,모든 단위가 국가의 근본리익,전망적리익을 앞에 놓고 끊임없이 새것을 창조하고 발전시켜나가도록 적극 추동하여야 합니다.

김정은동지 께서는 오늘 우리 공화국정부앞에 나서는 책임적이고도 중대한 과업들을 성과적으로 수행해나가는데서 인민의 대표들인 대의원들의 역할을 최대로 높이는것이 비할바없이 중요하다고 하시면서 최고인민회의 대의원들이 실지 남달리 높은 애국심,애민정신을 체질화하고 국가발전과 인민의 리익실현을 위하여 헌신적으로 분투해나갈것을 절절히 당부하시였다.

최고인민회의 대의원들은 인민이 믿고 선출한 최고대표라는 이 성스러운 부름에 국가와 인민의 얼마나 크나큰 신임과 무게가 실려있는가를 항상 뼈저리게 자각하고 실지 자기의 중대한 사명과 책임에 무한히 충실하기 위하여 최대의 노력을 경주하여야 합니다.

국가와 인민을 량심으로,신념으로,심장으로 받들줄 아는 사람이야말로 인민의 진정한 대표이고 참된 대의원이라는것을 순간도 잊어서는 안됩니다.

최고인민회의 대의원들은 우리 로동당의 손길아래 인민의 대표,최고주권기관의 대표라는 영예와 존엄을 지닌것만큼 조선로동당 의 모든 정책들을 누구보다 잘 알고 자기 당,자기 국가,자기 인민을 위하여 한가지라도 더 유익하고 훌륭한 일을 할 일념에 항상 충만되여있어야 하며 온넋과 혼심을 깡그리 바치는 헌신분투로써 실천적인 성과들을 조국과 인민앞에 떳떳이 내놓아야 할것입니다.

세계만방에 국위와 국력,국광을 유감없이 떨치고있는 오늘의 존엄높은 우리 공화국을 충의지심을 다해 가장 열렬하게,가장 견결하게,가장 뜨겁게 받드는 인민의 진정한 대표,참된 충복이 된다는것이 얼마나 크나큰 영광이고 보람인가를 모두다 다시금 심장속깊이 새기고 또 새겨야 합니다.

친애하는 대의원동지들!

새로운 신심과 기대를 안고 시작한 2023년을 마감지을 시각이 벌써 얼마 남지 않았습니다.

우리앞에는 벅찬 사변들로 아로새겨진 올해의 마감까지 더 알찬 성과로써 떳떳이 마무리지어야 할 무거운 책임이 나서고있습니다.

사회주의강국건설의 정치적,물질기술적조건과 토대가 확고하며 핵무력건설에 관한 든든한 법적담보까지 마련한 현재의 유리한 정세하에서 그 실천적성과의 여부는 여기 모인 대의원동지들과 모든 공민들이 어떻게 분투하고 노력하는가에 전적으로 달려있습니다.

　나는 이 자리에 참석한 모든 동지들이 위대한 우리 국가의 무궁한 번영과 위대한 우리 인민의 복리를 위하여 당과 혁명,조국과 인민앞에 지닌 더없이 책임적이고도 무거운 사명과 직책상임무를 충실히 다해나가리라는것을 굳게 믿습니다.

　우리 공화국의 강대한 힘과 위상을 다시금 긍지로이 체감하게 되는 뜻깊은 이 자리에서 나는 모두다 위대한 우리 조국의 강화발전을 위한 성스러운 애국투쟁에 총분기함으로써 올해를 자랑찬 승리의 해로 빛나게 장식하자는것을 열렬히 호소합니다.

　위대한 우리 인민을 위하여,
　우리 국가의 존엄과 명예를 위하여
　모두가 한마음한뜻으로 힘차게 투쟁해나갑시다.

〈박달해 기자〉

사람일보 2023. 9. 28.

41
"미국 핵전략자산 전개 후과 책임져야"
북 통신, "첫 타격은 '확장억제' 수단과 악의 본거지에 가해질 것"

　북 조선중앙통신은 미국의 원자력 추진 항공모함 로널드 레이건함의 부산 입항과 관련해 13일 "미국이 상시적인 군사적 충돌 가능성이 존재하고 핵전쟁 발발의 전운이 짙게 배회하는 조선반도에 각종 핵전략 자산들을 계속 들이미는 것은 정세를 돌이킬 수 없는 파국적인 상황에로 몰아가는 노골적인 군사적 도발 행위"라며 "우리의 가장 위력하고도 신속한 첫 타격은 미국이 추종 세력들에 대한 《환각제》로 써먹는 《확장억제》의 수단들은 물론 조선반도와 그 주변에 둥지를 튼 악의 본거지들에도 가해질 것"이라고 보도했다.

　통신은 '미국은 핵전략자산 전개에 따른 후과에 대해 책임져야 한다' 제하의 논평을 내어 "미 항공모함 《로널드 레간》호를 비롯한 미 제5항공모함 강습단이 12일 부산항에 기어들었다. 미국은 이에 앞서 지난 9일과 10일 항공모함 《로널드 레간》호와 순양함 《앤티텀》호, 《로버트 스몰즈》호, 일본 해상《자위대》의 함선 《휴가》호, 괴뢰해군의 이지스구축함, 군수지원함 등을 동원하여 제주도해상에서 우리를 겨냥한 《해양차단 및 대해적 훈련》이라는 것을 실시하였다"며 이렇게 전했다.

　통신은 또 "이미 공개된 우리의 핵사용 교리는 국가에 대한 핵무기공격이 감행되었거나 사용이 임박하였다고 판단되는 경우 필요한 행동 절차 진행을 허용하고 있다"며 "미국은 저들의 방대한 전략자산이 너무도 위험한 수역에 들어왔다는 것을 깨달아야 한다"고 경고했다.

　논평 전문은 다음과 같다.

미국은 핵전략자산 전개에 따른 후과에 대해 책임져야 한다

미 항공모함《로날드 레간》호를 비롯한 미 제5항공모함강습단이 12일 부산항에 기어들었다.

미국은 이에 앞서 지난 9일과 10일 항공모함《로날드 레간》호와 순양함《앤티텀》호,《로버트 스몰즈》호, 일본해상《자위대》의 함선《휴가》호, 괴뢰해군의 이지스구축함, 군수지원함 등을 동원하여 제주도해상에서 우리를 겨냥한《해양차단 및 대해적 훈련》이라는 것을 실시하였다.

미국과 괴뢰 것들은 미 항공모함《로날드 레간》호의 부산작전기지 입항에 대해《확장억제의 정례적 가시성을 증진시키는 것》이라고 떠들어대고 있다.

미국이 상시적인 군사적 충돌 가능성이 존재하고 핵전쟁 발발의 전운이 짙게 배회하는 조선반도에 각종 핵전략 자산들을 계속 들이미는 것은 정세를 돌이킬 수 없는 파국적인 상황에로 몰아가는 노골적인 군사적 도발 행위이다.

더욱이 지금 미국은 괴뢰들과 함께《핵협의그루빠》라는 핵전쟁 기구를 가동시키고 우리 국가를 목표로 한 핵전쟁 모의를 실천단계에서 추진시키고 있다.

이런 상태에서 《한 개 전쟁을 치를 수 있다.》고 광고하는 핵추진항공모함집단을 조선반도 수역에 들이민 것 자체가 미국의 대조선 핵공격 기도와 실행이 체계화, 가시화되는 가장 엄중한 단계에 들어섰으며 핵전쟁 발발이 현실로 대두하고 있다는 것을 말해준다.

우리 공화국은 이미 미국과 《대한민국》 깡패들의 군사적 광태가 《위험수위》를 넘어서고 있는 것과 관련하여 그에 상응한 행동 선택과 대응 방향을 명백히 밝혔다.

이미 공개된 우리의 핵사용 교리는 국가에 대한 핵무기공격이 감행되었거나 사용이 임박하였다고 판단되는 경우 필요한 행동 절차 진행을 허용하고 있다.

조선민주주의인민공화국은 우리의 무력이 조선반도에서 핵전쟁을 도발하려는 미국과 그 졸개들의 미친 짓을 철저히 억제, 격퇴하여 국가의 주권과 영토 완정, 근본 이익을 수호하고 조선반도와 지역의 평화와 안정을 보장하기 위한 중대한 사명을 책임적으로 수행할 것이라는 것을 누차 천명하였다.

방대한 무력이 대치되어 있고 핵 대 핵이 맞서고 있는 조선반도에서 자그마한 불꽃이라도 튕긴다면 그것이 어떤 결과를 초래하겠는 가는 불 보듯 명백하다.

미국은 저들의 방대한 전략자산이 너무도 위험한 수역에 들어왔다는 것을 깨달아야 한다.

우리의 가장 위력하고도 신속한 첫 타격은 미국이 추종 세력들에 대한 《환각제》로 써먹는 《확장억제》의 수단들은 물론 조선반도와 그 주변에 둥지를 튼 악의 본거지들에도 가해질 것이다.

미국은 괴뢰 지역에 대한 핵전략자산 전개와 같은 시위성 행동들이 역적패당을 조금이나마 《안심》 시킬지는 몰라도 저들의 고통스럽고 불안초조한 안보 위기를 더욱 키우는 악재로밖에 되지 않는다는 것을 처절하게 느끼게 될 것이다.

〈박창덕 기자〉

사람일보 2023. 10. 13.

42
"선제타격권 미국의 '독점물' 이미 고사"
북 통신, "미국의 핵전략자산들은 우리 공화국무력의 첫 소멸대상"

북 조선중앙통신은 미국의 전략폭격기 비-52를 포함한 공중전략자산들을 동원한 한미일 연합공중훈련과 관련해 20일 '괴뢰지역에 기여드는 미국의 핵전략자산들은 우리 공화국무력의 첫 소멸대상이다' 제하의 논평을 내어 "미국은 조선반도가 법률적으로 전쟁상태에 있으며 적측지역에 기여드는 전략자산들이 응당 첫 소멸대상으로 된다는데 대해 모르지 않을 것"이라며 "선제타격권이 미국의《독점물》로 되여있던 시기는 이미 고사로 되였다. 미국과《대한민국》깡패들이 우리 공화국을 향해 핵전쟁도발을 걸어온 이상 우리의 선택도 그에 상응할것"이라고 경고했다.

논평 전문은 다음과 같다.

「괴뢰지역에 기여드는 미국의 핵전략자산들은 우리 공화국무력의 첫 소멸대상이다」 조선중앙통신사 론평

미국의 군사적도발책동이 더욱 위험한 단계에로 진화하고있다.

미국은 17일 핵전략폭격기《B-52》와《F-22랩터》스텔스전투기를 포함한 공중전략자산들을 괴뢰지역에 들이밀었다.

미국의 핵심공중전력이 조선반도지역에 동시에 기여든것도, 핵무장이 가능한 미공군의 대표적인 전략폭격기《B-52》가 괴뢰지역에 착륙한것도 처음이다.

미군의 이 모든 공중전략자산들은 이날 군사분계선과 가까운 일대상공에

서 도발광기를 부린데 이어 미군의 《B-52》전략폭격기와 괴뢰공군의 《F-35A》전투기들이 우리를 겨냥한 대규모련합공중훈련까지 감행하였다.

더욱 엄중시하지 않을수 없는것은 19일 《B-52》가 착륙해있는 청주공군기지에 미태평양공군사령관, 미7공군사령관 등 미공군의 우두머리들이 괴뢰합동참모본부 의장, 공군참모총장과 같은 졸개들을 끌고 나타나 핵전략자산들의 전개가 《확장억제제공공약리행에 대한 확고한 의지를 보여주는것》이라느니, 《유사시 언제든 북에 핵투발이 가능하다는 점을 시사하는것》이라느니 하는 선제타격폭언을 공공연히 줴쳐댄것이다.

더우기 22일부터는 사상처음으로 조선반도주변상공에서 미핵전략폭격기 《B-52》를 위시로 한 미국과 일본, 괴뢰들의 련합공중훈련도 강행하려 하고있다.

이것은 대내외적으로 궁지에 몰린 미국의 의도적인 핵전쟁도발책동이다.

주지하는바와 같이 유럽과 중동에서의 분쟁과 그로 인한 여파로 패권전략실현을 위한 미국의 모험적인 정책이 파산에 직면하였고 국내정치세력들간의 첨예한 갈등으로 내정도 엉망이 되고있다.

현 미행정부의 대외적인 영향력과 지위는 렬강들과 동맹국들사이의 새로운 모순과 알륵으로 하여 추락에 추락을 거듭하고있다.

미국이 폭제의 핵을 만능의 해결수단으로 여기며 조선반도에서 회생의 출로를 열어보려고 하고있지만 그 기도는 결코 실현될수 없다.

핵전쟁기구를 실제적으로 가동시키면서 전략핵잠수함이니, 핵항공모함이니, 핵전략폭격기니 하는 따위의 핵전략자산들을 총출동시켜 들이미는것이 항시적인 안보불안에 떨고있는 괴뢰들을 《안심》시키기 위한 《강심제》이든, 조선반도에서의 정세격화로 대외적출로를 열어보려는 흉심의 발로이든 조선민주주의인민공화국무력은 우리 국가의 물리적제거를 노린 핵선제공격성의 엄중한 군사적움직임으로 간주하고 이를 예리하게 주시하고있다.

미국은 조선반도가 법률적으로 전쟁상태에 있으며 적측지역에 기여드는 전략자산들이 응당 첫 소멸대상으로 된다는데 대해 모르지 않을 것이다.

선제타격권이 미국의 《독점물》로 되여있던 시기는 이미 고사로 되였다.

미국과 《대한민국》깡패들이 우리 공화국을 향해 핵전쟁도발을 걸어온 이상 우리의 선택도 그에 상응할것이다.

목표가 가까울수록, 목표가 클수록 보다 선명하게 보이고 그만큼 위험의 도수도 높아지게 되여있다.

우리 공화국이 국가에 대한 핵무기공격이 감행되였거나 사용이 림박하였다고 판단되는 경우 필요한 행동절차진행을 허용한 핵무력정책을 법화한데 이어 헌법에까지 명기한데 대해 다시한번 상기시키는바이다.

미국은 오판이 반복될수록 대양건너 아메리카대륙의 위태로운 순간이 더욱 바투 다가들게 된다는것을 하루라도 빨리 깨닫는것이 좋을것이다.

경거망동뒤에는 돌이킬수 없는 후회가 따르는 법이다.

《박창덕 기자》

사람일보 2023. 10. 20.

43

"미국에 가시적 전략적억제군사행동"
조선 국방성 대변인 담화, "온갖 위협을 강력히 통제관리해나갈것"

　조선 국방성은 로이드 오스틴 미국 국방장관 방한과 한미안보협의회와 관련해 16일 "조선민주주의인민공화국무력은 조선반도지역에 조성되고있는 새로운 안보불안정과 미국과 그 동맹세력들의 진화되는 군사적위협형태와 성격에 대처하여 보다 공세적이고 압도적인 대응력과 가시적인 전략적억제군사행동으로 국가의 안전이익에 대한 온갖 위협을 강력히 통제관리해나갈것"이라고 밝혔다.

　국방성 대변인은 이날 조선중앙통신이 보도한 담화에서 "12~14일 진행된 미군부당국자들의 괴뢰지역행각은 조선반도지역의 정세격화를 초래하는 주범이 다름아닌 미국과 그 추종세력들이라는것을 명백히 보여주고있다"며 이렇게 밝혔다.

　대변인은 또 "미제호전광들과 그 추종무리들은 우리 공화국에 대한 핵선제타격을 노린 〈맞춤형억제전략〉을 개정하고 미일괴뢰 3자사이의 실시간 미싸일정보공유체계를 년내에 가동하기로 합의하였으며 〈로날드 레간〉호 핵항공모함타격집단을 괴뢰지역에 끌어들이면서 극도의 대결광기를 부리였다"며 "조선반도에서의 군사적대립이 위험한도를 넘어섰음에도 불구하고 군사적충돌이 일어나지 않는것은 전적으로 조선민주주의인민공화국무력이 강력한 대응태세로 미국과 그 추종세력들의 군사적준동을 철저히 억제하고있기때문"이라고 알렸다.

　담화 전문은 다음과 같다.

조선반도지역의 평화와 안전은 우리 혁명무력에 의해 굳건히 담보될것이다
조선민주주의인민공화국 국방성 대변인담화

12~14일 진행된 미군부당국자들의 괴뢰지역행각은 조선반도지역의 정세격화를 초래하는 주범이 다름아닌 미국과 그 추종세력들이라는것을 명백히 보여주고있다.

미제호전광들과 그 추종무리들은 우리 공화국에 대한 핵선제타격을 노린 《맞춤형억제전략》을 개정하고 미일괴뢰 3자사이의 실시간미싸일정보공유체계를 년내에 가동하기로 합의하였으며 《로날드 레간》호핵항공모함타격집단을 괴뢰지역에 끌어들이면서 극도의 대결광기를 부리였다.

이로써 적대세력들은 저들의 대조선군사적태세가 결코 방위적인것이 아니며 조선민주주의인민공화국에 대한 무력침공을 목적으로 하고있다는것을 스스로 드러내보였다.

조선반도지역에서 수사적으로나 행동적으로 군사적긴장수위를 일방적으로 끌어올리는 행위자가 바로 미국과 그 추종세력들이라는 사실에 대하여 다시한번 명백히 해둘 필요가 있다.

올해에도 적들은 대조선핵사용을 목적으로 한 〈핵협의그루빠〉의 가동, 〈을지 프리덤 쉴드〉, 〈비질런트 디펜스〉와 같은 침략적성격의 대규모합동군사연습의 강행,핵항공모함과 전략핵잠수함, 핵전략폭격기의 조선반도진입을 통하여 우리 공화국에 대한 핵위협을 계단식으로 확대하였다.

조선반도에서의 군사적대립이 위험한도를 넘어섰음에도 불구하고 군사적충돌이 일어나지 않는것은 전적으로 조선민주주의인민공화국무력이 강력한 대응태세로 미국과 그 추종세력들의 군사적준동을 철저히 억제하고있기때문이다.

외부로부터의 침략적기도를 철저히 억제하고 국가의 자주권과 안전을 군사적으로 침해하는 그 어떤 도발행위에 대해서도 단호히 반격하며 나라의 영토완정을 믿음직하게 수호해나갈 만반의 임전태세를 유지하는것은 우리 군대의 숭고한 사명이다.

조선민주주의인민공화국무력은 조선반도지역에 조성되고있는 새로운 안보불안정과 미국과 그 동맹세력들의 진화되는 군사적위협형태와 성격에 대처하여 보다 공세적이고 압도적인 대응력과 가시적인 전략적억제군사행동으로 국가의 안전이익에 대한 온갖 위협을 강력히 통제관리해나갈것이다.

〈박창덕 기자〉

사람일보 2023. 11. 17.

44
"북남관계와 통일정책 립장을 새롭게 정립"
북 통신, "우리의 핵전쟁억제력은 주저없이 중대한 행동으로 넘어갈것"

북 조선중앙통신은 지난 26일부터 30일까지 당중앙위원회 본부에서 진행된 '조선로동당 중앙위원회 제8기 제9차전원회의 확대회의'와 관련해 "김정은 총비서동지께서는 2023년의 국제정치지형과 력량관계에서 일어난 거대한 지정학적변화와 현 국제정세의 기본특징, 조선반도지역의 대외적환경을 심도있게 분석하시고 대외사업부문에서 틀어쥐고나가야 할 전략전술적방침을 제시하시였으며 북남관계와 통일정책에 대한 립장을 새롭게 정립하고 대적사업에서 단호한 정책전환을 할데 대하여 천명하시였다"며 "미국과 남조선것들이 만약 끝끝내 우리와의 군사적대결을 기도하려든다면 우리의 핵전쟁억제력은 주저없이 중대한 행동으로 넘어갈것이라고 엄숙히 선언하면서 대적, 대외사업부문에서 적들의 무모한 북침도발책동으로 하여 조선반도에서 언제든지 전쟁이 터질수 있다는것을 기정사실화하고 남반부의 전 령토를 평정하려는 우리 군대의 강력한 군사행동에 보조를 맞추어 나가기 위한 준비를 예견성있게 강구해나갈데 대한 중요과업들을 제시하였다"고 31일 보도했다.

통신은 이날 '조선로동당 중앙위원회 제8기 제9차전원회의 확대회의에 관한 보도'에서 "김정은동지께서 첫째 의정에 대한 강령적인 결론《2024년도 투쟁방향에 대하여》를 하시였다"며 이렇게 보도했다.

통신은 "불신과 대결만을 거듭해온 쓰라린 북남관계사를 랭철하게 분석한데 립각하여 대남부문에서 근본적인 방향전환을 할데 대한 로선이 제시되였다. 장구한 북남관계를 돌이켜보면서 우리 당이 내린 총적인 결론은 하

나의 민족, 하나의 국가, 두개 제도에 기초한 우리의 조국통일로선과 극명하게 상반되는《흡수통일》,《체제통인》을 국책으로 정한 대한민국것들과는 그 언제 가도 통일이 성사될수 없다는것이다"며 "현실은 우리로 하여금 북남관계와 통일정책에 대한 립장을 새롭게 정립해야 할 절박한 요구를 제기하고있다"고 전했다.

통신은 "북남관계는 더이상 동족관계, 동질관계가 아닌 적대적인 두 국가관계, 전쟁중에 있는 두 교전국관계로 완전히 고착되였다"며 "결론은 현실을 랭철하게 보고 인정하면서 당중앙위원회 통일전선부를 비롯한 대남사업부문의 기구들을 정리, 개편하기 위한 대책을 세우며 근본적으로 투쟁원칙과 방향을 전환해야 한다고 강조하였다"고 알렸다.

통신 보도 전문은 다음과 같다.

조선로동당 중앙위원회 제8기 제9차전원회의 확대회의에 관한 보도

우리 국가, 우리 인민의 위대한 향도자인 조선로동당은 자기의 강령에 아로새긴 성스러운 사명과 리념의 정당성을 백절불굴의 투쟁과 고귀한 승리로 확증하며 인류의 리상이고 미래인 사회주의의 영원한 생명력을 수호하고 그 줄기찬 발전을 강력히 견인하고 있다.

우리식 사회주의의 전면적 발전 행정에서 중대하고도 관건적인 2023년의 투쟁을 통하여 금후 진군형세를 5개년계획 완수에로 명백히 방향 짓고 국가 사회생활 전반을 확고한 상승궤도에 올려세운 것은 조선로동당의 원숙한 지도력과 과감한 실천력의 뚜렷한 과시로 된다.

우리 당의 탁월한 령도와 그에 무한히 충성하는 우리 인민의 견인 불발의 분투에 의하여 새 시대 국가발전을 강력히 추동할 귀중한 사상정신적 재부가 마련되고 새 년도 투쟁의 목표와 지향점을 명확히 세우고 확실한 점령에로 이어갈 수 있는 과학적 담보가 구축되였으며 위대한 우리 국가의 강대함과 불패성이 부국강병의 실체들로 힘있게 립증되였다.

2023년은 당 제8차대회가 세운 승리의 리정표를 따라 한해 한해 완강하고 꾸준한 노력으로 쟁취한 값비싼 성과들이 루적되여 그 위력이 전면적으로 발현되기 시작한 가장 고무적인 변혁의 해였으며 이것은 새 승리에로의 도약을 지향하는 우리 인민의 애국 열의와 분발력을 비상히 승화시키고 있다.

영광스러운 조선로동당의 전투적 기치가 진두에 휘날리는 한 우리에게는 무서울 것도 못 해낼 것도 없으며 시련이 천층만층 겹쌓인대도 승리는 언제나 조선의 것이라는 것이 2023년의 가장 귀중한 총화이며 새해 2024년의 진군길에 오르는 우리 인민의 확고부동한 의지이다.

우리 당과 인민이 일치단합된 투쟁으로 이룩한 2023년의 승리를 긍지 높이 총화하고 새 년도 당 및 국가사업 발전 방향과 방략을 책정짓는 력사적인 조선로동당 중앙위원회 제8기 제9차 전원회의 확대회의가 주체 112(2023)년 12월 26일부터 30일까지 혁명의 최고 참모부인 당중앙위원회 본부에서 진행되였다.

조선로동당 총비서이신 경애하는 김정은 동지께서 전원회의에 참석하시였다.

총비서 동지께서 주석단에 등단하시자 전체 참가자들은 조국과 인민의 운명을 책임진 숭고한 사명감을 지니시고 불철주야의 정력적인 령도 활동으로 이 땅 우에 위대한 변혁의 새 시대를 열어주시고 강국조선의 존위와 명성을 만방에 떨쳐가시는 우리 당과 국가의 탁월한 령도자 김정은동지께 최대의 영광을 삼가 드리며 우렁찬 《만세!》의 환호를 터쳐 올리였다.

조선로동당 중앙위원회 정치국 상무위원회 위원들과 조선로동당 중앙위원회 정치국 위원, 후보위원들, 조선로동당 중앙위원회 위원, 후보위원들이 회의에 참가하였으며 당중앙위원회 부서 일군들, 성, 중앙기관, 도급지도적기관과 시, 군, 중요공장, 기업소 책임일군들, 농업생산에서 모범적인 시, 군 농업경영위원장들이 방청하였다.

당중앙위원회 정치국 위원들로 집행부가 선거되였다.

조선로동당 중앙위원회 정치국의 위임에 따라 김정은동지께서 전원회의를 사회하시였다.

전원회의에는 다음과 같은 의정들이 상정되였다.

1. 2023년도 당 및 국가정책집행정형에 대한 총화와 2024년도 투쟁 방향에 대하여
2. 학생소년들을 위한 사회주의적 시책 집행에서 책임성을 높일 데 대하여
3. 당중앙검사위원회 2023년도 사업 정형에 대하여
4. 2023년도 국가예산 집행정형과 2024년도 국가예산안에 대하여
5. 현시기 당의 령도적 기능을 강화하기 위한 일련의 조치에 대하여
6. 조직 문제

전원회의는 상정된 의정들을 일치 가결로 승인하였다.

전원회의는 첫째 의정 《2023년도 당 및 국가정책집행정형에 대한 총화와 2024년도 투쟁 방향에 대하여》를 토의하였다.

경애하는 김정은동지께서 력사적인 보고 《2023년도 당 및 국가정책집행정형 총화에 대하여》를 하시였다.

총비서 동지께서는 보고에서 위대한 사변과 만족한 결실들로 가득 찬 2023년도의 투쟁이 제8기 당중앙위원회의 사업 성과를 결정짓는 데서 차지하는 중요성과 현실적 의의에 대하여 언급하시였다.

올해는 당 제8차대회가 내세운 투쟁강령을 실현하기 위해 완강히 전진하고 있는 우리 당과 인민에게 있어서 매우 중요한 한해였습니다.

당대회 결정의 운명이 달려있다고도 할 수 있는 올해의 투쟁에서 우리는 주체적 힘, 자기의 잠재력을 최대로 발동하여 확정한 혁명 과업을 과감히 해결해나가는 우리 당, 우리 인민 고유의 백절불굴의 기상을 다시 한번 과시하였으며 이 과정에 나라의 전반적 국력을 더 크게 증대시켰습니다.

한마디로 우리는 이해의 투쟁을 통하여 예정하였던 5개년계획 수행의 세 번째 년도를 단순히 경과한 정도가 아니라 사회주의건설과 국력 강화의 각 방면에서 앞으로의 전진 속도를 더욱 가속할 수 있는 유리한 조건과 든든한 발판을 구축하는 획기적인 성과를 쟁취하였습니다.

당 제8차대회 이후 한해 한해가 미증유의 기적과 변혁들로 기록되였지만 올해처럼 경이적인 승리와 사변들로 충만된 해는 없었습니다.

이것은 결코 쉽게 일어난 변화가 아닙니다.

올해에 우리는 참으로 어려운 고비와 조련치 않은 국면에 직면한 속에서 한해 진군을 시작하지 않으면 안되였습니다.

3년나마 지속된 국제적인 공중 보건 비상사태가 해제된 이후로도 국가적으로 실시한 엄격한 방역 조치로 하여 모든 부문이 많은 제약을 받았고 적대 세력, 방해 세력들의 극악한 제재 압박에도 대처해야 했고 험악한 안전환경에도 대응해야 했으며 더우기 급박한 문제로 나선 것은 지난해 농사를 잘 짓지 못하여 산생된 심각한 식량난을 해결하는 것이였습니다.

이러한 형세는 당 제8차대회 결정 관철을 위한 세 번째 해의 목표 달성을 향해 계속 전진하겠는가 아니면 직면한 난국을 넘기는 데로 모든 것을 지향하겠는가 하는 량자 택일의 문제점을 제기하였으며 이에 대한 당중앙위원회의 결단은 우리가 다 같이 선택한 바와 같이 멈춤 없는 계속 전진, 줄기찬 투쟁이였습니다.

대내외적으로 조성된 불리한 형세와 필수적으로 나선 중대 과업들에 대한 과학적인 분석에 기초하여 당중앙위원회는 제8기 제6차 전원회의를 통해 과감한 목표와 적극적인 방략을 확정하고 전당에 포치하였으며 그 집행을 힘있게 추진함으로써 올해 투쟁의 발전지향성과 성공적 수행을 담보하였습니다.

보고에서는 인민경제 전반에서 이룩된 괄목할만한 성과들이 개괄되였다.

알곡은 103%, 전력, 석탄, 질소비료는 100%, 압연강재는 102%, 유색금속은 131%, 통나무는 109%, 세멘트, 일반 천은 101%, 수산물은 105%, 철도화물 수송량은 106%이고 살림집은 건설 중에 있는 세대수가 109%로서 인민경제 발전 12개 고지가 모두 점령되였으며 전동기는 220%, 변압기는 208%, 베아링은 121%, 전기아연은 140%, 연은 121%, 종이는 113%, 소금은 110%, 화장품은 109%, 판유리는 100%, 미그네샤 크링카는 104%로 증산한 것을 비롯하여 경제 전반에서 뚜렷한 생산장성과 계획 규률 수립이라는 진전을 가져왔다.

2023년도 경제 부문의 총적인 장성 규모는 당 제8차대회 이전인 2020년에 비해 삼화철은 3.5배, 선철은 2.7배, 압연강재는 1.9배, 공작기계는 5.1배, 세멘트는 1.4배, 질소비료는 1.3배로 중요지표 생산량이 크게 장성하였으며 국내 총생산액은 1.4배로 늘어났다.

보고에서는 전반적인 경제발전과 인민생활 보장에서 결정적 의의를 가지는 지배적 고지인 알곡 생산 목표를 넘쳐 수행한 것을 2023년도 경제사업에서 달성한 가장 귀중하고 값비싼 성과로 평가하였다.

총비서 동지께서는 농업부문 일군들과 근로자들 자체의 열의와 자신심이 비할 바 없이 높아지고 기쁨 넘친 결산 분배 모임이 전국의 농장들에서 련이어 진행된 것은 농장원들의 정신상태에서 일대 혁명을 가져오는 중요한 계기로 되였으며 이것이야말로 2023년도 알곡 고지를 점령하기 위한 투쟁과정에 쟁취한 그리고 앞으로의 지속적인 농업발전을 위하여 더없이 소중한 변혁 중의 진짜 변혁이라고 말씀하시였다.

　총비서 동지께서는 전국적으로 많은 단위들에서 성의껏 마련한 알곡을 애국미로 바치겠다고 당중앙위원회에 편지를 보내온 데 대하여 소개하시면서 우리 당은 농업근로자들의 이처럼 소박하고 진실한 애국의 마음을 몇만t의 량곡보다 더 소중하게 여긴다고 하시며 이 단위들에 당중앙위원회 전원회의의 이름으로 감사를 보내자는 것을 정중히 제의하시였다.

　전원회의는 김정은 동지의 제의를 전폭적으로 지지 찬동하였다.

　보고는 광천닭공장이 가금부문 현대화의 표준, 본보기로 건설되고 사리원시와 해주시, 남포시에 현대적인 밀가공 공장들이 꾸려졌으며 황주긴등물길 공사와 강령호 담수화 공사, 수천 정보의 간석지 외부망 건설이 완공되고 30만 정보의 간석지 개간 목표 달성을 위한 튼튼한 토대가 축성된 데 대하여 지적하면서 이 모든 것은 우리 당의 새 시대 농촌혁명강령, 농업 정책의 정당성 그리고 시련과 난관 앞에 주춤함이 없이 농업생산의 근본적 변혁을 위한 투쟁에 온 나라를 불러일으킨 우리 당 령도력의 뚜렷한 증명이라고 언급하였다.

　보고에서는 당 제8차대회 이후 우리 당이 제일 큰 힘을 넣어온 중대 국사인 인민들의 살림집 건설에서 혁혁한 성과가 이룩된 데 대하여 평가되었다.

　건설 부문에서는 화성구역에 1만 세대의 살림집을 또다시 일떠 세워 이제 오는 태양절에 수도 시민들을 입사시킬 수 있는 담보를 마련하였으며 청년 건설자들은 서포지구의 4,100여 세대 살림집 건설을 과감히 내밀어 전위거리라는 새로운 청춘기념비를 떠올리였다.

　당과 인민에 대한 무한한 충실성과 명령 지시 집행에서의 절대성, 무조건성을 생명으로 여기는 우리 인민군대는 수도의 살림집 건설뿐 아니라 지난 4년 동안 검덕지구에 2만여 세대의 살림집들을 일떠 세워 새 산악협곡도시의 장관을 이루어냈으며 강동온실농장건설도 2024년 2월 명절까지 완벽하게 결속될수 있게 하였다.

　농촌 살림집 건설계획은 2022년의 두 배 이상인 5만 8,000여 세대로서

40여 개의 시, 군들에서는 이미 건설을 끝내였으며 다른 시, 군들에서도 새 년도 봄철까지 계획된 살림집 건설을 전반적으로 완공하게 된다.

보고는 인민경제발전 12개 중요고지를 점령하기 위한 투쟁을 벌리는 과정에 기간공업 부문이 뚜렷한 생산 장성을 가져오고 정비보강대상들이 많이 준공된 것을 비롯하여 매우 고무적인 성과들이 이룩된 데 대하여 개괄하였다.

룡성기계련합기업소의 로동계급은 당중앙위원회가 맡겨준 기계제품생산을 제2의 천리마정신 창조과정, 대중적 기술혁신 과정으로 전환시켜 대형압축기들을 훌륭히 제작해내는 전례 없는 혁신을 창조함으로써 경제 부문에 잠복해있는 패배주의와 기술신비주의에 된 타격을 안기였으며 우리 당 정책의 정당성과 생활력을 힘 있는 실천으로 증명하였다.

당중앙위원회는 수많은 대상 설비들을 생산하는 속에서 자력갱생, 견인불발의 투쟁으로 제작해낸 대형압축기들을 이번 전원회의 앞에 당당히 내놓은 룡성로동계급의 영웅적 위훈을 높이 평가하였다.

보고는 김책제철련합기업소 에네르기절약형 산소열법용광로 건설과 1만 5,000㎥/h산소분리기들의 설치공사, 황해제철련합기업소 유도로 설치공사와 청진제강소 수직식 산화배소구단광로 건설, 은률광산 서해리분광산 개발이 결속되여 이미 조업에 들어간 데 대하여 언급하면서 2023년을 금속공업 부문이 주체화, 현대화실현에서 크게 약진한 해로 평가하였다.

화학공업 부문에서는 질소비료를 영농공정에 앞세워 생산 보장하고 서해지구의 온실농장들을 위한 순천화학련합기업소 영양액 비료공장을 준공하였으며 남흥청년화학련합기업소 뇨소합성공정 증설과 청정공정보강을 끝내고 송전선 공사까지 완료하여 비료생산을 훨씬 늘일 수 있는 실질적인 담보를 마련하였다.

전력공업 부문에서 화력발전소들의 물질기술적 토대를 튼튼히 구축하고 수력발전소들의 발전 효률을 높이면서 수요에 의한 월별 생산계획을 드팀없이 수행하였으며 주요송전선로들에 최량화된 전력계통을 구성하기 위한 사업을 강하게 추진하여 막대한 전력 도중 손실을 줄이고 초고압철탑가공공정을 확립한 것도 매우 의의있는 성과이다.

개천지구탄광련합기업소 자강도공급탄광에서 새 세기 사회주의애국탄증산 운동의 봉화가 거세차게 타오르고 그를 발화점으로 하여 석탄공업 부문에서 련대적 혁신의 불길이 확산된 것은 인민경제 전반의 증산 투쟁을 앙양시키는 기폭제로 되였으며 이것은 우리 당에 큰 힘으로 되였다.

보고는 채취, 건재, 림업, 경공업, 수산업, 철도운수 부문을 비롯한 경제 부문들에서 인민경제 계획을 어김없이 수행하면서도 정비보강 전략 실행에 박차를 가하여 현행 생산과 전망 생산을 확고히 늘일 수 있는 돌파구를 열어놓았으며 정보산업, 국토환경, 도시경영 부문들에서도 물질기술적 잠재력을 강화하기 위한 절실하고 기초적인 사업들을 적극적으로 진척시킨 데 대하여 평가하였다.

총비서 동지께서는 2023년을 과학기술 부문에서 새로운 혁신과 변화를 가져오기 위한 노력이 강화된 해로 총화하시면서 제일 자부할만한 과학기술 성과는 우주과학기술 분야에서 이룩되였다고 말씀하시였다.

우리의 과학자, 기술자들은 당의 전략적 구상과 의도를 확고한 신념으로 받아들이고 우리의 지혜와 기술로 기어이 우주를 정복할 필사의 각오로 달라붙어 거듭되는 실패를 딛고 일어나 끝끝내 정찰위성 발사를 성공시키는 경이적인 사변을 안아왔습니다.

이것은 당과 혁명의 요구라면, 나라의 국력을 높이기 위해서라면 그 어떤 과학의 요새도 반드시 점령하고야 마는 우리의 과학자, 기술자들이 지닌 혁명적 본때와 총명한 두뇌 실력에 대한 유감없는 과시로 됩니다.

올해 교육강국, 인재강국 건설을 위한 우리의 교육사업에서 일대 혁명이 일어난 것은 무엇에도 비길 데 없는 자랑찬 성과입니다.

나라의 백년대계, 국가발전과 번영의 전도를 걸머지고 있는 교육 부문에서는 지난 수십 년 동안 존속되여 오던 교육구조를 학생들에게 보다 선진적인 교육, 실용적인 교육을 줄 수 있게 전반적으로 고치는 사업을 본격적인 실행단계에서 추진하였으며 교육내용과 형식, 방법에서도 참신하고 혁신적인 많은 질적변화를 가져왔습니다.

그리고 나라의 교육발전을 믿음직하게 담보하는 교육과학연구중심 기지인 교육연구원이 새로 건설되고 김일성종합대학 과학도서관이 현대적으로 일신되였으며 전국적으로 160여 개의 학교와 유치원들이 본보기 수준으로 신설되거나 개건된 것을 비롯하여 올해 교육 부문의 물질기술적 토대를 다지기 위한 사업에서도 확실한 진전이 있었습니다.

보고는 2023년의 새로운 변화를 안아오는 데서 보건 부문과 체육 부문도 특색있는 기여를 한 데 대하여 언급하였다.

인민들의 건강증진과 치료 예방사업에서 중요한 의의를 가지는 제약공장들과 의료품 공장들, 질병예방 전문 시설이 새로 건설되여 보건부문의 물질기술적 토대가 일층 강화되고 경제발전과 인민생활 안정에 유리한 환경이 마련되였다.

세계적인 보건 위기가 발생한 이후 근 4년 만에 국제경기에 출전한 우리의 체육인들은 제19차 아시아경기대회와 제22차 태권도세계선수권대회, 2023년 국제력기련맹 그랜드상경기대회에서 많은 메달을 쟁취하고 세계기록들을 련이어 돌파하여 우리 국기를 세계의 하늘가에 높이 휘날림으로써 온 나라 인민들에게 커다란 용기와 고무를 안겨주었다.

보고에서는 각 도들에서 당결정 관철을 위한 사업을 힘있게 전개하여 지역의 경제발전과 인민생활, 문명창조에서 진일보를 이룩한 데 대하여 지적하였다.

특히 황해남도에서 지난 시기 영농사업에서 나타나던 여러 가지 폐단을 근절하기 위한 교양과 투쟁의 된바람을 일으키고 과학농사추진조의 역할을 높여 알곡 수매 계획을 수행한 것은 그 누구보다도 농사의 주인인 도안의 시, 군당위원회들과 농업 부문 당조직들, 일군들과 농업근로자들과 인민들이 특별히 수고를 많이 한 결과이라고 평가하였다.

어느 도에서나 당중앙전원회의 결정에 반영된 과학기술도서관과 학생 교복 공장, 신발 공장, 표준 약국들을 건설하며 고려약 공장들을 개건현대화하고 육아 정책 집행을 추진하기 위해 부글부글 끓는 격양된 투쟁 분위기와 일본새가 년중 지속적으로 견지되였으며 발전소와 축산농장, 소년단야영소, 야외극장, 대학, 전염병예방원, 기초식품공장, 산림과학연구소, 젖소 목장, 항공 구락부를 비롯하여 전망적이면서도 당면한 경제적 수요와 지역 인민들의 생활상 편의를 보장할 수 있고 새 시대의 건축 미학적 요구에도 부합되는 수많은 대상들이 새로 일떠선 것으로 하여 2023년은 각 지방들에서도 내놓고 자랑할만한 창조물들이 눈에 띄게 많아진 명실상부한 변혁의 해로 되였다.

총비서 동지께서는 우리의 정치사상적 위력이 비상히 강화된 것을 2023년도 투쟁의 가장 의의있는 성과로 총화하시였다.

우선 국가 주권 활동과 인민주권 강화를 위한 사업에서 획기적인 전진이 이룩되였습니다.

지난 9월에 있은 최고인민회의 제14기 제9차 회의에서 공화국헌법에 국가핵무력강화 정책을 고착시킨 것은 우리 국가와 인민의 안전을 영원히 담보할 수 있는 법적 토대를 마련하고 나라의 존엄과 전략적 지위를 최상의 높이에 올려세운 동시에 적들에게 치명적인 심대한 타격을 안긴 정치적 사변으로서 조국청사에 당당한 한 페지로 기록될 것입니다.

당정책적 요구와 현실에 맞게 법규범과 규정을 보다 세분화, 구체화하며 법적으로 규제하지 못한 공간들을 빠짐없이 찾아 대책하기 위한 법제 사업이 적극화되는 속에 조선민주주의인민공화국 금융감독법, 관개법, 수재교육법, 생산력배치법, 공무원법을 비롯한 110여 건의 부문 법과 규정들이 새로 제정되거나 수정 보충됨으로써 우리의 우월한 국가사회제도를 일층 공고히 해나갈 수 있는 법적 담보가 구축되게 되였습니다.

각급 인민회의 대의원선거방법이 공화국의 인민적 성격을 부각시키고 주권 기관 사업을 더욱 강화할수 있게 보다 민주주의적으로 개선된 것으로 하여 지난 11월에 진행된 도, 시, 군인민회의 대의원선거가 국가 정사에 적극적으로 관심하고 참여하려는 인민들의 공민적 자각과 애국 열의를 한층 고조시키는 과정으로 전환되였습니다.

이와 함께 인민정권기관 사업을 당과 국가, 인민 앞에 전적으로 책임지고 있는 도, 시, 군 인민위원장들을 위한 제1차 강습회가 당중앙위원회적인 사업으로 진지하게 진행된 것도 우리의 주권 기관, 정권 기관의 역할을 일층 제고하는 중요한 계기로 되였습니다.

금년도에 우리가 대회를 얼마 하지 않았지만 조선소년단 제9차 대회에 참가한 소년단원 대표들과 새해 시작을 같이하고 제5차 전국어머니대회 참가자들과 한해 사업의 마감 시기를 뜻깊게 같이한 것이 올해의 중요한 특징이면서도 우리 투쟁의 진정한 목적과 성격을 부각시키는 데서 매우 의의가 컸다고 할 수 있습니다.

보고에서는 온 나라 전체 인민들의 조국 수호, 혁명 사수의 비상한 열의 속에 애국미헌납운동과 한선헌납운동과 같은 사회주의애국운동, 혁명적인 대중운동이 활발히 벌어졌으며 《소년》호, 《대학생청년》호, 《직맹》호, 《농근맹》호, 《녀맹》호, 《부사수》호로 명명된 방사포, 장탄차, 뻐스들이 증정된 데 대하여 언급되였다.

대중적인 애국운동이 활발히 벌어지는 과정에 당과 혁명, 조국을 먼저 생각하고 나라의 어려움을 가시는 데 보탬을 주려는 뜨거운 마음을 지닌 애국자들의 대부대가 성장한 것은 억만금에도 비길 수 없는 가장 커다란 정치적 성과로 된다.

력대 수준을 계속 초월하며 조선인민군창건 75돐, 조국해방전쟁승리 70돐, 공화국창건 75돐을 계기로 세 차례나 성대히 거행된 열병식을 비롯한 대정치군사 축전들은 우리 당과 국가, 인민의 존엄과 위신, 일심단결된 참모습을 만천하에 힘있게 과시하였다.

보고는 2023년에 우리 당의 혁명적 면모와 전투력을 더욱 강화하기 위한 사업에서도 새로운 개선이 이룩된 데 대하여 총화하였다.

새 시대 5대당건설 로선을 관철하기 위한 투쟁 속에서 우리 당의 조직사상적 공고화와 전투력 강화의 백년대계를 담보하는 중핵적이고 혁신적인 당사업 체계와 방법들이 연구, 실행되였다.

전당적으로 강력한 당원대대들을 조직, 파견하여 량강도의 농촌 살림집 건설을 도와주는 사업과 당중앙위원회 부서들과 성, 중앙 기관들이 뒤떨어진 농장들을 맡아 추켜세우는 사업들이 작전되고 전개된 것은 우가 아래를 도와주고 뒤떨어진 단위들을 다 같이 발전시키는 우리 당의 전통적인 사업방법의 철저한 구현으로서 우리 당사업에서의 또 하나의 귀중한 진일보로 된다.

보고는 국권 수호, 존엄 수호를 위한 대적 투쟁과 국방력 강화에서 커다란 성과가 달성된 데 대하여 지적하였다.

국가방위력의 중요 구성 부분이고 초강력의 전쟁억제력인 핵무기발전을 더욱 다그치는 선상에서 대륙간탄도미싸일 《화성포-17》형과 《화성포-18》형 시험발사와 발사훈련을 여러 차 성공적으로 진행하여 그 신뢰성과 우월성을 검증하였으며 우리 공화국의 전망적인 전략무력 건설 방향을 확정하였다.

적들의 광란적인 전쟁연습 책동에 압도적으로 대응하기 위한 전술탄도미싸일과 순항미싸일 발사훈련들을 비롯한 중요 군사 활동들이 공세적으로 조직 진행되고 무인정찰기와 다목적 무인기들이 개발되였으며 새로 건조한 잠수함의 진수식을 통해 공화국 무력의 무비한 림전 태세와 발전상을 유감없이 과시하였다.

특히 우리의 첫 정찰위성 《만리경-1》호를 성공적으로 궤도에 진입시켜 우주정찰자산을 보유한 것은 당 제8차대회가 제시한 공화국무력 현대화의 선결 중대 과업 실현에서 결정적인 전진을 이룩하고 우리 국가의 전략적 힘을 새로운 높은 단계에 상승시킨 일대 장거로 된다.

우리 당이 대외사업에서 강한 자주적 대와 원칙성을 견지하면서 주동적인 외교전략을 구사한 결과 나라의 존엄과 위상이 비상히 높아지고 미국과 그 추종 세력들의 악랄한 책동으로부터 우리 국가의 주권적 권리를 굳건히 지켜낸 데 대하여 보고는 지적하였다.

총비서 동지께서는 총적으로 2023년은 국력 제고에 있어서나 국위선양에 있어서 공화국의 영광스러운 발전행로에 큰 자욱을 새긴 명실공히 위대한 전환의 해, 위대한 변혁의 해이라고 하시면서 당의 사상과 령도를 충직하게 받들고 강인한 분발력과 과감한 노력으로 부흥발전의 새 국면을 힘차게 떠밀어온 우리의 로동당원들과 성실한 근로자들, 인민군 장병들의 영웅적 투쟁에 숭고한 경의를 표하시였다.

총비서 동지께서는 오로지 우리 위업에 대한 굳센 믿음과 진함 없는 불굴의 정신으로 온갖 애로와 곤난을 박차며 2023년을 충성과 애국의 성과물들로 가득 채우는데 공헌한 전당의 당원들과 온 나라 인민들, 전군의 장병들에게 뜨거운 감사의 인사를 보내시였다.

총비서 동지께서는 우리 당과 인민은 지난 3년간의 완강한 투쟁을 통하여 국가경제발전의 기초를 두두히 닦고 지속적 발전에루 나아간 것을 목적한 5개년계획을 능히 완수할 수 있다는 확신을 가지게 되였다고 말씀하시였다.

지금 우리 인민들과 청년들의 사상정신 상태에서 커다란 긍정적 변화가 일어나 혁명적 열의와 투쟁 기세가 대단히 앙양되고 모든 부문이 활기를 띠고 기운차게 일떠서고 있는 것은 당 제8차대회 이후 우리가 견인불발하여 공세적인 투쟁을 벌린 결과 쟁취한 유리한 형세입니다.

이것은 앞으로의 전진과 발전에 있어서 제일 소중하고 힘 있는 밑천을 가진 것으로 되며 이제는 우리가 당대회 과업을 실현하기 위한 투쟁에서 가장 어려운 고비, 극한점을 돌파하였다고 확실하게 자부할 수 있습니다.

총괄적으로 우리 혁명은 당중앙위원회 제8기에 들어와 국방 분야만이 아니라 경제와 문화의 모든 분야가 동시에 일어서고 수도만이 아니라 지방들도 다 같이 변모되며 도시와 마을, 산천뿐 아니라 사람들의 사상정신면에서도 커다란 변화를 가져오는 사회주의 전면적 발전의 시대를 열어제끼였습니다.

지난 3년간의 경험은 당의 령도체계가 튼튼하고 당에 대한 전체 인민의 신뢰가 굳건한 조건에서 부닥친 난국을 과감히 뚫고 나가는 기세를 견지하면서 주도 세밀하고 진지하게 사업한다면 난관 극복, 변화발전의 중대 과제를 능히 성과있게 달성할 수 있다는 것입니다.

이 모든 것은 당 제8차대회가 밝힌 투쟁강령이 전례 없이 혹독한 난관 속에서도 우리 혁명의 전진 발전을 힘있게 견인하는 가장 정확하고 강위력한 기치라는 것을 실증하고 있으며 앞으로 2년간의 련속적인 투쟁에 의해 빛나게 실현될 것이라는 락관과 확신을 가지게 하고 있습니다.

보고는 앞으로의 더 빠른 전진과 발전을 위해 성과와 경험보다도 결함과 교훈에 더 관심하는 우리 당의 혁명적 립장으로부터 비판적, 발전적 견지에서 한해 사업을 전면적으로 투시하고 그에 배태되여 있는 결점들을 랭철히 분석 총화하였다.

총비서 동지께서는 모든 전원회의 참가자들이 2023년의 투쟁에 대한 높은 긍지와 자부심, 앞으로의 우리 사업에서 반드시 해결해야 할 문제점들을 깊이 자각하고 전면적 국가부흥의 새로운 승리의 력사를 창조하기 위한 2024년의 사업에서 맡은 책임과 역할을 다해 나갈 데 대하여 강조하시였다.

첫째 의정에 대한 토론들이 있었다.

내각총리 김덕훈 동지, 최고인민회의 상임위원회 위원장 최룡해 동지, 당중앙위원회 부장 리철만 동지, 국방상 강순남 동지, 당중앙위원회 조직비서 조용원 동지가 자기 부문 사업 정형을 검토 총화하고 대책적 문제들을 전원회의에 제기하였으며 여러 부문 지도 간부들이 서면 토론을 제출하였다.

전원회의는 토론들을 청취, 분석하고 해당한 평가를 하였다.

김정은 동지께서 첫째 의정에 대한 강령적인 결론 《2024년도 투쟁방향에 대하여》를 하시였다.

총비서 동지께서는 2023년도 당 및 국가정책 집행과정에 이룩된 성과는 우리의 전진과 발전을 위한 또 하나의 귀중한 밑천으로 된다고 하시면서 앞으로의 투쟁 방향에 대하여 언급하시였다.

이제 우리 앞에는 5개년계획 기간이 2년 남아있습니다.

이 2년간에 우리는 배가된 분발과 분투로써 당 제8차대회가 결정한 투쟁방침과 지금까지 헤쳐온 전진 려정이 백번 옳았다는 것을 실증하여야 하며 보다 거창한 성과들을 이룩하고 자기의 투쟁을 당대회 앞에 총화받아야 합니다.

금후 우리의 총적 투쟁 방향은 완강한 투쟁으로 쟁취한 유리한 형세와 국면을 더욱 확대하고 적극 활용하여 당 제8차대회의 투쟁강령을 성과적으로 실현하며 앞으로의 새로운 전진을 위한 발판을 닦는 것입니다.

우리는 지난 3년간의 성과와 경험을 토대로 하여 남은 2년간을 당 제8차대회 결정 집행을 착실하게 결속하면서 다음 단계의 새로운 발전을 준비하는 효과적인 과정으로 만들어야 합니다.

특히 다음 해부터 당대회 결정 관철에서 미진되고 있거나 걸림돌로 되고 있는 문제점들을 해결하는 데 주되는 힘을 넣어 지금까지의 성과가 더욱 확대되고 은을 나타내게 하며 계획한 모든 과제들이 빛나는 결실로 전환되게 하여야 합니다.

2024년은 사회주의건설의 전 전선에서 공격기세를 더욱 고조시켜 당 제8차대회가 제시한 투쟁목표점령의 승산을 확정지어야 할 결정적인 해입니다.

다시 말하여 2024년 말에 가서는 모든 부문, 모든 단위에서 5개년계획 수행의 명백한 실천적 담보가 확보되여야 합니다.

우리는 가장 간고하고 준엄했던 시련의 고비들을 과감히 돌파한 자신심을 가지고 더욱 앙양되고 분발된 투쟁으로 2024년을 새롭고 의의있는 성과들로 빛내여야 합니다.

총비서 동지께서는 선차적으로 주목해야 할 문제는 국가적인 행정경제사업체계와 질서를 강화하는 것이라고 하시면서 내각이 헌법이 부여한 전반적 국가관리 기관의 임무에 맞게 국가경제의 명맥을 살리고 목적 지향적인 경제발전을 견인하는 데서 나서는 원칙적 문제들과 실천 방도들에 대하여 구체적으로 명시하시였다.

　인민경제 모든 부문에서 생산 장성에 박차를 가하고 정비보강사업을 다그쳐 끝내며 새 년도에도 12개 중요고지를 계속 내세우고 여기에 힘을 집중할 데 대하여 강조하시면서 금속, 화학, 전력, 석탄, 기계, 철도운수를 비롯한 기간공업 부문에서 수행하여야 할 중점과업들을 제시하시였다.

　결론은 기계공업의 모체인 룡성기계련합기업소를 당중앙위원회 제8기 기간에 현대화의 표준, 본보기로 만들고 그 경험에 토대하여 새로운 5개년 경제발전계획 기간에 대안중기계련합기업소와 락원기계종합기업소를 비롯한 중요 기계공장들을 현대화하는 것을 현 단계에서 우리 당의 기계공업 발전 방향으로 확정하고 그 실행을 위한 방도적 문제들을 밝히였다.

　결론에서는 수도건설과 제8기 당중앙위원회가 력사적인 결단을 내려 시작한 중대 과제인 농촌 살림집 건설을 더욱 박력 있게 추진하는 데서 나서는 제반 과업들과 당중앙이 구상하고 있는 웅대한 전망건설계획실현을 위한 실천적인 문제들이 언급되였다.

　또한 국토환경보호 부문과 도시경영 부문에서 5개년계획에 반영된 단계별 과업들을 착실히 추진하며 모든 기관, 기업소들이 재해 위기에 대처하기 위한 사업을 년차별로 강력히 실행할 데 대하여 언급되였다.

　총비서 동지께서는 나라의 전반적인 농업 하부구조실태와 농업기술력을 조사 평가한 데 기초하여 농기계발전전략과 단계별 목표를 명확히 세우고 농촌경리의 기계화를 강하게 내밀며 나라의 관개 체계를 완비하는 사업과 간석지건설을 계속 힘있게 추진하는 것을 비롯하여 농업생산력을 지속적으로 증대시키기 위한 구체적인 과업과 방도들을 제시하시였다.

　전국적으로 농촌을 적극 지원해주는 사회적 분위기와 풍조를 더욱 고조시키고 량정 규률을 엄격히 세우며 밀 생산량이 늘어나는데 맞게 여러 지역에 밀가공 공장들을 현대적으로 꾸리고 밀가공 기술을 개선하여 제품의 질을 높일 데 대하여 지적하시였다.

결론에서는 경공업 부문에서 2024년에 인민소비품, 기초식품의 질 제고를 첫째가는 과업으로 내세우고 투쟁을 벌리며 경공업 공장들과 지방공업 공장들의 현대화를 다그치고 잠업 부문을 발전시키며 상업, 급양, 편의 봉사 사업을 개선하는 데서 나서는 과업들이 언급되였다.

원양어로를 적극화하고 양어, 양식 부문에서 품종수, 어종수를 늘이며 특히 바다 양어를 대대적으로 하여 수산물생산을 증대시키는 등 수산 부문 앞에 나선 과업들과 당중앙위원회 제8기기간에 수도 시민들에게 보다 문명하고 윤택한 생활 조건과 환경을 제공하는 데서 나서는 대책적 문제들이 지적되였다.

총비서 동지께서는 사회주의의 전면적 발전에로 향한 오늘의 투쟁에서 중요한 위치를 차지하고 있으며 기치를 들고 부단히 약진하여야 할 문화 분야에서 지난 3년간 특히 2023년의 사업에서 얻은 귀중한 경험과 교훈에 토대하여 문화건설의 모든 방면에서 더 힘찬 진군 보폭을 내짚을 데 대하여 강조하시였다.

결론에서는 중심적이고 견인력이 강한 첨단과학기술 발전 계획을 목적지향성 있게 설정하고 과학연구 력량을 집중하여 집행해나가는 체계를 세우며 나라의 과학기술 발전을 통일적으로 지휘 관리하는 것을 비롯하여 과학기술력의 부단한 증대, 과학기술 중시의 실제적인 생활력으로 사회적 진보와 국가의 전면적 부흥을 촉진시키기 위한 중요목표들과 방도들이 제시되였다.

결론에서는 전공 관련 과목들에 연구형 교수방법, 연구형 학습방법을 받아들이는 등 교육내용과 방법을 더 구체화, 다양화, 실용화하며 당정책 실현을 교육학적으로 담보함으로써 우리의 교육이 선진국수준에 따라 서게 만드는 데서 2024년이 더 큰 변혁의 해가 되게 하여야 한다고 강조되였다.

우리의 인민보건, 사회주의보건 시책을 정확히 실시하고 보건부문의 물질기술적 토대를 더욱 강화하며 사상문화 전선의 제일선을 지켜선 문학예술, 출판보도 부문에서 2024년에 자기 발전의 새로운 전성기를 열어 전당,

전국, 전민의 앙양된 기세를 계속 고조시키고 체육 부문에서 2023년에 거둔 자랑찬 성과를 계속 확대해 나갈 데 대하여 강조되였다.

결론은 혁명의 고귀한 전취물이며 강력한 정치적 무기인 우리나라 국가사회제도를 공고 발전시키는 데서 인민주권 기관들과 검찰, 사회안전 기관을 비롯한 법 기관들 앞에 나서는 정책적 과업들과 근로단체 사업을 더욱 활기차고 박력 있게 조직 전개해나가기 위한 실천 방도들을 명시하였다.

총비서 동지께서는 핵전쟁 접경에 이른 조선반도 지역의 위태로운 안보환경과 적대세력들의 군사적 대결 책동의 성격을 분석평가하시고 국가방위력의 급진적 발전을 더욱 가속화해나갈 데 대한 중대한 정책적 결단을 천명하시였다.

올해에 들어와서도 미국과 그 추종 세력들의 반공화국 대결 책동은 여전히 악랄하게 감행되였으며 그 무모성과 도발성, 위험성은 사상 전례를 찾아보기 힘들 정도로 놈들의 발악은 극한에 달하고 있습니다.

조선반도지역의 정세 불안정을 유발시키고 계속 악화시켜온 미국은 한해가 다 저물어가는 지금 이 시각까지도 우리 국가에 대한 각이한 형태의 군사적 위협을 가해오고 있습니다.

우리 공화국에 대한 적대시 정책을 실현하는 데서 가장 충실한 졸개,《충견》역할을 놓고있는 남조선 놈들과 일본 놈들을 보다 집요하게 끌어들여 량자, 3자 협력 확대를 꾀하며 반공화국 공조 체제를 구축하기 위한 미국의 책동은 안보 불안을 떠안고 있는 남조선 놈들의 리해 관계와 맞아들어가면서 올해 들어 더욱 우심하게 확대되였습니다.

미국 대통령은 우리의《정권 종말》까지 공개적으로 운운하면서 남조선 놈들과 반공화국 핵대결 강령인 이른바《워싱톤선언》을 조작하고 핵무기사용의 공동계획 및 실행을 목적으로 한《핵협의그루빠》를 신설, 가동시켰으며 이를 도용하여 공공연히 세계의 면전에서 우리에 대한 핵전쟁 흉계를 극구 추진해나가고 있습니다.

일본, 남조선 놈들과 빈번히 모여앉아 장기적인 반공화국 공모 결탁을 약속하고 대응 방안 론의와 3자훈련의 년례화를 실시하는 등 우리의 그 무슨 《위협》에 대처한다는 당치않은 구실을 내걸고 3각 공조체제 강화에 광분하고 있는 미국의 도발적 태도는 조선반도 정세를 더욱 예측할 수 없고 위태한 상황에로 몰아가고 있습니다.

간과할 수 없는 것은 남반부에 초대형 전략핵잠수함이 40여 년 만에 다시 들어왔으며 핵전략 폭격기가 사상 최초로 착륙하였는가 하면 초대형 핵동력항공모함 타격 집단을 때 없이 들이미는 등 각종 미국 핵전략 수단들의 련속적인 조선반도 지역 투입으로 남조선이 미국의 전방 군사기지, 핵병기창으로 완전히 변해버리고 여기에 각종 규모의 합동군사연습들까지 《력대 최대》, 《사상 최고》의 기록을 세우며 온 한 해 동안 끊길새 없이 확대 강행된 것입니다.

올해에 미 군부 깡패들이 일본, 남조선 놈들과 벌려놓은 합동군사연습 회수가 지난 해에 비해 무려 2배로 늘어난 사실을 통해서도 미국이 우리 공화국과의 군사 대결을 기어코 목적하고 그 준비에 더욱 발악적으로 몰두하고 있음을 명백히 알 수 있습니다.

불과 며칠 전에도 미국놈들은 괴뢰들을 워싱톤에 끌어들여 제2차 《핵협의그루빠》 모의판을 벌려놓고 다음 해 중반기까지 《핵전략계획 및 운용에 관한 지침》과 《확장억제체제》를 구축하며 8월에 들어가 대규모 합동군사연습 기간에 핵작전연습을 시행한다는 것을 세계 면전에 공개한 것과 때를 같이 하여 또다시 핵동력잠수함을 조선반도에 출현시키는 것으로써 이해가 저물어가는 마감까지 도발을 걸어왔습니다.

현실은 미국이 고질적으로 람발하고 있는 반공화국 적대 행위들이 단순히 수사적 위협이나 과시성 목적에만 국한된 것이 아니라 실제적인 군사적 행동으로 이어져 쌍방무력 간 충돌을 유발시킬 수 있는 범행단계로 명백히 진화되였다는 것을 보여줍니다.

결론에서는 윤석열 괴뢰정권이 들어앉은 이래 줄곧 악화일로로 달음쳐 온 북남관계가 최근에 와서 더 한껏 추악해진 역도의 반공화국 대결 망동으로 하여 불신과 적대를 덧쌓고 형식상으로나마 무력 충돌 방지라는 미약한 사명을 놀던 9.19북남군사분야합의의 파기라는 결과까지 몰아온 데 대하여 지적하였다.

주목할 것은 윤석열 괴뢰 패당이 불법 무법의 유령기구인 《유엔군사령부》를 제2의 조선전쟁 도발을 위한 다국적전쟁기구로 확대하여 우리와의 《힘의 균형》을 이루고 끝까지 대결해보려고 자멸적인 시도를 하고 있는 것이다.

최근에 괴뢰 군부의 우두머리들이 극단적인 호전광들로 련이어 교체되고 있는 가운데 군사분계선지역에서 적들의 도발적 망동들이 보다 우심해지고 전반적인 괴뢰군 무력이 재편성 및 증강되고 있는 사실 등 날로 표면화되고 있는 급진적인 군사적 움직임들도 명백히 불순한 침략 전쟁 기도의 발로이다.

총비서 동지께서는 제반 사실들이 보여주는 바와 같이 미국과 그 특등 주구들의 대결 본색은 추악한 근본에 있어서 조금도 개진되지 않았으며 오히려 더욱 로골화되고 보다 악랄하게 변이되고 있다고 말씀하시였다.

조선반도지역의 위태로운 안보 환경을 시시각각으로 격화시키며 적대세력들이 감행하고 있는 대결적인 군사 행위들을 면밀히 주목해보면 《전쟁》이라는 말은 이미 우리에게 추상적인 개념으로가 아니라 현실적인 실체로 다가오고 있습니다.

조성된 엄중한 정세는 우리 공화국으로 하여금 적들의 발악이 우심해질수록 그 어떤 형태의 도발과 행동도 일거에 억제할 수 있는 압도적인 전쟁 대응능력과 철저하고도 완전한 군사적 준비태세를 완벽하게 갖추기 위한 사업에 계속 박차를 가할 것을 요구하고 있습니다.

인민군대에서는 각일각 첨예하게 변화되고 있는 조선반도 안전 상황을 예리하게 주시하고 예민하게 관리하며 항상 압도적인 자세에서 대응하면서 국가의 안전을 철통같이 수호하기 위한 군사적 대책들을 더욱 빈틈없이 갖추어야 할 것이며 만일의 경우 발생할 수 있는 핵위기 사태에 신속히 대응하고 유사시 핵무력을 포함한 모든 물리적 수단과 력량을 동원하여 남조선 전 령토를 평정하기 위한 대사변 준비에 계속 박차를 가해나가야 하겠습니다.

결론에서는 군수공업 부문이 국방공업의 자립적 토대 강화와 무장 장비 개발생산에서 이룩한 성과들을 더욱 확충시켜 우리 당 국방발전전략의 성공적 실행을 믿음직하게 담보해나갈 데 대하여 언급하였다.

핵무기 부문에서 핵무기생산을 지속적으로 늘일 수 있는 믿음직한 토대를 구축해나가며 2024년도 핵무기생산계획수행을 위한 힘 있는 투쟁을 전개해나갈 데 대하여 강조되였다.

또한 미싸일개발 및 생산 부문의 중점목표들과 전투적 과업들이 제시되였다.

우주개발 부문에서 2023년에 첫 정찰위성을 성공적으로 쏴 올려 운용하고 있는 경험에 기초하여 2024년에 3개의 정찰위성을 추가로 쏴 올릴 데 대한 과업이 천명되였으며 우주과학기술 발전을 힘있게 추동하기 위한 국가적 차원의 전폭적인 대책들이 강구되였다.

결론은 선박공업 부문에서 제2차 함선공업혁명을 일으켜 해군의 수중 및 수상 전력을 제고하며 국방력 발전 5대중점목표 수행에서 미진된 과업을 빠른 기간 안에 집행하는 것을 중심과업으로 제시하였으며 무인항공공업 부문과 탐지전자전 부문에서 현대전의 특성에 맞게 각종 무인무장 장비들과 위력한 전자전 수단들을 개발 생산할 데 대하여 강조하였다.

국가방위의 일익을 담당한 민방위 무력 부문에서 적들의 그 어떤 전투 행동 수법에도 주동적으로, 적극적으로 대처할 수 있게 훈련내용과 방식을 부단히 혁신하여 로농적위군 지휘 성원들의 작전지휘 수준과 대원들의 전투 행동 능력을 더욱 높이는 등 싸움 준비를 완성하는 데서 나서는 과업들이 제시되였다.

총비서 동지께서는 2023년의 국제정치지형과 력량 관계에서 일어난 거대한 지정학적 변화와 현 국제정세의 기본 특징, 조선반도지역의 대외적 환경을 심도있게 분석하시고 대외 사업 부문에서 틀어쥐고 나가야 할 전략전술적 방침을 제시하시였으며 북남관계와 통일정책에 대한 립장을 새롭게 정립하고 대적 사업에서 단호한 정책 전환을 할데 대하여 천명하시였다.

대외 사업 부문에서는 변화 발전하는 국제정세에 주동적으로, 책략적으로 대처해나가면서 당의 존엄 사수, 국위 제고, 국익 수호의 원칙에서 강국의 지위에 맞는 공화국의 외교사를 써나가야 한다.

총비서 동지께서는 사회주의나라 집권당들과의 관계 발전에 주력하면서 나라의 대외 령역을 보다 확대 강화하며 변천하는 국제정세에 맞게 미국과 서방의 패권 전략에 반기를 드는 반제 자주적인 나라들과의 관계를 가일층 발전시켜 우리 국가의 지지 련대 기반을 더욱 튼튼히 다지고 국제적 규모에서 반제공동행동, 공동투쟁을 과감히 전개해나갈 데 대한 과업들을 제시하시였다.

강대강, 정면 승부의 대미 대적 투쟁 원칙을 일관하게 견지하고 고압적이고 공세적인 초강경 정책을 실시해야 하겠습니다.

올해 우리는 미국과 추종 세력들의 발악적인 핵전쟁 위협소동에 대처하여 핵에는 핵으로, 정면 대결에는 정면 대결로 대답할 것이라는 절대불변의 대적 대응 의지를 재천명하고 철저한 전쟁억제력의 압도적 행사로써 적들에게 불가 극복의 안보 위기와 공포를 들씌워놓았습니다.

적들이 무엇을 기도하든 그를 초월하는 초강경대응으로, 어떤 선택을 하든 그것을 압도하는 강력한 실력행사로 제압해나가는 것은 우리의 드팀 없는 대적 투쟁원칙이고 방식입니다.

결론에서는 불신과 대결만을 거듭해온 쓰라린 북남관계사를 랭철하게 분석한 데 립각하여 대남부문에서 근본적인 방향 전환을 할 데 대한 로선이 제시되였다.

지금 조선반도에는 미국과 남조선 것들의 무분별한 반공화국 대결 광증과 군사적 도발 책동으로 하여 통제 불능의 위기 상황이 항시적으로 지속되고있다.

방대한 쌍방무력이 대치되여 있는 군사분계선지역에서 그 어떤 사소한 우발적 요인에 의해서도 물리적 격돌이 발생하고 그것이 확전될 수 있다는 것은 주지의 사실이며 현재 조선반도에 가장 적대적인 두 국가가 병존하고 있는 데 대하여서는 그 누구도 부정할수 없다.

이 비정상적인 사태는 력대 괴뢰 정권들의 정책연장선에서 볼 때 결코 갑작 변이와 같은 우연적 현상이 아니며 북남관계사의 필연적 귀결이다.

10년도 아니고 반세기를 훨씬 넘는 장구한 세월 우리 당과 공화국 정부가 내놓은 조국통일 사상과 로선, 방침들은 언제나 가장 정당하고 합리적이고 공명정대한 것으로 하여 온 민족의 절대적인 지지 찬동과 세계의 공감을 불러일으켰으나 그 어느 하나도 온전한 결실을 맺지 못했으며 북남관계는 접촉과 중단, 대화와 대결의 악순환을 거듭해왔다.

력대 남조선의 위정자들이 들고나온 《대북정책》, 《통일정책》들에서 일맥상통하는 하나의 공통점이 있다면 우리의 《정권 붕괴》와 《흡수 통일》이였으며 지금까지 괴뢰 정권이 10여 차나 바뀌였지만 《자유민주주의체제하의 통일》 기조는 추호도 변함없이 그대로 이어져 왔다는 것이 그 명백한 산증거이다.

총비서 동지께서는 우리 제도와 정권을 붕괴시키겠다는 괴뢰들의 흉악한 야망은 《민주》를 표방하든, 《보수》의 탈을 썼든 조금도 다를 바 없었다고 하시면서 다음과 같이 말씀하시였다.

장구한 북남관계를 돌이켜보면서 우리 당이 내린 총적인 결론은 하나의 민족, 하나의 국가, 두 개 제도에 기초한 우리의 조국통일 로선과 극명하게 상반되는 《흡수통일》, 《체제통일》을 국책으로 정한 대한민국 것들과는 그 언제 가도 통일이 성사될 수 없다는 것입니다.

지금 이 시각에도 남조선 것들은 우리 공화국과 인민들을 수복해야 할 대한민국의 령토이고 국민이라고 꺼리낌없이 공언해대고 있으며 실지 대한민국 헌법이라는 데는 《대한민국의 령토는 조선반도와 그 부속도서로 한다.》고 버젓이 명기되여 있습니다.

현실은 우리로 하여금 북남관계와 통일정책에 대한 립장을 새롭게 정립해야 할 절박한 요구를 제기하고 있습니다.

이제는 현실을 인정하고 남조선 것들과의 관계를 보다 명백히 할 필요가 있습니다.

우리를 《주적》으로 선포하고 외세와 야합하여 《정권 붕괴》와 《흡수통일》의 기회만을 노리는 족속들을 화해와 통일의 상대로 여기는 것은 더 이상 우리가 범하지 말아야 할 착오라고 생각합니다.

우리가 동족이라는 수사적 표현 때문에 미국의 식민지 졸개에 불과한 괴이한 족속들과 통일문제를 론한다는 것이 우리의 국격과 지위에 어울리지 않습니다.

지금 남조선이라는 것은 정치는 완전히 실종되고 사회 전반이 양키 문화에 혼탁되였으며 국방과 안보는 미국에 전적으로 의존하는 반신불수의 기형체, 식민지 속국에 불과합니다.

북남관계는 더이상 동족 관계, 동질 관계가 아닌 적대적인 두 국가 관계, 전쟁 중에 있는 두 교전국 관계로 완전히 고착되였습니다.

이것이 오늘 북과 남의 관계를 보여주는 현주소라고 할 수 있습니다.

결론은 현실을 랭철하게 보고 인정하면서 당중앙위원회 통일전선부를 비롯한 대남사업 부문의 기구들을 정리, 개편하기 위한 대책을 세우며 근본적으로 투쟁원칙과 방향을 전환해야 한다고 강조하였다.

미국과 남조선 것들이 만약 끝끝내 우리와의 군사적 대결을 기도하려 든다면 우리의 핵전쟁 억제력은 주저없이 중대한 행동으로 넘어갈 것이라고 엄숙히 선언하면서 대적, 대외 사업 부문에서 적들의 무모한 북침 도발 책동으로 하여 조선반도에서 언제든지 전쟁이 터질 수 있다는 것을 기정사실화하고 남반부의 전 령토를 평정하려는 우리 군대의 강력한 군사행동에 보조를 맞추어나가기 위한 준비를 예견성있게 강구해나갈 데 대한 중요 과업들을 제시하였다.

총비서 동지께서는 당과 혁명위업에 끝없이 충실한 전당의 수백만 당원들과 온 나라 인민들, 인민군 장병들의 견인불발의 억센 투지와 노력에 의하여 2024년에도 당과 국가사업 전반에서, 우리의 사회주의건설에서 조국청사에 크게 아로새길 위대한 변혁이 또다시 창조되리라는 확신을 표명하시면서 우리 모두 승리에 대한 자신심과 무한한 열정을 가지고 더욱 힘차게 투쟁해나가자고 열렬히 호소하시였다.

전체 참가자들은 우리 당의 위업, 사회주의위업 실현을 위한 계속 혁신, 련속 도약의 지침으로 되는 김정은동지의 강령적인 결론에 열화같은 《만세!》의 환호와 열렬한 박수로 절대적인 지지와 찬동을 표시하였다.

용의주도하고 과단성있는 혁명실천으로 우리식의 발전전략을 확실하게 관철해나갈수 있는 새년도의 명료한 전진방향과 투쟁방침들이 천명된 김정은동지의 력사적인 문헌들은 우리 혁명을 줄기찬 고조에로 강력히 인도하고 국가부흥의 새 시대를 앞당겨오는데서 불멸의 전투적기치로 된다.

전원회의는 둘째 의정 《학생소년들을 위한 사회주의적시책집행에서 책임성을 높일데 대하여》를 토의하였다.

경애하는 김정은동지께서 보고를 하시였다.

총비서동지께서는 당중앙위원회 제8기 제4차 전원회의에서 전국의 모든 학생들에게 질좋은 교복과 가방을 빠짐없이 공급할데 대한 결정을 채택하고 그 실행을 년차별로 힘있게 추진하여온 정형을 소급하시면서 2023년도 교복, 가방, 신발 생산 및 공급실태를 구체적으로 분석하시였다.

총비서동지께서는 당과 국가가 학생들의 필수용품을 책임지고 보장하는 것은 조선로동당의 일관한 정책, 공화국의 영원한 국책이라고 재삼 강조하시면서 경공업성을 비롯한 해당 기관들과 각급 당 및 정권 기관들, 각지의 교복생산단위들이 새년도에도 전당적, 전국가적인 사업으로 강력히 추진하는 학생교복과 가방, 신발 생산과 공급에서 견지해야 할 원칙적문제들과 실행방도들을 제기하시였다.

총비서동지께서는 우리 학생소년들을 위한 일은 경제실무적인 사업이기 전에 우리 조국의 양양한 전도를 담보하는 정치적사업이며 아이들의 밝은 웃음은 곧 사회주의제도의 상징으로, 우리식 사회주의의 영상으로 된다고 하시면서 모든 일군들이 진정한 혁명가의 본령, 신성한 의무를 지켜 우리 당이 천 만 자루, 억 만 자루의 품을 아낌없이 들여가는 중차대한 혁명사업에서 책임성과 역할을 더욱 높여나갈 데 대하여 간곡히 당부하시였다.

전원회의는 셋째 의정으로 《당중앙검사위원회 2023년도 사업정형에 대하여》를 토의하였다.

전원회의는 당중앙검사위원회의 2023년도 사업 정형을 심의하고 우리 당 규률건설로선 집행과 당사업과 당활동을 재정 물질적으로 담보하는 데서 자기의 임무를 원만히 수행하였다고 인정하였다.

전원회의는 넷째 의정 토의에서 국가예산심의조를 구성하여 2023년도 국가예산집행정형과 2024년도 국가예산안을 검토, 심의하기로 하였다.

전원회의는 다섯째 의정으로 《현시기 당의 령도적기능을 강화하기 위한 일련의 조치에 대하여》를 토의하고 해당 결정서를 일치가결하였다.

전원회의는 여섯째 의정으로 조직 문제를 토의하였다.

조선로동당 중앙위원회 위원, 후보위원들을 소환 및 보선하였다.

심홍빈 동지, 조용덕 동지, 정용남 동지, 리창길 동지, 한명수 동지, 명송철 동지를 당중앙위원회 후보위원에서 위원으로 보선하였으며 박정천 동지, 박성철 동지, 최준호 동지, 김정식 동지, 전일호 동지, 김명훈 동지, 장창하 동지, 고병현 동지, 류상훈 동지, 김철원 동지, 김영환 동지를 당중앙위원회 위원으로 직접 보선하였다.

김용수 동지, 조영철 동지, 리충길 동지, 안경근 동지, 리순철 동지, 김광진 동지, 백민광 동지, 정성길 동지, 옥창국동지, 국명호 동지, 리상도 동지, 김경준 동지, 정무림 동지, 김영춘 동지, 박명호 동지, 김철남 동지, 최경남 동지, 김정수 동지, 리경일 동지, 김정길 동지를 당중앙위원회 후보위원으로 보선하였다.

조선로동당 중앙위원회 정치국 위원, 후보위원들을 소환 및 보선하였다.

조춘룡 동지를 당중앙위원회 정치국 후보위원에서 위원으로 보선하였으며 박정천 동지, 전현철 동지를 당중앙위원회 정치국 위원으로 직접 보선하였다.

김철삼 동지를 당중앙위원회 정치국 후보위원으로 보선하였다.

조선로동당 중앙위원회 비서들을 해임 및 선거하였다.

박정천 동지, 조춘룡 동지, 전현철 동지를 당중앙위원회 비서로 선거하였다.

조선로동당 중앙군사위원회 부위원장, 위원을 소환 및 보선하였다.

박정천 동지를 당중앙군사위원회 부위원장으로 보선하였다.

조선로동당 중앙검사위원회 부위원장, 위원들을 소환 및 보선하였다.

김철삼 동지를 당중앙검사위원회 부위원장으로, 최준호 동지, 김철원 동지를 위원으로 보선하였다.

조선로동당 중앙위원회 부장들을 해임 및 임명하였다.

김재룡 동지, 전현철 동지, 주창일 동지, 김철삼 동지, 주철규 동지를 당중앙위원회 부장으로 임명하였다.

도당위원회 책임비서들을 해임 및 임명하였다.

김영환 동지를 함경북도당위원회 책임비서로, 박성철 동지를 평안북도당위원회 책임비서로 임명하였다.

정부 기관과 중요직제 일부 간부들을 해임 및 임명하였다.

리철만 동지를 내각부총리 겸 농업위원회 위원장으로, 김명훈 동지를 내각부총리로, 김경준 동지를 국토환경보호상으로, 국명호 동지를 철도상으로, 정무림 동지를 보건상으로, 리상도 동지를 채취공업상으로, 리충길 동지를 국가과학기술위원회 위원장으로, 김철원 동지를 중앙검찰소 소장으로, 전일호 동지를 김정은국방종합대학 총장으로, 고병현 동지를 제2경제위원회 위원장으로 임명하였다.

전원회의는 조선로동당 총비서 동지께서 하신 강령적인 결론의 사상과 정신에 립각하여 새 년도 투쟁 과업의 철저하고도 정확한 실행계획을 수립하는 분과별 연구 및 협의회를 2일간에 걸쳐 진행하였다.

당중앙위원회 정치국 성원들이 분과별로 연구 및 협의회를 지도하였다.

연구 및 협의회들에서는 당 제8차대회 결정 관철을 위한 2023년의 투쟁성과들을 더욱 공고히 하고 확대발전시키기 위한 문제들이 진취적으로 연구 토의되였으며 이 과정에 혁신적이며 건설적인 의견들이 제기되였다.

조선로동당 중앙위원회 제8기 제18차 정치국회의가 12월 30일에 소집되였다.

당중앙위원회 정치국은 분과별 연구 및 협의회들에서 종합된 의견들을 검토하고 결정서 초안을 수정 보충하여 전원회의에 제출하기로 결정하였다.

또한 국가예산심의조가 2023년도 국가예산집행정형과 2024년도 국가예산안을 심의한 정형을 검토하고 전원회의에 보고하기로 하였다.

당중앙위원회 정치국은 경제발전과 인민생활 향상에서 관건적 의의를 가지는 12개 중요고지를 새 년도에도 계속 내세우고 힘을 넣는 것이 2023년의 성과를 공고히 유지하면서 경제 전반의 장성 추이를 담보하는 중요한 문제라는 견해에 기초하여 중요고지 목표들을 전원회의에 제기하기로 하였다.

전원회의에서는 내각총리 김덕훈 동지가 당중앙위원회 정치국회의 결과를 보고하였다.

전원회의는 결정서 《당 제8차대회가 제시한 5개년계획의 2024년도 과업을 철저히 관철할데 대하여》를 만장일치로 채택하였다.

전원회의는 2023년도 국가예산집행정형과 2024년도 국가예산안을 최종 심의하고 최고인민회의 제14기 제10차회의에 제출할 것을 승인하였다.

경애하는 김정은 동지께서는 력사적인 12월전원회의가 혁명의 요구와 주객관적 형세에 정확히 부응하면서도 보다 신중한 태도에서 2024년의 투쟁 방향을 결심하고 해당한 결정들을 채택함으로써 우리식 사회주의의 전면적 발전기가 확고한 지향성을 가지게 하고 혁명의 줄기찬 앙양으로 더 큰 성과들을 쟁취할 수 있는 위력한 투쟁의 무기를 마련하였다고 확언하시였다.

총비서 동지께서는 애국으로 단결하여 당 제8차대회가 내세운 투쟁목표 달성을 향해 더욱 힘차게 싸워나가자는 것이 이번 전원회의의 기본사상, 기본정신이라고 하시면서 우리는 자기 힘, 자기 위업에 대한 자신심에 넘쳐 위대한 인민과 함께 백배의 용기와 기세찬 분투로 미증유의 값비싼 승리와 성과를 쟁취한 2023년의 영광을 2024년에로 더 빛나게 이어나가야 한다고 강조하시였다.

총비서 동지께서는 전당의 당조직들과 모든 일군들이 당중앙위원회의 두리에 굳게 단결하여 국가와 인민 앞에 지닌 성스러운 사명과 임무를 충실히 수행해나갈 때 중첩되는 시련과 난관은 격파되고 웅대한 리상과 목표 실현에로 힘차게 나아가는 우리의 위업은 더욱 촉진될 것이라고 말씀하시였다.

총비서 동지께서는 위대한 수령님과 위대한 장군님의 혁명사상과 위업에 언제나 충직할 것을 당중앙위원회를 대표하여 엄숙히 선서하시면서 2024년의 새로운 투쟁을 앞둔 전체 참가자들의 드높은 열의가 반드시 과감한 실천으로, 자랑찬 결실로 이어지리라는 확신을 표명하시였다.

조선로동당 중앙위원회 2023년 12월전원회의는 웅대한 포부와 리상을 안고 용진하는 조선혁명의 불패성을 만방에 떨치며 우리 당 투쟁강령의 성공적 실행을 힘있게 견인해나갈 전체 참가자들의 높은 정치적 자각과 비등된 열의 속에 자기의 력사적이고 책임적인 토의사업을 성과적으로 마치였다.

5개년계획 완수의 확정적 담보를 마련하기 위한 중대한 투쟁의 출발선에 나선 당중앙지도기관 성원들은 위대한 우리 당 총비서 동지의 령도를 충직하게 받들어 제8기 기간 안에 반드시 사회주의건설의 전면적 발전 국면을 공고히 하고 상승시켜나가는데 보다 유리한 토대와 환경을 마련함으로써 당과 인민이 부여한 책임적인 사명을 다해갈 굳은 맹세를 다짐하였다.

위대한 승리의 해 2023년과 더불어 빛날 조선로동당 중앙위원회 제8기 제9차 전원회의는 시련과 기적을 통하여 검증된 우리 사상, 우리 위업의 진리성과 양양한 전도에 대한 신념과 락관을 백배해주고 그 무엇으로써도 거스를 수 없는 우리 국가의 도도한 위세를 힘있게 과시한 의의깊은 정치 사변으로 우리 당력사에 길이 아로새겨질 것이다.

〈박창덕 기자〉

사람일보 2023. 12. 31.

45
북녘 조국평화통일위원회와 민경협 폐지
북 통신, 김정은 국무위원장의 최고인민회의 시정연설 보도

　북녘 조선중앙통신은 16일 김정은 국무위원장이 전날 평양 만수대의사당에서 열린 최고인민회의 제14기 10차회의에서 한 시정연설과 최고인민회의의 '조국평화통일위원회와 민족경제협력국, 금강산국제관광국을 폐지함에 대한 결정'을 보도했다.

　김정은 국무위원장은 시정연설에서 통일정책과 관련해 "오늘 최고인민회의에서는 근 80년간의 북남관계사에 종지부를 찍고 조선반도에 병존하는 두개 국가를 인정한 기초우에서 우리 공화국의 대남정책을 새롭게 법화하였다"며 "이번에 우리가 조선민주주의인민공화국의 국법을 론하는 최고인민회의에서 북남관계와 통일정책에 대한 립장을 새롭게 정립하고 평화통일을 위한 련대기구로 내왔던 우리의 관련단체들을 모두 정리한것은 반드시 짚고넘어가야 할 필수불가결의 공정이라고 할수 있다"고 밝혔다.

　김정은 국무위원장은 또 "당중앙위원회 2023년 12월전원회의에서도 엄숙히 천명된바와 같이 우리 당과 정부와 인민은 흘러온 력사의 장구한 기간 언제나 동족,동포라는 관점에서 대범한 포옹력과 꾸준한 인내력,성의있는 노력을 기울이며 대한민국것들과 조국통일의 대의를 허심탄회하게 론하기도 하였다"며 "그러나 쓰라린 북남관계사가 주는 최종결론은《정권붕괴》와《흡수통일》을 꿈꾸면서 우리 공화국과의 전면대결을 국책으로 하고있고 나날이 패악해지고 오만무례해지는 대결광증속에 동족의식이 거세된 대한민국족속들과는 민족중흥의 길,통일의 길을 함께 갈수 없다는것이다. 북남관계가 더이상 동족관계,동질관계가 아닌 적대적인 두 국가관계,전쟁중에

있는 완전한 두 교전국관계라는 현실은 외세의 특등주구집단인 대한민국이 극악하고도 자멸적인 대결망동으로 써놓은 북과 남의 명백한 현주소이며 세상을 향해 거침없이 면사포를 벗겨놓은 조선반도의 실상"이라고 말했다.

　김정은 국무위원장은 "우리 국가의 남쪽국경선이 명백히 그어진 이상 불법무법의 《북방한계선》을 비롯한 그 어떤 경계선도 허용될수 없으며 대한민국이 우리의 령토,령공,령해를 0.001㎜라도 침범한다면 그것은 곧 전쟁도발로 간주될것"이라며 "이와 관련해서 조선민주주의인민공화국 헌법의 일부 내용을 개정할 필요가 있다고 본다. 조선반도에서 전쟁이 일어나는 경우에는 대한민국을 완전히 점령,평정,수복하고 공화국령역에 편입시키는 문제를 반영하는것도 중요하다고 본다"고 밝혔다.

　김정은 국무위원장은 "우리 인민들의 정치사상생활과 정신문화생활령역에서 《삼천리금수강산》,《8천만 겨레》와 같이 북과 남을 동족으로 오도하는 잔재적인 낱말들을 사용하지 않는다는것과 대한민국을 철두철미 제1의 적대국으로,불변의 주적으로 확고히 간주하도록 교육교양사업을 강화한다는 것을 해당 조문에 명기하는것이 옳다고 생각한다"며 "이밖에도 헌법에 있는 《북반부》,《자주,평화통일,민족대단결》이라는 표현들이 이제는 삭제되여야 한다고 본다"고 말했다.

김정은 국무위원장은 또 "헌법개정과 함께《동족,동질관계로서의 북남조선》,《우리 민족끼리》,《평화통일》 등의 상징으로 비쳐질수 있는 과거시대의 잔여물들을 처리해버리기 위한 실무적대책들을 적시적으로 따라세워야 합한다"며 "당면해서 북남교류협력의 상징으로 존재하던 경의선의 우리측구간을 회복불가한 수준으로 물리적으로 완전히 끊어놓는것을 비롯하여 접경지역의 모든 북남련계조건들을 철저히 분리시키기 위한 단계별조치들을 엄격히 실시하여야 하겠다. 그리고 수도 평양의 남쪽관문에 꼴불견으로 서있는《조국통일3대헌장기념탑》을 철거해버리는 등 이여의 대책들도 실행함으로써 우리 공화국의 민족력사에서《통일》,《화해》,《동족》이라는 개념자체를 완전히 제거해버려야 한다"고 밝혔다.

김정은 국무위원장은 전쟁 위기와 관련해 "대한민국이라는 최대의 적국이 우리의 가장 가까운 이웃에 병존하고있는 특수한 환경과 미국놈들의 주도하에 군사적긴장격화로 지역정세의 불안정성이 증대되는 현실을 랭철하게 고찰해보면 물리적충돌에 의한 확전으로 전쟁이 발발할 위험은 현저히 높아지고 위험단계에 이르렀다"며 "우리는 전쟁을 바라지 않지만 결코 피할 생각 또한 없다. 전쟁이라는 선택을 할 그 어떤 리유도 없으며 따라서 일방적으로 결행할 의도도 없지만 일단 전쟁이 우리앞의 현실로 다가온다면 절대로 피하는데 노력하지 않을것이며 자기의 주권사수와 인민의 안전,생존권을 수호하여 우리는 철저히 준비된 행동에 완벽하고 신속하게 림할것"이라고 말했다.

김정은 국무위원장은 또 "전쟁은 대한민국이라는 실체를 끔찍하게 괴멸시키고 끝나게 만들것이다. 그리고 미국에는 상상해보지 못한 재앙과 패배를 안길것"이라며 "우리의 군사적능력은 이미 그러한 준비태세에 있으며 빠른 속도로 갱신되고있다. 만약 적들이 전쟁의 불꽃이라도 튕긴다면 공화국은 핵무기가 포함되는 자기 수중의 모든 군사력을 총동원하여 우리의 원쑤들을 단호히 징벌할것"이라고 밝혔다.

통신은 "조선민주주의인민공화국 최고인민회의는 15일 조국평화통일위원회와 민족경제협력국,금강산국제관광국을 폐지함에 대한 결정을 발표하였다"며 "결정은 오늘 조선반도에는 가장 적대적인 두 국가,전쟁중에 있는 두 교전국이 첨예하게 대치되여있다고 밝혔다. 근 80년이라는 장구한 세월 하나의 민족,하나의 국가,두개 제도에 기초한 우리의 조국통일로선과 극명하게 상반되는 《흡수통일》,《체제통일》을 국책으로 정한 대한민국과는 언제 가도 통일을 이룰수 없다고 결정은 지적하였다. 결정은 우리를 《주적》으로 선포하고 외세와 야합하여 조선반도에 통제불능의 위기상황을 항시적으로 지속시키며 《정권붕괴》와 《흡수통일》의 기회만을 노리는 대한민국을 더이상 화해와 통일의 상대로 여기는것은 심각한 시대적착오로 된다고 강조하였다"고 전했다.

조선중앙통신이 보도한 김정은 국무위원장의 시정연설 전문은 다음과 같다.

경애하는 김정은동지께서 조선민주주의인민공화국 최고인민회의 제14기 제10차회의에서 강령적인 시정연설을 하시였다

조선로동당 총비서이시며 조선민주주의인민공화국 국무위원장이신 경애하는 김정은동지께서 1월 15일 조선민주주의인민공화국 최고인민회의 제14기 제10차회의에서 강령적인 시정연설《공화국의 부흥발전과 인민들의 복리증진을 위한 당면과업에 대하여》를 하시였다.

친애하는 대의원동지들!
존경하는 최고인민회의 상임위원장동지 그리고 의장동지!
방청자동지들!
우리의 조국 조선민주주의인민공화국의 장성발전사에 위대한 전환의 해, 위대한 변혁의 해로 특기된 2023년을 긍지높이 총화하고 당 제8차대회가 내세운 5개년계획완수의 실천적담보를 확정지을 2024년의 진군을 개시한 중요한 시점에서 최고인민회의 제14기 제10차회의가 진행되고있습니다.

다같이 체감한바이지만 지난해는 우리 당과 정부와 인민이 겹쌓이는 어려운 시련속에서도 최대의 분발심과 투쟁력을 발휘하여 중대한 성과들과 사변들을 청사에 자랑스럽게 아로새긴 잊지 못할 한해였습니다.

장장 80년을 가까이하는 공화국의 력사에 2023년과 같이 우리의 국력강화에서 전방위적인 확실한 전진이 이룩되고 국권과 국위가 당당하게 떨쳐진적은 흔치 않았습니다.

지난해에 정치,경제,군사,문화의 전 령역에서 달성한 성과들에 대해서는 이미 당중앙위원회 제8기 제9차전원회의에서 총화평가되였으므로 다시 언급할 필요는 없겠지만 명백한것은 국가의 모든 구성원들이 당과 정부의 령도활동을 적극적으로 지지하며 받들어주었기에 여러해동안 간고분투한 루적이 마침내 훌륭한 결실들을 이루어놓았다는것입니다.

당과 공화국정부가 사회주의건설의 전면적발전을 이룩할데 대한 로선과 시정방침을 적시에 옳게 책정하고 해마다 국정을 신축성있게,활력있게 조정하면서 중첩되는 국난과 위기들을 타개하고 목표한바의 국가발전로정을 견결히 유지하였을뿐 아니라 전체 인민의 애국적열의와 영웅적헌신성을 발동하여 확고한 상승추이를 쟁취하였다는것이 우리의 2023년 투쟁을 통하여 립증되였습니다.

적대세력들의 대결광기는 정세를 극단에로 몰아갔지만 그를 호기로 역전시켜 더욱 과감하게 실행된 자위력강화사업들과 군사적대응행동들은 국익사수의지나 압도적힘의 과시만이 아니였습니다.

대내적으로는 전체 인민들과 공화국무력의 전체 장병들을 정신적으로 앙양시키고 대외적으로는 군사강국으로서의 무시할수 없는 실체를 절대화하고 우리의 국위는 물론 세계정치지형에서까지 극적인 변화를 가져왔습니다.

우리 인민이 자기가 선택하고 강인하게 추진해나가는 강국건설위업이 정당한것임을 재삼 확인하고 우리 국가의 현 장성흐름을 통하여 사회주의건설의 전면적발전기를 실감하고 신심을 굳히게 되였다는 이것이 무엇보다 소중한것입니다.

이 모든 귀중한 성과들에는 인민의 기대를 한시도 잊지 않고 국가주권의 정바른 행사와 발전을 위하여 고심하고 분투해온 대의원동지들의 노력도 깃들어있습니다.

당과 국가의 성업에 대한 충실성과 인민에 대한 헌신적복무정신으로 자기의 책무를 다함에 노력하여온 대의원동지들에게 사의를 표합니다.

대의원동지들!

물론 이 모든것에 만족하기는 이르며 강국을 향한 우리의 리상을 실현하고 사회주의의 승리를 성취함에 있어서 아직은 시작을 뗀데 불과합니다.

2023년의 귀중한 성과가 2024년에도 계속적인 발전과 성공에로 이어지게 하며 다음기 정부앞에 든든한 발판을 확보해주기 위한 문제가 새년도 국정을 론하는 오늘 이 회의의 중심의제였습니다.

당중앙위원회 제8기 제9차전원회의는 2024년을 사회주의건설의 전 전선에서 공격기세를 더욱 고조시켜 당 제8차대회가 제시한 투쟁목표점령의 승산을 확정지어야 할 결정적인 해로 규정하고 과학적이며 실현가능한 결정들을 만장일치로 채택하였습니다.

그 결정들에는 우리 당이 사랑하는 인민들과 아이들을 위하여 이루고저 하는 숙원들,위대한 우리 국가사회제도의 부단한 발전을 위한 방략들이 전면적으로 집대성되여있습니다.

당결정은 국가건설과 활동의 지침이고 공화국정권이 드팀없이 실행해야 할 정치적과제이며 그 철저한 관철에 경제건설과 인민생활향상에서의 획기적전환이 있고 국력제고와 국익수호,국위선양이 있습니다.

우리는 국가사업의 모든 분야에서 당결정을 생명선으로 틀어쥐고 어느 하나도 놓침없이,미결점이 없이 완벽하게 관철함으로써 공화국의 성스러운 발전사를 보다 확실하고 변혁적인 성과들로 이어나가야 합니다.

현시기 공화국정부앞에 나선 중요한 과업은 국가경제의 상승추이를 계속 고조시켜 나라의 경제전반을 안정적이며 지속적인 발전궤도에 확고히 올려세우는것입니다.

경제전선은 사회주의건설의 기본전선이며 강력하고 현대적인 자립경제의 든든한 뒤받침이 없이는 우리 국가의 높은 존엄과 자주적발전과 인민들의 유족하고 문명한 생활에 대하여 생각할수 없습니다.

우리모두가 자기 눈으로, 페부로 직접 실감하는바와 같이 5개년계획수행을 위한 우리 당과 인민의 투쟁은 류례없는 시련속에서도 한해한해 뚜렷한 대조를 이루는 전진과 발전의 층계들을 착실히 밟으며 성공적으로 진척되고있습니다.

우리는 지금까지 값비싼 노력과 피땀으로 이루어놓은 국가경제의 상승국면과 도도한 전진기세를 더욱 앙양시켜 우리가 내세운 리상이 결코 먼 후날의 일이 아니라 눈앞의 현실이라는것을 힘있게 실증하여야 합니다.

인민경제 모든 부문에서 생산장성에 부단히 박차를 가하고 정비보강사업을 다그쳐 끝내는데 힘을 집중하여야 합니다.

지난해 우리가 인민경제의 전반적부문과 단위들의 생산을 활성화하면서 당대회가 결정한 정비보강계획을 기본적으로 끝내는것을 경제사업의 중심과업으로 내세우고 강력한 투쟁을 전개하였지만 일부 미진된 대상들도 있습니다.

정비보강계획의 완수이자 당 제8차대회 결정관철투쟁의 결속이라고도 할수 있는것만큼 우리는 조건과 정세의 변화에 관계없이 이 사업을 계속 심화시켜 올해에도 반드시 좋은 결실을 이루어야 합니다.

기간공업부문들에 선차적의의를 부여하고 이 부문들에서부터 자립성을 더욱 키우고 현대화를 실현하여 경제전반의 비약적인 상승을 안아오려는 우리 당과 국가의 정책은 일관합니다.

금속공업과 화학공업부문에서 이미 이룩한 주체화, 현대화의 성과를 공고히 하면서 지금 추진하고있는 대상들의 완공을 앞당기고 정상운영을 위한 보장사업을 실속있게 하여 자립경제의 기둥을 더욱 튼튼히 보강하여야 합니다.

 지금 전력공업부문이 어려운 속에서도 나라의 전력수요를 보장하기 위해 분투하고있지만 경제규모가 확대되고 많은 건설들이 진행되는데 맞게 생산을 늘이기 위한 결정적인 대책을 강구하여야 합니다.

 이미 조성된 발전능력을 최대한 리용하고 단천발전소를 비롯한 여러 발전소건설을 다그쳐 끝내는것과 함께 앞으로 원자력발전소,조수력발전소까지 운영하게 되면 우리는 얼마든지 동력부족문제를 해결할수 있습니다.

 석탄공업,채취공업부문에서는 앙양된 투쟁기세를 늦추지 말고 생산계획을 드팀없이 수행하여 주요생산부문들에 필요한 원료와 연료를 철저히 보장하며 생산공정의 정비보강과 능력확대를 위한 사업도 완강하게 밀고나가야 합니다.

 올해 경제사업에서 특별히 역할을 높여야 할 부문은 기계공업부문입니다.

 기계공업부문에서는 룡성기계련합기업소를 현대화의 표준,본보기로 일신시키기 위한 사업을 강력히 추진하면서 인민경제 여러 부문에서 요구하는 기계설비들을 제때에 질적으로 생산보장하여 국가경제전반의 상승발전을 적극 뒤받침하여야 합니다.

 우리 당과 국가가 최근년간 건설사업에 힘을 집중하여 이룩한 성과들은 물론 자랑할만한것이지만 우리는 절대로 여기에 만족하거나 기세를 늦출수 없습니다.

 특히 살림집건설은 당의 권위,공화국정권의 인민적성격과 직결되여있는 중대사이며 인민들과 한 약속은 아무리 힘든 고비에 맞다들려도 무조건 지키는것이 우리 당과 정부의 본태이고 본도입니다.

 평양시 5만세대 살림집건설을 결속하는것을 비롯하여 앞으로 남은 2년 기간에 건설하여야 할 살림집세대수가 적지 않으므로 잡도리를 단단히 하고 계속 드세찬 공격전을 벌려 반드시 인민들의 기대에 보답하여야 합니다.

 세기적인 락후성을 털어버리는 농촌건설을 더욱 완강하게 진척시킴으로써 올해에도 우리 농업근로자들이 훌륭한 새 보금자리에 살림을 펴는 기쁨 넘친 광경이 온 나라 방방곡곡에 펼쳐지게 하여야 합니다.

이밖에도 건설부문에서는 각 도소재지들을 개변시키고 동서해를 련결하는 대운하를 건설하는것을 비롯하여 거창한 작전들이 계획되여있는데 맞게 그 준비를 지금부터 빈틈없이 갖추어나가야 하겠습니다.

전국적규모에서 살림집건설과 공공건물,산업시설들의 건설을 적극 다그치자면 건재공업부문이 계속 생산적앙양을 일으켜야 합니다.

새로 꾸리거나 능력확장한 건재생산기지들을 활성화하여 세멘트생산을 늘일뿐 아니라 타일,석재,유리,비닐벽지를 비롯한 각종 건재품들을 대대적으로 생산보장함으로써 건설일정에 지장을 주는 현상들이 나타나지 않도록 하여야 합니다.

경제전반의 상승추이는 불피코 물동수송량의 증가를 가져오며 이것은 나라의 기본수송수단인 철도의 역할을 더욱 높일것을 요구합니다.

철도부문에서는 수송조직과 지휘를 개선하고 현존철도수명을 유지하는데 힘을 넣어 인민경제의 수송수요를 무조건 보장하며 철도부문 공장,기업소들의 물질기술적토대를 다지는 사업도 실속있게 진행하여야 합니다.

철도를 끼고있는 도,시,군들에서도 철길유지보수에 항상 관심을 돌리고 필요한 로력과 자재를 제때에 보장하여 철도운행의 안정성을 높이는데 기여하여야 합니다.

그리고 정보산업부문과 국토환경보호부문,도시경영부문에서도 사회주의전면적발전의 요구에 맞게 국가관리와 경제장성,인민들의 문명생활에 필요한 조건과 환경을 부단히 개변해나가기 위한 당면과제들과 전망계획들을 착실히 추진하여야 할것입니다.

사회주의경제가 자기의 우월성과 위력을 충분히 발휘하자면 경제지도와 관리에서 통일성을 철저히 보장하고 모든 부문이 공화국 내각의 결정과 지시에 무조건 복종하는 엄격한 규률과 질서를 세워야 합니다.

이제는 경제부문들이 제각기 본위주의를 추구하며 정부의 행정지시를 제대로 집행하지 않아 국가경제사업에서 불균형과 무질서를 조성하고도 무난하던 때는 지났습니다.

내각에서는 당과 국가가 부여한 모든 권한을 책임적으로 행사하여 행정경제사업체계와 질서를 바로잡기 위한 혁명적인 대책을 강구하여야 합니다.

나라의 경제전반을 확고히 틀어쥐고 모든 사업을 주동적으로 박력있게 전개하며 강한 지도력과 장악력,통제력,집행력을 발휘하여 전면적발전국면을 계속 상승시켜나가야 합니다.

어느 단위도 내각밖에서 마음대로 놀아대지 못하게 하며 단위특수화,본위주의와의 투쟁을 강도높이 벌려 국가의 리익,전사회적인 리익을 우선시하는 기풍이 확고히 지배되게 하여야 합니다.

뿐만아니라 경제하부구조와 인구,로력관리와 같은 경제발전의 중요인자들을 정확히 예측하고 필요한 조치를 강구하며 국가경제기관들의 사업을 전망적으로 발전시켜나가기 위한 체계도 세워 인민경제전반의 안정적이며 지속적인 발전을 도모해나가야 합니다.

대의원동지들!

현시기 우리 공화국정부에 있어서 가장 중시하고 품을 들여야 할 지상의 과업은 인민생활을 하루빨리 안정향상시키는것입니다.

우리 인민들이 언제나 당과 정부를 변함없이 지지해주고 그 어떤 정책도 자기의것으로 받아들이며 절대성,무조건성의 집행력으로 받들어주는것은 인민의 복리증진을 국가활동의 최고원칙으로 내세운 당과 공화국정부에 대한 믿음이 확고하기때문입니다.

인민의 하늘같은 믿음에 반드시 보답하겠다고 분투하고있다고는 하지만 아직 인민들의 소박한 생활상요구마저도 충족시키지 못하고있는것이 현실입니다.

인민생활개선을 위한 사업에서 중요한것은 첫째도 둘째도 농사를 잘 짓는것입니다.

김정은동지께서는 농업부문에서 지난해 알곡고지점령으로 신심과 열의가 높아졌는데 이러한 승세를 몇년동안 지속적으로 유지하여야만이 인민생활을 정상궤도에 올려세울수 있으며 당과 정부에 대한 인민의 신뢰를 공고히 할수 있다고 하시면서 다음과 같이 계속하시였다.

지난해처럼 내각과 경제지도기관들에서 비료와 농약,연유를 비롯한 영농물자들을 미리 앞질러가며 보장하여 농장들에서 농사를 마음놓고 지을수 있는 조건을 충분히 조성해주어야 하며 온 나라가 또다시 년초부터 지원열풍을 세차게 일으켜 농업부문을 사상정신적으로,물질기술적으로 고무격려하여야 합니다.

농업부문에서는 농업근로자들의 애국적열의와 집단주의정신을 더 높이 발양시키고 선진적인 농업과학기술에 토대하여 과학농사열풍을 일으키며 지력을 높이고 관개체계를 완비하는 사업을 힘있게 내밀어 기후조건이 어떠하든 무조건 올해를 또다시 풍작의 해로 만들어야 합니다.

이와 함께 밀재배면적을 늘여 알곡생산구조를 바꾸고 밀가공기지들을 건설하는 사업과 농촌경리의 기계화,간석지건설도 본격적으로 추진하며 남새농사와 축산,과수와 공예작물농사도 다같이 발전시켜나가야 합니다.

특히 올해중에 평양시에 현대적인 가금공장을 또 하나 건설하며 앞으로는 각 도들에도 일떠세워 우리 인민들에게 더 많은 알과 고기가 차례지게 하자고 합니다.

수산부문도 발전시켜 변화되는 어황조건에 맞게 물고기잡이를 다양화하고 양어와 양식을 대대적으로 하여 수산물생산량을 늘이며 인민들에게 수산물이 골고루 차례지도록 실무적인 대책을 잘 세워야 합니다.

현시기 인민생활을 향상시키는데서 중요한 문제는 수도와 지방의 차이, 지역간불균형을 극복하는것입니다.

지방마다 지리적환경과 자원,경제적잠재력과 생활환경에서는 차이날수 있지만 공화국령역에는 인민생활에서 뒤떨어진 지역이 있어서는 안된다는 것이 우리 당과 정부의 절대불변한 원칙입니다.

지금 수도와 지방,도시와 농촌의 생활상격차가 심하고 같은 도와 시,군내에서도 조건에 따라 차이가 많습니다.

우리는 사회주의건설의 전면적발전리념에 배치되는 이러한 현상을 절대로 방치할수 없으며 지방살림살이를 전반적으로 개선하기 위한 국가적지원대책을 강하게 세워야 합니다.

물론 우리가 최근 몇년동안에 중평온실농장과 련포온실농장을 건설하고 김화군의 지방공업공장들을 완전히 일신시키였으며 전국적인 농촌살림집건설을 본격적으로 추진하고 개성시가 자체로 살아나갈수 있게 도와주기 위한 사업을 진행하고있는것을 비롯하여 지방인민들을 위한 사업들을 작전하고 내밀고있는것은 사실입니다.

하지만 이것만으로는 아직 너무 부족합니다.

우리가 당중앙위원회 제7기,제8기기간에 중앙적인 성격을 띠는 중요정책집행은 언제한번 주춤한적이 없이 기세좋게 내밀고 많은 변화들을 가져왔지만 지방경제를 발전시키는 사업은 그렇지 못하였습니다.

이번 당중앙위원회 전원회의 결정서에도 개성시 시내지구와 재령군,연탄군,우시군에만 지방공업공장들을 김화군 지방공업공장들의 수준으로 꾸리는것으로 하고 나머지 시,군들은 앞으로 건설을 할수 있는 준비를 다그치는것으로 반영되였는데 이렇게 소극적인 태도를 가지고서는 언제 가도 지방경제를 발전시킬수 없으며 인민생활에서 뚜렷한 변화를 가져올수 없다고 생각합니다.

김정은동지께서는 김화군에서 지방공업공장들이 번듯하게 일떠선 다음 공장을 정상운영하는데 필요한 원료를 자체로 보장하기 위한 사업에 달라붙어 이룩한 성과에 대하여 평가하시면서 시,군들에서 지방공업공장들을 현대적으로 건설하고 자체의 원료에 의거하여 생산을 정상화하자면 당면하게 제기되는 문제들이 적지 않겠지만 김화군처럼 마음먹고 달라붙어 지방공업공장건설과 원료기지조성사업을 다같이 내밀면 얼마든지 지방경제를 추켜세울수 있으며 지방인민들의 생활에서 실제적인 개변을 가져올수 있다고 강조하시였다.

김정은동지께서는 총적으로 결론짓는다면 우리가 지방의 락후한 현 상태를 관조적으로 보고 대하며 경제적조건을 구실로 지방공업발전을 위한 중대조치를 취하지 못할 아무러한 근거나 리유가 없다고, 어느 시, 군이나 조건과 실태는 다 비슷비슷하며 문제는 어떻게 지방공업공장들을 꾸리고 생산을 정상화하겠는가 하는 가능성을 찾아쥐는것이라고 강조하시면서 다음과 같이 계속하시였다.

지금 우리가 형세와 조건이 좋아지기만을 기다리면서 손을 대지 않으면 언제 지방공업공장들을 개변시키며 누가 원료보장가능성을 열어주겠습니까.

수십년간 그러해왔듯이 앞으로 공장들을 새로 건설하고 능력을 조성한다고 뜨뜨미지근한 말이나 계속하면서 혁명적인 대책을 세우지 않는다면 과연 언제 가서 전반적인 지방공업의 발전을 이룩하겠는가 하는것을 이제는 우리가 솔직히 고민하고 고심해보아야 합니다.

창성련석회의만 놓고보아도 이제는 그때로부터 얼마나 많은 세월이 흘렀습니까.

70년대, 80년대에도 인민생활과 직결되여있는 지방공업발전과 관련한 수많은 정책적문제들이 토의되였지만 전국적판도에서 혁명적인 대책이 세워지지 못했고 우리 일군들의 그릇된 관점과 태도로 인하여 수많은 인민적시책, 당정책들이 결정서나 방침문서의 글줄에만 남고 지방인민들의 실질적인 생활수준에서는 근본적인 변화가 이룩되지 못했습니다.

리상과 리념을 글줄에 반영하기는 쉬워도 그것은 결코 초자연적인 그 어떤 힘이나 흐르는 시간이 절로 해결해주는것이 아닙니다.

반드시 정확한 투쟁방침과 옳바른 방법론을 가지고 혁명적인 결단을 내리고 대담한 실천행동으로 옮길 때라야 비로소 쟁취할수 있는것입니다.

지금 지방들에는 시대의 요구에 부합되는 공장다운 지방공장이 하나도 없습니다.

이것을 더이상 외면하면 안되며 인정해야 합니다.

그런데 지역인민들의 삶과 직접적련관이 있는 지방경제가 초보적인 조건도 갖추지 못하고 한심한 상태에 있다는것을 알면서도 당과 정부가 더이상 후에 보자는 식의 태도를 취할 그 어떤 명분도, 권리도 없습니다.

이제는 당창건 80돐이 눈앞에 박두해왔고 공화국정권이 선지도 75년이 지났습니다.

창당리념과 투쟁의 근본목적과 우리 정권의 성격을 봐도 어느 나라보다 지역인민들의 삶을 더 걱정하고 지방발전정책을 우선시하여야 할 우리 당과 정부에 있어서 지방의 세기적락후성을 아직도 털어버리지 못하고 속수무책으로 앉아있다는것은 매우 심중한 문제가 아닐수 없습니다.

시, 군의 경제적자원과 원료원천을 조성하고 적극 리용하여 자기 지역내 주민들에게 항상 질높은 기초식품과 식료품, 소비품들을 보장함으로써 인민들에게 초보적인 생활상편의와 조건을 제공하는것은 사회주의전면적발전기를 열어나가야 하는 우리 당과 정부에 있어서 더는 미룰수 없는 절박한 과업이라고 생각합니다.

세기적인 락후성을 털어버리고 중앙과 지방의 차이를 줄이며 지방공업을 전면적으로, 균형적으로 발전지향시키되 매 지방경제의 특색있는 발전을 추동하고 경쟁적인 발전의 흐름을 만들어놓는것은 우리 정부앞에 나선 당면한 과업이며 우리 당의 숙원입니다.

인민생활과 관련한 이러한 절박한 과업들이 당면한 인민경제계획수행을 토의하는 금번 전원회의에서도 두두러지게 정책화되지 못함으로 하여 인민들의 커다란 기대에 보답하지 못한것에 대한 깊은 책임을 느끼면서 나는 이번에 중대사안을 당중앙위원회 정치국에 제의하고 정책화할것을 결심하였습니다.

김화군에 시범적으로 지방공업공장들을 현대적으로 꾸리고 자체로 운영하는 훌륭한 경험도 축적하였고 실지 군내인민생활향상에서 필수적이며 다른 시, 군들도 얼마든지 앞으로 그러한 능력을 키울수 있고 어차피 언젠가는 반드시 해결해야 할 문제라고 생각합니다.

물론 현재 시,군들의 능력을 보고 당장 운영능력이 있다고 보는 군들부터 건설순위를 결정하는것은 옳겠지만 건설의 순서는 매길수 있어도 이 나라 공민들의 삶을 걱정하고 그것을 풀기 위한 우리 당의 결정이나 공화국정부의 시책에서 누구를 우선시하고 누구를 차요시하는 문서장의 폐지수나 그 순위가 정해져서는 절대로 안됩니다.

나는 현대적인 지방공업공장건설을 매해 20개 군씩 어김없는 정책적과업으로 당에서 직접 틀어쥐고 김화군과 같은 수준으로 모가 나게 집행하여 10년안에 전국의 모든 시,군들 다시말하여 전국인민들의 초보적인 물질문화생활수준을 한계단 비약시키자고 합니다.

농촌진흥을 위한 로선과 별도로 지방공업발전을 강력하게 추진하여 가급적 빠른 기간내에 전국적판도에서 지역인민들의 초보적인 물질문화생활수준을 한계단 비약시키려는 우리 당의 이 정책을 《지방발전 20×10 정책》으로 명명하고 강력하게 추진하자고 합니다.

이것은 말로만 해오던것과는 다른 하나의 거대한 변혁,지방의 세기적인 락후성을 털어버리고 지방인민들의 숙망을 풀어주며 우리 사람들의 인식령역에서 개변을 가져오기 위한 하나의 거창한 혁명입니다.

김정은동지께서는 김화군에 지방공업공장들을 시범적으로 꾸린 경험에 기초하여 당에서 책임지고 매 군에 자금,로력,자재를 지속적으로,년차적으로,의무적으로 보장해주는것과 함께 국가적지도사업체계를 세우기 위한 대책적문제들에 대해 피력하시면서 말씀을 이으시였다.

그리고 당중앙위원회 조직지도부에 지방공업건설지도과를 따로 내오고 내가 직접 책임지고 총화하며 완강히 내밀 생각을 하고있습니다.

이를 위하여 곧 당중앙위원회 정치국 확대회의를 소집하고 《지방발전 20×10 정책》을 실무토의하고 결정하자고 합니다.

우리는 세기적인 숙원을 달성하는 실제적인 큼직한 조치를 취하여 우리 당의 원대한 사회주의강국건설을 힘있게 추진시켜야 합니다.

우리는 이러한 무거운 책임감을 스스로 걸머지고 자기의 책무앞에 마땅히 자신감을 가지고 도전해나서야 하며 이러한 실제적변화를 안아오는것으로써 인민들의 기대에 반드시 보답하여야 합니다.

이것이 가능한가? 얼마든지 가능합니다.

우리에게는 이러한 구상을 실현할 능력과 가능성,의지가 충분합니다.

이제 모든 시,군 지방공업공장들을 김화군 지방공업공장들의 수준으로 건설하는 문제를 중요한 국책으로 정책화하고 밀고나가면 지방인민들도 좋아하고 신심을 가질것이라고 생각합니다.

김정은동지께서는 지방공업공장들에서는 당중앙의 의도에 맞게 소비품들의 생산을 늘이고 질을 제고하기 위한 사업을 강하게 내밀어야 한다고 하시면서 올해 사회주의적시책집행에서 특별히 개선을 가져와야 할 문제는 당중앙위원회가 제8기 제9차전원회의에서 강하게 총화,포치한바와 같이 학생교복과 가방,신발의 질을 결정적으로 높이는것이라고 강조하시였다.

그러시면서 각 도들에 학생가방을 전문으로 생산하는 공장을 건설한것처럼 학생교복과 신발을 생산하는 전문공장도 도내수요를 충족시킬수 있게 새로 짓도록 하였는데 여기에 필요한 기능공들과 설비들을 보장하고 질을 높이기 위한 사업에 대의원들과 정권기관 일군들도 각별한 정성을 기울여 도시나 산골 할것없이 당과 국가의 시책이 똑같이 가닿을수 있게 하여야 한다고 말씀하시였다.

김정은동지께서는 인민생활에서 지역적편파성을 줄이고 해당 지역들이 자체로 살아갈수 있게 자립성을 키워주기 위한 국가적인 조치들도 취할데 대하여 언급하시면서 다음과 같이 계속하시였다.

도,시,군들에서 자기 지역의 특성과 자원을 합리적으로 리용하여 인민생활자금을 충당할데 대한 문제는 당적으로도 이미 강조된바 있지만 이를 담보할수 있게 경제실무적으로,법적으로 필요한 후속조치들이 제때에 안받침되지 못하고 승인절차와 공정이 복잡하며 제한턱이 많은 등 여러가지 요인들로 하여 지방에서는 덕을 똑똑히 보지 못하고있습니다.

이러한 폐단들을 전국적으로 말끔히 장악하고 해당 지역 인민들의 생활을 개선하는데 도움이 될수 있게 바다를 낀 곳에서는 바다를, 산을 낀 곳에서는 산을 잘 리용하면서 관광도 하고 자원도 효과적으로 개발, 동원할수 있도록 실질적인 대책을 세워주어야 합니다.

이렇게 하여 우리 인민들의 의식주에서 실제적인 개변을 가져와야 합니다.

나는 이미 당중앙을 대표하여 우리 인민들과 후대들의 행복한 웃음소리를 사회주의제도의 상징으로, 우리식 사회주의의 강대성으로, 강국의 지위를 결정짓는 척도로 규정하였습니다.

우리는 투쟁을 더욱 재촉하고 더 큰 성과를 지향하는 계속투쟁으로써 사회주의건설의 전방위적공간에서, 인민생활향상에서 변혁과 개변을 다계단으로, 립체적으로, 공세적으로 이룩해나가야 할것입니다.

대의원동지들!

사회주의건설의 각 분야에서 전면적발전을 지향하고있는 오늘의 현실은 그 어느때보다도 과학기술의 위력, 인재들의 활약을 요구하고있습니다.

국가부흥을 위한 우리의 혁명사업에서 거대한 몫을 맡고있는 과학기술부문이 자기의 책임을 다하게 하자면 과학기술발전에 대한 국가의 통일적인 지휘관리기능을 보다 강화하여야 합니다.

국가과학기술발전전략을 채택하고 국가중점과제와 연구목표들을 설정함에 있어서 정책적선을 똑바로 세우고 투자의 선후차를 옳게 정하며 경제발전과 인민생활개선에 현존과학기술력량을 최대한 합리적으로, 효률적으로 활용하여야 합니다.

과학자, 기술자들이 연구사업에 전심할수 있도록 조건을 보장해주고 과학기술성과를 일반화하는 사업을 잘하기 위한 국가적조치들을 계속 보완해나가야 합니다.

국가부흥발전의 견지에서 볼 때 리상적인것은 누구나 과학과 기술을 배우려 하고 과학기술로 부국강병에 이바지하는것을 가장 긍지스럽게 여기는 풍조가 온 나라에 지배되게 하는것입니다.

모든 사람들이 국가와 사회의 진보를 위한 과학기술연구,기술혁신에 뛰여들수 있게 정치적 및 물질적평가제도를 강화하는것을 비롯하여 국가의 현행법과 인재관리체계,각종 규정도 다시 따져보고 필요하다면 적극적으로 갱신하여야 합니다.

전면적으로 발전된 문명부강한 나라를 건설하자면 응당 교육과 보건을 세계선진수준에 올려세워야 합니다.

우리 당과 공화국정부가 최근년간 나라의 교육구조를 고치고 교육내용과 방법을 혁신하며 교육조건과 환경을 현대화하는 사업에 많은 품을 들이고있는데 새 세기 교육혁명은 이제 시작이나 같습니다.

특히 지방의 교육수준과 환경은 매우 렬악한 상태에서 크게 벗어나지 못하고있습니다.

교육부문에서는 당의 교육정책의 요구대로 초등 및 중등교육과 고등교육의 질적수준을 한단계 높이기 위한 사업을 책략적으로 전망성있게 잘해나가며 현재 추진하고있는 종합적인 교육기자재공장건설을 다그쳐 교구비품과 실험실습기재보장능력을 강화하여야 합니다.

중요하게는 중앙교육기관들에서 세계적인 경쟁력을 가진 인재들을 키워내는 사업에 힘을 넣는것과 함께 농촌학교를 비롯한 지방교육기관들을 추켜세우는데 국가적인 력량을 투하하여 도시와 농촌의 교육수준차이를 결정적으로 줄여야 합니다.

보건부문에서도 인민들에 대한 의료봉사의 질을 높이기 위한 사업을 잘 해나가야 합니다.

올해에 평양종합병원을 완공하여 개원하고 동시에 강원도에 현대적인 종합병원을 건설하면 새시대에 어울리는 훌륭한 보건시설의 본보기가 마련되게 될것입니다.

앞으로는 매해 다른 도들에도 현대적인 종합병원들을 건설하고 시,군들에도 온전한 병원들을 꾸려 전체 인민이 그 어디에서나 선진적인 의료봉사를 받도록 하여야 합니다.

이와 함께 제약공장들과 의료기구공장들을 현대화하고 중앙적인 고려약공장을 건설하기 위한 사업도 다그쳐 보건부문의 물질기술적토대를 개선하며 전국적범위에로 확대하고있는 보건보험기금에 의한 의료보장제를 정확히 편향없이 실시하는데 주의를 돌려야 합니다.

대의원동지들!

우리 공화국은 평화애호적인 사회주의국가이며 침략과 간섭이 없는 평온하고 안정된 환경속에서 자주적발전의 길을 걸으려는 우리의 지향은 시종일관하고 그를 위해 바친 대가도 막대합니다.

그러나 우리 국가의 안전환경은 완화되기는커녕 날로 악화일로를 기록하였으며 오늘은 세계에서 가장 위태한 전쟁발발위험지역으로 되였습니다.

미국당국자들이 때없이 뱉어내는 우리의 《정권종말》망발과 함께 공화국주변지역에 상시주둔하다싶이 하는 방대한 핵전략자산,추종세력을 규합하여 력대 최대규모로 쉬임없이 벌리는 전쟁연습,미국의 사촉속에 강화되는 일본,대한민국의 군사적결탁 등은 우리 국가의 안전을 각일각 더욱 엄중하게 해치고있습니다.

년대와 년대를 이어 지속적으로 감행되고있는 미국의 거침없는 반공화국대결정책과 그에 무조건적으로 굴종하는 대한민국과 같은 노복국가들의 자멸적망동은 우리 공화국의 적개심을 촉진시키는 한편 군사력강화의 정당한 명분과 압도적인 핵전쟁억제력을 보다 비상히 제고해나가야 할 당위성을 충분히 제공해주고있습니다.

지금 미국과 그 주구들은 전쟁열에 들떠있습니다.

우리는 조국과 인민,후손만대의 안녕을 목적하여 자위적국방력강화의 일로를 변함없이 걸어나가야 합니다.

이 자리에 참석한 대의원들은 오늘 중동에서 벌어지는 무차별적인 전쟁의 참화를 남의 일로만 여기지 말아야 하며 군력이자 국가와 인민의 안전이고 존엄이고 위상이라는 확고한 신념을 간직하고 우리의 자위적국방력을 백배,천배 최상최대로 다져나가기 위하여 모든것을 다하여야 합니다.

다시한번 강조하지만 우리 군대는 국가의 안전과 인민의 안녕을 목숨바쳐 지켜야 하는 자기의 숭고한 사명을 명심하고 적들의 사소한 군사적움직임도 놓치지 말고 예리하게 주시하면서 그 어떤 형태의 도발적행위도 압도적인 대응으로 철저히,무자비하게 제압분쇄할수 있게 확신성있는 만반의 대비태세를 갖춰나가야 합니다.

대사변준비가 절박하게 현실화되고 그를 강력한 군사행동으로 치르어야 할 중대한 사명이 우리 군대에 지워진데 맞게 전군의 각급은 당중앙위원회 제8기 전원회의들과 당중앙군사위원회정신을 진지하게 학습하고 실행하며 실전화된 훈련을 강화하는 동시에 정치사상교양사업에 언제나와 같이 큰 힘을 넣음으로써 정치사상적 및 군사기술적우세로써 적들과의 대결에서 반드시 이길수 있게 준비해나가야 합니다.

김정은동지께서는 인민군대의 전쟁준비는 무장장비의 현대화와 떼여놓고 생각할수 없다고 하시면서 군수공업부문에서 조성된 정세와 혁명발전의 요구에 맞게 올해에 조선민주주의인민공화국의 핵전쟁억제력강화와 국가방위력증대를 위한 책임적인 투쟁에서 견지하고 관철하여야 할 전략적과업들을 제시하시고 다음의 문제들을 계속하여 언급하시였다.

이 땅에 사는 공민이라면 누구나 조국보위를 최대의 애국으로 여기고 자각적으로 떨쳐나서야 합니다.

전민항전으로 나라도 지키고 혁명적대사변도 맞이하자는것이 우리 당의 전략적구상입니다.

민방위부문에서는 지난 시기 전쟁준비완성을 만성적으로 대하면서 형식적으로,눈가림식으로 진행한데서 심각한 교훈을 찾고 새롭게 시작한다는 관점과 립장에서 혁명적으로 분발하여야 합니다.

나라의 방위력,군사력을 강화하기 위한 사업은 명실공히 전국가적인 사업으로서 공화국령내의 모든 기관,기업소,단체와 공민들은 군사에 대한 옳은 관점을 가지고 군력강화에 필요한 모든것을 최우선적으로,가장 질높게 보장하는것을 어길수 없는 철칙으로 삼아야 합니다.

각급 인민정권기관들은 일단 유사시에는 즉시에 전시체제로 이행할수 있는 철저한 대책을 세우며 전민항전을 위한 물질적준비도 빈틈없이 갖추도록 하여야 합니다.

최고인민회의 대의원들은 나라의 방위력강화에 한몫하는것을 자기의 응당한 의무로 여기고 자기 부문,자기 단위앞에 맡겨진 군사과업들을 어김없이 수행해나가야 하며 군사를 소홀히 하는 현상들은 제때에 문제를 세워 철저히 극복해나가도록 하여야 하겠습니다.

대의원동지들!

오늘 최고인민회의에서는 근 80년간의 북남관계사에 종지부를 찍고 조선반도에 병존하는 두개 국가를 인정한 기초우에서 우리 공화국의 대남정책을 새롭게 법화하였습니다.

당중앙위원회 2023년 12월전원회의에서도 엄숙히 천명된바와 같이 우리 당과 정부와 인민은 흘러온 력사의 장구한 기간 언제나 동족,동포라는 관점에서 대범한 포용력과 꾸준한 인내력,성의있는 노력을 기울이며 대한민국것들과 조국통일의 대의를 허심탄회하게 론하기도 하였습니다.

그러나 쓰라린 북남관계사가 주는 최종결론은 《정권붕괴》와 《흡수통일》을 꿈꾸면서 우리 공화국과의 전면대결을 국책으로 하고있고 나날이 패악해지고 오만무례해지는 대결광증속에 동족의식이 거세된 대한민국족속들과는 민족중흥의 길,통일의 길을 함께 갈수 없다는것입니다.

북남관계가 더이상 동족관계,동질관계가 아닌 적대적인 두 국가관계,전쟁중에 있는 완전한 두 교전국관계라는 현실은 외세의 특등주구집단인 대한민국이 극악하고도 자멸적인 대결망동으로 써놓은 북과 남의 명백한 현주소이며 세상을 향해 거침없이 면사포를 벗겨놓은 조선반도의 실상입니다.

이번에 우리가 조선민주주의인민공화국의 국법을 론하는 최고인민회의에서 북남관계와 통일정책에 대한 립장을 새롭게 정립하고 평화통일을 위한 련대기구로 내왔던 우리의 관련단체들을 모두 정리한것은 반드시 짚고 넘어가야 할 필수불가결의 공정이라고 할수 있습니다.

우리 국가의 남쪽국경선이 명백히 그어진 이상 불법무법의 《북방한계선》을 비롯한 그 어떤 경계선도 허용될수 없으며 대한민국이 우리의 령토, 령공, 령해를 0.001㎜라도 침범한다면 그것은 곧 전쟁도발로 간주될것입니다.

이와 관련해서 조선민주주의인민공화국 헌법의 일부 내용을 개정할 필요가 있다고 봅니다.

이미 나는 지난번 전원회의에서 대한민국 헌법이라는데 《대한민국의 령토는 조선반도와 그 부속도서로 한다.》고 버젓이 명기되여있는 사실에 대하여 상기시켰습니다.

이번에 일부 다른 나라들의 헌법자료를 료해해보니 국가주권이 행사되는 령역부문 다시말해서 자기 나라의 령토, 령해, 령공지역에 대한 정치적 및 지리적인 정의를 헌법에 명백히 규제해놓고있습니다.

현재 우리 나라 헌법에는 상기내용들을 반영한 조항이 없는데 우리 공화국이 대한민국은 화해와 통일의 상대이며 동족이라는 현실모순적인 기성개념을 완전히 지워버리고 철저한 타국으로, 가장 적대적인 국가로 규제한 이상 독립적인 사회주의국가로서의 조선민주주의인민공화국의 주권행사령역을 합법적으로 정확히 규정짓기 위한 법률적대책을 세울 필요가 있습니다.

조선반도에서 전쟁이 일어나는 경우에는 대한민국을 완전히 점령, 평정, 수복하고 공화국령역에 편입시키는 문제를 반영하는것도 중요하다고 봅니다.

그리고 우리 인민들의 정치사상생활과 정신문화생활령역에서 《삼천리금수강산》, 《8천만 겨레》와 같이 북과 남을 동족으로 오도하는 잔재적인 낱말들을 사용하지 않는다는것과 대한민국을 철두철미 제1의 적대국으로, 불변의 주적으로 확고히 간주하도록 교육교양사업을 강화한다는것을 해당 조문에 명기하는것이 옳다고 생각합니다.

이밖에도 헌법에 있는 《북반부》, 《자주, 평화통일, 민족대단결》이라는 표현들이 이제는 삭제되여야 한다고 봅니다.

나는 이러한 문제들을 반영하여 공화국헌법이 개정되여야 하며 다음번 최고인민회의에서 심의되여야 한다고 생각합니다.

헌법개정과 함께 《동족,동질관계로서의 북남조선》,《우리 민족끼리》,《평화통일》 등의 상징으로 비쳐질수 있는 과거시대의 잔여물들을 처리해버리기 위한 실무적대책들을 적시적으로 따라세워야 합니다.

당면해서 북남교류협력의 상징으로 존재하던 경의선의 우리측구간을 회복불가한 수준으로 물리적으로 완전히 끊어놓는것을 비롯하여 접경지역의 모든 북남련계조건들을 철저히 분리시키기 위한 단계별조치들을 엄격히 실시하여야 하겠습니다.

그리고 수도 평양의 남쪽관문에 꼴불견으로 서있는 《조국통일3대헌장기념탑》을 철거해버리는 등 이여의 대책들도 실행함으로써 우리 공화국의 민족력사에서 《통일》,《화해》,《동족》이라는 개념자체를 완전히 제거해버려야 합니다.

이 기회를 빌어 나는 우리 공화국이 그 어떤 정세변화에도 흔들림없이 자기의 목숨처럼 놓지 않고 강력히 틀어쥐고나가는 자위적국방력강화의 혁명적성격에 대해서 다시금 명백히 밝히자고 합니다.

우리가 키우는 최강의 절대적힘은 그 무슨 일방적인 《무력통일》을 위한 선제공격수단이 아니라 철저히 우리스스로를 지키기 위해서 꼭 키워야만 하는 자위권에 속하는 정당방위력이라는것을 다시금 확언합니다.

힘의 론리가 지배하는 오늘의 세계에서 그리고 수십여년에 걸쳐 전쟁의 위험이 항시적으로 떠돌고있는 열점지역의 우리 국가에 있어서 강력한 군사력보유는 나라와 민족의 운명을 지키기 위해서 반드시 선택해야만 하는 필연적인 투쟁공정이며 숙명적으로 받아들여야 할 력사적과제입니다.

적들의 끈질긴 압박과 제재가 동반되는 최악의 극난이 지속되는 속에서도 우리가 단 한치의 동요도 없이 최강의 자위적국방력과 핵전쟁억제력을 비상히 다져온 결과 장구한 세월 이 땅에서 그 어떤 침략세력도 감히 최악의 전쟁발발까지는 엄두를 내지 못하였습니다.

명백히 하건대 우리는 적들이 건드리지 않는 이상 결코 일방적으로 전쟁을 결행하지는 않을것입니다.

이것을 그 무슨 우리의 나약성으로 오판하면 절대로 안될것입니다.

그렇다고 우리의 자위적인 국가방위력이 오직 자기를 방어하고 전쟁을 막기 위한데만 국한되여있겠는가?

절대 그렇지 않습니다.

이미 나는 우리 핵무력의 전쟁억제라는 본령이외의 제2의 사명에 대하여 명백히 언급한바가 있습니다.

대한민국이라는 최대의 적국이 우리의 가장 가까운 이웃에 병존하고있는 특수한 환경과 미국놈들의 주도하에 군사적긴장격화로 지역정세의 불안정성이 증대되는 현실을 랭철하게 고찰해보면 물리적충돌에 의한 확전으로 전쟁이 발발할 위험은 현저히 높아지고 위험단계에 이르렀습니다.

우리는 전쟁을 바라지 않지만 결코 피할 생각 또한 없습니다.

전쟁이라는 선택을 할 그 어떤 리유도 없으며 따라서 일방적으로 결행할 의도도 없지만 일단 전쟁이 우리앞의 현실로 다가온다면 절대로 피하는데 노력하지 않을것이며 자기의 주권사수와 인민의 안전,생존권을 수호하여 우리는 철저히 준비된 행동에 완벽하고 신속하게 림할것입니다.

전쟁은 대한민국이라는 실체를 끔찍하게 괴멸시키고 끝나게 만들것입니다.

그리고 미국에는 상상해보지 못한 재앙과 패배를 안길것입니다.

우리의 군사적능력은 이미 그러한 준비태세에 있으며 빠른 속도로 갱신되고있습니다.

만약 적들이 전쟁의 불꽃이라도 튕긴다면 공화국은 핵무기가 포함되는 자기 수중의 모든 군사력을 총동원하여 우리의 원쑤들을 단호히 징벌할것입니다.

대의원동지들!

반제자주는 정의이고 진리이며 존엄과 주권,평화와 안전은 이 길에서만 굳건히 수호될수 있습니다.

정의와 평화를 수호하며 진보와 발전을 지향하고 친선과 단결을 도모하는것은 우리 당과 국가의 대외정책적립장입니다.

조선민주주의인민공화국은 반제자주를 절대불변하고도 일관한 제1국책으로 틀어쥐고 불법무법의 이중기준으로 세계의 평화와 안정을 무참히 유린하고 침탈하고있는 미국의 극악한 자주권침해행위를 절대로 용납하지 않을것이며 주권존중과 내정불간섭,평등과 호혜에 기초한 국제적정의를 실현하고 새로운 국제질서를 수립하기 위하여 적극 투쟁해나갈것입니다.

대외사업부문에서는 격변하는 국제정치지형과 안보환경에 주동적으로 대처하기 위한 사업을 책략적으로,적극적으로 전개하여 우리 혁명에 유리한 조건과 환경을 마련하며 국권수호,국익사수의 원칙에서 한치의 탈선이나 양보도 허용하지 말아야 합니다.

사회주의나라들과의 관계발전을 우선과제로 내세우고 쌍무적,다무적협조를 가일층 강화해나가며 국제적규모에서의 반제공동행동,공동투쟁을 과감히 전개하고 자주와 정의를 지향하는 모든 나라,민족들과 사상과 제도의 차이를 초월하여 단결하고 협력하면서 나라의 대외관계령역을 보다 확대하기 위한 사업에서 새로운 진전을 이룩하여야 하겠습니다.

이상의 과업들이 공화국정부가 당면하여 틀어쥐고 반드시 관철해야 할 주요정책입니다.

국가의 존위와 인민의 복리를 위하여,사회주의건설의 승리적전진을 위하여 결행되여야 할 성스러운 사업들이 어떤 결실을 맺게 되는가 하는것은 인민정권기관들의 역할에 크게 달려있습니다.

우리의 인민정권은 사회주의건설의 강력한 정치적무기이며 당의 로선과 정책의 집행자입니다.

모든 인민정권기관들은 조선로동당의 사상과 령도에 무조건 충실하는 강철같은 사업체계와 질서를 세우며 수동적이며 관조적인 자세를 완전히 소거하고 자기 지역,자기 단위앞에 제시된 당정책들을 주인답게,용의주도하게 관철해나가야 합니다.

인민을 위해 존재하고 인민의 리익을 위해 복무하는 본연의 사명에 맞게 당과 국가의 인민적시책들이 우리 아이들과 매 공민들에게 정확히 가닿도록 무한한 책임성을 발휘하며 인민생활문제를 풀기 위한 사업들이 누구에게 잘 보이기 위한것이 아니라 사람들에게 실지 덕을 주는 사업으로 되게 하여야 합니다.

지방경제를 추켜세우는 사업을 비롯하여 나라의 경제문제를 푸는데서 절실한 일감들을 스스로 걸머지고 끝까지 실현시켜 국가발전에 참답게 이바지하여야 합니다.

인민정권기관들은 사회주의제도를 옹호고수하고 공고발전시키는데서 응당한 역할을 하여야 합니다.

각 단위와 주민들의 활동을 조직하고 지휘하는 행정에서 일심단결을 강화하고 인민들의 애국심을 분발승화시키는데 항상 관심해야 하며 우리 사회의 사회주의적성격을 엄격히 고수하고 원칙적인 통제와 관리로써 국가의 원활한 기능을 철저히 담보해야 합니다.

사회주의건설의 가일층 전진발전과 인민의 복리증진을 위한 새년도 진군에서 대의원동지들이 지닌 사명과 책임은 의연 중대합니다.

최고인민회의 대의원들을 비롯하여 각급 인민회의 대의원들은 인민의 지지속에 선출되여 국정에 직접 참여하면서 인민의 의사와 요구를 정부의 시책에 반영하고 그의 정확한 집행을 주도하며 나타나는 편향들을 적시적으로 대책하도록 건의하는 정치활동가들입니다.

대의원동지들이 인민의 대표자로서 자기의 위치와 권능을 옳게 자각하고 책무를 다하여야 당과 정부와 인민이 하나의 유기체로 이어지고 국가사회생활전반이 활기를 띠게 되며 인민을 위한 로선과 정책들이 철저히 관철될 수 있습니다.

대의원들은 잠시도 자기만을 위한 보신이나 안일해이에 빠질 권리가 없으며 적극적이고도 알속있는 행동실천으로 국정집행을 담보하여야 합니다.

대의원동지들!

다시 강조하지만 오늘 우리 국가가 세계가 무시할수 없는 명성과 권위를 가지고 확실한 담보밑에 전면적부흥의 밝은 전도를 내다보게 된것은 어려운 세월속에서도 오로지 당과 공화국정권만을 굳게 믿고 사회주의위업의 승리를 위해 모든것을 다 바쳐 싸워온 위대한 인민의 고귀한 피와 땀,값비싼 헌신의 대가입니다.

우리 당과 공화국정부의 정책을 절대적으로 지지하고 성심다해 받들어나가는 인민들의 기대에 비하면 지금까지 이룩한 성과는 너무도 적으며 우리에게는 모진 곡경을 감내하며 바쳐온 인민의 헌신과 노력을 헛되이 할 권리가 없습니다.

우리는 국력이 강해지고 자신심이 커질수록 우리 인민이 걸어온 시련에 찬 려정을 한시도 잊지 말고 분발하고 또 분발하여야 히며 가까운 앞날에 인민들과 약속한 부유하고 문명한 시대를 기어이 펼쳐놓아야 합니다.

아직은 많은 난관이 존재하고 겪어야 할 시련이 눈앞에 있지만 우리의 리상과 위업은 진리이고 과학이며 승리를 안아올 배심과 기세도 충천합니다.

모두다 애국으로 굳게 단결하여 존엄높은 우리 국가의 무궁한 번영을 위하여,

위대한 우리 인민의 행복과 영광을 위하여,

우리식 사회주의의 전면적발전을 위하여 힘차게 싸워나아갑시다.

위대한 우리 국가 조선민주주의인민공화국 만세!

〈박창덕 기자〉

사람일보 2024. 1. 16.

46
"평화와 안정을 위한 천만지당한 조치"
북 김정은 국무위원장, 건군절 76돐 맞아 국방성을 축하방문하여 연설

    북 김정은 국무위원장이 건군절 76돐을 맞아 국방성을 축하방문하여 연설했다고 조선중앙통신이 9일 보도했다.

    김정은 국무위원장은 연설에서 "얼마전 우리 당과 정부가 우리 민족의 분단사와 대결사를 총화짓고 한국괴뢰족속들을 우리의 전정에 가장 위해로운 제1의 적대국가,불변의 주적으로 규정하고 유사시 그것들의 령토를 점령,평정하는것을 국시로 결정한것은 우리 국가의 영원한 안전과 장래의 평화와 안정을 위한 천만지당한 조치이다"라며 "이로써 우리는 동족이라는 수사적표현때문에 어쩔수없이 공화국정권의 붕괴를 꾀하고 흡수통일을 꿈꾸는 한국괴뢰들과의 형식상의 대화나 협력따위에 힘써야 했던 비현실적인 질곡을 주동적으로 털어버리였으며 명명백백한 적대국으로 규제한데 기초하여 까딱하면 언제든 치고 괴멸시킬수 있는 합법성을 가지고 더 강력한 군사력을 키우고 초강경대응태세를 유지하면서 자주적인 독립국가,사회주의 국가로서의 존엄을 지키고 주변환경을 우리의 국익에 맞게 더욱 철저히 다스려나갈수 있게 되였다"라고 강조했다.

    김정은 국무위원장은 또 "이러한 정책전환과 견결한 대적립장은 주권사수의지에 있어서나 군사기술력에 있어서 만반으로 준비된 우리 군대가 있었기에 내릴수 있었던 중대결단이였다"라며 "제국주의의 패권정책과 횡포무도한 침략책동으로 주권과 령토가 무참히 침해당하고 류혈사태가 일상으로 되고있는 오늘의 세계에서 반제대결전의 걸음걸음을 그 누구도 부인할 수 없는 명백한 승리로 결정지으며 조국과 인민의 존엄을 영예롭게 수호하

는 군대는 조선로동당의 령도를 받는 우리 혁명무력뿐"이라고 밝혔다.

북 통신이 보도한 김정은 국무위원장 연설 전문은 다음과 같다.

경애하는 김정은동지께서 국방성을 축하방문하시여 하신 연설

영광스러운 우리 군대의 창건절을 성대히 맞이하고있는 공화국무력의 최고지휘기관인 국방성 성원들과 이 자리에 모인 사관, 병사들,

지금 이 시각도 우리 조국의 국경전선을 지켜서 헌신하고있는 미더운 제1, 제2, 제4, 제5군단 장병들,

수도방위의 영예로운 임무를 믿음직하게 수행하고있는 평양방어군단 장병들,

조국의 동, 서부지구 령토와 령해를 굳건히 수호하고있는 모든 군단과 기계화보병, 땅크, 장갑부대 장병들,

북부국경의 제12군단과 국경경비대 장병들,

영용한 우리 군종의 장병들,

전체 인민군장병동지들!

우리 국가, 우리 인민의 자랑스러운 명절인 조선인민군창건 76돐에 즈음하여 열렬한 축하와 격려의 인사를 보냅니다.

뜻깊은 이 자리를 빌어 주체건군사의 개척기와 위대한 승리의 년대들을 불멸할 공훈과 기적들로 빛내인 혁명선렬들과 인민군렬사들 그리고 존경하는 로병동지들에게 충심으로부터의 경의를 드립니다.

아울러 우리 당의 강군건설위업을 절대적으로 지지하며 받들어주고있는 온 나라 인민들과 군인가족들에게 뜨거운 감사의 인사를 전하는바입니다.

이 자리에 서고보니 나날이 더 많은 짐을 지고 남달리 고생많은 우리 군대 장병들에게 무슨 말로 감사를 표하고 그 특출한 공적을 어떻게 평가해야 할지 형언하기가 힘듭니다.

인민군대, 불러만 보아도 가슴이 뜨거워지고 그 영웅적군상이 사무쳐와 감격스럽습니다.

참으로 많은 사연들이 새겨져있고 시련은 많았어도 승리와 위훈으로 영광넘친 76성상입니다.

탄생초기부터 오늘까지 시대와 력사가 부여한 성스러운 사명을 충직히 걸머지고 가장 정의로운 사상과 위업을 수호하면서 인민의 안녕과 복리를 위하여 싸워온 위대한 그 공적에 대하여, 그 나날에 세운 무수한 위훈들에 대하여 이야기하자면 끝이 없을것입니다.

우리 군대의 영웅적투쟁사에 빛나는 가장 큰 공적은 주권사수라는 본연의 사명에 무한히 충실하여 제국주의의 군사적위협공갈과 전쟁위험으로부터 나라와 인민의 자주권과 존엄을 굳건히 수호하고 평화와 안정을 보장한 것입니다.

우리 혁명에서 건국에 앞서 창군의 위업이 먼저 수행되는 미증유의 력사가 탄생한것은 주권 그 자체가 제국주의폭제를 짓부실수 있는 혁명적인 폭력으로써만, 싸워서 반드시 이겨야만 지켜지고 행사될수 있기때문이였습니다.

우리 인민군대는 잃었던 생존권과 발전권, 자유와 권리를 되찾기 위한 우리 인민의 오랜 기간의 투쟁의 전취물이였으며 다시는 빼앗길수 없고 유린당할수 없는 주권을 굳건히 사수하는것은 우리 군대의 가장 중대하고 성스러운 사명이였습니다.

결코 쉽게는 지켜낼수 없었던 국권수호의 력사적중임을 떠메고 우리 인민군대는 누가 누구를 하는 치렬한 정치투쟁, 계급투쟁의 험난한 길을 장장 76성상 굴함없이 헤쳐왔습니다.

그 누구도 걸어보지 못한 전인미답의 행로에서 우리 군장병들이 년대와 년대를 이어오며 피와 목숨으로 쌓아올린 전과들과 영웅적위훈들은 이루 다 헤아릴수 없습니다.

인민군대가 우리 국가의 주권이 행사되는 모든 곳에서 적대세력들의 온갖 도전과 위협을 단호히 제압하고 나라의 울바자를 철벽으로 지켜주었기에 조국과 인민의 안녕과 권익, 당의 사상과 위업이 철저히 보위될수 있었으며 인민군대의 고귀한 희생과 영웅적인 승전사와 더불어 우리 인민은 주권을 튼튼히 틀어쥐고 정치와 군사, 경제와 문화, 대외관계에서 자기의 권리를 강력히 행사하면서 부국강병에로의 위대한 전환을 이룩하였습니다.

오늘 우리 국가가 쟁취한 절대적인 힘과 존위는 우리 군대가 피와 땀, 희생으로 이룩한 값비싼 무훈과 승리들을 디딤돌로 하고있습니다.

더욱 강대하고 번영하는 국가건설을 지향하는 우리 당의 목표는 우리의 자주적권리를 빠짐없이 되찾고 당당히 행사하는것이며 여기서 첫째가는 과제는 국가의 안전을 영구히 확보하는것입니다.

그러자면 자기를 건드릴수 없는 절대적힘을 지니고 적들을 다스릴수 있는 강한 힘을 가져야 합니다.

얼마전 우리 당과 정부가 우리 민족의 분단사와 대결사를 총화짓고 한국괴뢰족속들을 우리의 전정에 가장 위해로운 제1의 적대국가, 불변의 주적으로 규정하고 유사시 그것들의 령토를 점령, 평정하는것을 국시로 결정한것은 우리 국가의 영원한 안전과 장래의 평화와 안정을 위한 천만지당한 조치입니다.

이로써 우리는 동족이라는 수사적표현때문에 어쩔수없이 공화국정권의 붕괴를 꾀하고 흡수통일을 꿈꾸는 한국괴뢰들과의 형식상의 대화나 협력따위에 힘써야 했던 비현실적인 질곡을 주동적으로 털어버리였으며 명명백백한 적대국으로 규제한데 기초하여 까딱하면 언제든 치고 괴멸시킬수 있는 합법성을 가지고 더 강력한 군사력을 키우고 초강경대응태세를 유지하면서 자주적인 독립국가, 사회주의국가로서의 존엄을 지키고 주변환경을 우리의 국익에 맞게 더욱 철저히 다스려나갈수 있게 되였습니다.

이러한 정책전환과 견결한 대적립장은 주권사수의지에 있어서나 군사기술력에 있어서 만반으로 준비된 우리 군대가 있었기에 내릴수 있었던 중대결단이였습니다.

제국주의의 패권정책과 횡포무도한 침략책동으로 주권과 령토가 무참히 침해당하고 류혈사태가 일상으로 되고있는 오늘의 세계에서 반제대결전의 걸음걸음을 그 누구도 부인할수 없는 명백한 승리로 결정지으며 조국과 인민의 존엄을 영예롭게 수호하는 군대는 조선로동당의 령도를 받는 우리 혁명무력뿐입니다.

불패의 강군으로 장성강화되여 우리 국가의 안전과 주권을 억척으로 사수해온 공화국무력의 빛나는 연혁과 조국과 인민을 위한 거창한 창조와 건설의 페지들은 언제나 나란히 씌여져왔습니다.

우리 조국과 인민이 군대의 수고에 항상 감사하여마지 않고 건군절을 자기들의 명절로 경사롭게 맞이하는것은 인민군대가 국권수호에서뿐 아니라 사회주의건설과 인민의 복리증진을 위한 투쟁에서 누구도 대신할수 없는 혁혁한 공적을 쌓아올렸기때문입니다.

자기 당과 생사고락을 같이하고 당의 명령과 지시라면 그것이 군사적임무이든 경제적과업이든 쾌히 떠안고 언제한번 드티는 일이 없이 가장 완벽하게, 가장 철저하게 집행해내는 충성스럽고 믿음직한 대오가 바로 우리 인민군대입니다.

우리 군인들에게는 언제나 긴 설명이 필요없었습니다.

그 어떤 해석이 없이도 당의 고심을 페부로 읽고 자기가 나서야 할 력사의 시각이 다가왔음을 자각하며 더 큰 고생을 감내해야 하는 전구들로 주저없이 달려나가는것이 우리 군대입니다.

우리 군대의 군기들마다에 씌여진 《조국의 무궁한 번영과 인민의 안녕을 위하여》라는 글발은 길지 않지만 그 사명과 임무는 막중하였고 새겨진것은 무공만이 아니였습니다.

전후의 페허우에 조국건설의 새 삽을 박은 그날로부터 오늘에 이르는 장구한 로정에서 사회주의건설은 국권수호에 못지 않은 인민군대의 제1차적인 혁명과업으로 되여왔으며 그것은 준엄하고 엄혹한 정세하에서도 어느 한때도 덜어지거나 미루어진적이 없었습니다.

인민경제의 근간을 이루는 철의 기지들과 탄광, 광산들, 나라의 동맥인 철길들과 도로들, 인민의 삶을 가꾸어주는 전야들과 관개물길, 간석지들을 비롯하여 개발과 창조의 동음이 높이 울려퍼진 조국땅 그 어디에나 우리 군대의 자욱이 찍혀지지 않은 곳이 없습니다.

청사와 더불어 후세토록 빛날 시대정신들과 그에 떠받들린 기념비들도 모두 인민군대가 탄생시킨것들입니다.

우리 장병들은 자기 삶의 귀중한 모든것, 긍지와 보람, 영예와 행복을 인민군대라는 그 자랑스러운 부름에 한점의 아쉬움도 없이 모두 묻었습니다.

우리 군대가 혁명적이고 강인한 기개와 애국적열정으로 찍어간 참되고 아름다운 자욱을 따라 조국의 모습이 변모되고 인민의 삶의 보금자리들이 마련되였으며 행복한 웃음이 꽃펴났습니다.

지난 한해동안에만도 수도와 검덕지구를 비롯하여 전국도처에서 립체전으로 전개된 살림집건설, 관개건설과 국경차단물공사, 알곡증산투쟁, 재해복구에 이르기까지 어느 전선, 어느 전구에서나 돌파구를 열어제낀 위훈의 선구자들은 우리 군인들이였습니다.

지난해 우리의 장령, 군관들과 병사들, 군인가족들모두가 자기 밥그릇을 덜어 정초부터 닥쳤던 나라의 식량난을 타개하는데 앞장섰으며 더 전진적이면서도 공세적인 행동으로 당이 맡겨준 과업들을 드팀없이 수행하면서 전설적인 공훈과 기적으로 엮어온 군발전사에서도 가장 영광스러운 한해를 기록하였습니다.

인민군대의 특출한 역할과 공헌이 없었다면 지난해의 자랑스러운 총화도 없고 오늘처럼 앙양되고 신심에 넘친 전면적부흥의 확고한 승세도 있을수 없습니다.

2023년은 사상적으로 정예화되고 전투력에 있어 최강인 군집단의 전위적역할에 의거하여 우리 조국과 인민이 쟁취해온 오래고도 영광스러운 승리사의 축도이며 그의 가장 빛나는 한페지라고 할수 있습니다.

지금 우리 군대는 당의 부름따라 지방공업을 일신시키는 10년혁명이라는 전례없이 성스럽고 거창한 투쟁을 개시하였으며 나라의 곡곡에서는 새로운 혁명의 앙양을 부르며 영예의 군기들이 기세차게 나붓기고있습니다.

인민군용사들의 붉은 넋과 무수한 위훈이 새겨져있는 이 군기들은 우리 국기의 눈부심과 거세찬 펄럭임을 더해주고 변혁의 미래상을 우리의 눈앞에 떠올리고있습니다.

정세가 평온하고 좋을 때에나, 나라가 가혹한 시련을 겪을 때에나 제일로 믿고 혁명의 전위를 맡길수 있는 군대가 있다는것은 우리 당에 있어서 더없는 자랑으로, 커다란 힘으로 됩니다.

조국보위와 사회주의건설의 두 전선에서 언제한번 허리띠를 풀 사이없이 고생을 도맡아하고서도 수고했다는 최고사령관의 말 한마디면 더 바랄것이 없어하고 최고사령관과 뜻을 함께 한다는 긍지이상 더 큰 행복이 없어하는 혁명관, 인생관을 지니고 변심없는 한마음으로 분투하는 견실한 인민군장병들의 모습에서 나는 언제나 큰 힘과 용기를 얻고있습니다.

우리 군대의 영웅적인 투쟁사는 혁명의 전위에 군대를 세우고 전진하는 국가와 인민만이 어떠한 도전과 위기속에서도 끄떡없고 줄기찬 발전과 륭성을 이룩할수 있다는 진리를 력사의 벽에 새겼습니다.

이 뜻깊은 자리에서 나는 우리 당중앙위원회와 공화국정부를 대표하여,

온 나라 인민들의 마음까지 합쳐 영웅적조선인민군의 전체 장병동지들에게 다시한번 건군절축하의 인사와 감사의 인사를 보냅니다.

동무들!

만단사연이 묻혀있는 위훈과 공적우에 목숨바쳐 지켜내야 할 국가의 존엄이 있고 어떤 대가를 치르어서라도 이룩해야 할 인민의 리상이 있습니다.

조국과 인민앞에 절대의 사명을 지닌 조선로동당은 앞으로도 언제나 혁명무력의 용감성과 충직함에 기대할것이며 동지들과 함께 부흥창창한 공화국의 래일을 앞당겨올것입니다.

정세가 아무리 준엄하고 나가는 앞길에 시련이 겹쌓여도 군대만 곁에 있으면 마음이 든든해지고 아무리 아름차고 방대한 혁명과업도 군대가 맡아나서면 승리가 환하게 내다보인다는것이 이 나라 인민의 마음입니다.

그 믿음에 보답해야 하며 자기의 피어린 투쟁으로써, 완벽한 결실로써 당정책은 곧 과학이고 현실이라는 인민의 신념을 억척으로 지켜내야 합니다.

동무들!

우리 군대는 더욱 강력한 힘을 가져야 하며 그 불가항력으로써 전쟁을 막고 평화를 무조건 수호해야 합니다.

평화는 구걸하거나 협상으로 맞바꾸어 챙겨가지는것이 아닙니다.

지금 우리의 국경선앞에는 전쟁열에 들떠 광증을 부리는 돌연변이들이 정권을 쥐고 총부리를 내대고 우리 국가의 안전을 위협해들고있습니다.

전쟁은 사전에 광고를 내고 하지 않는다는것을 다시금 상기합시다.

항상 림전태세를 유지해야 합니다.

적들이 감히 우리 국가에 대고 무력을 사용하려든다면 력사를 갈아치울 용단을 내리고 우리 수중의 모든 초강력을 주저없이 동원하여 적들을 끝내 버릴것입니다.

동무들!

언제나 당의 사상과 위업을 맨 앞장에서 받들어온 전체 인민군장병들은 견결한 혁명신념과 투철한 애국정신, 무쌍한 영웅성과 기개, 헌신적인 복무로 영광스러운 우리 조국 조선민주주의인민공화국의 신성한 주권과 조선인민의 명예를 굳건히 수호하여야 하며 부흥강국의 전면적발전기를 앞당기는 성스러운 투쟁에서 조선인민군의 정신적특질과 본때를 남김없이 떨쳐나가야 할것입니다.

불패의 대오, 정예의 혁명강군을 가진 우리 당과 국가, 우리 인민은 언제나 승리합니다.

우리모두 위대한 새 승리에 대한 확신과 락관을 안고 한마음한뜻으로 조국의 무궁한 번영과 인민의 안녕을 위하여 힘차게 싸워나아갑시다.

우리의 자랑스러운 혁명적무장력에 영원무궁한 영광이 있으라!

영웅적조선인민군 만세!

〈박창덕 기자〉

사람일보 2024. 2. 9.

47

"해상국경선 침범할시 무력도발로 간주"
북 통신, "김정은 국무위원장 《바다수리-6》형 검수사격시험을 지도"

　　북 조선중앙통신은 15일 "김정은동지께서는 조선서해에 몇개의 선이 존재하는지는 중요하지 않으며 또한 시비를 가릴 필요도 없다고, 명백한것은 우리가 인정하는 해상국경선을 적이 침범할시에는 그것을 곧 우리의 주권에 대한 침해로, 무력도발로 간주할것이라고 단언하시였다"며 "강력한 군사력을 바탕으로 적법하고 당당한 자위권행사로써 국가주권과 안전을 억척같이 수호해나갈 우리 군대의 립장과 의지는 확고부동하다고 하시면서 나라의 해안선과 해상국경을 믿음직하게 방어하는데서 나서는 군사적과업들을 제시하시였다"고 보도했다.

　　통신은 "조선로동당 총비서이시며 조선민주주의인민공화국 국무위원장이신 경애하는 김정은동지께서 2월 14일 오전 해군에 장비하게 되는 신형 지상대해상미싸일 《바다수리-6》형 검수사격시험을 지도하시였다"며 이렇게 보도했다.

　　통신은 "발사된 미싸일들은 1,400여s간 동해상공에서 비행하여 목표선을 명중타격하였다"며 "경애하는 김정은동지께서는 검수사격시험결과에 커다란 만족을 표시하시고 동,서해함대 해안미싸일병대대 전투편제개편안에 대하여 중요결론을 주시였다. 김정은동지께서는 지상대해상미싸일력량을 전진배치하고 최대로 강화하여 해상국경선을 믿음직하게 방어하며 적해군의 모험적인 기도를 철저히 제압분쇄할데 대한 방도들을 제시하시였다"고 알렸다.

　　통신은 "김정은동지께서는 한국괴뢰들이 국제법적근거나 합법적명분도

없는 유령선인《북방한계선》이라는 선을 고수해보려고 발악하며 3국어선 및 선박단속과 해상순찰과 같은 구실을 내들고 각종 전투함선들을 우리 수역에 침범시키며 주권을 심각히 침해하고있는 사실에 대하여 상기시키시면서 이제는 우리가 해상주권을 그 무슨 수사적표현이나 성명,발표문으로 지킬것이 아니라 실제적인 무력행사로,행동으로 철저히 지켜야 한다고 말씀하시였다"며 "특히 적들이 구축함과 호위함,쾌속정을 비롯한 전투함선들을 자주 침범시키는 연평도와 백령도 북쪽 국경선수역에서의 군사적대비태세를 강화할데 대한 중요지시를 내리시였다"고 전했다.

〈박창덕 기자〉

사람일보 2024. 2. 15.

48
"제국주의가 있는한 결코 평온할수 없다"
북 신문, "끝까지 맞서 싸울 때 전쟁을 방지하고 공고한 평화를 마련"

북 [로동신문]은 7일 '제국주의가 있는 한 세계는 결코 평온할 수 없다' 제하의 논설을 게재했다.

논설은 "침략과 략탈은 제국주의의 본성이며 생존방식이다.침략과 략탈의 결과로 생겨나고 끊임없는 침략과 략탈로 살쪄온것이 바로 제국주의"라며 "제국주의가 남아있는한 세계는 결코 평온할수 없으며 침략과 전쟁은 없어질수 없다"고 밝혔다.

논설은 "자체의 힘을 강화하고 제국주의자들과 끝까지 맞서 싸울 때 지구상에서 전쟁을 방지하고 공고한 평화를 마련할수 있다"며 "이것은 력사에 의하여 확증된 진리"라고 강조했다.

논설 전문은 다음과 같다.

제국주의가 있는한 세계는 결코 평온할수 없다

오늘 국제정세는 매우 첨예하다.세계 여러 지역에서 나라와 민족들의 자주권을 짓밟고 평화와 안전을 파괴하는 행위들이 빈번히 일어나고있다.긴장상태가 날로 격화되고 새 세계대전의 위험이 더욱 커가고있다.진보적인류의 공통된 지향과 배치되는 이러한 사태는 제국주의자들의 침략전쟁책동이 강화되고있는것과 관련된다.

침략과 략탈은 제국주의의 본성이며 생존방식이다.침략과 략탈의 결과로 생겨나고 끊임없는 침략과 략탈로 살쪄온것이 바로 제국주의이다.

　침략전쟁은 인민대중에게는 헤아릴수 없는 불행과 고통을 가져다주지만 대독점체들에는 황금소나기를 가져다준다.미국만 놓고보아도 제2차 세계대전을 통하여 막대한 초과리윤을 얻었으며 조선전쟁과 웰남전쟁때에도 많은 리윤을 획득하였다.

　전쟁을 직접 일으킨것으로부터 대리전쟁을 지원한데 이르기까지, 다른 나라의 내전을 부추긴것으로부터 국가들사이의 충돌을 조성시킨데 이르기까지 제2차 세계대전이후 주요전쟁이나 무장충돌에 미국의 그림자가 비끼지 않은적이 없었다.240여년간의 건국력사에서 미국이 싸움을 하지 않은 해수는 불과 16년밖에 되지 않는다.

　1945년 제2차 세계대전이 끝난 후 2001년까지 세계의 153개 지역에서 248차의 무장충돌이 일어났는데 그중 미국이 일으킨것은 201차이다.

　현세기에 들어와 세계적으로 평화에 대한 요구가 그 어느때보다 강렬해졌지만 아프가니스탄전쟁과 이라크전쟁으로부터 오늘에 이르기까지 미국의 전쟁기계는 줄곧 빠른 속도로 돌아갔다.이 전쟁기계를 관리하는것이 바로 독점체들이다.그들은 전쟁이 지속되여 더 많은 돈이 굴러들어오기를 바라고있다.

제국주의자들의 침략과 략탈수법은 더욱 교활해지고 악랄해지고있다.

지금 제국주의자들은 대내외적으로 심각한 위기를 겪고있다.특히 아시아태평양지역에서 변화된 세력구도는 제국주의자들의 운명을 매우 위태롭게 하고있다.미국이 이 지역에서 패권적지위를 차지하기 위해 자본주의렬강들과 추종세력들까지 다 규합해나서고있지만 이미 저들에게 불리하게 기울어지기 시작한 력학관계를 되돌려세울수 없게 되었다.

경제적으로도 제국주의는 심각한 위기에 빠져 헤매고있다.자본주의적생산방식은 한계점에 도달하고 세계적범위에서 자본의 증식과정은 종착점에 이르렀다.제국주의자들은 좁아진 시장을 확대하고 보다 많은 리윤을 보장해주는 안정된 원천지를 장악하기 위하여 다른 나라들을 예속시키려고 침략전쟁정책에 필사적으로 매여달리고있다.

제국주의자들은 심각한 위기에 맞다들 때마다 그 해결방법을 침략전쟁에서 찾으려 한다.인류를 참화속에 몰아넣은 두차례의 세계대전도 제국주의자들이 심각한 정치경제적위기에서 벗어나기 위하여 일으킨것이였다.미국이 조선전쟁과 웰남전쟁을 도발한것도 당시 저들이 처한 심각한 정치경제적위기와 관련되여있었다.

제국주의자들의 침략적, 략탈적본성은 변하지 않았으며 세계제패를 위한 미국의 야망에도 변함이 없다.변한것이 있다면 본성이 아니라 침략수법이다.그들은 때와 장소에 따라 힘의 정책을 전면에 내세우기도 하고 회유기만의 방법을 쓰기도 한다.

지금 미국은 아시아태평양지역은 물론 세계 그 어느 지역에서도 제 마음대로 강권을 휘두를수 없을 정도로 취약해졌다.이런 상황에서 미국은 《평화보장》의 간판을 들고 주권국가들을 반대하는 교활한 량면전술에 집요하게 달라붙고있다.저들을 《평화의 수호자》로 자처하고있다.하지만 이것은 침략적정체를 가리우기 위한 한갓 위선에 지나지 않는다.

제국주의자들은 힘의 정책, 침략과 전쟁정책을 절대로 포기하려 하지 않는다.《평화》에 대해 곧잘 외워대면서 주권국가들에 대한 군사적간섭을 일

삼고 군비확장에 열을 올리고있다.외부의 위협에 대해 떠들며 대결위기를 격화시키고 전쟁을 직접 일으키거나 대리전쟁을 벌리고있다.

미국은 세계도처에 침략적군사기지들을 늘어놓고 저들의 무력을 상시적으로 배치하고있으며 나토와 같은 군사동맹을 확장하고 강화하는데 피눈이 되여 돌아치고있다.현재 ８０여개 나라와 지역에 ８００여개의 군사기지를 두고 방대한 무력을 동원하여 여러 나라의 자주적발전을 가로막고있으며 이것도 성차지 않아 오커스와 같은 침략도구들을 만들어내여 세계도처에서 불안정을 조성하고있다.

현실은 미국의 《평화전략》이 변함없는 침략적본성의 산물로서 뒤집어놓은 전쟁전략이며 힘의 정책의 변종이라는것을 그대로 보여주고있다.

미국이 노리는 목적은 명백하다.그것은 《평화》라는 허울좋은 보자기로 침략자로서의 저들의 흉악한 본색을 가리우고 군비를 대대적으로 확장하여 힘의 우위를 차지하고 세계를 제패하자는데 있다.

미국은 이렇게 교활한 량면전술에 매여달리면서 침략전쟁준비에 박차를 가하고있으며 발전도상나라들을 분렬시켜 각개격파하는 방법으로 목적을 달성하려 하고있다.

분렬리간, 각개격파는 미국의 세계제패전략의 가장 중요한 구성부분이며 상투적인 수법이다.오래전부터 미국은 아시아, 아프리카, 라틴아메리카의 새로 독립한 나라들을 저들의 통제와 지배밑에 다시 얽어매두려고 직접적인 무력간섭과 대리전쟁, 위협공갈과 매수, 회유기만과 파괴전복활동을 비롯하여 갖은 책동을 다하여왔다.지금도 의연히 이 모든 수법을 다 동원하여 발전도상나라들을 분렬리간시키고 각개격파하려 하고있다.

식민지통치의 후과인 령토문제를 비롯한 여러가지 문제들과 정치적리념과 신앙의 차이, 경제적조건과 발전수준의 차이 그리고 국가건설에 가로놓인 난관들을 교묘하게 리용하여 나라들사이에 쐐기를 박고 불화를 일으키고있다.그런가하면 식량과 돈과 물자를 가지고 롱간을 하면서 일부 나라들을 저들에게 끌어당겨 다른 나라들을 반대하여나서도록 부추기고있다.저들에게 추종하는자들과 주구들을 내세워 자주적이고 진보적인 정권을 뒤집어 엎고 해당 나라들을 정치경제적으로 예속시키고있다.미국은 정권전복을 위해 암살, 반정부소요 등 여러가지 파괴암해활동을 적용하고있으며 지어는 무력간섭까지 서슴지 않고있다.

승냥이는 양으로 변할수 없다.제국주의가 남아있는한 세계는 결코 평온할수 없으며 침략과 전쟁은 없어질수 없다.

제국주의자들에게 구걸하는 방법으로는 절대로 평화를 이룩할수 없다.제국주의자들에게 구걸하면 오히려 그들을 더욱 오만하게 만들고 전쟁의 위험을 더 크게 할뿐이다.

자체의 힘을 강화하고 제국주의자들과 끝까지 맞서 싸울 때 지구상에서 전쟁을 방지하고 공고한 평화를 마련할수 있다.이것은 력사에 의하여 확증된 진리이다.

〈박창덕 기자〉

사람일보 2024. 3. 8.

49
"제일 위력한 땅크 장비는 크게 자부할만"
북 통신, "김정은 위원장 땅크병대련합부대간의 대항훈련경기 지도"

북 조선중앙통신은 김정은 국무위원장이 13일 조선인민군 땅크병대련합부대간의 대항훈련경기를 지도했다고 신형 탱크를 직접 모는 사진과 함께 14일 보도했다.

통신은 "경애하는 김정은동지께서는 지심을 뒤흔들며 질풍같이 내달리는 무쇠철마들의 치렬한 진격모습을 만족하게 바라보시며 정말 장관이라고, 우리 군대의 기질적인 용감성과 배짱이 도도히 전진하는 저 땅크들의 웅장한 기상에 다 응축되여있는것만 같다고 기쁨에 넘쳐 말씀하시였다"며 "대항경기는 높은 기동력과 타격력을 갖춘 강한 전투대오로 억세게 성장해가는 영용한 땅크병들의 완벽한 실전능력과 무비의 전투정신 그리고 전쟁수행의 위력한 수단의 하나인 땅크들의 믿음직한 성능과 경상적전투동원준비태세를 힘있게 과시하였다"고 전했다.

통신은 "경기에서는 근위 서울류경수제105땅크사단이 압도적인 실력으로 우승을 쟁취하였다"며 "경애하는 김정은동지께서는 제105땅크사단의 경기성과를 축하해주시면서 사단의 땅크병들이 정말 잘 준비되여있다고, 지금까지 인민군대 각 군종, 병종, 전문병부대, 구분대들의 훈련을 많이 지도하였지만 오늘 땅크병들의 준비정도가 제일 만족스럽다고, 전군의 모든 부대, 구분대들이 오늘 대항경기에 참가한 제105땅크사단관하 구분대들처럼만 준비되여도 전쟁준비에 대해서는 마음을 푹 놓겠다고 거듭 대만족을 표시하시였다"고 알렸다.

통신은 "김정은동지께서는 오늘 땅크병대항경기에서 처음으로 자기의

놀라운 전투적성능을 과시하며 모습을 드러낸 신형주력땅크가 매우 우수한 타격력과 기동력을 훌륭히 보여쥬데 대하여서도 만족을 금치 못하시면서 우리 군대가 세계에서 제일 위력한 땅크를 장비하게 되는것은 크게 자부할만한 일이라고 말씀하시였다"며 "땅크승조들을 사열하신 후 몸소 신형주력땅크에 오르시여 조종간을 억세게 틀어잡으시고 직접 땅크를 몰아가시며 우리 군대 땅크병들의 충천한 전투적사기와 기세를 백배해주시고 투철한 대적관, 전쟁관을 깊이 새겨주시였다"고 보도했다.

통신은 "조선로동당 중앙위원회 비서이며 당중앙군사위원회 부위원장인 박정천동지가 동행하였다"고 전했다.

〈박창덕 기자〉

사람일보 2024. 3. 14.

50
"반제전선의 한전호에 언제나 함께 있을것"
러시아 소치에서 세계청년축전 진행

러시아 소치에서 진행된 세계청년축전에 참가한 여러 나라 인사들의 연대 발언과 관련해 북 로동신문은 15일 다음과 같이 보도하였다.

반제전선의 한전호에 언제나 함께 있을것이다
세계청년축전에 참가한 여러 나라 인사들 강조

로씨야의 쏘치에서 진행된 세계청년축전에 참가한 여러 나라 인사들은 탁월한 사상과 비범한 령도로 반제자주위업, 사회주의위업을 승리의 한길로 확신성있게 이끌어나가시는 경애하는 김정은동지의 천출위인상을 격찬하면서 청년조직들사이의 친선과 단결을 강화해나갈 의지를 표명하였다.

웰남호지명공산주의청년동맹 중앙위원회 제1비서는 이렇게 말하였다.

호지명주석과 김일성주석에 의하여 마련된 웰남조선친선관계는 오늘 웬푸 쫑총비서와 김정은총비서의 깊은 관심속에 새로운 높이에로 승화발전되고있다.

최근 조선은 경애하는 김정은동지의 령도따라 정치, 경제, 군사 등 모든 분야에서 놀라운 성과들을 이룩하고있다.

호지명공산주의청년동맹은 사회주의애국청년동맹과의 관계를 고도로 중시하며 변함없이 발전시켜나갈것이다.

중화전국청년련합회 부주석, 중국공산주의청년단 중앙위원회 국제부 부부장은 전통적인 중조친선협조관계는 두 당, 두 나라 최고수뇌분들에 의하

여 훌륭히 계승되고있다고 하면서 조선청년들의 청춘의 기백과 열정에 의해 불과 1년 남짓한 기간에 일떠선 수도의 새 거리가 준공을 눈앞에 두고있다, 그들의 조직력과 단결력, 불굴의 위력에 감동을 금할수 없다, 우리는 진정한 동지로서 조선청년들과의 친선관계를 강화해나갈것이라고 토로하였다.

라오스인민혁명청년동맹 중앙위원회 대외협조국 국장은 다음과 같이 강조하였다.

김정은동지의 령도밑에 조선은 수도는 물론 전국의 모든 지역을 포괄하는 발전계획을 세우고 해마다 어김없이 집행해나가고있다.

세계는 조선의 발전모습을 경탄속에 주시하며 자력자강의 생활력을 절감하고있다.

공동의 위업인 사회주의를 수호하는 길에서 우리는 조선청년들과의 단결을 굳건히 해나갈것이다.

조선청년대표단의 참가는 이번 세계청년축전의 의의를 더욱 부각시켰다고 하면서 전로씨야사회단체 《통일로씨야청년근위대》 조정리사회 위원장, 로씨야련방 청년사업국 부국장은 앞으로도 로조친선협조관계발전에 적극 이바지할것이라고 확언하였다.

그들은 나라의 자주권과 존엄, 안전과 평화를 수호하기 위한 로씨야인민의 투쟁에 강력한 지지와 성원을 보내주시는 김정은동지께 충심으로 되는 인사를 드린다, 로씨야인민과 청년들은 가장 친근한 벗이시고 동지이신 그이를 끝없이 존경하고있다고 격정을 터치였다.

수리아혁명청년동맹 위원장, 뛰르끼예청년전위조직 위원장, 벨라루씨공화국청년동맹 중앙위원회 1비서, 베네수엘라통일사회주의당 청년총서기도 자주적신념과 의지, 강인담대한 배짱으로 주체조선의 존엄과 국력을 최상의 경지에 올려세우신 경애하는 총비서동지의 업적을 열렬히 칭송하였다.

그들은 사회주의의 전면적발전을 이룩해나가는 우리 인민과 청년들의 투쟁에 전적인 지지와 련대성을 표시하고 제국주의자들의 대조선적대시정책과 침략전쟁책동을 단죄규탄하였으며 반제전선의 한전호에 언제나 함께 있을것이라고 강조하였다.

〈박창덕 기자〉

사람일보 2024. 3. 16.

51
"김정은위원장, 초대형방사포 훈련 지도"
북 통신, "전쟁가능성을 차단하고 억제하는 자기의 사명수행"

　북 조선중앙통신은 19일 "당중앙이 지펴준 훈련혁명의 불길속에 국가방위력을 백방으로 다지기 위한 전투력강화훈련의 드세찬 포성이 전군의 훈련장마다에서 련발적으로 울려퍼지고있는 격동적인 시기에 우리 군대의 새 세대 핵심타격수단의 하나인 초대형방사포를 장비하고 중요화력타격임무를 맡고있는 서부지구의 포병부대 사격훈련이 진행되였다"며 "조선로동당 총비서이시며 조선민주주의인민공화국 국무위원장이신 경애하는 김정은동지께서 3월 18일 해당 부대관하 화력구분대의 일제사격훈련을 직접 지도하시였다"고 보도했다.

　통신은 "훈련은 600㎜방사포병구분대들의 불의적인 기동과 일제사격을 통하여 무기체계의 위력과 실전능력을 확증하며 방사포병들의 전투사기를 증진시키고 동원태세를 검열 및 제고하는데 목적을 두고 진행되였다"며 "우리 당의 직접적인 발기와 지도밑에 세계유일의 초강력병기로 세상에 출현한 초대형방사포로 처음으로 되는 중대단위일제사격모습을 시위하게 된 포병들의 가슴가슴은 최강의 국가방위력을 억척으로 다져주시며 군력강화의 화선길을 쉬임없이 걷고걸으시는 김정은동지께 완벽한 훈련성과로 기쁨과 만족을 드릴 크나큰 열망과 전투적사기로 충만되여있었다"고 전했다.

　통신은 "훈련에 참가한 포병들은 비상한 실전능력을 소유한 백발백중의 명포수로 준비해가는 나날 포병전쟁준비완성의 불도가니속에서 무적의 전투실력을 백방으로 다져온 자기들의 훌륭한 명사격술을 힘있게 과시하였으며 신속하고 철저한 전투동원태세를 남김없이 보여주었다"며 "경애하는 김

정은동지께서는 포병들이 불의적인 전투임무수행에서 높은 기동력과 정확하고 강한 타격력을 보여준데 대하여 커다란 만족을 표시하시면서 군인들 모두가 세계최강의 우리식 초대형방사포무기체계에 완전히 정통하고있으며 확고한 림전태세에서 전투적위력을 비상히 강화해나가고있는데 대하여 높이 평가하시였다"고 알렸다.

통신은 "중대일제사격이 있은 후 초대형방사포탄에 의한 목표상공 설정고도에서의 공중폭발모의시험도 진행되였다"고 보도했다.

통신은 "경애하는 김정은동지께서는 압도적인 군사력을 억제력으로 하여 무력충돌과 전쟁의 가능성자체를 완전제거하고 우리 국가의 평화와 안정,주권을 굳건히 사수하실 강력한 의지를 피력하시면서 포병무력강화와 포병전쟁준비완성을 위한 중대전략과업들을 제시하시였다"며 "새로 장비된 초대형방사포가 전쟁준비에서 차지하는 지위와 역할이 매우 중요하다고 강조하시면서 600㎜초대형방사포들은 다른 효과적이며 파괴적인 공격수단들과 함께 우리 무력의 핵심중추타격수단으로서의 전략적임무를 수행하게 되는것만큼 그를 중핵으로 하여 포병무력의 현대화를 계속 힘있게 다그쳐나가야 한다고 말씀하시였다"고 전했다.

통신은 "김정은동지께서는 적들에게 무력충돌이 일어나고 전쟁이 벌어진다면 재앙적인 후과를 피할길 없다는 인식을 더 굳혀놓을 필요가 있다고 하시면서 앞으로 우리는 우리 군대가 보유한 파괴적인 공격수단들이 상시적의 수도와 군사력구조를 붕괴시킬수 있는 완비된 태세로써 전쟁가능성을 차단하고 억제하는 자기의 사명수행에 더욱 철저해야 한다고 말씀하시였다"고 알렸다.

통신은 "김정은동지께서는 초대형방사포병중대수를 계속하여 늘여야 할 필요성에 대하여 강조하시고 그를 위한 과업과 방도들을 밝혀주시면서 작전배치와 작전운용에서 지침으로 되는 원칙적문제들을 언급하시였다"며 "장거리포병들을 유사시 부과되는 임무에 따라 적을 주저없이 전멸시켜버릴 기본전투원들로, 전쟁의 주력으로 억세게 준비시킬데 대하여 강조하시였다"고 보도했다.

통신은 "조선로동당 중앙위원회 부부장 김정식동지와 조선민주주의인민공화국 미싸일총국장 장창하동지가 훈련을 강평하였다"고 전했다.

앞서 합동참모본부는 18일 "평양 일대에서 동해상으로 발사된 단거리 탄도미사일로 추정되는 비행체 수 발을 포착했다"며 "단거리 탄도미사일은 300여 킬로미터 비행 후 동해상에 탄착했다"고 알렸다.

〈박창덕 기자〉

사람일보 2024. 3. 19.

52
"신형 중장거리극초음속미싸일 발사 성공"
"김정은 국무위원장, 《화성포-16나》형의 첫 시험발사를 현지에서 지도"

조선중앙통신은 3일 "최강의 국가방위력을 백방으로 다지기 위한 우리 당의 구상과 결심을 투철한 신념과 정확한 실천으로 받들어가는 국방과학자들의 헌신적인 투쟁에 의하여 우리 식의 강위력한 절대병기들이 다발적으로, 련발적으로 탄생하고있는 주체적국방공업발전의 최전성기에 또 다른 군사전략적가치를 가지는 신형중장거리극초음속미싸일시험발사가 성공적으로 진행되였다"며 "조선로동당 총비서이시며 조선민주주의인민공화국 국무위원장이신 경애하는 김정은동지께서 4월 2일 새로 개발한 극초음속활공비행전투부를 장착한 새형의 중장거리고체탄도미싸일《화성포-16나》형의 첫 시험발사를 현지에서 지도하시였다"고 보도했다.

통신은 "시험발사는 신형중장거리극초음속미싸일의 전반적인 설계기술적특성들을 확증하며 무기체계의 믿음성을 검증하는데 목적을 두었다"며 "새로운 이 무기체계의 첫 시험발사는 안전을 고려하여 사거리를 1,000㎞ 한도내로 국한시키고 2계단 발동기의 시동지연과 능동구간에서의 급격한 궤도변경비행방식으로 속도와 고도를 강제제한하면서 극초음속활공비행전투부의 활공도약형비행궤도특성과 측면기동능력을 확증하는 방법으로 진행하였다"고 알렸다.

통신은 "평양시교외의 어느한 군부대훈련장에서 동북방향으로 발사된 미싸일에서 분리된 극초음속활공비행전투부는 예정된 비행궤도를 따라 1차정점고도 101.1㎞, 2차정점고도 72.3㎞를 찍으며 비행하여 사거리 1,000㎞계선의 조선동해상수역에 정확히 탄착되였다. 시험발사는 주변국

가들의 안전에 그 어떤 부정적영향도 주지 않았다"며 "시험발사를 통하여 새로 개발한 극초음속활공비행전투부의 민활하고 우수한 기동특성이 뚜렷이 확증되고 신형중장거리극초음속미싸일의 중대한 군사전략적가치가 극악한 시험조건에서의 검증을 거쳐 매우 의의있게 평가되였다"고 전했다.

통신은 "경애하는 김정은동지께서는 시험발사결과에 대만족을 표시하시면서 당중앙의 전략적구상을 실현하기 위한 주체병기개발투쟁에 결사적으로 떨쳐일어나 진함없는 충의심과 애국심을 남김없이 발휘함으로써 당에서 준 명령을 가장 훌륭하고 진실하고 완벽하게 관철한 국방과학부문의 일군들과 과학자, 기술자들의 공로를 높이 평가하시였다"며 "김정은동지께서는 우리 국방과학기술력의 절대적우세를 과시하는 또 하나의 위력적인 전략공격무기가 태여났다고, 이로써 우리는 각이한 사거리의 모든 전술, 작전, 전략급미싸일들의 고체연료화, 탄두조종화, 핵무기화를 완전무결하게 실현함으로써 전지구권내의 임의의 적대상물에 대해서도 《신속히, 정확히, 강력히》라는 당중앙의 미싸일무력건설의 3대원칙을 빛나게 관철하게 되였다고 긍지에 넘쳐 말씀하시였다. 그러시면서 오늘의 경이적인 성과는 우리 공화국무력의 핵전쟁억제력제고에서 거대한 변화를 가져오게 될 특대사변으로 된다고 하시면서 이는 근 10년간에 걸치는 우리의 간고한 국방과학연구투쟁의 고귀한 결실이고 우리당 자위적국방건설로선의 정당성의 과시이며 우리의 힘과 지혜, 분투로써 쟁취한 값높은 승리로 된다고 힘주어 말씀하시였다"고 보도했다.

통신은 "김정은동지께서는 최근에 더더욱 군사동맹강화와 각양각태의 전쟁연습에 열을 올리고 확대해가며 우리 국가의 안전을 시시각각으로 위협해들고있는 적들의 반공화국군사적대결행위에 대하여 엄중히 지적하시면서 적들을 억제하고 통제관리할수 있는 압도적인 힘을 키우는것은 현시기 우리 국가앞에 나서는 가장 절박한 과업이라고, 국방과학연구부문에서는 최강의 국가방위력을 끊임없이 제고해야 할 력사적의무에 더욱 충실하여 성공에서 더 큰 성공을 련속 줄기차게 안아와야 할것이라고 말씀하시였다"며 "우리 당은 자위적국방력을 중단없이, 가속적으로, 더욱 철저하게 비축해나가는것으로써 국가의 평안과 번영과 미래를 굳건히 수호해나갈것이라고 확언하시였다"고 알렸다.

〈박창덕 기자〉

사람일보 2024. 4. 3.

53
"자주와 정의, 인류의 미래 주체사상토론회"
북 통신, "여러 나라와 지역의 주체사상연구조직대표단, 대표들이 참가"

　북 조선중앙통신은 15일 "위대한 수령 김일성동지 탄생 112돐에 즈음하여 주체사상국제연구소와 조선사회과학자협회의 공동주최로 자주와 정의, 인류의 미래에 관한 주체사상국제토론회가 14일 조선민주주의인민공화국의 수도 평양에서 진행되였다"며 "국제토론회에는 오가미 겡이찌 주체사상국제연구소 사무국장, 마떼오 까르보넬리 주체사상국제연구소 부리사장, 여러 나라와 지역의 주체사상연구조직대표단, 대표들이 참가하였다"고 보도했다.

　통신은 또 "조선사회과학자협회 1부위원장인 사회과학원 원장 태형철동지, 사회과학부문 과학자, 일군들이 여기에 참가하였다"며 "토론회에서는 오가미 겡이찌 사무국장의 개막발언에 이어 태형철동지의 축하연설이 있었다"고 전했다.

　보도 전문은 다음과 같다.

자주와 정의, 인류의 미래에 관한 주체사상국제토론회 진행

　인류사상사에서 가장 높고 빛나는 자리를 차지하는 영생불멸의 주체사상은 그 독창성과 과학성, 견인력과 감화력으로 하여 자주시대의 위대한 지도사상으로, 온갖 지배와 예속을 반대하고 정의로운 새 세계를 건설하기 위한 진보적인류의 투쟁의 기치로 년대와 세기를 이어 찬연히 빛을 뿌리고있다.

　위대한 수령 김일성동지 탄생 112돐에 즈음하여 주체사상국제연구소와

조선사회과학자협회의 공동주최로 자주와 정의,인류의 미래에 관한 주체사상국제토론회가 14일 조선민주주의인민공화국의 수도 평양에서 진행되였다.

국제토론회에는 오가미 겡이찌 주체사상국제연구소 사무국장,마떼오 까르보넬리 주체사상국제연구소 부리사장,여러 나라와 지역의 주체사상연구조직대표단,대표들이 참가하였다.

조선사회과학자협회 1부위원장인 사회과학원 원장 태형철동지,사회과학부문 과학자,일군들이 여기에 참가하였다.

토론회에서는 오가미 겡이찌 사무국장의 개막발언에 이어 태형철동지의 축하연설이 있었다.

그들은 자주화된 미래사회에 대한 인류의 지향과 념원이 그 어느때보다 강렬하게 분출되고있는 시기에 자주와 정의에 대한 드팀없는 신념과 의지를 안고 토론회에 참가한 여러 나라와 지역의 주체사상연구조직대표단,대표들을 열렬히 축하하였다.

나라와 민족의 자주권과 존엄,세계의 평화와 안정,인류의 발전과 번영을 담보하는 정의로운 새 세계,아름다운 인류의 미래를 건설하기 위해서는 주체사상의 기치,자주의 기치를 더욱 높이 들고나가야 한다고 그들은 강조하였다.

그들은 주체사상신봉자들이 위대한 시대사상의 선각자,전파자라는 영예와 사명을 깊이 자각하고 자주화된 세계건설에 적극 이바지하여야 한다고 하면서 이번 토론회가 자주의 원리를 더욱 깊이 체득하고 아름다운 미래에로 향한 인류의 전진을 힘차게 떠미는 의의있는 회합으로 되리라는 확신을 표명하였다.

마떼오 까르보넬리 부리사장이 기조보고를 하였다.

보고자는 영생불멸의 주체사상을 창시하시고 자주시대의 위대한 지도사상으로 심화발전시키신 위대한 수령 김일성동지와 위대한 령도자 김정일동지에 대한 다함없는 경모심을 표시하면서 주체사상신봉자들의 성대한 대회합을 마련해주신 경애하는 김정은동지께 진보적인류의 마음을 담아 가장 충심으로 되는 영광과 고마움의 인사를 삼가 드리였다.

자주권은 곧 국권이며 자주권을 수호하지 못하면 나라와 민족의 운명은 물론 개인의 운명도 지켜낼수 없다는것은 변함없는 력사의 철리이라고 하면서 그는 한평생 주체사상을 혁명과 건설에 철저히 구현하시여 조선을 자주,자립,자위의 사회주의국가로 건설하시고 반제자주위업의 승리적전진을 위해 모든것을 바치신 위대한 수령님과 위대한 장군님의 불멸의 업적을 열렬히 칭송하였다.

그는 위대한 김일성-김정일주의의 본질을 인민대중제일주의로 정식화하시고 전면적국가부흥의 새시대를 펼치시며 국제적정의를 실현하기 위한 진보적인류의 투쟁을 주도해나가시는 경애하는 김정은동지의 위인상을 격찬하였다.

최악의 역경속에서도 세인이 경탄하는 기적들을 련이어 이룩하며 세계의 유일무이한 일심단결의 나라,사회주의보루,명실상부한 강국으로 존엄과 위상을 만방에 떨치고있는 조선의 모습은 세계 혁명적인민들에게 크나큰 신심과 용기를 안겨주고있다고 그는 강조하였다.

그는 주체사상에 대한 신봉열기는 세계적판도에서 더욱 강렬해지고있다고 하면서 위대한 시대사상이 가리키는 길을 따라 반제자주력량이 단결된 힘으로 나아갈 때 세계자주화위업의 승리는 앞당겨지게 될것이라고 확언하였다.

토론회에서는 《위대한 김정은동지의 혁명사상은 자주와 정의를 수호하고 인류의 밝은 미래를 담보하는 불멸의 기치》,《주체사상은 인류의 미래를 밝히는 지침이다》,《인민대중의 자주와 평등의 념원을 실현해주는 주체사상》,《조선민주주의인민공화국은 자주와 정의의 성새》,《단결하고 협력하여 자주적이고 정의로운 새 세계를 안아오자》,《자주와 정의,인류의 미래》,《아프리카나라들은 자주사상을 지침으로 하여 신식민주의를 반대하여 투쟁하여야 한다》 등의 제목으로 토론들이 있었다.

토론자들은 자주만이 민족이 살길이고 나라가 번영할수 있는 길이라는것은 력사가 증명한 진리라고 하면서 자주성을 견지하여야 민족의 참다운 존엄도,후대들의 행복한 미래도 담보될수 있다고 말하였다.

모든 나라 인민들은 자주적이며 창조적인 립장을 가지고 자기 나라 실정에 맞게 혁명투쟁과 건설사업에서 제기되는 문제들을 자체의 힘으로 풀어나가며 정의로운 새 사회건설을 위해 자주성을 철저히 견지해야 한다고 그들은 주장하였다.

그들은 제국주의자,지배주의자들이야말로 자주와 정의를 위하여 투쟁하는 세계 진보적인민들의 공동의 원쑤,사상과 신앙,민족과 인종을 초월하여 단합된 력량으로 맞서 싸워야 하는 주되는 투쟁대상이라고 락인하였다.

자주와 평화,친선의 리념밑에 정의를 지향하는 모든 나라들과의 련대성을 강화하여 국제무대에서 미제와 반동들의 강권과 전횡을 제압하는 투쟁의 분위기를 더욱 고조시켜나가는것은 반제자주력량을 강화하기 위한 중요한 방도의 하나이라는데 대하여 그들은 일치하게 긍정하였다.

그들은 세계인민들이 굳게 단결하고 련대하며 자주의 길로 나가는것을 제국주의자들은 제일 두려워한다고 하면서 제국주의자들의 교활한 분렬와

해책동을 짓부시고 단결하고 협력하여야 한다고 강조하였다.

그들은 세계에서 가장 자주적인 나라이며 반제투쟁의 보루인 조선은 인류의 미래를 대표한다고 하면서 민족의 존엄과 자주권을 굳건히 지키며 미래사회를 어떻게 건설할것인가에 대한 해답은 조선혁명의 력사와 오늘의 조선의 모습이 똑똑히 보여주고있다고 말하였다.

아무리 선량하고 정당하여도 힘이 없으면 국제무대에서 할 말도 못하고 강자들의 롱락물로 되며 나라의 자주권도 국제적정의도 지켜낼수 없는 현세계는 주체사상을 신봉하여야 혁명과 건설을 전진시키고 나라의 발전을 이룩할수 있으며 자체의 힘을 강화할수 있다는것을 확증해주고있다고 그들은 강조하였다.

토론자들은 천재적인 사상리론가이시며 걸출한 령도자이신 경애하는 김정은동지의 독창적인 혁명사상과 리론들은 제국주의반동세력의 침략과 략탈,강권과 전횡을 짓부시고 나라와 민족의 자주권과 생존권,발전권을 수호하며 정의롭고 평등한 국제질서를 확립하기 위한 진보적인류의 투쟁을 힘있게 고무추동하는 불멸의 전투적기치이라는데 대하여 론증하였다.

조선혁명뿐 아니라 세계자주화위업수행에서 거대한 생명력과 견인력을 발휘하고있는 김정은동지의 혁명사상은 진보적인류의 희망의 표대이라고 하면서 그들은 김정은동지께서 반제자주력량을 비상히 확대강화하기 위한 진로와 투쟁방략을 제시하신것은 인류의 자주위업수행에 쌓아올리신 불멸의 사상리론적업적이라고 격찬하였다.

토론자들은 위대한 시대사상이 앞길을 밝혀주고있기에 진보적인류는 자주와 정의의 한길을 따라 변함없이 전진할것이며 착취와 억압,예속이 없는 새 세계는 반드시 건설될것이라고 확신하면서 주체사상연구보급활동을 전 세계적범위에서 보다 적극적으로 벌려나갈 의지를 피력하였다.

토론을 마치면서 그들은 《경애하는 김정은원수 만세!》,《위대한 주체사상 만세!》 등의 구호들을 웨치였다.

토론회에서는 경애하는 김정은동지께 올리는 편지가 참가자들의 열광적인 박수속에 채택되였다.

    전세계 주체사상신봉자들의 커다란 기대와 관심속에 진행된 주체사상국제토론회는 자주와 정의를 위하여 투쟁하는 모든 나라와 인민들사이의 국제적련대성을 강화하며 주체사상연구보급활동을 더욱 힘있게 고조시키는 의의있는 계기로 되였다.

〈박창덕 기자〉

사람일보 2024. 4. 15.

54
"림흥거리 1만세대 살림집 준공식 진행"
북 통신, "김정은동지께서 준공테프를 끊으시고 축복"

　북 조선중앙통신은 17일 "조선로동당 제8차대회와 당중앙위원회 제8기 제6차전원회의 결정에 따라 전면적국가부흥시대를 상징하는 기념비적실체로 웅장화려하게 솟아난 화성지구 2단계 1만세대 살림집 준공식이 4월 16일에 성대히 진행되였다"며 "경애하는 김정은동지께서 몸소 준공테프를 끊으시고 새 살림집을 받은 근로자들을 축복해주시였다"고 보도했다.
　보도 전문은 다음과 같다.

화성지구 2단계 1만세대 살림집 준공식 성대히 진행
경애하는 김정은동지께서 몸소 준공테프를 끊으시고
새 살림집을 받은 근로자들을 축복해주시였다

　위대한 당중앙의 현명한 령도밑에 인민의 복리증진을 위한 세기적변혁들이 다련발적으로 이룩되고있는 속에 존엄높은 우리 국가의 수도에 사회주의번화가들을 년년이 일떠세우는 평양시 5만세대 살림집건설의 세번째해 과업이 빛나게 완수되여 온 나라가 또 하나의 새로운 리상거리의 탄생을 환희속에 맞이하였다.
　조선로동당 제8차대회와 당중앙위원회 제8기 제6차전원회의 결정에 따라 전면적국가부흥시대를 상징하는 기념비적실체로 웅장화려하게 솟아난 화성지구 2단계 1만세대 살림집 준공식이 4월 16일에 성대히 진행되였다.
　우리 당의 건축미학사상이 철저히 구현되고 주체성과 민족성,현대성과

 예술성이 훌륭히 결합된 화성지구의 새로운 대건축군은 인민의 만복이 넘쳐나는 세계적인 리상도시건설을 구상하시고 최상의 수준에서 완공하도록 이끌어주시는 경애하는 김정은동지의 정력적인 령도가 안아온 숭고한 사랑의 결정체,사회주의문명부흥의 본보기적창조물로서 우리 국가의 무진한 발전잠재력과 양양한 전도를 과시하고있다.

 뜻깊은 4월의 환희를 더해주게 될 나라의 대경사를 앞둔 준공식장은 불같은 충성과 헌신적인 애국투쟁으로 인민을 위한 당중앙의 숙원을 드팀없이 실현해나가는 건설자들의 무한한 긍지와 희한한 새 살림집의 주인들을 비롯한 복받은 인민의 크나큰 격정으로 끓어번지였다.

 조선로동당 총비서이시며 조선민주주의인민공화국 국무위원장이신 경애하는 김정은동지께서 준공식에 참석하시였다.

 환영곡이 울리는 가운데 경애하는 김정은동지께서 준공식장에 도착하시자 하늘땅을 진감하는 열광의 환호성이 터져올랐다.

 전체 참가자들은 비범한 예지와 탁월한 령도로 거창한 세기적변혁,미증유의 대사변들을 끊임없이 창조하시며 인민의 모든 념원이 실현되는 사회주의부흥강국의 전면적발전기를 펼쳐나가시는 경애하는 김정은동지를 우러러 최대의 경의를 삼가 드리였다.

조선로동당 중앙위원회 정치국 상무위원회 위원이며 내각총리인 김덕훈동지와 조선로동당 중앙위원회 비서들,내각,무력기관,성,중앙기관 일군들,건설자들,평양시안의 근로자들이 준공식에 참가하였다.

조선민주주의인민공화국 국가가 장중하게 주악되였다.

조선로동당 중앙위원회 정치국 위원이며 당중앙위원회 비서인 리일환동지가 준공사를 하였다.

경애하는 김정은동지의 위임에 따라 그는 수도건설사에 특기할 전변의 또 한페지를 새기며 솟아오른 림흥거리의 현대적인 새 살림집들에서 복된 삶을 누리게 된 평양시민들을 열렬히 축하하고 뜻깊은 4월의 《새집들이계절》을 또다시 마련한 전체 건설자들과 련관부문의 일군들,근로자들에게 당중앙위원회의 이름으로 충심으로 되는 감사와 전투적인사를 보내였다.

그는 2023년의 투쟁방향을 책정하는 당중앙전원회의에서 화성지구 2단계 구역을 현대미를 자랑하는 특색있는 거리로 일떠세울 대건설작전을 펼쳐주시고 착공의 날에는 몸소 건설의 첫삽을 뜨신 경애하는 김정은동지께서 완공을 앞둔 시기에 또다시 건설장을 찾으시여 먼 후날에도 손색이 없게 마무리공정까지 완벽하게 결속하도록 세심히 이끌어주신데 대하여 언급하였다.

정녕 새로 일떠선 림흥거리는 창조와 건설의 전 과정을 인민을 위한 절대적인 복무로 일관시키시고 우리 인민에게 세상에서 제일 훌륭한것만을 안겨주시려는 원수님의 열화의 진정이 안아올린 위민헌신의 응결체이며 인민대중제일주의리념의 숭고함과 뜨거움의 세계를 후세토록 길이 전해갈 기념비적건축물이라고 그는 말하였다.

그는 당중앙의 뜻으로 일치단결하여 과감한 돌격전,립체전을 전개한 영용한 수도건설자들의 투쟁에 의하여 경애하는 김정은동지께서 울려주신 착공의 발파소리가 완공의 축포성으로 이어졌다고 하면서 새 거리마다에 층층이 키를 돋구며 일떠선 건축물들과 더불어 평양시 5만세대 살림집건설집단은 새로운 건설혁명의 시대를 앞장에서 견인해나가는 전투력있고 정예화된 력량으로 장성강화되였다고 강조하였다.

연설자는 화성전역의 전체 건설자들이 당중앙이 밝혀준 3단계,4단계의 투쟁목표수행에 총궐기하여 훌륭한 새 거리들을 일떠세움으로써 사회주의문명발전을 계속 앞장에서 선도해나갈데 대하여 강조하면서 모두다 김정은동지의 령도따라 가장 아름다운 사회주의락원으로 전변될 우리 수도,우리 국가의 휘황한 래일을 위하여 더욱 힘차게 전진해나가자고 열렬히 호소하였다.

경애하는 김정은동지께서 준공테프를 끊으시였다.

사랑하는 인민의 복리증진을 위하여 투쟁하는 조선로동당의 성스러운 려정에 영원불멸할 화폭이 펼쳐진 준공식장에 우렁찬 《만세!》의 함성과 환희의 축포가 터쳐오르고 고무풍선들이 날아올라 화성지구를 아름답게 장식하였다.

화성지구 2단계 1만세대 살림집준공을 기념하는 공연이 있었다.

성스러운 붉은 기폭에 천만운명을 품어안아 보살피며 이민위천의 반석우에 후손만대 누려갈 만복의 화원을 펼쳐주는 위대한 조선로동당을 우러러 인민이 충심으로 부르는 송가들이 화성지구를 진감하였다.

가장 아름다운 사회주의문명이 개화만발하는 인민의 리상사회,부흥강국을 일떠세워가는 변혁의 시대,위대한 김정은시대의 찬가들은 참가자들의 가슴을 크나큰 감격과 희열로 끓게 하였다.

인민이 바라는 모든 숙망이 생활로,현실로 되는 고마운 사회주의조국,위대한 어버이를 모신 강국조선의 국가가 장중히 울려퍼지는 준공식장은 애국열로 뜨겁게 달아올랐다.

당의 품속에서 세상에 부럼없이 복락을 누리는 수도시민들에게 보내는 축복의 꽃보라인양 비행대가 림흥거리의 밤하늘을 날으며 황홀한 불보라를 뿌리였다.

우리 국가,우리 인민특유의 고상한 정서가 끝없이 흐르는 아름다운 수도의 밤,희한한 호화거리에 《지새지 말아다오 평양의 밤아》의 은은한 노래선률이 울려퍼지는 속에 경축의 축포가 또다시 터져올라 새 거리의 야경을 더욱 광휘롭게 단장하였다.

공연이 끝나자 준공식장은 또다시 우렁찬 환호의 바다로 화하였다.

김정은동지께서는 불과 세해사이에 3만세대가 훨씬 넘는 현대적인 살림집을 일떠세운 미더운 수도건설자들이 앞으로도 순결한 애국충성과 혁명적기개로 당 제8차대회가 제시한 수도건설 5개년계획의 다음단계 목표들을 계속 훌륭히 수행함으로써 수도 평양을 명실공히 강국조선의 위상에 어울리는 세계적인 문명도시로 전변시키리라는 크나큰 기대와 확신을 표명하시였다.

김정은동지께서는 경사로운 4월에 림흥거리의 새 살림집을 받아안은 모든 가정들에 행복이 깃들기를 충심으로 기원하시며 따뜻이 축복해주시였다.

어머니당의 하늘같은 은정에 감격을 금치 못하는 새 거리의 주인들과 전체 참가자들은 우리 인민에게 이 세상 최고의 문명,최대의 복리를 안겨주시기 위해 불철주야의 사색과 로고를 바쳐가시는 경애하는 김정은동지께 다함없는 고마움의 인사를 삼가 드리였다.

김정은동지께서는 열광의 환호에 오래도록 따뜻한 답례를 보내시였다.

화성지구 2단계 1만세대 살림집의 준공은 위대한 당중앙의 령도따라 애국의 힘,단결의 힘을 남김없이 떨치며 당 제8차대회가 내세운 투쟁목표달성을 향해 용진해나아가는 전인민적총진군대오에 광명한 래일에 대한 확신을 백배해주고 주체의 사회주의강국건설위업의 필승불패성을 다시한번 만방에 과시하는 의의깊은 계기로 된다.

〈박창덕 기자〉

사람일보 2024. 4. 17.

55
북 첫 핵반격가상종합전술훈련
북 통신, "《핵방아쇠》체계안에서 운용하는 훈련이 처음으로 진행"

북 조선중앙통신은 600㎜초대형방사포병구분대들이 첫 핵반격가상종합전술훈련에 참가했으며 김정은 국무위원장이 이를 지도했다고 23일 보도했다.

보도 전문은 다음과 같다.

600㎜초대형방사포병구분대들이 첫 핵반격가상종합전술훈련에 참가한데 대한 보도

경애하는 김정은동지께서 핵반격가상종합전술훈련을 지도하시였다

국가핵무력의 신속반격능력을 실질적으로 강화하고 전쟁억제력을 제고하는데서 중요한 몫을 담당하게 되는 초대형방사포병부대들을 국가핵무기종합관리체계인 《핵방아쇠》체계안에서 운용하는 훈련이 4월 22일에 처음으로 진행되였다.

훈련은 우리 핵무력의 신뢰성과 우수성, 위력과 다양한 수단에 대한 시위, 핵무력의 질량적강화를 기본목적으로 하였으며 우리 공화국을 반대하는 적들의 군사적대결소동이 그 어느때보다 극히 도발적이고 침략적인 성격을 띠고 감행되고있는 시기에 진행된것으로 하여 적들에게 보내는 분명한 경고신호로 된다.

지난 4월 12일부터 대한민국 군산공군기지에 100여대의 각종 군용기들을 끌어들여 《련합편대군종합훈련》이라는것을 벌려놓은 미국과 한국괴뢰

![신문 화면 캡처: 주체113(2024)년 4월 23일 화요일 기사 목록]

1. 600mm초대형방사포병구분대들이 첫 핵반격가상종합전술훈련에 참가한데 대한 보도
   경애하는 김정은동지께서 핵반격가상종합전술훈련을 지도하시였다 [1면]
2. 복받은 인민의 세월 [2면]
3. 사회주의문명부흥의 본보기, 사랑의 결정체 [2면]
4. 다른 나라에서는 상상도 못할 일 [2면]
5. [북한] 어제 초대형 방사포 동원 '핵 반격 가상 전술훈련' 실시
6. 앞으로 또 얼마나 희한한 새 거리들이 솟구칠것인가 [3면]

군부호전광들은 이전시기의 연습들에 대해 《방어》니,《억제》니 하던 허울마저 완전히 벗어던지고 그 무슨 우리 공화국으로의 《진격》을 공공연히 운운하면서 하루평균 100회정도의 출격을 횡행하며 극도의 전쟁열을 고취하고있다.

우리 국가의 주변지역에 빈번히 핵전략자산들을 끌어들이고 추종세력들을 규합하여 전쟁연습들을 벌리고있는것도 모자라 우리를 정조준한것이라고 내놓고 광고하며 감행되고있는 이와 같은 미국의 군사적도발추태는 오는 26일까지 지속될 예정이다.

지난 4월 18일에는 미국과 대한민국의 특수부대들이 임의의 지역에 신속하게 침투하여 《표적을 제거》하는데 목적을 둔 《련합공중침투훈련》이라는것을 벌려놓았다.

우리 공화국을 《힘》으로 압살하려는 적대세력들의 끊임없는 군사적도발로 우리 국가의 안전환경이 심히 위협당하고있는 간과할수 없는 현실은 우리로 하여금 나라의 안전과 지역의 평화를 위해 정세를 주동적으로 통제해나갈수 있는 최강의 군사력을 더욱 압도적으로, 더욱 가속적으로 비축해나갈것을 절박하게 요구하고있다.

조선로동당 총비서이시며 조선민주주의인민공화국 국무위원장이신 경애하는 김정은동지께서 초대형방사포병이 참가하는 핵반격가상종합전술훈련을 지도하시였다.

조선로동당 중앙위원회 부부장 김정식동지가 동행하였으며 조선민주주의인민공화국 미싸일총국장 장창하동지가 훈련을 지휘하였다.

핵반격가상종합전술훈련은 국가최대핵위기사태경보인 《화산경보》체계 발령시 부대들을 핵반격태세에로 이행시키는 절차와 공정에 숙달시키기 위한 실동훈련과 핵반격지휘체계가동연습, 핵반격임무가 부과된 구분대를 임무수행공정과 질서에 숙련시키고 핵모의전투부를 탑재한 초대형방사포탄을 사격시키는 순차로 진행되였다.

훈련을 통하여 전체 핵무력에 대한 지휘 및 관리통제운용체계의 믿음성을 다각적으로 재검열하고 초대형방사포병부대들을 신속히 핵반격에로 넘어가게 하기 위한 행동질서와 전투조법들을 숙달하였다.

훈련에는 해당 련합부대에서 당선된 화력습격중대가 참가하였으며 처음으로 《핵방아쇠》체계에 망라되여 진행하는 훈련과 일제사격훈련을 관련부대, 구분대 지휘관, 군인들이 참관하였다.

견결한 대적의식과 투철한 주적관을 만장약하고 섬멸의 불줄기를 일제히 쏟아낸 초대형방사포들은 독보적인 위력과 완벽한 실전태세를 힘있게 과시하며 사거리 352㎞의 섬목표를 명중타격하였다.

경애하는 김정은동지께서는 훈련결과에 대만족을 표시하시면서 초대형방사포들의 높은 명중정확성에 대하여 마치 저격수보총사격을 본것만 같다고, 가공할 위력을 자랑하는 세계최강의 우리식 전술핵공격수단들이 신속하고 철저한 반격태세에서 유사시 중대한 자기의 전략적임무수행에 충실히 동원될수 있게 엄격히 준비되여가고있다고 높이 치하하시였다.

그러시면서 오늘 초대형방사포병까지 인입된 핵반격가상종합전술훈련이 성과적으로 진행됨으로써 전술핵공격의 운용공간을 확장하고 다중화를 실현할데 대한 당중앙의 핵무력건설구상이 정확히 현실화되였다고 만족하게 평가하시였다.

경애하는 김정은동지께서는 전쟁억제전략과 전쟁수행전략의 모든 면에서 핵무력의 중추적역할을 끊임없이 높이는 방향으로 전법과 작전을 계속 완성해나가며 핵무력의 경상적인 전투준비태세를 완비해나갈데 대하여 강조하시면서 공화국전략핵무력강화를 위한 투쟁행정에서 지침으로 삼아야 할 원칙적문제들을 밝혀주시였다.

경애하는 김정은동지께서는 이번 종합전술훈련을 통하여 초대형방사포까지 인입된 우리 핵전투무력의 위력과 효용성은 비할바없이 증대되고 모든 구분대들이 커다란 자신심에 충만되게 되였다고 하시면서 우리의 핵무력이 전쟁억제와 전쟁주도권쟁취의 중대한 사명을 임의의 시각, 불의의 정황하에서도 신속정확히 수행할수 있게 철저히 준비하는데서 중요한 계기로 되였다고 말씀하시였다.

우리의 핵무력은 더욱 고도화된 능력으로 림전태세를 유지하며 적들의 준동과 도발을 철통같이 억제하고 주시할것이며 적이 무력사용을 기도하려 든다면 주저없이 중대한 사명을 결행할것이다.

〈박창덕 기자〉

사람일보 2024. 4. 24.

56
"적반하장의 억지는 통하지 않는다"
북 김여정 부부장, "무력대응을 시도하려든다면 즉시 괴멸될것"

북 조선중앙통신은 한미연합군사훈련과 관련해 24일 '적반하장의 억지는 우리에게 통하지 않는다' 제하의 김여정 당중앙위 부부장의 담화를 보도했다.

김 부부장은 담화에서 "미국을 위시한 적대세력들이 쉬임없이 벌려대는 군사적준동으로 하여 지역의 정세는 위험한 소용돌이속에 더 깊이 빠져들고있다"며 "미국은 언제나와 같이 어김없이 우리의 자위권에 해당한 활동을 두고는 《유엔안보리사회 결의위반》, 《지역과 국제평화와 안보에 대한 중대한 위협》이라는 틀에 박힌 억지주장을 펴며 적반하장격으로 놀고있다"고 말했다.

김 부부장은 또 "미국이 일본, 한국괴뢰들과 함께 우리를 겨냥하여 거의 매주 쉴새없이 감행하고있는 각종 군사연습만을 놓고보아도 지역의 정세가 불달린 도폭선과도 같이 긴장상태로 치닫고있는 원인을 충분히 알수 있다"며 "올해에 들어와 지금까지 미국이 하수인들과 함께 벌린 군사연습은 80여차례, 한국괴뢰들이 단독으로 감행한 훈련이 60여차례나 된다는 사실을 놓고도 지역정세악화의 주범들이 과연 누구인가를 똑똑히 알수 있을것"이라고 비판했다.

김 부부장은 "우리는 자기의 주권과 안전, 지역의 평화를 수호하기 위해 압도적인 최강의 군사력을 계속 비축해나갈것"이라며 "미국이 계속하여 졸개들을 긁어모아 힘을 자랑하며 우리 국가의 안전을 위협하려든다면 미국과 동맹국가들의 안보는 보다 커다란 위험에 직면하게 될것"이라고 전했다.

담화 전문은 다음과 같다.

김여정 조선로동당 중앙위원회 부부장 담화
적반하장의 억지는 우리에게 통하지 않는다

미국을 위시한 적대세력들이 쉬임없이 벌려대는 군사적준동으로 하여 지역의 정세는 위험한 소용돌이속에 더 깊이 빠져들고있다.

미국은 언제나와 같이 어김없이 우리의 자위권에 해당한 활동을 두고는 《유엔안보리사회 결의위반》, 《지역과 국제평화와 안보에 대한 중대한 위협》이라는 틀에 박힌 억지주장을 펴며 적반하장격으로 놀고있다.

세상은 똑바로 알아야 한다.

미국이 일본, 한국괴뢰들과 함께 우리를 겨냥하여 거의 매주 쉴새없이 감행하고있는 각종 군사연습만을 놓고보아도 지역의 정세가 불달린 도폭선과도 같이 긴장상태로 치닫고있는 원인을 충분히 알수 있다.

1월 4일 한국괴뢰군깡패들과의 《련합전투사격훈련》으로 새해에 들어와 첫 광증을 일으킨 미국은 《화생방저장시설제압훈련》, 《싸이버동맹훈련》,

《련합특수작전훈련》등 각종 명목의 전쟁연습들을 광란적으로 감행하였다.

1월 15일부터는 핵항공모함《칼빈슨》호와 일본, 한국괴뢰들까지 끌어들여 나흘간《련합해상훈련》을 제주도부근 해상에서 강행하였다.

훈련 첫날에《칼빈슨》호에 기여오른 한국괴뢰군대의 합동참모본부 의장은《한미일해상훈련은 날로 고도화되는 북의 핵, 미싸일위협을 억제, 대응하는데 핵심적으로 기여해왔다.》고 하면서 허세를 부리였다.

미국은 한국괴뢰군깡패들과의《해병대련합훈련》,《겨울철련합훈련》,《련합공중훈련》,《지휘통신훈련》등으로 2월 한달을 광기에 들떠 보낸것도 성차지 않아 3월에 들어와서는 대규모합동군사연습인《프리덤 쉴드》의 간판 밑에 실시된《련합공중강습훈련》과《련합전술실사격훈련》,《련합공대공사격 및 공대지폭격훈련》, 련합공중훈련인《쌍매훈련》등 각종 야외기동훈련을 포함하여 극히 공격적이고 도발적인 전쟁연습을 무려 48차례나 주야간 벌려놓았다.

4월에도 미핵전략자산들이 동원된 미, 일, 한국괴뢰들의 무모한 군사훈련이 그칠새없이 이어졌다.

2일에는 미핵전략폭격기《B-52H》가 투입된 3자공중훈련이, 그로부터 얼마후에는 미핵항공모함《시어도 루즈벨트》호가 끼여든 해상훈련이 강행되였다.

18일에 벌어진《련합공중침투훈련》을 내놓고라도 100여대의 각종 군용기들이 참가하는《련합편대군종합훈련》이라는것이 12일부터 시작되여 26일까지 진행되게 된다.

지난해 8월 미국과 일본, 괴뢰한국의 수뇌들이 워싱톤교외의 캠프 데이비드별장에 모여앉아 우리에 대한 핵전쟁도발을 구체화, 계획화, 공식화하고 3자군사훈련을 년례화하기로 한데 따라 벌어지고있는 이 모든 연습들은 명백히 우리 조선민주주의인민공화국을 상대로 한 미국의 핵전쟁씨나리오를 실전에 옮겨놓기 위한《시연회》들이다.

올해에 들어와 지금까지 미국이 하수인들과 함께 벌린 군사연습은 80여

차례, 한국괴뢰들이 단독으로 감행한 훈련이 60여차례나 된다는 사실을 놓고도 지역정세악화의 주범들이 과연 누구인가를 똑똑히 알수 있을것이다.

바로 이런 미국과 그 졸개들이 적반하장의 억지를 부리고있다.

과연 누가 평화와 안정을 파괴하는 진범들인가?

우리는 자기의 주권과 안전, 지역의 평화를 수호하기 위해 압도적인 최강의 군사력을 계속 비축해나갈것이다.

그 누구도 우리의 결심을 꺾지 못한다.

미국이 계속하여 졸개들을 긁어모아 힘을 자랑하며 우리 국가의 안전을 위협하려든다면 미국과 동맹국가들의 안보는 보다 커다란 위험에 직면하게 될것이다.

미국은 특등졸개인 한국것들에게 무모한 용감성을 길러주지 말아야 한다.

물론 겁먹은 개가 잘 짖어대는줄은 알지만 최근 들어 한국괴뢰군부깡패 우두머리들이 도가 넘게 짖어대고있다.

상전을 믿고 설쳐대며 우리를 상대로 무력대응을 시도하려든다면 그것들은 즉시 괴멸될것이다.

〈박창덕 기자〉

사람일보 2024. 4. 24.

57
"포병전투력강화에서 중대한 변화"
북 통신, "기술갱신된 240㎜조종방사포탄 시험사격"

북 조선중앙통신은 11일 "조선로동당 총비서이시며 조선민주주의인민공화국 국무위원장이신 경애하는 김정은동지께서 5월 10일 기술갱신된 240㎜방사포무기체계를 료해하시고 여러 국방공업기업소들에서 생산한 조종방사포탄의 시험사격을 보시였다"며 "기동성과 화력집중력이 높은 갱신형 방사포무기에는 자동사격종합지휘체계가 도입되였으며 2024년부터 2026년까지 기간에 조선인민군 부대들에 교체장비하게 된다"고 보도했다.

통신은 또 "발사된 8발의 포탄이 점목표를 명중시켰으며 이를 통하여 갱신형 240㎜방사포무기체계와 조종방사포탄들의 우월성과 파괴적인 위력이 집약적으로 확증되였다"고 알렸다.

통신은 "경애하는 김정은동지께서는 기술갱신된 방사포무기체계와 조종방사포탄생산을 최고수준으로 끌어올리기 위한 국방경제사업에 더 큰 박차를 가해나가는데서 나서는 방도들을 토의하시고 중요한 과업과 방향을 제시하시였다"며 "우리 군대의 포병전투력강화에서는 곧 중대한 변화가 일어나게 된다"고 보도했다.

　통신은 "조선로동당 중앙군사위원회 부위원장이며 당중앙위원회 비서인 박정천동지,조선로동당 중앙위원회 비서 조춘룡동지,조선인민군 총참모장 리영길동지,조선로동당 중앙위원회 제1부부장 김정식동지와 국방과학원 원장 김용환동지가 동행하였다"고 전했다.

〈박창덕 기자〉

사람일보 2024. 5. 12.

58
"서울이 허튼 궁리를 하지 못하게"
북 김여정 부부장 담화, "수출이라는 가능성자체가 론의될수 없다"

북 김여정 당중앙위 부부장은 17일 '조러무기거래설'에 대해 "우리가 이미 여러 차례 표명한바와 같이 착견과 허구로 엮어진 《조러무기거래설》은 그 어떤 이여의 평가나 해석을 달만한 가치도 없는 가장 황당한 억설"이라며 "최근에 우리가 개발 및 갱신한 무기체계들의 기술은 공개할수 없는것들이며 따라서 수출이라는 가능성자체가 론의될수 없다"고 밝혔다.

김 부부장은 조선중앙통신이 보도한 담화에서 "이미 보도된바와 같이 최근 우리 국방공업부문에서는 새로운 기술적변신을 거듭하며 급속한 발전을 이어가고있다. 이에 대해서는 굳이 더 다른 설명을 달지 않겠지만 적대세력들이 우리가 생산하는 무기체계들이 《대로씨야수출용》이라는 랑설로 여론을 어지럽히고있는데 대해서는 한번 짚고넘어가고자 한다"며 이렇게 밝혔다.

김 부부장은 또 "《수출용》이라는 터무니없는 억측으로 아무리 랑설을 퍼뜨려도 실감하기 힘든 우리의 군사력증대를 눈뜨고 바라보며 안보불안을 잠재우기는 쉽지 않을것"이라며 "최근에 우리가 공개한 방사포들과 미싸일 등의 전술무기들은 오직 한가지 사명을 위하여 빚어진것들이다. 그것은 서울이 허튼 궁리를 하지 못하게 만드는데 쓰이게 된다는것을 숨기지 않는다"고 알렸다.

김 부부장은 "한국군졸개들을 앞세워 조선민주주의인민공화국을 반대하여 벌리는 미국의 각이한 군사적위협행위들이 지속될수록 그리고 상전을 믿고 무모한 《배짱》을 키우며 대한민국이 대결적자세를 계속 고쳐해나갈수

록 저들 정수리우에는 암운과 저주의 그림자가 더욱 짙게 드리워지게 된다는것을 알아야 한다"며 "적대세력들이 우리 국기를 상대로 한 음흉한 성지적기도를 로골화하는데 정비례하여 우리는 필요한 활동들을 더 활발히 진행할것"이라고 전했다.

담화 전문은 다음과 같다.

김여정 조선로동당 중앙위원회 부부장 담화

이미 보도된바와 같이 최근 우리 국방공업부문에서는 새로운 기술적변신을 거듭하며 급속한 발전을 이어가고있다.

이에 대해서는 굳이 더 다른 설명을 달지 않겠지만 적대세력들이 우리가 생산하는 무기체계들이 《대로씨야수출용》이라는 랑설로 여론을 어지럽히고있는데 대해서는 한번 짚고넘어가고자 한다.

우리가 이미 여러 차례 표명한바와 같이 착견과 허구로 엮어진 《조로무기거래설》은 그 어떤 이여의 평가나 해석을 달만한 가치도 없는 가장 황당한 억설이다.

최근에 우리가 개발 및 갱신한 무기체계들의 기술은 공개할수 없는것들이며 따라서 수출이라는 가능성자체가 론의될수 없다.

　　우리는 우리의 군사기술력을 그 어디에도 수출 또는 공개할 의향이 없다.

　　몹시 궁금해하는 문제이기에 명백한 립장을 밝힌다.

　　최근에 목격하게 되는 우리의 국방분야의 다양한 활동들은 국방발전 5개년계획에 따른것이며 그 목적은 철두철미 우리 군의 전투력강화를 위한데 있다.

　　현재 우리에게 있어서 가장 급선무로 되는것은 《광고》나 《수출》이 아니라 군대의 전쟁준비, 전쟁억제력을 더 완벽하게 질량적으로 다지며 적이 군사력에서의 렬세를 극복할수 없게 만드는것이다.

　　《수출용》이라는 터무니없는 억측으로 아무리 랑설을 퍼뜨려도 실감하기 힘든 우리의 군사력증대를 눈뜨고 바라보며 안보불안을 잠재우기는 쉽지 않을것이다.

　　최근에 우리가 공개한 방사포들과 미싸일 등의 전술무기들은 오직 한가지 사명을 위하여 빚어진것들이다.

　　그것은 서울이 허튼 궁리를 하지 못하게 만드는데 쓰이게 된다는것을 숨기지 않는다.

　　한국군졸개들을 앞세워 조선민주주의인민공화국을 반대하여 벌리는 미국의 각이한 군사적위협행위들이 지속될수록 그리고 상전을 믿고 무모한 《배짱》을 키우며 대한민국이 대결적자세를 계속 고취해나갈수록 저들 정수리우에는 암운과 저주의 그림자가 더욱 짙게 드리워지게 된다는것을 알아야 한다.

　　적대세력들이 우리 국가를 상대로 한 음험한 정치적기도를 로골화하는데 정비례하여 우리는 필요한 활동들을 더 활발히 진행할것이다.

〈박창덕 기자〉

사람일보 2024. 5. 17.

59

"《조선반도의 완전한 비핵화》이미 사멸"

조선 외무성 대변인, "주권 건드리는 적대행위들을 추호도 용납 않을것"

　조선 외무성 대변인은 27일 '제9차 한일중 3국 정상회의 공동선언'에서 '한반도 비핵화'를 거론한 것과 관련해 "주권평등과 내정불간섭을 핵으로 하는 유엔헌장 및 제반 국제법적원칙에 역행하여 국가의 자주권을 엄중히 침해하는 용납 못할 상황이 조성된것과 관련하여 조선민주주의인민공화국 외무성은 다음과 같이 천명한다"며 "조선민주주의인민공화국 외무성은 한국이 주도하는 국제회의마당에서 조선민주주의인민공화국이 헌법적지위를 부정하는 엄중한 정치적도발이 감행된것과 관련하여 이를 우리 국가의 자주권에 대한 정면도전으로, 란폭한 내정간섭으로 락인하며 강력히 규탄배격한다"고 밝혔다.

　대변인은 조선중앙통신이 보도한 '국가의 신성한 주권을 건드리는 적대행위들을 추호도 용납하지 않을것이다' 제하의 담화에서 "27일 대한민국이 주최한 한일중3자수뇌회담에서는 이른바 조선반도와 지역의 평화와 안정유지, 조선반도의 비핵화를 운운하는 《공동선언》이 발표되였다"며 이렇게 밝혔다.

　그는 또 "지역외 패권세력과의 침략적인 군사동맹강화에 기승을 부리며 조선반도와 동북아시아지역에 엄중한 안보위기를 시시각각으로 몰아오는 한국이 그 무슨 《비핵화》와 《평화와 안정》에 대하여 운운하는것 자체가 지역나라들과 국제사회에 대한 우롱이며 기만"이라며 "오늘날 조선반도의 비핵화를 론하는것은 그 어떤 국제적의무나 대의명분에 관한 문제이기 전에 우리 국가의 신성한 주권과 전체 조선인민의 총의가 반영된 조선민주주의

인민공화국 헌법을 전면부정하는 엄중한 정치적도발로, 주권침해로 된다"고 강조했다.

그는 "조선민주주의인민공화국과의 가장 적대적관계에 있는 한국이 우리의 주권적권리를 부정하고 위헌행위를 강요하려드는것이야말로 조선민주주의인민공화국에 대한 추호도 묵과할수 없는 모독이며 선전포고"라며 "반세기이상 지속된 미국의 핵위협이 조선민주주의인민공화국의 핵보유를 촉발하고 미한의 적대행위와 군사적공갈이 우리 핵무력강화의 부단한 전진과정을 추동한 결정적요인으로 되여왔다는것은 부정할수 없는 사실이고 력사"라고 전했다.

그는 "조선반도를 포괄한 아시아태평양전역에 미국주도의 각이한 군사블럭들이 존재하고 조선민주주의인민공화국에 대한 핵사용을 목적으로 한 《핵협의그루빠》가 가동하고있으며 지역의 평화와 안정을 위협하는 미국과 그 추종국가들의 침략전쟁연습들이 끊임없이 감행되고있는 엄중한 안보환경속에서 비핵화라는 말은 평화와 안정이 아니라 핵위기를 불러오게 될뿐"이라며 "조선반도에서의 비핵화는 힘의 공백을 의미하며 전쟁의 재촉을 의미한다"고 알렸다.

그는 "누구든지 우리에게 비핵화를 설교하면서 핵보유국으로서의 우리 국가의 헌법적지위를 부정하거나 침탈하려든다면 그것은 곧 헌법포기,제도포기를 강요하는 가장 엄중한 주권침해행위로 간주될것"이라며 "《조선반도의 완전한 비핵화》라는것은 리론적으로나 실천적으로,물리적으로 이미 사멸되였다"고 전했다.

그는 "조선민주주의인민공화국은 우리의 절대적인 주권적권리를 부정하려드는 적대세력들의 온갖 기도로부터 국가와 인민의 존엄과 주권,자기의 헌법을 철저히 수호해나갈것이며 정의와 공평에 기초한 지역의 새로운 력학구도를 구축해나가기 위한 중대한 노력을 기울여나갈것"이라고 천명했다.

〈박창덕 기자〉

사람일보 2024. 5. 27.

60
"우리의 전진은 절대로 정체되지 않을것"
북 통신, "김정은위원장, 창립 60돐을 맞이한 국방과학원을 축하방문하여 연설"

조선중앙통신은 김정은 국무위원장이 28일 창립 60돐을 맞이한 국방과학원을 축하방문하여 연설했다고 29일 보도했다.

통신 보도에 의하면 김정은 국무위원장은 연설에서 정찰위성발사와 관련해 "어제 조선민주주의인민공화국 국가항공우주기술총국은 국가의 방위력건설목표에 따라 예정대로 또 한차례 정찰위성발사를 단행하였다. 이번 발사는 1계단 발동기의 비정상으로 인한 자폭체계에 의해 실패하였습니다만 성패를 떠나 우리가 명백히 해야 할것이 있다"며 "군사정찰위성보유는 미국의 군사적준동과 갖은 도발행위들에 의해 국가의 안전환경에서 심중한 변화가 일어나고있는 형세하에서 우리 국가가 자위적억제력을 더욱 강화하고 잠재적인 위협들로부터 국가주권과 안전을 수호하는데서 선결필수적인 과업으로 나서고있다. 우리가 당장에 실용적이며 필수적이라 할수 있는 통신위성이나 기상관측위성, 자원탐사위성이 아니라 정찰위성보유를 선점목표로 정하고 박차를 가하고있는것은 이를 획득함이 우리 국가의 안전과 직결된 초미의 과제이기때문인것"이라고 밝혔다.

김정은 국무위원장은 또 "우리는 언제나 그러했던바 그대로 이번에도 위성발사의 투명성을 보장하고 해당 역내에서 일체 선박 및 항공기들의 안전을 위하여 국제적법규를 존중하고 준수한 사전경보를 발령하였으며 주변국가들의 안전에 영향이 없도록 하였다. 그럼에도 한국괴뢰들은 정찰위성발사를 놓고 그 무슨 도발이라는 궤변을 늘어놓으며 저들의 강력한 능력과 의지를 보여주기 위한 일환이라고 지껄이면서 공격편대군비행 및 타격훈련

이라는것을 벌려놓고 히스테리적광기를 부리며 무력시위로써 우리에게 정면도전하는짓을 감행했다. 서뿌른 언행 한마디도 극히 엄중시될 우리의 주권행사령역을 전쟁무기로 감히 위협해나선것은 분명 범연히 좌시할수 없는 매우 위험한 도발행위이자 우리가 격노하지 않을수 없는 명백한 국권침해행위, 용서 못할 불장난이다"며 "우리의 당당하고 정당한 주권적권리행사에 광기적인 무력시위로 서뿌른 대응을 택한 한국군부깡패들의 망동에 절대적이고 압도적인 단호한 행동으로써 자위권의 행사는 확실하게 해야 한다. 루차 강력히 선언하여온바이지만 국가주권과 령토완정수호를 위한 군사적보복력을 가동시키는것은 우리의 헌법과 기타 법들이 승인한 공화국무장력의 제일가는 사명이다"라고 말했다.

김정은 국무위원장은 "우리의 주권을 강취하려드는 미제국주의와 그 특등앞잡이, 주구들의 책동은 더욱 흉포해지고있으며 부리는 광증은 날이 감에 따라 극도로 심해지고있다. 미제국주의자들과 그 졸개들은 최근에 조선민주주의인민공화국 국경부근과 린근해역 및 공역에서 저들의 군사력을 시위함에 있어서 최대의 기록을 돌파하고있다. 련일 반복적으로 행해지는 공중정탐행위와 미전략자산의 대대적인 조선반도지역투입, 무차별적으로 감행되는 침략전쟁연습들은 규모와 내용에 있어서나 추구하는 음흉한 목적에 있어서 전례없이 발악적으로 변이되여가고있으며 이로써 적들은 지역의 군사적긴장을 부채질하고 군사력균형을 엄중히 파괴하고있다. 그러고도 적들은 저들의 도발에 상응한 우리의 응당한 자위적조치들에 대하여 국제평화와 안전에 대한 심각한 도전이라는 궤변으로 세계여론을 기만해보려 하고있다. 적들의 이러한 진상외곡기만행위자체가 지역의 군사적긴장을 더욱 야기시키고 충돌위험을 키우는 근본원인이며 지역의 평화와 안전에 대한 심각한 도전이다"며 "현재 우리 군대는 조선반도유사시 미국이 군사적개입을 저어하게 만들수 있는 현실적인 군사력을 보유하였으며 작전초기에 한국괴뢰군대의 기본공격력과 하부구조, 지휘체계를 붕괴시킬수 있는 압도적인 력량을 가지고있다. 우리는 적이 두려워할 파괴적인 공격력을 방위력으로 가지고있는것으로 하여 전쟁억제의 사명을 책임적으로 수행하고있지만 변화되는 지역의 군사정세는 우리에게 만족해할 여유를 주지 않는다. 우리가 처한 안전환경은 전쟁억제력을 각방으로 더욱 강화할것을 요구하고있으며 이러한 시대적과업들은 동무들의 책임적인 정세인식과 정치의식, 완고한 투쟁에 따라 해결될것"이라고 말했다.

통신은 "조선로동당 중앙위원회 정치국 상무위원회 위원인 리병철동지와 조선로동당 중앙군사위원회 부위원장이며 당중앙위원회 비서인 박정천동지, 조선로동당 중앙위원회 비서 조춘룡동지, 조선로동당 중앙위원회 제1부부장 김정식동지, 조선민주주의인민공화국 미싸일총국장 장창하동지가 동행하였다"고 전했다.

통신이 보도한 연설 전문은 다음과 같다.

경애하는 김정은동지께서 국방과학원을 축하방문하시여 하신 연설

조선민주주의인민공화국 국방과학원의 전체 과학자, 기술자들과 일군들! 동무들!

주체적국방공업의 끊임없는 상승발전을 과학기술력으로 굳건히 담보하여온 종합적과학연구기지이며 새시대 국방공업혁명을 강력히 견인추동할 영예로운 사명을 지닌 공화국 국방과학원이 자기의 연혁사에 60년의 년륜을 아로새기였습니다.

조선로동당의 혁명적성격을 자기의 특질로 하며 장성강화된 영예높은 우리의 국방공업을 과학과 기술로써 견인해가는 애국인재들의 모체기지를 이렇게 뜻깊은 창립정주년에 방문하여 가장 귀중한 동무들과 만난것을 기쁘게 생각합니다.

60년전 바로 이날은 혁명의 전취물을 자력으로 보위할데 대한 우리 당의 로선이 필승의 기초를 다진 의의깊은 날이며 세계적인 군사강국을 목표한 조선의 억세인 리상과 자존심이 도도히 용출된 력사의 새 기점이였습니다.

그 출발도 바로 무기를 밑천으로 하여 첫걸음을 뗀 우리 혁명이 자위의 보검을 천년이고 만년이고 오로지 자기의것으로 벼려낼수 있게 길을 열어나간 개척자들이 여기서 중대하고도 성스러운 위업을 시작하였고 장장 반세기이상 이곳에서 영웅적인 우리 군대에 최강의 힘을 장전해주는 주체적인 무장장비들이 태여났습니다.

우리당 자위적국가방위사상의 권화로서 경제건설과 국방건설을 병진시키는 로정이 개시된 1960년대 전반기부터 오늘에 이르기까지 당의 로선과 전략전술적중대과제들을 받들어 뇌심초사하며 가치있는 연구개발성과들을 무수히 이루어온 국방과학자들의 애국헌신을 여기 과학지구의 일목일초가 력력히 새겨안고있습니다.

당과 인민에 대한 무한한 충성심과 비상한 창조력을 줄기차게 발휘하며 우리 국가의 위력과 존위를 백방으로 강화함에 과학기술력으로 공헌하여온 조선민주주의인민공화국 국방과학원의 전체 과학자, 기술자들과 로동계급, 일군들에게 당중앙위원회와 우리 정부의 이름으로 창립 예순돐에 즈음한 열렬한 축하의 인사를 드립니다.

아울러서 국가방위력강화에 모든것을 다 바쳐온 우리 국방과학자들과 애국의 뜻을 함께 하며 뒤바라지에 고생도 많았을 안해들과 가족들에게도 당과 조국이 머리숙여 보내는 진정어린 감사의 마음을 전하는바입니다.

동무들!

자주로 존엄높은 국가는 강력한 자위력에 기초를 두며 그 어떤 위협에도 능동적으로 대처할수 있는 방위자산은 부단히 갱생창조하는 전능한 인재력량이 없이는 도저히 생각할수 없습니다.

우리 국가는 주체적군수공업이라는 믿음직한 력량과 능력을 가지고있음으로 하여 70여성상 승승장구하여왔습니다.

우리 당은 조선로동당의 품속에서만 과학을 하는 붉은 국방과학재사들, 당과 조국에 경이적인 기적만을 선물하는 충성스러운 귀재들의 거대한 역할에 받들려 혁명을 령도함에 언제나 확신에 넘치였고 걸음걸음에 백승의 높은 권위와 영예를 전취할수 있었습니다.

우리 공화국이 딛고 올라선 방위력의 높이가 그처럼 자랑스럽고 우리 군대가 장비한 주체적인 무장들이 날로 더 강위력해짐을 체감하며 긍지를 가질 때 그 하나하나에 묻혀있는 과학기술인재들의 영웅적인 공헌에 충심으로부터 최고의 경의를 드리게 됨은 이 나라 전체 공민들의 한결같은 심정일 것입니다.

창립초기 《조국은 생명보다 더 귀중하다!》는 구호로써 자기들의 애국신념을 튼튼히 한 전세대 국방과학자들에 의하여 병기공업발전의 기틀이 축성되였으며 그 숭고한 전통을 계승한 동무들과 같은 국방과학투사들이 추켜든 단결의 표대아래서 당이 구상한바대로 우리 국가는 전략적인 힘을 가진 군사강국의 지위를 획득하게 되였습니다.

나는 무비의 실력과 불가능에 도전하여 기적을 창조해내는 혁명적기풍으로 당정책을 기어이 관철하고 국가의 군사력을 백배함에 헌신한 우리의 국방과학자들은 모두가 영웅중의 영웅이고 애국자중의 애국자들이라고 생각합니다.

이 자리에서 나는 우리 공화국의 백승의 력사를 무장으로 담보해나가는 우리 군대의 전투력의 튼튼한 초석으로 되여온 동무들에게 숭고한 경의를 표합니다.

영광스러운 당의 위업을 위하여, 위대한 우리 국가와 인민을 위하여 국방력강화에 높은 지성과 투철한 정신 그리고 붉은 피와 고귀한 생명을 아낌없이 바친 렬사들, 진지하고 고심어린 탐구의 길에 한생을 고이 묻어 개척의 등불이 되고 도약의 디딤돌이 되여준 국방부문 과학자, 기술자들, 일군들의 업적은 조국청사에 길이길이 빛날것입니다.

동무들!

변혁과 기적창조로 급진해온 우리 국방공업혁명의 전진도상에는 날로 불안정해지는 국가의 안전환경으로 인하여 초급한 과제들이 의연 겹쌓이고있습니다.

우리의 주권을 강취하려드는 미제국주의와 그 특등앞잡이, 주구들의 책동은 더욱 흉포해지고있으며 부리는 광증은 날이 감에 따라 극도로 심해지고있습니다.

미제국주의자들과 그 졸개들은 최근에 조선민주주의인민공화국 국경부근과 린근해역 및 공역에서 저들의 군사력을 시위함에 있어서 최대의 기록을 돌파하고있습니다.

련일 반복적으로 행해지는 공중정탐행위와 미전략자산의 대대적인 조선반도지역투입, 무차별적으로 감행되는 침략전쟁연습들은 규모와 내용에 있어서나 추구하는 음흉한 목적에 있어서 전례없이 발악적으로 변이되여가고있으며 이로써 적들은 지역의 군사적긴장을 부채질하고 군사력균형을 엄중히 파괴하고있습니다.

그러고도 적들은 저들의 도발에 상응한 우리의 응당한 자위적조치들에 대하여 국제평화와 안전에 대한 심각한 도전이라는 궤변으로 세계여론을 기만해보려 하고있습니다.

적들의 이러한 진상외곡기만행위자체가 지역의 군사적긴장을 더욱 야기시키고 충돌위험을 키우는 근본원인이며 지역의 평화와 안전에 대한 심각한 도전입니다.

현재 우리 군대는 조선반도유사시 미국이 군사적개입을 저어하게 만들수 있는 현실적인 군사력을 보유하였으며 작전초기에 한국괴뢰군대의 기본공격력과 하부구조, 지휘체계를 붕괴시킬수 있는 압도적인 력량을 가지고있습니다.

우리는 적이 두려워할 파괴적인 공격력을 방위력으로 가지고있는것으로 하여 전쟁억제의 사명을 책임적으로 수행하고있지만 변화되는 지역의 군사정세는 우리에게 만족해할 여유를 주지 않습니다.

우리가 처한 안전환경은 전쟁억제력을 각방으로 더욱 강화할것을 요구하고있으며 이러한 시대적과업들은 동무들의 책임적인 정세인식과 정치의식, 완고한 투쟁에 따라 해결될것입니다.

어제 조선민주주의인민공화국 국가항공우주기술총국은 국가의 방위력건설목표에 따라 예정대로 또 한차례 정찰위성발사를 단행하였습니다.

이번 발사는 1계단 발동기의 비정상으로 인한 자폭체계에 의해 실패하였습니다만 성패를 떠나 우리가 명백히 해야 할것이 있습니다.

군사정찰위성보유는 미국의 군사적준동과 갖은 도발행위들에 의해 국가의 안전환경에서 심중한 변화가 일어나고있는 형세하에서 우리 국가가 자위적억제력을 더욱 강화하고 잠재적인 위협들로부터 국가주권과 안전을 수호하는데서 선결필수적인 과업으로 나서고있습니다.

우리가 당장에 실용적이며 필수적이라 할수 있는 통신위성이나 기상관측위성, 자원탐사위성이 아니라 정찰위성보유를 선점목표로 정하고 박차를 가하고있는것은 이를 획득함이 우리 국가의 안전과 직결된 초미의 과제이기때문인것입니다.

우리는 언제나 그러했던바 그대로 이번에도 위성발사의 투명성을 보장하고 해당 역내에서 일체 선박 및 항공기들의 안전을 위하여 국제적법규를 존중하고 준수한 사전경보를 발령하였으며 주변국가들의 안전에 영향이 없도록 하였습니다.

그럼에도 한국괴뢰들은 정찰위성발사를 놓고 그 무슨 도발이라는 궤변을 늘어놓으며 저들의 강력한 능력과 의지를 보여주기 위한 일환이라고 지껄이면서 공격편대군비행 및 타격훈련이라는것을 벌려놓고 히스테리적광기를 부리며 무력시위로써 우리에게 정면도전하는짓을 감행했습니다.

서뿌른 언행 한마디도 극히 엄중시될 우리의 주권행사령역을 전쟁무기로 감히 위협해나선것은 분명 범연히 좌시할수 없는 매우 위험한 도발행위이자 우리가 격노하지 않을수 없는 명백한 국권침해행위, 용서 못할 불장난입니다.

우리의 당당하고 정당한 주권적권리행사에 광기적인 무력시위로 서뿌른 대응을 택한 한국군부깡패들의 망동에 절대적이고 압도적인 단호한 행동으로써 자위권의 행사는 확실하게 해야 합니다.

루차 강력히 선언하여온바이지만 국가주권과 령토완정수호를 위한 군사적보복력을 가동시키는것은 우리의 헌법과 기타 법들이 승인한 공화국무장력의 제일가는 사명입니다.

공화국을 정조준한 일체 군사적수단들과 각양각태의 움직임은 물론하고 우리 국가에 대한 침략적이고 도전적인 의식자체가 철저히 소멸해야 할 목표임을 재삼 확인하게 됩니다.

전쟁의 첫걸음은 싸움의지입니다.

우리는 적대세력들이 무력을 사용할 엄두조차 내지 못하게 우리의 전쟁의지와 능력을 압도적인것으로 영구화해놓아야 합니다.

그러자면 공화국무력을 초강력적이고 절대적인 힘의 실체로 그 위력을 끊임없이 발전시켜나가야 할것입니다.

우리는 국방과학기술을 고도로 발전시키고 첨단무기와 전투기술기재들을 부단히 개발하여 군사강국으로서의 압도적인 무장력을 계속적으로 다져나가야 하며 그의 월등한 작용으로써 국가의 주권과 안녕을 완벽하게 수호해야 합니다.

현대전은 사상과 의지의 대결인 동시에 과학기술의 대결이며 방위산업의 위력은 곧 국방과학의 위력입니다.

우리 당이 확신성있게 령도하는 제2차 국방공업혁명의 성공적인 결과는 과학기술두뇌진의 역할에 중요하게 달려있습니다.

국방과학연구부문은 우리 당의 령도에 절대충실한 인재대군의 혁명적특질과 창조력을 떨쳐야 하며 우리 국가의 방위력을 세계최강의 경지에 끌어올린 력사와 전통을 계속 빛내여나가야 합니다.

국방과학원에서는 당중앙이 중시하는 핵심연구목표들의 달성을 앞당기는데 력량을 집중하며 공화국무력의 전쟁준비완성에 긴절하게 요구되는 각종 무장장비들을 첨단수준에 올려세우는데 총매진하여야 합니다.

주체적립장에 튼튼히 서서 우리 나라의 지형조건과 우리 군인들의 체질, 주체전법의 요구와 현대전의 양상에 맞고 선진성과 전투력에 있어서 세계적수준에 도달한 무기체계들을 더 많이 연구개발하여야 하겠습니다.

무장장비개발에서 요행수와 투기는 곧 반당적행위이며 교조와 모방, 수입병은 반혁명이나 다름없다는것을 항상 명심하고 모든 대상과제들을 진척시키는데서 당중앙의 구상과 의도를 실현함에 더욱 철저하고 완벽하여야 하겠습니다.

국방과학원의 일군들은 연구력량의 실력제고를 첫자리에 놓고 과학기술행정사업을 당정책적요구에 맞게 끊임없이 강화하며 과학기술교류와 정보사업을 활발히 벌리는 한편 연구기지들의 물질기술적토대를 현대적으로 튼튼히 꾸리고 과학자, 기술자들의 사업조건과 생활환경을 훌륭히 보장해주는데 계속 큰 힘을 넣어야 합니다.

과학원안의 당조직들은 당중앙의 유일적령도체계를 더욱 철저히 세우는것을 생명선으로 틀어쥐고 과학자, 기술자들속에서 애국적열의와 집단주의정신을 고조시키기 위한 조직정치사업을 방법론있게 진공적으로 벌려 당결정관철을 위한 두뇌전, 탐구전을 적극 고무추동하여야 합니다.

우리 당이 내놓은 5개년국방발전전략은 최대효률적 및 급진적국방발전발기로 됩니다.

동무들은 배가의 노력을 다하여 당중앙이 제시한 국방발전 5개년전략목표를 기어이 점령해야 합니다.

이번 정찰위성발사가 목표했던 결실은 달성하지 못하였지만 동무들, 우리는 실패에 겁을 먹고 위축될것이 아니라 더 크게 분발하게 될것입니다.

실패를 통해 더 많은것을 알고 더 크게 발전하는법입니다.

국가의 존엄과 인민의 삶을 위해 결사분투하는 우리의 국방과학자, 기술자들에게 있어서 실패는 어디까지나 성공의 전제이지 결코 좌절과 포기의 동기로는 될수 없습니다.

다시금 강조하지만 작전상 필요한 우주정찰능력보유는 절대로 포기할수도, 그 무엇과 바꿀수도 없는 우리의 자주적권리를 지키기 위한 투쟁이며 우리의 국가주권과 정당방위를 위한 필수불가결의 선결적과업입니다.

열렬한 애국심과 영웅적투쟁정신을 지니고 당중앙의 전략적기도를 관철함에 항상 충실한 미더운 국방과학기술집단이 있는한 우리의 투쟁목표는 반드시 점령될것이라고 나는 확신합니다.

우리의 전진은 절대로 정체되지 않을것입니다.

동무들!

국방력강화의 성스러운 로정에서 다시금의 도약을 이룩해야 할 투쟁의 새시대가 동무들을 부르고있습니다.

동무들은 압도적인 군사력장성의 전제로 되여야 하는 첨단국방과학기술을 가지고 주체혁명위업의 앞길을 튼튼히 보위하여야 합니다.

나는 조선민주주의인민공화국 국방과학원의 전체 과학전사들과 일군들이 당중앙의 뜻과 의지로 더욱 힘있게 뭉치여 첨단무장장비연구개발에서 보다 훌륭한 혁신적성과들을 이룩함으로써 강국의 존엄과 위용을 계속 높이 떨치며 혁명과 인민앞에 지닌 성스러운 책임과 본분에 언제나 충실하리라는것을 굳게 믿습니다.

동무들!

당중앙은 동무들을 믿고 동무들은 당중앙만을 믿고 따르는 그 불가항력적인 믿음의 힘, 일심단결의 힘으로 최대의 애국인 국방력강화에서 더 높은 고지를 향해 돌격해나갑시다.

　다시한번 창립절을 맞는 동무들을 축하합니다.

〈박창덕 기자〉

사람일보 2024. 5. 29.

61

조선 외무성, '프리덤 에지' 강력 규탄
"자주적인 주권국가들의 강력하고 조정된 대응에 의해 반드시 억제될것"

조선중앙통신은 30일 한미일 합동군사훈련 '프리덤에지'와 관련한 조선 외무성 대외정책실 공보문을 보도했다.

대외정책실은 공보문에서 "6월 27일-29일 미국과 일본,한국이 조선민주주의인민공화국 주변수역에서 3자사이의 첫 다령역합동군사연습인《프리덤 에지》를 감행하였다"며 "우리는 미일한이 조선민주주의인민공화국을 비롯한 지역내 자주적인 국가들을 겨냥하여 무분별하고 도발적인 군사적시위행위를 거듭 감행하고있는데 대해 강력히 규탄하며 그것이 궁극적으로 초래할 치명적인 후과에 대해 다시한번 엄중히 경고한다"고 알렸다.

대외정책실은 "지금 국제사회는 이번 연습에 대해 지역의 군사적긴장을 높이고 로씨야의 원동을 압박하며 중국을 포위하려는 미국의 전략적기도가 깔려있다고 일치하게 평하고있다"며 "미일한 3자합동군사연습의 정례화는 자주적인 주권국가들을 포위억제하고 저들의 군사적지배권을 확보하기 위한 미국의 세계제패전략이 이미 위험한계선을 넘어섰으며 세계의 안전환경과 지정학적력학구도에 매우 부정적인 변화를 가져오고있다는것을 명백히 보여주고있다"고 밝혔다.

대외정책실은 또 "미일한사이의 첫 3자다령역합동군사연습인《프리덤 에지》의 위험성은 단지 3개국의 무력이 해상과 공중을 비롯한 여러 작전령역에서 훈련을 진행하였다는데만 있는것이 아니다"며 "바로《프리덤 에지》가 미일한 3각군사쁠럭의 조직화,체계화,실물화의 산물이라는데 그 엄중성과 위험성이 있다"고 강조했다.

　대외정책실은 "지금 미국은 미일한 3자관계가 지역내 안정과 안보를 강화하기 위한 협력관계에 불과하며《아시아판 나토》를 의미하지 않는다고 변명하고있지만 그것은 침략적인 블럭조작에 대한 국제적비난을 모면하기 위한 말장난에 지나지 않는다"며 "나토가 지상과 해상,공중,싸이버 등 각 령역에서 년례적인 합동군사연습을 벌려놓는것과 마찬가지로 미일한이 3자사이의 다령역합동군사연습을 정례화하기로 한것은 미일한관계가《아시아판 나토》의 체모를 완전히 갖추었다는것을 시사해주고있다"고 알렸다.

　대외정책실은 "주지하는바와 같이 한국은《전시작전통제권》을 미국에 통채로 떠맡긴《군사식민지》이며 5만 4,000여명의 미군병력이 전개된 일본은 미국의 최대해외군사기지"이라며 "이것은 미국과 영국,오스트랄리아의 안보기술동맹인《오커스》나 미국,일본,필리핀사이의 3자안보협력체와는 달리 미일한 3각군사블럭이 미국의 지시와 지휘에 따라 언제든지 다른 나라들을 겨냥한 군사적대결에 림할수 있는 전쟁기구,침략기구라는것을 시사해주고있다"고 전했다.

　대외정책실은 "우크라이나사태발발후 일본이 반로씨야압박책동에 기승을 부리고있는 속에 한국이 젤렌스끼나치스정권에 살인장비를 제공하려는 기도를 로골화하고있는것은 나토와 미일한 3각군사쁠럭사이의 관계밀착이 위험수준에 도달하고있다는것을 보여주고있다"며 "현실은 미국과 그 추종세력들이 떠들고있는 유럽과 아시아태평양지역안보사이의 《불가분리의 호상관계》가 나토성원국들과 아시아태평양지역의 친미국가들사이의 정치적공모결탁과 군사적일체화를 실현하고 자주적인 주권국가들을 포위하기 위한 명분에 지나지 않는다는것을 립증해주고있다"고 알렸다.

대외정책실은 "바이든행정부는 《인디아태평양전략보고서》와 《국가안보전략보고서》를 통해 아시아와 유럽의 동맹국들이 서로 련합하여 전략적적수들에 대항해야 한다고 제창하였다. 최근에는 저들의 동맹전략이 다양한 량자동맹을 맺는 《거점중심형》으로부터 여러 다자동맹이 호상 협력하는 《격자형》으로 전환하고있으며 《동맹보호》의 시대가 끝나고 《동맹행동》의 시대가 도래하고있다고 떠들어대고있다"며 "이것은 미국의 세계제패전략의 선차적목표가 저들의 강권과 전횡에 반기를 든 자주적인 주권국가들을 억제하기 위한 전지구적인 포위망을 형성하려는데 있다는것을 보여주고있다"고 전했다.

대외정책실은 "조성된 정세는 자주적인 주권국가들이 국가의 안전을 수호하기 위한 자위적힘을 끊임없이 비축해나가는것과 동시에 호상협력과 공동보조를 더욱 강화함으로써 적대세력들의 집단적인 군사적간섭을 효과적으로 억제할수 있는 력량구도를 구축할것을 요구하고있다"며 "조선반도와 지역의 평화와 안정을 파괴하는 미국과 그 추종세력들의 침략쁠럭확대와 군사적대결소동은 자주적인 주권국가들의 강력하고 조정된 대응에 의해 반드시 억제될것이다. 우리는 조선반도지역의 안전환경을 로골적으로 파괴하고 세계평화와 안정을 엄중히 위협하는 미국과 그 추종세력들의 군사쁠럭강화책동을 절대로 묵과하지 않을것이며 공세적이고 압도적인 대응조치로 국가의 주권과 안전리익,지역의 평화를 철저히 수호해나갈것"이라고 알렸다.

공보문 전문은 다음과 같다.

우리는 조선반도지역과 세계의 평화와 안정을 파괴하는 행위를 억제하기 위한 중대노력을 계속 기울여나갈것이다

조선민주주의인민공화국 외무성 대외정책실 공보문

6월 27일-29일 미국과 일본, 한국이 조선민주주의인민공화국 주변수역에서 3자사이의 첫 다령역합동군사연습인《프리덤 에지》를 감행하였다.

지난 시기 미일한이 각종 명목의 크고작은 합동군사연습들을 수없이 벌려놓았지만 이번처럼 별도의 명칭을 달고 대규모합동군사연습을 벌려놓은 전례는 없었다.

우리는 미일한이 조선민주주의인민공화국을 비롯한 지역내 자주적인 국가들을 겨냥하여 무분별하고 도발적인 군사적시위행위를 거듭 감행하고있는데 대해 강력히 규탄하며 그것이 궁극적으로 초래할 치명적인 후과에 대해 다시한번 엄중히 경고한다.

지금 국제사회는 이번 연습에 대해 지역의 군사적긴장을 높이고 로씨야의 원동을 압박하며 중국을 포위하려는 미국의 전략적기도가 깔려있다고 일치하게 평하고있다.

미일한 3자합동군사연습의 정례화는 자주적인 주권국가들을 포위억제하고 저들의 군사적지배권을 확보하기 위한 미국의 세계제패전략이 이미 위험한계선을 넘어섰으며 세계의 안전환경과 지정학적력학구도에 매우 부정적인 변화를 가져오고있다는것을 명백히 보여주고있다.

미일한 3각군사쁠럭의 집중적표현인《프리덤 에지》

미일한사이의 첫 3자다령역합동군사연습인《프리덤 에지》의 위험성은 단지 3개국의 무력이 해상과 공중을 비롯한 여러 작전령역에서 훈련을 진행하였다는데만 있는것이 아니다.

바로《프리덤 에지》가 미일한 3각군사쁠럭의 조직화, 체계화, 실물화의 산물이라는데 그 엄중성과 위험성이 있다.

지금 미국은 미일한 3자관계가 지역내 안정과 안보를 강화하기 위한 협력관계에 불과하며 《아시아판 나토》를 의미하지 않는다고 변명하고있지만 그것은 침략적인 블럭조작에 대한 국제적비난을 모면하기 위한 말장난에 지나지 않는다.

지난해 8월 미일한 3자수뇌모의판에서 조작된 문건에는 3개국중 그 어느 일방에 대한 위협이 조성되면 공동대응하기 위하여 즉시 협력할데 대한 내용이 지적되여있다.

이것은 본질상 어느한 성원국이 공격을 받으면 모두에 대한 공격으로 간주하고 방위력을 발동한다는 나토의 집단방위원칙을 그대로 련상케 하고있다.

실지 미일한은 캠프 데이비드모의판이후 그 누구의 《미싸일위협》에 대응한다는 구실밑에 실시간미싸일경보자료공유체계를 가동시킴으로써 군사정보분야에서의 통합을 이룩하였으며 미전략자산들이 투입된 합동군사연습들을 빈번히 벌려놓으면서 3자무력의 일체화를 계속 다그치고있다.

나토가 지상과 해상,공중,싸이버 등 각 령역에서 년례적인 합동군사연습을 벌려놓는것과 마찬가지로 미일한이 3자사이의 다령역합동군사연습을 정례화하기로 한것은 미일한관계가 《아시아판 나토》의 체모를 완전히 갖추었다는것을 시사해주고있다.

결국 《프리덤 에지》는 미국이 수십년동안 추구해온 미일한 3각군사블럭의 형성이 지속형이나 미래형이 아닌 현재완료형으로 되였다는것을 확증해준 계기로 되였다.

배타적군사블럭의 활성화에 비낀 진의도

얼마전 미국무성관계자는 일본과 한국이 로씨야의 위협에 대응하는데서 매우 좋은 동반자들이라고 력설하였다. 여기에는 미일한 3각군사블럭을 비단 동북아시아지역에서뿐 아니라 전지구적범위에서 저들의 패권전략리행을 견인하는 삼두마차로 용이하게 써먹으려는 미국의 전략적기도가 깔려있다.

주지하는바와 같이 한국은 《전시작전통제권》을 미국에 통채로 떠맡긴

《군사식민지》이며 5만 4,000여명의 미군병력이 전개된 일본은 미국의 최대해외군사기지이다.

이것은 미국과 영국,오스트랄리아의 안보기술동맹인《오커스》나 미국,일본,필리핀사이의 3자안보협력체와는 달리 미일한 3각군사쁠럭이 미국의 지시와 지휘에 따라 언제든지 다른 나라들을 겨냥한 군사적대결에 림할수 있는 전쟁기구,침략기구라는것을 시사해주고있다.

미국이 유럽의 전쟁기구인 나토와 일본,한국과의 관계를 밀착시키려고 끈질기게 시도한것도 결코 우연하지 않다.

이미 18년전에 일본,한국의 나토가입을 추진하였던 미국은 아시아태평양지역에 전략적중심을 돌리면서부터 나토와 일한사이의 유기적결합을 실현시키는데 더욱 열을 올리고있다.

미국의 조종에 따라 나토와 동반자관계를 수립하고 정기적인 대화통로를 구축한 일본과 한국은 오늘날에는 해마다 진행되는 나토수뇌자회의에 참가할뿐 아니라 나토주도의 군사연습들에까지 발을 잠그면서 나토와의 협력폭을 더욱 넓혀나가고있다.

우크라이나사태발발후 일본이 반로씨야압박책동에 기승을 부리고있는 속에 한국이 젤렌스끼나치스정권에 살인장비를 제공하려는 기도를 로골화하고있는것은 나토와 미일한 3각군사쁠럭사이의 관계밀착이 위험수준에 도달하고있다는것을 보여주고있다.

현실은 미국과 그 추종세력들이 떠들고있는 유럽과 아시아태평양지역안보사이의《불가분리의 호상관계》가 나토성원국들과 아시아태평양지역의 친미국가들사이의 정치적공모결탁과 군사적일체화를 실현하고 자주적인 주권국가들을 포위하기 위한 명분에 지나지 않는다는것을 립증해주고있다.

미국의 동맹전략을 분쇄하는것은 국제평화와 안정보장을 위한 절박한 요구

바이든행정부는《인디아태평양전략보고서》와《국가안보전략보고서》를 통해 아시아와 유럽의 동맹국들이 서로 련합하여 전략적적수들에 대항해야 한다고 제창하였다.

　최근에는 저들의 동맹전략이 다양한 량자동맹을 맺는 《거점중심형》으로부터 여러 다자동맹이 호상 협력하는 《격자형》으로 전환하고있으며 《동맹보호》의 시대가 끝나고 《동맹행동》의 시대가 도래하고있다고 떠들어대고있다.

　이것은 미국의 세계제패전략의 선차적목표가 저들의 강권과 전횡에 반기를 든 자주적인 주권국가들을 억제하기 위한 전지구적인 포위망을 형성하려는데 있다는것을 보여주고있다.

　미국의 이러한 대결적기도는 세계도처에서 정치적불안정과 군사적대립을 조장시키고 류혈참극의 전란과 일촉즉발의 안보위기를 산생시키는 근원중의 근원으로 되고있다.

　조성된 정세는 자주적인 주권국가들이 국가의 안전을 수호하기 위한 자위적힘을 끊임없이 비축해나가는것과 동시에 호상협력과 공동보조를 더욱 강화함으로써 적대세력들의 집단적인 군사적간섭을 효과적으로 억제할수 있는 력량구도를 구축할것을 요구하고있다.

　조선반도와 지역의 평화와 안정을 파괴하는 미국과 그 추종세력들의 침략쁠럭확대와 군사적대결소동은 자주적인 주권국가들의 강력하고 조정된 대응에 의해 반드시 억제될것이다.

　우리는 조선반도지역의 안전환경을 로골적으로 파괴하고 세계평화와 안정을 엄중히 위협하는 미국과 그 추종세력들의 군사쁠럭강화책동을 절대로 묵과하지 않을것이며 공세적이고 압도적인 대응조치로 국가의 주권과 안전리익, 지역의 평화를 철저히 수호해나갈것이다.

〈박창덕 기자〉

사람일보 2024. 6. 30.

62
"하반기사업 중심방향과 투쟁방침 책정"
북 통신, 당중앙위 제8기 제10차전원회의 확대회의에 관한 보도

　조선중앙통신은 2일 "사회주의건설의 전 전선에서 공격기세를 더욱 고조시켜 당대회가 제시한 투쟁목표점령의 승산을 확정짓기 위한 전인민적진군에 커다란 활력을 부어주게 될 조선로동당 중앙위원회 제8기 제10차전원회의 확대회의가 주체113(2024)년 6월 28일부터 7월 1일까지 진행되었다"며 "전원회의는 당중앙위원회 제8기 제9차전원회의가 결정한 올해 국가사업방향과 제반 과업들의 성공적관철을 위하여 상반년도 사업실태를 총화하고 하반년도 사업의 중심방향과 투쟁방침을 책정하였으며 우리식 사회주의의 본태와 인민적성격을 고수해나가는데서 실천적의의를 가지는 중요문제들을 토의결정하였다"고 보도했다.
　통신은 "김정은동지 께서는 최근에 우리가 해마다 년말전원회의에서 채택된 결정집행을 위한 중간총화회의로서 6월에 전원회의를 소집하고있는 사업체계가 현재 우리 사업에 유익하다고 하시면서 이번 전원회의에서도 상반년도 사업에서 이룩된 성과와 결함들,그 원인에 대하여 정확한 평가를 내리고 하반년도 사업을 치밀하게 작전조직하는데 주목해야 한다고 말씀하시였다"며 "김정은동지 께서는 우리 지도간부들의 사업작풍과 지도능력을 개선하는 문제,나라의 사법제도를 보강완비하는 문제를 비롯하여 전원회의에서 취급하게 되는 의안들에 대하여 언급하시고 이번 전원회의가 혁명발전도상에서 또 하나의 중요한 계기로 되기를 기대하시면서 전원회의시작을 선포하시였다"고 알렸다.
　통신은 "김정은동지 께서 첫째 의정《2024년도 주요당 및 국가정책들의

집행정형중간총화와 대책에 대하여》에 대한 강령적인 결론을 하시였다"며 "김정은동지 께서는 결론에서 당중앙위원회 제8기 제9차전원회의가 결정한 투쟁목표들을 달성해나가는 과정에 이룩한 성과와 요인,의의에 대하여 언급하시였다"고 전했다.

통신은 "우리 혁명을 순간의 정체도 없이 용진시키는데서 중요한 의의를 가지는 정책적문제들과 실천방략들이 진지하게 토의결정된 전원회의 확대회의는 올해 우리앞에 나선 방대한 투쟁목표들이 김정은동지 의 두리에 굳게 뭉친 전당과 전체 인민의 일치단합과 강인한 애국투쟁에 의하여 승리적으로 실현되리라는것을 확신하면서 자기 사업을 마치였다"며 "조선로동당 중앙위원회 제8기 제10차전원회의 확대회의는 경애하는 김정은동지 의 절대적권위와 위대한 혁명사상의 불패의 위력으로 공화국의 발전사를 존엄과 영광,번영의 백년대계로 이어가며 사회주의문명이 개화만발하는 인민의 리상사회를 펼쳐나가는 우리 당의 혁명적면모와 전투적기상을 더욱 힘있게 과시한 의의깊은 계기로 청사에 아로새겨지게 될것"이라고 보도했다.

보도 전문은 다음과 같다.

조선로동당 중앙위원회 제8기 제10차전원회의 확대회의에 관한 보도

성스러운 주체혁명위업을 줄기찬 승리와 영광으로 힘차게 향도하는 위대한 당중앙의 원숙하고 세련된 령도는 자주강국의 명성과 권위를 세기의 단상에 떠올리며 국가부흥의 발전국면을 거폭적인 확대에로 승화시키고있으며 이 노도와 같은 전진과 상승기세는 멈출수도,거스를수도 없는 시대의 주류로 되고있다.

우리식 사회주의의 영원한 생명력과 영웅적인민의 고귀한 명함도,조국의 륭성번영과 후손만대의 행복도 조선로동당 의 백전백승의 기치아래서만 수호되고 담보된다는 철석의 신념과 의지는 당중앙의 웅대한 구상을 일심전력으로 받들어 전면적개화의 새로운 전성기를 열어나가는 미증유의 장엄한 투쟁려정에서 우리 인민의 가슴속에 억년 드놀지 않을 초석으로 굳건히 자리잡았다.

조선혁명특유의 충성과 애국의 무진한 힘,일심단결의 불가항력을 끊임없이 용출시켜 당 제8차대회와 당중앙전원회의들에서 책정명시된 실천강령들을 혁혁한 성공과 눈부신 변혁으로 펼쳐나갈 전당과 전체 인민들의 혁명적열의가 비상히 분발승화되고있는 속에 국가부흥의 단기적,중장기적계획들을 조정하고 확대심화시키며 그 완벽한 리행을 예단성있게 추진하기 위하여 또다시 전원회의가 소집되였다.

사회주의건설의 전 전선에서 공격기세를 더욱 고조시켜 당대회가 제시한 투쟁목표점령의 승산을 확정짓기 위한 전인민적진군에 커다란 활력을 부어주게 될 조선로동당 중앙위원회 제8기 제10차전원회의 확대회의가 주체113(2024)년 6월 28일부터 7월 1일까지 진행되였다.

전원회의는 당중앙위원회 제8기 제9차전원회의가 결정한 올해 국가사업방향과 제반 과업들의 성공적관철을 위하여 상반년도 사업실태를 총화하고 하반년도 사업의 중심방향과 투쟁방침을 책정하였으며 우리식 사회주의의 본태와 인민적성격을 고수해나가는데서 실천적의의를 가지는 중요문제들을 토의결정하였다.

조선로동당 중앙위원회 정치국 상무위원회 위원들과 조선로동당 중앙위원회 정치국 위원,후보위원들, 조선로동당 중앙위원회 위원,후보위원들이 회의에 참가하였다.

당중앙위원회 해당 부서 일군들과 성,중앙기관,도급지도적기관 책임일군들,시,군당책임비서들,중요공장,기업소 당,행정책임일군들이 방청하였다.

조선로동당 총비서 이신 경애하는 김정은동지 께서 전원회의에 참석하시였다.

총비서 동지께서 주석단에 등단하시자 전체 참가자들은 주체혁명의 방향타를 억세게 틀어잡으시고 탁월한 사상과 특출한 령도실력으로 사회주의강국건설을 위한 거창한 창조와 변혁의 새 전기를 수놓아가시는 우리 당과 국가,인민의 최고 령도자 이신 경애하는 김정은동지 를 우러러 우렁찬 《만세!》의 환호를 터쳐올리였다.

당중앙위원회 정치국의 주요성원들로 집행부가 선거되였다.

전원회의 집행부는 김정은동지 께 사회를 위임하였다.

김정은동지 께서는 최근에 우리가 해마다 년말전원회의에서 채택된 결정집행을 위한 중간총화회의로서 6월에 전원회의를 소집하고있는 사업체계가 현재 우리 사업에 유익하다고 하시면서 이번 전원회의에서도 상반년도 사업에서 이룩된 성과와 결함들,그 원인에 대하여 정확한 평가를 내리고 하반년도 사업을 치밀하게 작전조직하는데 주목해야 한다고 말씀하시였다.

김정은동지 께서는 우리 지도간부들의 사업작풍과 지도능력을 개선하는 문제,나라의 사법제도를 보강완비하는 문제를 비롯하여 전원회의에서 취급하게 되는 의안들에 대하여 언급하시고 이번 전원회의가 혁명발전도상에서 또 하나의 중요한 계기로 되기를 기대하시면서 전원회의시작을 선포하시였다.

전원회의에는 다음과 같은 의정들이 상정되였다.

1. 2024년도 주요당 및 국가정책들의 집행정형중간총화와 대책에 대하여

2. 일군들의 사업방법과 작풍을 개선할데 대하여

3. 중요부문의 사업규률을 강화할데 대하여

4. 사법제도의 공고발전을 위한 몇가지 문제에 대하여

5. 조직문제

전원회의는 상정된 의정들을 전원일치로 가결하였다.

참가자들은 첫째 의정에 대한 보고를 청취하였다.

보고에서는 우리 당과 인민이 나라의 대내외적환경이 극도로 첨예한 속에서도 당과 국가의 주요정책적과업들을 빛나는 현실로 전환시키기 위한 투쟁을 과감히 벌려 상반년기간에 이룩한 괄목할 성과들에 대하여 언급하였다.

보고에서는 상반년기간 당 및 국가경제정책집행에서 나타난 일련의 결점과 폐단들이 자료적으로 통보되였다.

보고에 이어 당중앙위원회 비서 김재룡동지, 내각부총리 겸 국가계획위원회 위원장 박정근동지, 내각부총리 겸 농업위원회 위원장 리철만동지, 당중앙위원회 비서 조춘룡동지, 당중앙위원회 비서 박태성동지, 당중앙위원회 부장 김성남동지, 내각부총리 김명훈동지, 황해북도당 책임비서 박창호동지, 기계공업상 안경근동지, 사회안전상 리태섭동지가 토론에 참가하였다.

지도간부들은 자기 부문에서 전원회의결정집행과정에 이룩된 성과들과 편향적문제들을 분석하고 시급히 대책하여야 할 문제들을 전원회의에 제기하였다.

김정은동지 께서 첫째 의정 《2024년도 주요당 및 국가정책들의 집행정형중간총화와 대책에 대하여》에 대한 강령적인 결론을 하시였다.

김정은동지 께서는 결론에서 당중앙위원회 제8기 제9차전원회의가 결정한 투쟁목표들을 달성해나가는 과정에 이룩한 성과와 요인, 의의에 대하여 언급하시였다.

당 제8차대회의 투쟁강령실현을 위한 우리의 투쟁로정은 벌써 네번째 해의 중반기를 경과하고있습니다.

많은 도전과 장애들을 극복하며 이어온 우리의 투쟁행로에 대해 명백히 확신하게 되는것은 사회주의건설의 전면적발전에로 향한 총적인 전진동력과 가속력이 보다 증대되고 장성하고있다는것입니다.

올해 상반년도 당 및 국가사업정형을 개괄해보면 얼마든지 이러한 결론을 내릴수가 있습니다.

금년초에 우리 당은 건국이래 초유로 되는 거창한 지방발전계획을 승인하고 본격적인 시행단계에 들어갔습니다.

아직은 우리의 전진을 저애하는 만만치 않은 주객관적요인들이 현존하고 5개년계획중 올해에 부여된 과업들도 아름찬 조건에서 지방의 세기적락후성을 털어버리는 또 하나의 방대한 건설사업을 전개한다는것은 전국인민들의 생활개선을 위한 력사적인 당결정의 무게와 진가를 증빙하는 한편 나라의 각 지역을 다같이 새시대에로 떠올릴만큼 우리의 주체적힘,정치경제적잠재력이 비약적으로 강력해지고있음을 실증하고있습니다.

현시점에서 올해 착공한 각지 지방공업공장들의 골조공사가 결속되고 설비제작도 추진되고있는데 년말이면 20개 시,군들에서 현대적인 새 생산기지들의 준공을 보게 될것입니다.

올해 상반년의 경제상황을 작년 동기와 대비해보아도 확연한 상승세를 감지할수 있다고 봅니다.

지난해에는 년초부터 전반적인 인민경제계획규률이 문란하여 당중앙전원회의에서 긴급대책을 세우지 않으면 안되였지만 올해에는 상반년기간 12개 중요고지에 속한 금속,화학,전력을 비롯한 중요공업부문들이 계획을 월별,분기별로 큰 편파없이 완수하였습니다.

지금까지는 전국적인 농사형편도 괜찮다고 할수 있습니다.

전국적범위에서 올해의 방대한 관개공사과제가 제때에 결속되고 비료,농약,연유를 비롯한 영농자재도 공급되였으며 온 나라 농업근로자들의 비등된 대중적열의에 의하여 밀,보리수확고도 작년보다 증가하고 모내기도 적기에 완료되였습니다.

이제 이상기후의 영향을 최소화하는데 힘을 넣으면서 농작물비배관리를 과학기술적으로 하면 얼마든지 지난해에 못지 않은 좋은 결실을 가져올수 있습니다.

최근 건설분야에서 눈에 띄우는 성과들이 전국적판도에서 련속적으로 이룩되고있으며 앞으로의 의미있는 새로운 대상공사들이 진척되고있는것으로 하여 새 생활,새 행복에 대한 인민들의 희망과 자신심,열의는 계속 높아지고있습니다.

우리 당과 정부가 제1순위로 내세우고있는 학생들을 위한 사회주의적시책집행에서도 뚜렷한 개선이 일어나 학부형들과 학생들의 반영이 판이하게 좋아졌습니다.

이는 분명한 변화이고 자랑스럽고 긍지스러운 결과입니다.

국토관리,도시경영,교육,보건,체육을 비롯한 여러 부문들에서도 정책적과업들을 적극적으로 추진하여 확실한 전망을 열고있으며 당결정집행과 사회적안정을 담보하기 위한 법기관들의 역할도 현저히 제고되였습니다.

김정은동지 께서는 국가사업과 사회생활전반에 적지 않은 장애와 난점들이 조성된 속에서도 경제분야에서 이전과 명백히 구별되는 긍정적추이와 장성속도가 이룩되고 나라의 각 부문이 완강히 일어서고있는것은 그 어떤 난관도 딛고 이겨내는 우리의 잠재성과 자기식대로 일떠서는 특유의 발전력이 다면적으로,다중으로 더 급속히 자라나고있음을 실증하고있다고 확언하시였다.

김정은동지 께서는 올해 상반년도에 사회주의건설에서 일어난 전면적인 고조는 당중앙위원회의 두리에 애국으로 굳게 단결되고 새시대 천리마정신으로 승화되고있는 전체 당원들과 인민들의 패기만만한 투쟁기세와 불가항력적힘에 의해 이룩된 활기찬 형세이라고 하시면서 우리는 자기 위업과 투쟁전망에 대한 확신을 백배하면서 당 제8차대회 결정관철의 믿음직한 실천적담보를 구축하기 위한 올해 하반년도 투쟁을 힘차게 전개하여 계획한 목표들을 성과적으로 달성하는것으로써 국가의 무진한 발전력과 전진기상을 만천하에 과시하여야 한다고 강조하시였다.

김정은동지 께서는 결론에서 인민경제 각 부문에서 나타나고있는 편향과 결함들을 심각히 분석총화하시고 5개년계획에 예견된 경제발전수준에 도달하기 위한 사업을 실속있게,착실하게 밀고나가며 경제전반의 안정적이며 지속적인 발전궤도를 마련하는데서 나서는 과업들을 상세히 밝히시였다.

결론에서는 현 경제사업실태에 대한 과학적이고 구체적인 분석에 기초하여 내각이 경제전반을 책임적으로 조직지휘하며 나라의 경제를 발전시키기 위한 사업을 전망성있게,예견성있게,방법론있게 해나가는데서 나서는 명확한 실천방도들이 제시되였다.

경제관리개선을 주동에 서서 해나갈수 있는 실행력강화의 명확한 로정도부터 설계하고 단계별계획을 수립하며 그에 따르는 사업들을 책략적으로 추진하는 한편 생산과 건설의 직접적담당자인 현장일군들과 근로자들의 의견을 중심에 놓고 그 기초우에서 현 실정에 부합되는 경제관리해결책을 찾아내며 실현가능하고 점진적인 방법으로 경제관리를 개선해나가는것을 비롯하여 효과적인 경제실무적대책을 강구하여야 한다.

경제관리개선을 용의주도하게 추진하는것과 함께 하반년도 경제과업수행을 박력있게 밀고나감으로써 올해를 지난해보다 더 확대,장성된 의의있는 성과들이 가득찬 새로운 변혁의 해로 만들어야 한다.

내각에서는 국가경제전반에 대한 통일적지휘를 강화하는데 선차성을 부여하면서 인민경제계획규률을 철저히 수립하는데 주되는 힘을 넣으며 경제사업에 내재하는 결점과 난관들을 적시에 효과적으로 극복하고 생산장성과 기술발전을 적극 추동하여야 한다.

올해에 5개년계획수행의 명백한 실천적담보를 확보하자면 국가적으로 황해제철련합기업소 에네르기절약형산소열법용광로와 탄소하나화학공업 창설대상을 비롯한 중점대상들을 강하게 추진하여 계획된 과제들을 어김없이 결속하는것이 중요하다.

하반년도에 기간공업부문이 더 기세충천하여 2024년의 의의있는 변혁적성과들을 쟁취하는데서 주도적역할을 하여야 한다.

전력공업부문에서는 단천발전소 1단계 건설을 년중에 결속하고 새 발전소건설대상들을 다그치는것과 함께 현존발전소들의 효률을 높이고 전력공급을 합리적으로 하는데 품을 들이며 전사회적으로 전기절약사업을 강화하여 생산된 전기를 효과적으로 리용하여야 한다.

기계공업부문에서는 이미 추진하고있는 룡성기계련합기업소의 현대화를 강하게 내밀어 기계공업전반을 들어올리기 위한 경험을 축적하는 사업을 잘하며 혁신적인 기술들을 적극적으로 연구도입하여야 한다.

철도부문에서는 렬차운행의 안정성을 높이고 철길과 구조물들의 수명을 유지,보강하는데 필요한 적극적인 대책을 따라세우며 기관차수리와 차량제작,철길보수의 질적수준을 높여야 한다.

건설부문에서는 모든 건설단위들에서 시공력량을 질량적으로 강화하는데 주되는 힘을 넣으며 가구,원림설계부문과 지방의 설계력량을 강화하고 질좋고 다양한 건재품들을 개발생산하는 사업을 보다 적극화하여야 한다.

결론에서는 나라의 해양생태를 보호하고 수도의 풍치를 살리며 재해복구에 필요한 물자비축과 보장체계를 정연하게 세우는것을 비롯하여 국토환경보호와 도시경영,재해방지부문앞에 나서는 당면과제들이 제기되였다.

결론에서는 올해 농사에서 가장 중요하고 관건적인 문제들과 농업생산의 안정성을 보장하기 위한 방도적문제들이 구체화되였다.

다음해 택암지구에 대규모온실농장을 건설하기 위한 준비사업을 예견성있게 하며 현대적인 닭공장들을 평양시와 각 도들에 추가로 건설하는 사업을 전망성있게 계획적으로 밀고나갈데 대하여 지적되였다.

내각과 농업위원회,륜전기계공업국에서 2030년까지의 농기계발전계획에 따르는 년차별목표를 어김없이 수행하며 농기계공업을 개변하여 농산작업의 기계화비중을 결정적으로 높일데 대하여 언급되였다.

김정은동지 께서는 지방경제발전을 위한 사업을 당적,국가적으로 강력히 조직전개할데 대하여 중요하게 강조하시면서 중앙당 조직지도부와 내각,지방발전20×10비상설추진위원회,해당 도,시,군들에서는 지방공업공장건설공사가 힘있게 진척되는데 맞게 설비보장대책을 철저히 세우며 원료,자재준비를 책임적으로 하여 생산에 들어간 첫해부터 당의 지방발전정책의 생활력이 남김없이 발휘되게 하여야 한다고 말씀하시였다.

김정은동지 께서는 다음해에 공사를 진행할 시,군들을 선정하고 사전준비를 빈틈없이 갖추며 지방경제를 활성화하는데서 나서는 구체적이고 과학적인 실무적대책들을 명시하시였다.

또한 나라의 경공업발전토대를 다지는 사업을 예견성있게 전개하며 내각과 평양시에서 수도시민들의 생활개선과 관련한 올해 사업계획들을 무조건 집행하고 도,시,군들에서도 주민들의 생활상애로를 풀어주기 위한 사업을 중요한 정책과업으로 틀어쥐고나갈데 대하여 강조하시였다.

김정은동지 께서는 과학기술력의 발동과 제고를 앞세우는것을 인민경제발전 12개 중요고지를 비롯하여 올해 계획한 목표들을 성과적으로 달성하고 국가적으로 추진되고있는 중대사업들을 성공적인 결실에로 이어놓기 위한 선차적인 과업으로 제기하시였다.

과학기술부문에서는 경제사업에서 실지 걸리고있는 문제,현행생산에서 절실하게 해결을 요하는 문제,인민생활의 안정향상과 직결되는 실용적인 문제들을 푸는데 공력을 기울여야 하며 이 과정에 반드시 견지해야 할 원칙은 생산과 건설에서 최량화,최적화를 실현하여 원가를 최소화하면서도 질을 높이는 방향에서 연구를 심화시키고 완결하는것이다.

성,중앙기관들과 공장,기업소,단체들이 과학기술발전의 주체가 되여 자체의 기술력량,인재력량을 적극 계발시키고 효과있게 동원리용하며 그를 핵심으로,축으로 하여 대중적기술혁신의 경쟁분위기를 실효성있게 조성함으로써 올해의 생산과 건설,정비보강계획,현대화과제수행에서 제기되는 과학기술적문제들을 풀어나가야 한다.

결론에서는 교육과 보건,문학예술,출판보도,체육을 비롯한 문화부문앞에 나서는 구체적인 과업들과 그 실현을 위한 원칙적문제들이 언급되였다.

김정은동지 께서는 법의 기능과 역할을 더욱 높여 국가관리와 사회생활의 모든 분야에 혁명적인 사업체계와 규률을 확립하고 유리한 발전환경을 조성하여야 한다고 말씀하시였다.

최고인민회의 상임위원회에서는 사회주의헌법을 개정하며 국가의 존위를 더욱 높이고 지방경제발전을 촉진하며 과학기술혁신을 추동하기 위한 법적담보력을 마련하는 사업을 비롯하여 혁명과 건설의 제반 문제,그 성과적수행과 관련한 부문법들을 집행력,구속력이 있게 새로 제정하거나 수정보충하는 사업을 주동적으로,능동적으로 해나가야 한다.

사법검찰기관들에서는 각급 계획부문과 재정금융부문에 강한 규률을 세우는 문제,당의 육아정책과 지방발전정책집행을 법적으로 담보하는 문제 등 나라의 경제사업과 인민생활을 안정향상시키는데서 현시기 중요하게 나서는 문제들을 원만히 해결하기 위한 법적감시와 통제를 옳은 방법론을 가지고 잘해나가야 한다.

결론에서는 최근시기 전사회적으로 높이 발양되고있는 청년들과 근로단체동맹원들의 애국심의 전통적기질과 본때가 년말까지 줄기차게 이어지도록 근로단체사업을 보다 목적지향성있게,박력있게 조직전개할데 대한 문제가 중요하게 언급되였다.

김정은동지 께서는 결론에서 인민군대와 전체 공화국무장력의 군사정치활동방향에 대하여 밝히시였다.

김정은동지 께서는 올해의 사업성과여부는 전적으로 각급 당조직들과 당일군들의 활동성여하에 달려있다고 다시금 강조하시고 모든 당중앙지도기관 성원들이 조국과 인민앞에 지닌 막중한 책임을 다해나감으로써 나라의 경제발전과 인민생활에서 실질적인 개선을 가져와야 한다고 하시면서 다음과 같이 호소하시였다.

이상에서 언급한바와 같이 공화국의 부흥발전과 인민들의 복리증진을 성스러운 표대로 삼고 과감히 나아가는 우리의 위업은 올해의 전진행정에서 각 방면에 걸쳐 심화발전되고있으나 반드시 떠메고 해결하여야 할 중대과제들과 정확한 시정극복을 요하는 심각한 결점들도 마주하고있습니다.

모두가 생생히 기억하겠지만 당중앙위원회 2023년 12월전원회의는 어떤 조건과 환경이 조성되여도 결정서에 반영된 과업들을 무조건 집행하겠다는 참가자들의 엄숙한 서약을 접수하였으며 당중앙지도기관 성원들은 새년도를 맞아 영광의 당기발에 담은 맹세를 인민들앞에,세계앞에 공개하였습니다.

견결하고 적극적인 개척정신으로 걸음걸음을 재촉하며 2024년을 위대한 우리 국가와 인민을 위해 더 분발하는 해로 되게 하자는 굳은 맹약을 실행할 투쟁기간이 이제는 반년 남았습니다.

그 어떤 곤난과 고충에 직면한다 해도 자기 당과 정부의 진의도를 자신처럼 굳게 믿고 모든 정책과 계획들을 억척같이 따라주는 우리 인민에게 올해에도 기쁘게 자부하고 체감할수 있는 실제적인 변화와 결실들을 가져다주자면 전당이 일심분발하여 하반년도의 투쟁에 박차를 가하고 힘껏 매진해야 합니다.

우리모두 인민들앞에 그 무조건적인 집행을 다짐한 혁명과업들의 무게를 항상 되새겨보면서 전면적발전국면을 힘차게 열고있는 무비의 전진력과 더 양양해지는 혁명전도에 대한 자신심을 가지고 자랑찬 변혁적성과로 이해를 빛나게 결속하기 위해 더욱 분투해나갑시다.

경애하는 김정은동지 께서 결론을 마치시자 우렁찬 박수가 장내를 진감하며 터져올랐다.

전체 참가자들은 2024년의 승리적결속에로 향한 전진보폭을 줄기차게 내짚을수 있는 가장 정확한 진로와 사회주의건설의 상승국면을 계속혁신, 련속도약에로 이어나갈 투쟁방략이 뚜렷이 명시된 김정은동지 의 결론에 전폭적인 지지를 표시하였다.

경애하는 김정은동지 의 강령적인 결론은 우리 공화국의 성스러운 발전행로에서 중대한 전환기가 도래한 시대적요구에 부응하여 당의 령도력과 전투력을 백방으로 강화하고 전당과 전체 인민의 비상한 자각과 견인불발의 분투로 혁명의 전진속도를 가속화해나갈 명철한 투쟁지침과 과학적인 방도들을 밝힌 귀중한 실천강령이며 위력한 전투적기치로 된다.

전원회의는 둘째 의정 《일군들의 사업방법과 작풍을 개선할데 대하여》를 토의하였다.

보고에서는 일군들의 사업방법과 작풍을 개선할데 대한 문제를 현시기 당과 국가전반사업에서 나서는 절박한 초미의 과제로, 혁명의 전도, 당의 강화발전과 직결되는 중대한 과제로 제기한다고 하면서 숭고한 창당리념을 실현하기 위해 투쟁해야 할 당의 핵심다운 자세와 풍모, 인민적인 사업방법과 작풍에 배치되게 일부 일군들속에서 나타난 기계적이고 도식적인 사업태도와 형식주의, 겉치레식일본새, 주관과 독단, 세도와 관료주의를 비롯한 혁명적군중관이 바로서지 않은 그릇된 사업작풍의 엄중성과 후과가 분석되고 신랄히 비판총화되였다.

보고자는 당안에 사업방법과 작풍문제를 근본적으로 개변하기 위한 사상전의 분위기를 더욱 고조시키고 부단한 교양과 강도높은 투쟁의 심화과정을 통하여 모든 일군들이 참다운 공산주의적자질과 풍모를 갖추어나가도록 하기 위한 구체적인 방도를 전원회의에 제기하였다.

전원회의는 셋째 의정 《중요부문의 사업규률을 강화할데 대하여》를 토의하였다.

보고에서는 경제와 과학기술을 전망적으로, 실제적으로 발전시키는데로 지향되여야 할 중요부문 사업체계의 불합리성으로부터 일련의 편향들이 발로되고있는데 대하여 자료적으로 분석하고 대책적문제들을 제기하였다.

전원회의는 넷째 의정 《사법제도의 공고발전을 위한 몇가지 문제에 대하여》를 토의하였다.

보고에서는 우리 혁명이 새로운 발전기에 들어선 현실적요구에 맞게 우리 국가의 정치적안정과 인민대중의 권익을 수호하고 사회주의전면적부흥을 법적으로 튼튼히 담보할수 있도록 사법제도를 혁신적으로 보강완비하기 위한 방도적문제들을 연구한 정형을 전원회의 심의에 제기하였다.

전원회의에서는 다섯째 의정으로 조직문제를 토의하였다.

조선로동당 중앙위원회 위원,후보위원들을 소환 및 보선하였다.

김충성동지,승정규동지,김정순동지를 당중앙위원회 후보위원에서 위원으로 보선하였으며 리영식동지를 당중앙위원회 위원으로 직접 보선하였다.

당중앙위원회 후보위원 12명을 소환하고 정명수동지,리명국동지,전향순동지,조석호동지,최혁철동지,오명철동지,김성철동지,주현웅동지,김철동지,최영일동지,리용협동지,리성봉동지를 후보위원으로 보선하였다.

조선로동당 중앙위원회 부장을 해임 및 임명하였다.

리두성동지를 해임하고 김정순동지를 당중앙위원회 부장으로 임명하였다.

정부기관과 주요직제 간부들을 해임하고 새로 임명하였다.

정명수동지를 내각부총리로,리명국동지를 재정상으로,전향순동지를 조선사회주의녀성동맹 중앙위원회 위원장으로 임명하였다.

전원회의는 2024년 하반년도 투쟁과업의 철저한 집행을 위한 적극적이고 세부적인 대책을 기안하며 의정토의과정에 제기된 문제들을 종합심의하는 여러 부문들의 협의회를 진행하였다.

당중앙위원회 정치국 성원들이 협의회들을 지도하였다.

각 부문 분과들의 협의회들에서는 결정서초안에 대한 진지하고 동원적인 연구에 기초하여 건설적인 의견들이 충분히 제기되였으며 과학성과 객관성,실현가능성의 견지에서 엄격히 검토되였다.

조선로동당 중앙위원회 제8기 제21차 정치국회의가 7월 1일에 소집되였다.

당중앙위원회 정치국은 각 부문 분과들의 협의회들에서 종합된 의견들을 심의하고 최종확정한 결정서초안들을 전원회의에 제출하기로 결정하였다.

전원회의에서는 3건의 결정서들을 전원일치로 채택하였다.

전체 참가자들은 당과 혁명이 부여한 막중한 책무를 억척같이 떠메고 거창한 혁명위업수행의 전위에서 최대의 분발력과 투신력을 발휘하여 당전원회의 결정의 성공적실행을 강력히 주도하고 견인해나갈 철석의 맹세를 다짐하였다.

　우리 혁명을 순간의 정체도 없이 용진시키는데서 중요한 의의를 가지는 정책적문제들과 실천방략들이 진지하게 토의결정된 전원회의 확대회의는 올해 우리앞에 나선 방대한 투쟁목표들이 김정은동지 의 두리에 굳게 뭉친 전당과 전체 인민의 일치단합과 강인한 애국투쟁에 의하여 승리적으로 실현되리라는것을 확신하면서 자기 사업을 마치였다.

　조선로동당 중앙위원회 제8기 제10차전원회의 확대회의는 경애하는 김정은동지 의 절대적권위와 위대한 혁명사상의 불패의 위력으로 공화국의 발전사를 존엄과 영광,번영의 백년대계로 이어가며 사회주의문명이 개화만발하는 인민의 리상사회를 펼쳐나가는 우리 당의 혁명적면모와 전투적기상을 더욱 힘있게 과시한 의의깊은 계기로 청사에 아로새겨지게 될것이다.

〈박창덕 기자〉

사람일보 2024. 7. 2.

63
"성스러운 혁명업적은 영원불멸할것"
북 통신, 김일성 주석 30주기 중앙추모대회에서 한 리일환 비서 추모사 보도

조선중앙통신은 9일 김일성 주석 서거 30주기를 맞아 8일 평양 김일성광장에서 거행된 중앙추모대회에서 한 [위대한 수령 김일성동지의 성스러운 혁명업적은 영원불멸할것이다] 제목의 리일환 당중앙위 비서의 추모사를 보도했다.

리 비서는 추모사에서 "우리 인민이 수천년력사에서 처음으로 맞이하고 높이 모신 위대한 수령 김일싱동지 께서 서거하신 때로부터 30년이 되였다"며 "위대한 수령 님을 못잊어 그리며 가장 결곡한 마음으로 우러러모셔온 30년의 날과 달들에 우리 인민은 수령 님의 한평생이 어린 혁명의 붉은 기높이 수령 님의 고귀한 애국유산인 주체의 사회주의조국을 존엄과 영광의 절정에 받들어올렸다"고 말했다.

리 비서는 또 "주체혁명위업수행의 진로우에 값비싼 성공과 눈부신 도약을 아로새겨가는 전환의 년대기들에는 위대한 수령 님의 혁명사상과 령도업적이 만년초석으로 빛을 뿌리고있으며 수령 님의 혁명유산을 필승의 무기로 틀어쥔 주체조선은 전면적국가부흥의 새 국면을 펼치며 강국의 존엄과 영광을 떨쳐가고있다"며 "세계에 초유의 강대함과 무상의 영예를 떨치는 오늘의 이 조선은 위대한 수령 님의 구상과 념원이 그대로 꽃펴나는 수령영생의 기념비"라고 추모했다.

리 비서는 "위대한 수령 님의 혁명생애는 조국과 인민에게 절대적이며 무한한 사랑과 헌신을 바쳐 력사가 알지 못한 기적과 후손만대에 길이 빛날 불멸의 영상을 창조하신 위대한 혁명가, 위대한 인간의 한생이였다"며 "조

노동신문도 김일성 추모 기사 비중 있게 배치

국과 인민의 존엄과 행복을 위한 성업에 자신의 모든것을 다 바치신 위대한 수령 님의 탁월한 사상리론과 비범한 령도력,거창한 혁명실천과 더불어 버림받고 천대받던 근로인민대중이 자기자신과 시대의 운명을 책임진 주인으로 등장하고 국호마저 지켜낼수 없었던 이 강토에 사회주의강국이 일떠섰으며 자주의 궤도따라 전진하는 현대력사가 시작될수 있었다"고 기렸다.

리 비서는 "위대한 수령 김일성동지 께서 조국과 혁명,력사와 인민앞에 쌓아올리신 혁명업적의 첫자리에는 주체사상의 광휘로운 빛발로 력사발전의 새시대를 펼치신 사상리론적업적이 빛나고있다"며 "주체사상은 위대한 수령 님의 평생업적의 정수이며 수령 님의 거룩한 위인상의 영원한 상징"이라고 추도했다.

통신이 보도한 추모사 전문은 다음과 같다.

위대한 수령 김일성동지의 성스러운 혁명업적은 영원불멸할것이다

중앙추모대회에서 한 조선로동당 중앙위원회 정치국 위원이며 당중앙위원회 비서인 리일환동지의 추모사 존엄높은 사회주의 우리 국가의 시조이시고 영원한 수령이시며 전체 조선인민의 자애로운 어버이이신 위대한 김일성동지 에 대한 사무치는 그리움을 안고 이 광장에 모여온 평양시민 여러분!

김일성동지 의 후손이라는 영광스러운 명함을 가장 귀중히 간직하고있는 전체 인민들과 인민군장병들!

당중앙위원회와 공화국정부,무력기관 성원들!

우리 인민이 수천년력사에서 처음으로 맞이하고 높이 모신 위대한 수령 김일성동지 께서 서거하신 때로부터 30년이 되였습니다.

멈출수 없는 시간의 흐름속에 옹근 한세대가 새로 자라나고 산천도 몰라보게 변하였지만 위대한 수령 님의 한없이 따사롭고 자애로운 미소는 창조로 들끓는 이 땅 그 어디에나 뜨겁게 어려있고 새 생활의 보람넘치는 가정마다에서 하늘같은 은덕을 전하는 전설적일화들과 더불어 수령 님과 우리 인민의 혈연의 뉴대는 끝없이 이어지고있습니다.

위대한 수령 님을 못잊어 그리며 가장 결곡한 마음으로 우러러모셔온 30년의 날과 달들에 우리 인민은 수령 님의 한평생이 어린 혁명의 붉은기높이 수령 님의 고귀한 애국유산인 주체의 사회주의조국을 존엄과 영광의 절정에 받들어올렸습니다.

력사에 남긴 글줄에서만이 아니라 세대와 세대를 이어가는 혁명위업의 줄기찬 전진속에서 불멸할 생명력을 진함없이 발휘하는 위대한 수령 님의 탁월한 사상과 업적은 수령 의 영생이 어디에 뿌리를 두고 어떻게 이루어지는가를 증명하는 고귀한 재부입니다.

주체혁명위업수행의 진로우에 값비싼 성공과 눈부신 도약을 아로새겨가는 전환의 년대기들에는 위대한 수령 님의 혁명사상과 령도업적이 만년초석으로 빛을 뿌리고있으며 수령 님의 혁명유산을 필승의 무기로 틀어쥔 주체조선은 전면적국가부흥의 새 국면을 펼치며 강국의 존엄과 영광을 떨쳐가고있습니다.

세계에 초유의 강대함과 무상의 영예를 떨치는 오늘의 이 조선은 위대한 수령 님의 구상과 념원이 그대로 꽃펴나는 수령 영생의 기념비입니다.

하기에 위대한 수령 님의 품속에서 성장한 세대뿐 아니라 수령 님의 존귀하신 영상과 존함을 가슴마다에 정히 새겨안고 계승의 힘찬 보무를 내짚고있는 새세대들도 다같이 가장 경건하고 숭엄한 추모의 마음을 이날에 삼가 얹고있습니다.

동지들!

위대한 수령 님의 혁명생애는 조국과 인민에게 절대적이며 무한한 사랑과 헌신을 바쳐 력사가 알지 못한 기적과 후손만대에 길이 빛날 불멸의 영상을 창조하신 위대한 혁명가, 위대한 인간의 한생이였습니다.

조국과 인민의 존엄과 행복을 위한 성업에 자신의 모든것을 다 바치신 위대한 수령 님의 탁월한 사상리론과 비범한 령도력, 거창한 혁명실천과 더불어 버림받고 천대받던 근로인민대중이 자기자신과 시대의 운명을 책임진 주인으로 등장하고 국호마저 지켜낼수 없었던 이 강토에 사회주의강국이 일떠섰으며 자주의 궤도따라 전진하는 현대력사가 시작될수 있었습니다.

위대한 김일성 시대에 세계는 력사의 온갖 풍운과 복잡다단하고 거창한 혁명단계들에 가장 영광스러운 위업을 이룩하신 만고의 걸출한 수령 을 뵈올수 있게 되였습니다.

위대한 수령 님께서는 민족해방운동으로부터 사회주의제도의 수립, 자연개조와 사회개조, 인간개조에 이르는 모든 단계, 모든 령역의 혁명투쟁을 조직령도하시였으며 그 전 로정을 영광스러운 승리와 개척의 세기적인 성과들로 수놓아오시였습니다.

위대한 수령 김일성동지 께서 조국과 혁명, 력사와 인민앞에 쌓아올리신 혁명업적의 첫자리에는 주체사상의 광휘로운 빛발로 력사발전의 새시대를 펼치신 사상리론적업적이 빛나고있습니다.

주체사상은 위대한 수령 님의 평생업적의 정수이며 수령 님의 거룩한 위인상의 영원한 상징입니다.

위대한 수령 님께서는 조선혁명의 진로를 개척하시던 나날에 천재적인 예지로 우리 나라와 세계적인 판도에서 벌어지고있는 인민대중의 투쟁양상과 특징을 통찰하시고 혁명의 주인은 인민대중이라는 새로운 진리에서 출발하여 영생불멸의 주체사상을 창시하시였습니다.

혁명의 승리를 이루자면 인민대중속에 들어가 그들을 조직동원하여야 하며 혁명에서 나서는 모든 문제를 다름아닌 자신이 책임지고 자기의 실정에 맞게 자주적으로 해결하여야 한다는것이 불멸의 주체사상의 진수입니다.

철학의 세계에 아직은 인민이 없을 때 그 인민을 력사와 자기 운명의 주인으로 내세운 위대한 사상이 탄생한것은 조국과 인민의 운명을 구원해야 할 사명을 스스로 걸머지신 김일성동지 께서만이 안아오실수 있는 거대한 사변이였습니다.

인류력사의 어느 시기에나 존재했고 정의롭고 힘있는 존재로서의 그 본성도 다를바 없었지만 수수천년의 철학사상 처음으로 그것을 찾아내시고 운명개척의 무궁무진한 힘으로 전환시킬수 있는 세계관을 확립하여주신데 우리 수령 님의 사상리론가적비범성이 있습니다.

우리 민족이 자기의 운명을 바로잡아야 할 결정적인 시기에 창시된것으로 하여,안고있는 절대불변의 진리성으로 하여 주체사상은 그때에 벌써 혁명의 지도사상으로서의 생명력을 가지였습니다.

인민대중의 지향과 요구를 정확히 반영한 주체의 세계관과 혁명운동의 근본원리와 원칙,전략전술적문제들을 독창적으로 해명한 위대한 김일성동지 의 혁명사상은 자주시대의 위력한 전투적기치이며 창조와 건설의 백과전서입니다.

위대한 주체사상의 탄생으로 하여 우리 인민은 비로소 민족재생의 빛을 받아안게 되였으며 동시에 세계의 피압박근로대중은 자기들을 기만하고 노예화하는데 복무하여온 반동적인 사상사를 끝장낼 리론적무기를 가지게 되였습니다.

우리 인민특유의 우수한 정신과 기풍으로부터 우리 사회고유의 아름다운 륜리도덕과 우리 국가의 정치사상적위력에 이르기까지 우리 인민과 국가,

우리 혁명의 정통성과 불패성을 규정짓는 모든것이 수령 님의 혁명사상을 자양으로 하여 자라났습니다.

진정 가장 인민적이고 과학적이며 혁명적인 지도사상을 마련하시여 인민대중의 자주위업,사회주의위업의 미래를 향도하는 불멸의 기치를 세워주신것은 위대한 수령 김일성동지 께서 시대와 력사앞에 남기신 최대의 업적입니다.

위대한 수령 김일성동지 의 한평생은 자주,자력의 기치를 추켜드시고 나라와 인민의 존엄을 찾아 억세게 키워주신 불멸의 업적으로 수놓아져있습니다.

존엄은 나라와 민족의 생명이며 존엄을 떠난 자유와 독립,발전과 부흥은 공고한것이라고 할수 없습니다.

어제날 식민지약소국이였던 조선이 존엄높은 강국에로 일약 솟구쳐오른 극적인 전환의 력사는 위대하신 우리 수령 님에 의해 개척되고 씌여진것입니다.

당년 10대에 외적을 무찌르는 거족적인 성전을 결단하시고 전설의 빨찌산을 무어 간고처절한 혈전혈투로써 조국해방의 대업을 이룩하신 민족의 영웅 김일성동지 에 의하여 우리 인민은 빼앗겼던 국권을 되찾고 력사무대에 당당히 나설수 있게 되였습니다.

민족적독립의 세기라고 할수 있었던 20세기에 주권을 되찾은 나라들이 많았지만 우리 나라에서와 같이 자력해방의 구호를 높이 들고 자체의 무장대오를 창설강화하여 강대한 제국주의세력에 커다란 정치군사적타격을 가한 실례는 없습니다.

오늘도 백두의 산발마다,압록강의 굽이마다에 력력히 어려있는 항일전의 자욱자욱은 위대한 수령 님께서 민족의 운명을 구원하시려 사생결단의 혈로를 헤쳐오신 백절불굴의 투쟁사를 가슴뜨겁게 전하고있습니다.

외래제국주의의 압제밑에 신음하던 강토에 그 어떤 남의 식이 아닌 주체식으로 진정한 인민의 새 나라를 세워 잃었던 자존을 찾아주신 우리 수령

님께 있어서 그 존엄을 지키고 키워주는것은 한생을 다 바쳐서라도 반드시 이루어야 할 성스러운 위업이였습니다.

힘있는 사람은 힘으로,지식있는 사람은 지식으로,돈있는 사람은 돈으로 건국사업에 적극 이바지하자는 애국의 호소를 받들어 민주건국의 터전을 다진 인민이 자기의 세상을 뒤엎으려는 침략자들을 무찌르고 나라의 자주권과 존엄을 영예롭게 사수하고 세계의 평화를 지켜낸 영웅인민의 불멸할 영광을 떨치게 된것은 백전백승의 강철의 령장이신 위대한 수령 님의 령도를 받은데 있습니다.

우리의 자주권을 훼손하고 우롱하는 온갖 시도들을 추호도 용납하지 않으신 위대한 수령 님께서는 지배주의자들의 압력과 전횡을 단호히 물리치시며 혁명과 건설을 우리 인민의 지향과 우리 나라의 실정에 맞게 철두철미 조선식으로 해나가도록 이끄시였습니다.

렬강중심의 지배주의질서가 흔들수 없는 규칙으로 합법화되고 사대와 교조가 만연하던 시대의 한복판에서 주체적혁명로선을 제시하고 모든 대내외 정책을 독자적으로 결정하고 혁명의 주체적력량을 튼튼히 다지며 사회주의의 곧바른 길을 드팀없이 열어나간 위대한 혁명가는 우리 수령 님뿐이시였습니다.

자주,자립,자위를 우리 국가의 정치신조,발전방식으로 확고히 견지해오신 위대한 수령 님의 투철한 혁명적원칙성과 현명한 령도는 그 어떤 정치풍파에도 끄떡없이 자존을 지키고 자력으로 리상하는 모든것을 줄기차게 이룩해나가는 권위있고 전도양양한 사회주의실체를 떠올렸습니다.

오늘 우리 국가제일주의시대가 펼쳐지고 공화국의 국위가 당당하고 힘있게 과시되는 경이적인 전변은 조국과 인민의 존엄을 찾아주시고 지켜주시며 무궁무진한 힘을 키워주신 위대한 수령 님의 애국업적을 토대로 하여 이루어진 고귀한 결실입니다.

동지들!

천만년세월이 흘러도 영원히 우리와 함께 계시는 김일성동지 의 한없이 숭고한 영상은 이민위천을 한생의 본령으로 간직하시고 자신의 모든것을 깡그리 바치시여 인민의 행복과 후손만대의 번영을 위한 튼튼한 초석을 다져주신 인민의 수령 의 불멸할 초상입니다.

이 세상에 인민대중처럼 지혜롭고 힘있는 존재는 없다는 주체의 원리가 집약된 이민위천의 숭고한 리념은 인민과 함께 전인미답의 험난한 길을 헤쳐가신 우리 수령 님의 걸출한 령도의 중핵이고 인민을 위해 천만로고를 바쳐오신 위대한 한생의 총화입니다.

인민들속에서 인민을 믿고 인민을 위하여 혁명의 첫걸음을 떼신 위대한 수령 님께서 류례없이 간고한 혁명의 수십성상을 그 어떤 실패와 좌절도 없이 곧바른 승리와 영광의 한길로 이끌어오신 비결은 인민을 하늘처럼 여기는 그 고결한 지론에 있었고 년대와 년대를 이어 오늘도 승승장구하는 우리 식 사회주의의 무진한 발전동력도 수령 님께서 천품으로 지니시고 실천으로 구현해오신 그렇듯 신성한 인민관,인민철학에 있습니다.

인민에 대한 무한대한 사랑,우리 수령 님은 그것으로 하여 그처럼 위대하고 강하시였습니다.

사랑하는 인민에게 하루라도,한시라도 더 빨리 행복을 안겨주고싶은 강렬한 열망을 안고 고생도 락으로 여기시며 세기와 년대를 뛰여넘는 창조와 변혁의 천리마를 불러오신 수령 님의 손길아래서 우리 인민은 온갖 질곡에서 벗어나 사회적인간의 참된 삶을 받아안고 세계를 굽어보며 기적을 창조하는 영웅적인민으로 자라났습니다.

인민을 위해 당도 있고 정권도 있고 군대도 있다는것은 우리 수령 님의 모든 사색과 활동의 출발점이였고 인민의 요구와 리익은 수령 님께서 펼치신 정치의 절대적기준이였기에 조선로동당 이 인민의 운명을 품어안은 어머니당으로 탄생하고 우리 수령 님께서 손수 그려주신 국기와 국장,깊은 뜻을 담아 지어주신 국호와 함께 반만년민족사에 처음으로 되는 인민의 국가가 창건되였으며 조국의 자주권과 운명을 굳건히 수호할 정규적혁명무력이 건설되였습니다.

건국의 초행길에서부터 혁명령도의 전기간 위대한 수령 님께서 제시하신 수많은 로선과 정책들은 어느것이나 인민의 지향과 의사가 집대성된것으로 하여 어제와 오늘만이 아니라 래일에도 투쟁과 생활의 지침으로,강유력한 승리의 무기로 되는것입니다.

혁명의 첫 기슭에서 동지애에 기초한 단결의 빛나는 시원을 마련하신 위대한 수령 님께서는 전체 인민을 하나의 사상으로 일색화되고 동지적사랑과 의리로 결합된 불패의 혁명대오로 굳건히 묶어세우시였으며 대해같은 인덕정치,광폭정치로 온 사회를 화목한 사회주의대가정으로 만드시였습니다.

위대한 수령 님께서 높이 추켜드신 사상,기술,문화의 3대혁명의 기치아래 우리 국가는 공산주의에로 가는 곧바른 로정에 들어서게 되였으며 사람도 사회도 자연도 주체사상의 요구대로 개조하여 인민대중의 자주성을 완벽하게 실현해나가는 가장 우월하고 위력한 사회주의로 온 세상에 빛을 뿌리게 되였습니다.

오늘 우리 인민이 그처럼 소중히 간주하고 열렬히 사랑하며 목숨바쳐 지키는 모든 재부들은 하나하나가 다 한평생 인민들속에 계시며 애국애민의 길을 쉬임없이 이어오신 위대한 수령 님의 불면불휴의 로고속에 마련된것입니다.

위대한 수령 김일성동지 께서는 한평생 반제자주의 기치를 높이 드시고 국제공산주의운동과 인류자주위업에 불멸의 공헌을 하신것으로 하여 우리 인민뿐 아니라 수억만 인민들의 마음속에 영생하고계십니다.

세계적판도에서 정의와 부정의간의 대립과 투쟁이 격렬했던 20세기에 우리 수령 님의 존함은 억압과 폭제에 항거해나선 투사들과 진보적인민들의 전투적기치로,승리의 표대로 되였으며 수령 님에 대한 인류의 다함없는 공경은 공산주의운동의 령수,세계정치의 원로로서의 공인된 권위와 하나로 잇닿아있었습니다.

제국주의,지배주의자들의 강권과 전횡,현대수정주의자들의 기회주의적이며 배신적인 책동으로 복잡다단하고 첨예했던 20세기의 년대들에 혁명위업에 대한 무한한 충실성과 견결한 원칙적립장으로써 사회주의진영의 통일과 단결을 수호하시며 자주화에로의 세계적흐름을 주도해오신 위대한 수령 님의 혁명실천은 현대정치의 특출한 모범으로 청사에 아로새겨져있습니다.

굳은 련대성과 사심없는 지지성원으로 침략과 전쟁,지배와 예속을 반대하는 각국 인민들의 투쟁을 힘있게 고무해주신 위대한 수령 님의 숭고한 국제주의적의리와 정력적인 대외활동에 의하여 반제자주력량이 장성강화되고 공화국의 국제적지위와 영향력은 비상히 높아지게 되였습니다.

위대한 수령 김일성동지 께서 조국과 혁명의 전도에 대한 숭고한 책임감을 안으시고 령도의 계승문제를 백년대계로 가장 정확하고 확신성있게 해결하신것은 혁명앞에,미래앞에 쌓으신 한평생업적중의 가장 큰 업적입니다.

장장 수백년에 걸쳐온 로동계급의 혁명운동력사는 아무리 옳바른 지도사상과 집권력을 가지고 한 시대를 이끌어왔다 해도 령도의 계승문제를 해결하지 못한다면 피흘려 개척하고 지켜온 혁명위업이 좌절과 우여곡절을 면치 못한다는 뼈아픈 교훈을 기록하고있습니다.

우리 조국과 인민의 먼 앞날까지 내다보시며 력사상 처음으로 혁명위업계승문제를 가장 빛나게 해결하신 위대한 수령 님의 비범한 선견지명과 탁월한 령도에 의하여 우리 혁명이 주체의 불변궤도를 따라 대를 이어 힘차게 전진할수 있는 확고한 담보가 마련되였습니다.

위대한 수령 님의 불멸의 혁명사상과 위업은 그의 가장 충직하고 견실한 위대하신 계승인들에 의하여 무궁무진한 생명력과 견인력을 과시하며 승리적으로 전진하여왔으며 오늘 더욱더 거세찬 활력에 넘쳐 승승발전하고있습니다.

경애하는 김정은동지 의 두리에 굳게 뭉쳐 주체혁명의 새시대를 가장 빛나는 계승의 년대,세기적인 승리와 변혁의 년대로 아로새겨온 장엄한 투쟁속에서 어버이 수령 님의 혁명유산이 얼마나 고귀한가를 날이 갈수록 가슴 뜨겁게 절감하는 우리 인민입니다.

오늘날 력사에 전무한 혁명대오의 정치사상적통일을 중핵으로 하여 전면적으로 강화되는 우리의 국력은 위대한 당의 령도따라 수령 의 혁명업적을 견결히 고수하고 끝없이 빛내여나갈 때 우리의 위업은 필승불패이며 이 땅우에 인민의 리상사회를 반드시 일떠세울수 있다는 확신을 백배해주고있습니다.

동지들!

혁명을 개척한 수령 의 사상과 업적이 가장 순결하게, 완벽하게 계승되는것은 그 어느 나라에서도 찾아볼수 없는 우리 국가특유의 모습이며 전통입니다.

비범한 예지와 특출한 령도실력으로 우리 당과 국가, 인민을 빛나는 승리와 영광에로 이끄시는 김정은동지 를 한마음한뜻으로 따르고 받드는 길에 주체혁명위업완성의 확고한 담보가 있습니다.

우리는 김일성 - 김정일주의를 영원한 생명선으로 틀어쥐고 김정은동지의 구상과 의도를 높이 받들어 국력강화와 사회주의건설의 모든 분야에서 끊임없는 변화와 혁신을 이룩함으로써 김일성 강국전기를 계속 써나가야 하며 수령 님의 강국건설리념을 반드시 빛나게 실현하여야 합니다.

조선혁명의 불변의 성격과 백승의 철리를 가르쳐주는 삶과 투쟁의 교본이며 새 력사창조의 무진한 원동력인 위대한 사상과 업적을 마련해주신 어버이 수령 님의 영생의 력사는 천년만년이 흘러도 결코 멈추지 않을것이며 주체혁명의 거세찬 숨결속에 줄기차게 이어질것입니다.

그 어떤 힘도 수령, 당, 대중이 일심으로 뭉친 혼연일체의 불가항력을 꺾지 못할것이며 우리 국가의 도도한 전진을 멈춰세우지 못할것입니다.

모두다 애국의 한마음을 간직하고 백전백승 조선로동당 중앙위원회의 두리에 굳게 단결하여 위대한 수령 김일성동지 의 존함으로 빛나는 사회주의 우리 조국의 무궁한 강성번영을 위하여, 인민의 리상과 념원이 빛나게 실현된 보다 존엄높고 보람찬 새 생활을 앞당기기 위하여 힘차게 싸워나갑시다.

〈박창덕 기자〉

사람일보 2024. 7. 10.

64
"《3자멸망》의 시간표를 앞당기게 될것"
조선중앙통신, '한미일 안보협력 프레임워크 협력각서'와 관련한 논평

 조선중앙통신은 3일 '한미일 안보협력 프레임워크 협력각서'와 관련한 논평을 내여 "지난 7월 28일 미일한 군부우두머리들은 일본 도꾜에서 모의판을 벌려놓고 3자안보협력틀거리를 제도화할데 관한 각서라는것을 뭉그려냈다"며 "미일한이 자찬하는《3자협력의 새로운 시대》는《3자멸망》의 시간표를 앞당기는 결과만을 가져오게 될것"이라고 밝혔다.
 논평 전문은 다음과 같다.

《3자협력》은《3자멸망》의 시간표를 앞당기게 될것이다.
조선중앙통신사 론평

 미국이 우리의《위협》을 코에 걸고 3각군사동맹을 더욱 강화하는데 열을 올리고있다.
 지난 7월 28일 미일한 군부우두머리들은 일본 도꾜에서 모의판을 벌려놓고 3자안보협력틀거리를 제도화할데 관한 각서라는것을 뭉그려냈다.
 그 무슨《기준문서》에서 적대세력들은 우리 공화국을 표적으로 한 실시간미싸일경보자료공유체계의 효과적인 운용을 위해 협력을 강화하고 앞으로 3자합동군사연습을 정례적,체계적으로 시행하며 특히 다령역합동군사연습인《프리덤 에지》를 정례화한다는것을 쪼아박았다.
 전쟁괴수들의 이와 같은 쑥덕공론은 조만간에 아시아태평양지역에서 3각군사동맹을 핵동맹으로까지 변신시키려는 범죄적인 기도를 실현하기 위

한 포석인것으로 하여 그 위험성이 부각되고있다.

이미 미국은 한국괴뢰들과 함께 《워싱톤선언》을 발표하고 《핵협의그루빠》를 가동시킨데 이어 《조선반도에서의 핵억제 및 핵작전에 관한 지침》까지 조작함으로써 저들의 핵전력과 한국의 재래식무력의 일체화실현을 다그치면서 우리 공화국을 겨냥한 핵전쟁준비에 발광하고있다.

이번 모의판이후 일본졸개들과도 미국의 핵을 포함한 모든 군사력으로 일본을 《방위》한다는 《확장억제》에 관한 각료회의 등을 벌려놓고 전범국과 사실상의 《핵공유》를 공약해나섰다.

《확장억제력제공》의 미명으로 두 하수인들을 저들의 핵사슬에 더욱 단단히 얽매여놓고 지역에 대한 군사적지배를 실현하자는것이 미국의 변함없는 흉심이다.

올해 1월부터 4월까지 미국과 일본, 한국괴뢰들이 지난해 같은 기간에 비해 무려 2배나 되는 반공화국합동군사연습들을 감행하였다는 사실은 전례없이 강화되는 상전과 주구들의 군사적밀착관계를 그대로 보여주고있다.

특히 우리 공화국을 비롯한 지역의 자주적인 주권국가들을 목표로 한 3자다령역합동군사연습인 《프리덤 에지》가 정례화되는 경우 조선반도와 지역의 안보환경이 최악의 《빈사상태》에 빠져들게 되리라는것은 불을 보듯 명백하다.

하다면 지금까지 각종 명목의 모의판과 전쟁시연회들을 때없이 벌려놓으며 군사적공조에 광분해온 호전광들이 현시점에서 《3자안보협력의 제도화》를 요란스레 떠들며 군사적결속에 더욱 속도를 내는 리유는 어디에 있는가.

알려진바와 같이 현 미국대통령 바이든은 국내에서 부쩍 고조된 대통령후보사퇴압력으로 재선을 포기한 상태이다.

두 하수인 또한 최악의 집권위기에 몰려 마지막숨을 몰아쉬는 가련한 처지에 있다.

자민당지지층에서 《기시다리탈》현상이 일어나고 내각지지률은 기시다정권발족이래 최저기록을 련속 갱신하고있으며 윤석열괴뢰에 대한 탄핵소추안발의를 요구하는 국민청원자수는 백수십만명에 달하여 탄핵이 대세를 이루고있다.

3자사이의 어느 일방의 정권이 교체되여도 《안보협력》은 더욱 강화된다는것을 문서화하여 지역에서 3자핵동맹의 군사적우세를 유지하자는것이 바로 이번 모의의 진목적이며 제명을 다 산자들의 공통된 발악이다.

《미국에서 정권이 교체되든 민주당정권이 계속되든 미일한안보협력은 계속된다.》고 한 괴뢰한국 국방부 장관놈의 토설은 이에 대한 뚜렷한 실증으로 된다.

적들이 무엇을 기도하고 어떤 선택을 하든 그것을 압도하는 강력한 자위력으로 가증되는 미국과 하수인들의 무분별하고 도발적인 적대행위를 철저히 제압분쇄하고 조선반도와 지역의 평화와 안정을 수호하려는것이 우리의 확고부동한 의지이다.

력사적으로 미국과 추종세력들의 반공화국압살책동이 가증될수록 우리의 군사적강세는 보다 확실한것으로 되였으며 오늘날 자기 안보를 실지로 걱정해야 하는 비참한 상황에 직면한것은 도발자들이다.

미일한이 자찬하는 《3자협력의 새로운 시대》는 《3자멸망》의 시간표를 앞당기는 결과만을 가져오게 될것이다.

〈박창덕 기자〉

사람일보 2024. 8. 3.

부록

사람일보 국가보안법 관련해 서버 압수영장

경기북부경찰청 안보수사2대, 4일 오전 10시 서버 관리회사에서 집행 예정

사람일보(saramilbo.com)가 국가보안법 위반 혐의로 경찰의 수사를 받는다. 경기북부경찰청 안보수사2대는 10월4일 오전 10시경 경기도 성남시 중원구 양현로 405번길 14 사람일보 서버 관리회사에서 압수영장을 집행할 예정이라고 본사에 알려 왔다. 경찰은 누가 제보 고발했는지는 공개하지 않았다.

[사람일보]는 그동안 조국의 평화적 통일을 사명으로 하는 헌법 수호와 국민주권자들의 언론의 자유 실현을 위한 공익활동을 펼쳐왔다. 사람일보는 정당사회단체 각계인사들이 참여하여 '식민과 분단 적폐청산 조국통일 어떻게 할 것인가'를 주제로 진행된 조국통일 만민공동회를 언론사로서는 처음으로 2023년 10월11일 오후 2시 서울 노무현시민센터 다목적강당에서 주최한 바 있다.

[한겨레정론](1992년 3월25일 창간)을 연원으로 한 사람일보는 2003년 6월15일 인터넷신문 [참말로](chammalo.com) 창간을 거쳐 2009년 8월15일 제호를 사람일보로 변경해 지금까지 사람 사는 세상, 우리 민족과 인류사회의 평화와 행복을 위한 언론을 추구해왔다.

사람일보는 남북관계 및 통일문제 보도에서 한국기자협회와 전국언론노동조합연맹, 한국방송프로듀서연합회 언론 3단체가 1995년 8월15일 공동으로 제정한 [평화통일과 남북 화해협력을 위한 보도·제작 준칙]을 실천해 왔다.

사람일보 발행 편집인은 1988년 [한겨레신문] 창간기자로 참여해 민주언론운동을 벌이다가 해직의 고통을 겪은 박해전(71) 기자가 맡고 있다.

사람일보, 참말로, 한겨레정론 창간사와 언론 3단체의 [평화통일과 남북화해협력을 위한 보도·제작 준칙]는 다음과 같다.

사람일보 창간사
사람 사는 세상을 위하여

우리는 오늘 사람 사는 세상, 우리 민족과 인류사회의 평화와 행복을 위하여 〈사람일보〉(saramilbo.com)를 펴냅니다.

사람일보는 사람과 일 중심의 새 언론으로서 언론의 주인인 국민들의 지혜와 역량을 모아 인권과 정보민주주의를 실현합니다.

만인의, 만인에 의한, 만인을 위한 사람일보는 세상 사람들이 스스로 창조해가는 참된 삶과 행복을 위한 소통의 광장입니다.

사람일보의 '책읽기세상쓰기'는 특히 미래를 여는 청소년과 학부모, 교사들이 함께하는 학습장으로서 젊은이들의 큰 꿈을 키워줍니다.

생활건강의 길잡이 '건강하세요'와 '축하 알림 구인구직' 게시판도 사람의 훈훈한 향기를 느낄 수 있는 마당입니다.

사람일보는 세상의 변화와 사건 현상의 중심에 있는 사람을 집중 조명함으로써 사람이 사람답게 사는 세상을 만들어갑니다.

사람들에게 희망과 용기, 감동을 주는 인물은 우리 이웃 누구라도 사람일보 지면에서 주인공으로 등장합니다.

우리는 누리꾼을 비롯한 모든 이들에게 사람일보가 자체 생산한 보도물을 개방하여 국민주권시대 국민들에게 절실한 의제와 정보를 공유하도록 합니다.

사람일보는 또 언론주권을 침해하는 온갖 장애물을 걷어내며 참언론을 지향하는 국내외 매체들의 정보 공유와 연대 협력을 도모합니다.

2003년 6월15일 문을 연 〈참말로〉와 한국 언론운동의 소중한 유산을 계승한 〈사람일보〉는 공정한 언론과 우리 말글의 발전에 힘씁니다.

우리는 6.15 10.4 공동선언에 따라 평화통일을 완수해가는 사람들의 역사를 충실히 기록합니다.

사람일보는 모든 사람과 온 세상이 평화와 행복을 누리는 그날을 향하여 끊임없이 나아갑니다.

국민 여러분의 참여와 성원을 바랍니다.

2009년 8월15일
사람일보 회장 박해전

참말로 창간사

인터넷 국민기자광장 〈참말로〉를 열며

국민 언론주권과 개혁연대를 위해

우리는 오늘 국민의 언론주권 실현과 개혁연대를 위해 인터넷신문 〈참말로〉(chammalo.com)를 펴냅니다.

〈참말로〉는 언론의 주인인 국민기자들의 지혜와 역량을 모아 참언론을 펼치는 여론광장입니다. 국민 대중의 자발적 참여로 밑으로부터 올라오는 상향식 언론의 통로입니다.

개혁과 진보를 바라는 국민들은 온갖 난관을 뚫고 2002년 12월 19일 대통령선거에서 '개혁과 통합'을 공약한 노무현 '국민단일후보'를 선택했습니다. 이는 세계 정치사에서 유례를 찾기 어려운 정치개혁과 언론개혁의 전환점을 마련한 '선거혁명'이었습니다.

21세기 첫 대선에서 유권자들은 2000년 6월 15일 김대중 대통령과 김정일 국방위원장이 평양에서 공동 발표한 역사적인 남북공동선언에 따라 축적된 우리 민족의 새 정치 역량을 보여주었습니다.

우리는 이런 민의에 따라 수구냉전 논리에 안주해온 낡은 정치와 언론 관행을 청산하고 한반도 평화와 통일을 이루는 희망찬 미래로 나아가는 데 국민들과 함께할 것입니다.

　민중은 정의와 양심이 살아 숨쉬며 민주주의 원칙과 상식이 통하는 사회, 인권이 보장되는 건강한 나라를 위한 총체적 개혁을 요구하고 있습니다. 〈참말로〉는 국민기자들의 개혁연대를 통해 정치·언론·제도 개혁을 위한 창조적 여론이 약동하도록 힘을 쏟을 것입니다.

　〈참말로〉는 언론민주화운동의 고귀한 유산을 계승해 권력과 자본으로부터 독립한 공정한 언론으로서 시대정신에 역행하는 수구냉전언론과 정보제국주의를 물리치고 국민의 알권리와 언론의 자유를 지키는 데 최선을 다할 것입니다.

　인터넷언론은 정보의 독점을 생존논리로 삼고 있는 제도언론의 자사이기주의와 조직이기주의를 뛰어넘어 국민들에게 절실한 의제와 정보를 함께 제공할 수 있는 길을 열었습니다. 참말로는 인터넷매체간 정보 공유와 연대협력을 촉진하며 한국 언론운동의 활로를 열어나갈 것입니다.

　한국 언론의 고질병은 안보상업주의와 선정주의적 보도 행태로 진단되고 있습니다. 우리는 '쓰레기정보'와 거짓이 난무하는 언론판을 참말로 채워나가도록 힘쓸 것입니다. 참말로는 진정한 언론개혁을 염원하며 안보상업주의와 색깔론을 부추기는 국가보안법 폐지운동에 동참할 것입니다.

　국민의 언론주권을 침해하는 온갖 장애물을 걷어내고 정보민주주의를 구현하는 21세기 새 언론 패러다임에 따라 우리는 정보제국주의에 반대하는 국내외 언론인들과 굳게 연대할 것입니다.

　〈참말로〉는 온 가족이 참여하는 생활신문입니다. 우리는 정치·언론 개혁의 중심고리를 풀어 가는 의제 설정과 함께 중·고생들을 위한 청소년마당, 초등학생들을 위한 어린이마당을 펼치고 우리 말글살이에 정성을 기울여 온 국민의 사랑을 받는 진실하고 건전한 생활 언론을 구현할 것입니다.

　삼천리 금수강산에 철따라 피고지는 꽃들의 아름다운 이름과 흥겨운 우리 가락을 잊지 않고, 그 향기가 우리네 가정에서도 흐드러지게 피어나는 꿈을 간직할 것입니다.

경의선과 '철의 실크로드'가 연결되는 동북아시대를 맞아 우리는 미풍양속 등 우리 살림살이 문화를 귀중히 여기며 민족의 동질성과 자주성을 살려 남북 동포들이 하나되도록 노력할 것입니다.

오랜 동안 국민들은 제도언론의 독점 아래 할말 못하고 진실이 묻히는 답답한 세월을 살아왔습니다. 이제 국민들이 스스로 기자가 되어 우리 시대 진실을 밝히고 삶의 질을 높여야 할 때입니다.

〈참말로〉는 국민기자들의 정론을 모아 사람답게 사는 세상, 살맛 나는 사회, 속 시원한 언론 환경을 만드는 산소 같은 매체로 자라날 것입니다.

〈참말로〉는 참말이 통하는 세상을 만드는 국민기자광장입니다. 사람을 살리는 말, 자연을 살리는 말, 사회를 살리는 말, 우리 말글을 살리는 말이 참말입니다. 부당한 구속과 억압을 풀어주는 말, 만병의 원인인 민족의 분단병을 치유하는 말이 참말입니다. 참말로 사람 자연 사회를 살리는 기사, 모두에게 희망을 주는 글이 강물처럼 흘렀으면 좋겠습니다.

〈참말로〉는 다른 매체에서 쉽게 볼 수 없는 살림마당과 청소년마당, 어린이마당을 마련합니다. 살림마당은 의식주생활과 건강 정보, 인권과 환경 등 살림살이에 필요한 정보를 알뜰하게 담을 것입니다. 청소년마당과 어린이마당은 21세기 주인공인 초중고 학생들이 국민기자로서 원대한 포부와 이상을 키우는 보금자리가 될 것입니다.

우리는 한반도 평화와 통일의 대헌장인 남북공동선언을 존중합니다. 나라의 통일 문제를 그 주인인 우리 민족끼리 서로 힘을 합쳐 자주적으로 해결해나가기로 약속한 6·15공동선언 세 돌 경축일에 창간호를 내게 됨을 알리며, 참된 언론을 지향하는 〈참말로〉에 적극 참여하고 뜨거운 격려와 성원을 보내주시기를 간절히 바랍니다.

2003년 6월 15일
박해전

한겨레정론 창간사
자주언론의 승리를 향하여

〈한겨레정론〉은 90년대 자주언론의 흐름에 한줄기 빛을 더할 것을 다짐하며 이 땅의 진실과 민중의 염원을 담아낼 민중기자의 광장으로 문을 연다.

우리는 90년대에 한겨레의 염원인 자주·민주·통일을 꼭 이루리라 믿는다. 이런 확신은 분단조국에서 온갖 시련의 고비를 넘으며 억세게 살아온 민중과 참언론을 위해 권력과 자본에 맞서 희생을 무릅쓰고 싸운 언론노동자들의 80년대에서 90년대에 이르는 가열찬 역사를 가슴에 새길 때 분명해진다.

80년대의 후반 민중의 헌신적인 노력으로 맺어진 〈한겨레신문〉 창간과 전국언론노동조합연맹 창립은 자주언론사에 빛나는 쾌거였다. 한겨레신문은 자주언론으로서 반자주·반민주·반통일을 극복하고 사회의 민주화와 조국통일에 헌신할 것임을 다짐했고 언론노련 노동자들은 언론해방투쟁으로 제도언론의 굴레를 벗고 자주언론의 실천에 힘을 쏟고 있다.

권력과 자본의 도구로 지배이데올로기를 퍼뜨리며 민중을 분열시키고 얼을 빼가려는 제도언론이 범람하는 현실에서 겨레의 소원인 통일의 그날을 앞당기려면 언론노동자들과 민중이 하나되어 언론을 새롭게 갈고 닦아야 한다. 언론의 변혁 없이 역사의 전진을 기대할 수 없다. 제도언론을 딛고 일어선 자주언론은 지금 수적 열세를 면치 못하고 있다.

〈한겨레신문〉을 비롯한 정론매체를 더욱 발전시키고 더 많은 매체를 꾸려내는 사업이 절실히 요청된다. 정론매체의 강화와 함께 우리는 마땅히 제도언론의 개혁을 성취해내야 한다. 언론노련을 중심으로 전개한 노동자들의 언론자정운동은 아직 '촌지'의 벽을 넘어서지 못했다.

또한 지난해 자본의 언론지배에 항거한 '김중배 선언'에도 불구하고 언론노동자들은 언론자본의 보도지침을 철회시키지 못했다. 지체 없이 언론자정혁명의 불씨를 지펴야 할 때이다.

90년 4월 한국방송공사 노동자들의 방송자주화투쟁에 동참한 민중은 언론의 주인으로 깨어났다. 이제 민중은 전업기자의 부패를 방관하지 않고 민중기자로서 진실을 말하고 기록해나가기 시작했다. 언론의 주체로 일어선 민중은 자주언론을 옹호하고 제도언론의 기회주의, 이중성, 양비론을 심판할 것이다.

정보제국주의, 문화제국주의에 편승한 상업주의 언론의 홍수로 우리 말글은 외세의 그것에 찌들었다. 민중의 사상과 감정, 생활을 옳게 담아내려면 우리 말글을 올바로 살려내는 데 힘을 모아야 한다.

민중에게 희생과 고통을 안겨주는 제도언론은 청산되어야 한다. 민중을 고립분산시켜 해체하려는 어떠한 기도도 더이상 용납될 수 없다. 우리 사회에서 언론의 불모지대와 사각지대가 방치돼서도 안될 것이다. 우리는 민중기자와 더불어 90년대 자주언론의 승리를 향해 힘차게 전진할 것이다.

1992년 3월 25일
박해전

[평화통일과 남북 화해협력을 위한 보도·제작 준칙]

전문

분단된 조국의 통일은 온 겨레의 염원이다. 그러나 지금까지 우리 언론은 남북관계 및 통일문제 보도·제작에서 화해와 신뢰 분위기 조성에 기여하기보다는 불신과 대결의식을 조장함으로써 반통일적 언론이라는 오명을 씻어내지 못했다. 이 같은 반성 위에서 한국기자협회와 전국언론노동조합연맹 및 한국방송프로듀서연합회 등 언론 3단체는 해방과 분단 50주년을 맞아 우리 언론이 통일언론으로 거듭나기 위한 다짐으로 공동의 보도·제작 규범을 제시한다. 우리는 '7·4남북공동성명'과 '남북 사이의 화해와 불가침 및 교류·협력에 관한 합의서' 정신에 따라 먼저 남과 북의 평화공존과 민족동질성 회복에 힘쓰며, 민족공동의 이익을 증진하고 궁극적으로 남과 북이 단결하여 자주적 평화적으로 통일을 이루도록 노력한다.

총강

1. 우리는 대한민국(약칭:한국)과 조선민주주의인민공화국(약칭:조선)으로 나누어진 남과 북의 현실을 인정하며, 상호존중과 평화통일을 준비하는 차원에서 상대방의 국명과 호칭을 있는 그대로 사용함을 원칙으로 한다.
2. 우리는 냉전시대에 형성된 선입견과 편견에서 벗어나 객관적으로 보도·제작함으로써 남북 사이의 공감대를 넓혀 나간다.
3. 우리는 남북관계 보도·제작에서 언론의 자유를 근본적으로 가로막는 법적·제도적 장애를 타파한다.
4. 우리는 남과 북의 우수한 민족문화 유산을 공유하고 민족의 공동번영을 추구할 수 있는 기사 및 프로그램 개발에 힘쓴다.
5. 우리는 통일문제에 관한 사회 각계의 다양한 의견을 공정하게 반영하여 민주적인 여론형성에 기여한다.

보도실천요강

1. 남북 긴장해소 노력 : 남북간의 평화를 저해할 수 있는 군비증강 등 제반문제에 관심을 기울이며, 남북간 긴장 및 불의의 사고 발생시 신속하고 평화적인 해결을 이끌어 내는 데 초점을 맞춰 보도한다.
2. 인물 호칭·직책 존중 : 조선민주주의인민공화국의 인물에 대한 호칭은 대한민국의 그것과 마찬가지로 성명 다음에 직책을 붙여 호칭한다.
3. 관급자료 보도 유의 : 조선민주주의인민공화국에 대한 관급 보도자료

의 무절제한 인용·전재를 피하고 최대한 확인절차를 거쳐서 보도한다.

4. 내외통신 인용 책임 : 내외통신 자료는 관급 보도자료 가운데 하나이므로 내외통신 자료를 전적으로 인용한 보도라 할지라도 그 책임은 이를 보도한 기자에게 있다는 점에 유의한다.

5. 외신보도 신중 인용 : 외신을 활용한 특정세력의 목적성 여론조성을 경계하며, 제3국이 자국의 이익을 관철하기 위해 의도적으로 유포하는 외신보도는 인용하지 않는다.

6. 1차자료 적극 활용 : 조선민주주의인민공화국의 신문·방송·통신 보도와 잡지 등 1차자료에서 보도가치가 있다고 판단되는 것은 적극 활용한다.

7. 각종 추측보도 지양 : 국내외 관계자들이 무책임하게 유포하는 각종 설은 보도하지 않는다. 다만 취재원을 확인할 수 있는 경우는 예외로 한다.

8. 사진·화면 사용 절제 : 해당기사와 무관한 자극적인 화면이나 사진을 사용하지 않으며, 냉전과 대결의 시각보다 남북간 화해와 협력을 이끌어 내는 데 노력한다.

9. 희화적인 소재 지양 : 남북간 언어, 문화, 생활의 차이와 상호 이질감을 우리의 잣대로 평가하거나 보도에 희화적 소재로 삼지 않는다.

10. 망명자의 증언 취사 : 망명자의 증언은 그로부터 신뢰성을 확보할 수 있는 부분에 대해서만 기사화하도록 한다. 전언이나 추정 등을 기사화해야 할 경우는 '전언', '추정' 등을 명기한다.

제작실천요강

1. 정보제공 적극 편성 : 조선민주주의인민공화국 관련 프로그램 편성시 형식적·소극적 편성에서 벗어나 다큐멘터리·드라마·오락물 등 각 장르별로 적극 편성하며, 남북 관련 긴급 혹은 특집프로그램 편성시 정치적 의도가 없는지 특히 유의한다.

2. 통일지향 가치 추구 : 기획, 출연자 선정, 편집 등의 제작과정에서 민

족동질성 회복, 화해·공존공영의 증진, 통일의 촉진이 구현되도록 적극성을 갖고 제작에 임한다. 프로그램 제작시 여러 가치가 충돌할 경우 인간 존엄성 존중, 민족이익 수호, 민족화해 증진 등의 가치를 판단의 우선가치로 삼는다.

3. 냉전시대 관행 탈피 : 냉전시대에 형성된 내면적 자기검열, 습관화된 분단의식, 누적된 선입견과 편견으로부터 자유로운 상태에서 프로그램을 제작한다. 또 냉전의식을 바탕으로 만들어진 가요·가곡·드라마·영화 등의 방송을 피하며, 갈등을 조장하는 불필요한 화면을 사용하지 않는다.

4. 상업·선정주의 경계 : 상업주의와 선정주의를 경계하며, 안일하고 편의적인 제작태도를 극복하기 위해 끊임없이 노력한다. 나아가 현재의 모든 방송행위가 미래의 통일민족문화와 직결된다는 것을 염두에 두고 프로그램 제작에 임한다.

5. 다원주의 가치반영 : 사회적 가치나 의견 등의 메시지를 시청취자에게 전달할 때는 제작진이 단정적 결론을 내리기보다 시청취자가 듣고 보며 스스로 판단할 수 있도록 한다. 이를 위해서 통일과 관련된 다양한 의견을 가능한 한 가감없이 프로그램에 반영하도록 노력한다.

6. 보도활용 제작 신중 : 국내외 매체의 조선민주주의인민공화국 관련 보도를 근거로 가십·꽁트 프로그램을 제작할 경우 보도의 정확성, 취재원의 신뢰도, 보도 이면에 게재되어 있을 수 있는 정치적 의도 등을 충분히 검증한 뒤 방송하며, 무분별하게 인용하여 민족화합을 저해할 수 있는 내용으로 프로그램화하지 않는다.

7. 생활문화 적극 소개 : 정치적 통합을 넘어서는 남북 주민간의 사회·문화적 통합이 진정한 최종적 통일임을 인식해 조선민주주의인민공화국 주민들의 생활과 문화를 프로그램 소재로 적극 채택한다.

8. 능동적인 자료 접근 : 조선민주주의인민공화국에 대한 프로그램 제작시 정보의 편중성·부족상황을 극복하기 위하여 제작진 스스로 노력한다. 1차자료를 적극 활용하고, 각 분야 연구자 등 폭넓은 인적자원 확보에 각자

가 능동적으로 힘쓴다.

9. 남북차이 이해 노력 : 언어·문화·생활·관습·가치관 등에서의 남북의 차이를 인정하고 이를 객관적으로 인식하기 위해 노력하며, 가능한 한 이 차이들을 희화적 소재로 삼지 않도록 한다.

10. 남북 동질성의 부각 : 남북의 차이점보다는 같은 점을, 과거보다는 미래를 부각시킴으로써 미래지향적·통일지향적 방향으로 프로그램 제작에 힘쓴다.

1995. 8. 15.
전국언론노동조합연맹·한국기자협회·한국방송프로듀서연합회

〈사람일보 편집국〉

사람일보 2024. 10. 2.

사람일보 탄압은 또하나의 윤석열탄핵 사유
[사람일보 탄압 규탄 특별성명] 윤석열 정권은 사람일보 탄압을 즉각 중단하라!

박해전 사람일보 대표는 7일 윤석열 정권의 사람일보 탄압을 규탄하며 헌법을 파괴하는 언론탄압을 즉각 중단할 것을 요구하는 특별성명을 발표했다. 전문을 싣는다. 〈편집자〉

우리는 윤석열 정권의 국가보안법을 앞세운 사람일보 탄압을 규탄하며 헌법을 파괴하는 언론탄압을 즉각 중단할 것을 강력히 요구한다.

윤석열 정권은 남북관계 발전과 평화번영을 위한 10.4정상선언 17주년 기념일인 2024년 10월 4일 오전 10시30분 국가보안법 위반 혐의로 경기도 성남시 소재 사람일보 서버 관리업체에 보관중인 사람일보 사이트 개설(가입) 등록 정보(개설 등록자 인적사항, 계정 아이디 등 피혐의자 관련 정보)에 대한 압수수색검증영장(영장번호 2024-11980)을 집행했다.

최근 용산 대통령실이 극우단체를 사주해 대통령 부부를 비판한 언론사와 언론인을 제보 고발한 충격적인 사건이 김대남 전 행정관의 녹취 보도로 드러난 상황에서 윤석열 정권이 국가보안법에 걸어 사람일보 서버 정보를 압수한 것은 조국의 평화적 통일을 사명으로 하는 헌법에 기초한 사람일보 발행인의 남북공동선언 실천과 애국애족 언론활동에 대한 용납 못할 반헌법적 범죄로 이를 단호히 반대 배격한다.

사람일보는 그동안 촛불행동의 '윤석열 퇴진 김건희 특검 촛불대행진'과 이 단체의 논평과 성명을 적극 보도했으며, 정치평론 글을 통해 헌법 전문의 '조국의 평화적 통일의 사명'과 헌법 제66조 '대통령은 조국의 평화적 통일을 위한 성실한 의무를 진다.'에 반하여 남북공동선언을 짓밟고 외세와 야합해 한반도 핵전쟁 위기를 고조시키는 윤석열 사대매국정권을 즉각 탄핵할 것을 국회에 거듭 촉구했다.

윤석열 정권의 사람일보 탄압은 이러한 민주주의와 헌법 수호 언론활동에 대한 정치보복이자 반헌법적 언론탄압으로 즉각 중단되어야 한다. 이러한 반헌법적인 사람일보 탄압은 윤석열 탄핵 사유를 하나 더 추가하는 것으로 된다.

윤석열 정권은 영장에 적시한 피의자 박해전 언론인의 범죄사실에서 "피혐의자는 2000. 5. 17. 서울지방법원에서 국가보안법위반(찬양고무)(회합통신) 등으로 징역 1년, 자격정지 1년, 집행유예 2년 형을 선고받아 판결 확정된 전력이 있고, 인터넷 언론매체 '사람일보' 발행인이자, '6.15공동선언실천남측위원회' 공동대표로 활동하였던 자"이라며 2018년 1월부터 2024년 8월까지 총 64편(이적 동조 13, 이적표현물 반포 51)의 정치평론 글과 보도기사로써 이적 동조 또는 이적표현물 반포를 했다고 기술했다.

윤석열 정권이 영장에서 사람일보 발행인과 6.15공동선언실천남측위원회 공동대표를 범죄사실의 범주에 끌어들인 것은 우리 민족의 자주통일과 평화번영의 총노선과 정책 대안을 밝힌 남북공동선언들과 헌법 제21조 언론의 자유를 부정하는 범죄행위로 된다.

또 당시 박해전 한겨레신문 기자가 남북이 합의한 조국통일 3대원칙에 따라 1999년 8.15 민족의 자주와 대단결을 위한 99통일대축전 10차범민족대회(범민족통일대축전) 남측추진본부 대변인을 맡아 조국통일운동에 기여한 사건(2003년 사면복권)을 또다시 범죄사실로 거론하는 행태도 반민족적인 정권의 민낯을 보여줄 뿐 정당성이 없다.

윤석열 정권이 문재인 정권 시기인 2018년 1월부터 2024년 최근 시기까지 이적 동조로 적시한 박해전 사람일보 발행인의 정치평론 기사 글 13편의 주제는 한결같이 남북공동선언을 완수하여 식민과 분단 적폐청산과 조국통일을 실현함으로써 외세에 의한 식민과 분단의 역사에 마침표를 찍자는 것으로 조국의 평화적 통일을 사명으로 하는 헌법 정신과 일치한다.

이 글들은 문재인 대통령 후보 정책특보와 통일정책특보를 역임한 필자가 남북공동선언의 법제화 제도화를 공약한 문재인 대통령의 성공을 위한 애국애족의 목적으로 작성한 것이었고, 6.15공동선언실천남측위원회 공동대표로서의 적극적인 남북공동선언 실천이었으며, 윤석열 정권의 등장으로 파국을 맞은 남북공동선언 이행의 출로를 열어야 한다는 뜻을 담고 있는 것으로 결코 이적 동조로 중상모략될 수 없다.

사람일보는 정당사회단체 각계인사들이 참여하여 '식민과 분단 적폐청산 조국통일 어떻게 할 것인가'를 주제로 진행된 조국통일 만민공동회를 언론사로서는 처음으로 2023년 10월 11일 오후 2시 서울 노무현시민센터 다목적강당에서 주최한 바 있다.

윤석열 정권은 이날 발표한 박해전 자주통일평화번영운동연대 상임대표의 '식민과 분단 적폐청산 조국통일 어떻게 할 것인가' 제목의 연설문(사람일보 2023. 10. 30. 자)을 범죄일람표(1. 이적 동조)에 올렸다.

윤석열 정권은 또 '사대매국노예조약 폐기 범국민운동을 요청한다' 제목의 판문점선언 6돌에 국민주권자들과 제정당사회단체, 헌법기관에 보내는 편지 글(사람일보 2024. 4. 25. 자)과 '한국정치 근본적 대혁신을 요구한다' 제목의 6.15공동선언 24주년에 즈음한 민주당혁신연대 성명(사람일보 2024. 6. 15. 자)도 이적 동조로 분류했다.

윤석열 정권은 필자가 위의 글들을 통해 국민주권과 헌법을 파괴하는 사대매국조약 한미상호방위조약과 한일기본조약의 폐기를 헌법기관에 요구한 것을 이적 동조로 몰고 있다. 이는 국민주권과 헌법 수호의 책무를 저버린 매국정권의 실상을 보여주는 것으로 결코 용납될 수 없다.

윤석열 정권이 또 영장에서 이적 동조로 예시한 '우리 민족 자주통일 평화번영의 진로' 글(사람일보 2019. 3. 27. 자)은 남북해외의 정부 국회 정당 지방자치단체 민간단체 인사들이 참가한 남북공동선언 이행을 위한 2019년 새해맞이연대모임 대표자대회에서 채택한 '8천만 겨레에게 드리는 호소문'을 알린 것으로 이 대회에 참가한 6.15공동선언실천남측위원회 공동대표로서 너무나도 정당한 것이었다. 이를 범죄시한 윤석열 정권의 행태를 용납할 수 없다.

　더욱 충격적인 것은 박해전 5공 아람회사건 반국가단체 고문조작 국가범죄 청산연대 공동대표가 2019년 12월 21일 오후 2시 서울 광화문에서 열린 국가보안법철폐긴급행동 12월 월례집회에서 '반국가단체 고문조작 국가범죄 청산하라' 제목으로 연설한 글(사람일보 2019. 12. 21. 자)을 이적동조로 범죄일람표에 올린 것이다.

　청구권이 있는 5공 아람회사건 반국가단체 고문조작 국가범죄 피해자가 반국가단체 고문조작 국가범죄의 완전한 청산을 요구한 것을 이적시한 윤석열 정권의 반인륜적인 치떨리는 만행은 민주공화국을 부정한 또하나의 국가범죄로 영원히 기록될 것이다.

　박해전 사람일보 발행인은 박정희 유신독재정권 말기에 '한나라를 이루자' 제목의 정치평론 글을 쓰고 통일문집 〈한나라〉 발간을 준비하다가 전두환 내란반란정권에 의해 1981년 5공 아람회사건 반국가단체 고문조작 국가범죄 피해자가 되었다.

　5공 아람회사건 반국가단체 고문조작 국가범죄는 2007년 7월 3일 진실·화해를 위한 과거사정리위원회(위원장 송기인)의 아람회사건 반국가단체 고문조작 국가범죄 진실규명, 2009년 5월 21일 서울고등법원 형사재심 피해자 무죄선고(재판장 이성호)에 의하여 확증되었다.

　서울고등법원은 아람회사건 피해자 무죄 판결서에서 "오늘 그 시대 오욕의 역사가 남긴 뼈아픈 교훈을 본 재판부의 법관들은 가슴깊이 되새겨 법관으로서 자세를 다시금 가다듬으면서, 선배 법관들을 대신하여 억울하게 고초를 겪으며 힘든 세월을 견디어 온 피고인들과 그 가족들에게 심심한 사과와 위로의 뜻을 밝힌다"며 "피고인 망 이재권은 하늘나라에서 편안하게 쉬고, 나머지 피고인들은 이 땅에서의 여생이 평화롭고 행복하기를 진심으로 바란다"고 판시했다.

　윤석열 정권은 5공 아람회사건 반국가단체 고문조작 국가범죄가 발생한 때로부터 거의 반세기에 이르는 오늘 가해자 처벌과 피해자 원상회복, 반국가단체 고문조작 국가범죄 수단으로 사용된 국가보안법 폐지를 통한 재발 방지 대책 마련 책무를 방기하면서 한평생 국가범죄로 고통을 겪고 고희를 넘긴 사람일보 발행인을 인생 말년에 또다시 부당하게 국가보안법 올가미로 묶으려는 폭거를 온 겨레와 세계 양심들이 과연 용납할 수 있겠는지 자문해야 할 것이다.

윤석열 정권이 범죄일람표 2. 이적표현물 반포로 분류한 사람일보 기사글 51편은 모두 전국언론노동조합연맹과 한국기자협회, 한국방송프로듀서 연합회 언론 3단체가 1995년 8월 15일 공동 제정한 '평화통일과 남북 화해 협력을 위한 보도·제작 준칙'을 적극 실천한 것으로 정정당당하다.

언론 3단체는 이 보도제작 준칙 총강에서 "우리는 대한민국(약칭:한국)과 조선민주주의인민공화국(약칭:조선)으로 나누어진 남과 북의 현실을 인정하며, 상호존중과 평화통일을 준비하는 차원에서 상대방의 국명과 호칭을 있는 그대로 사용함을 원칙으로 한다."라고 규정하고 있다.

언론 3단체는 또 보도실천요강에서 "인물 호칭·직책 존중 : 조선민주주의인민공화국의 인물에 대한 호칭은 대한민국의 그것과 마찬가지로 성명 다음에 직책을 붙여 호칭한다"라며 "1차자료 적극 활용 : 조선민주주의인민공화국의 신문·방송·통신 보도와 잡지 등 1차자료에서 보도가치가 있다고 판단되는 것은 적극 활용한다"고 명시하고 있다.

윤석열 정권이 이적표현물 반포로 문제삼은 사람일보 기사 글은 모두 언론 3단체의 보도준칙에 따라 남북공동선언을 이행하는 데 필요한 정보를 담고 있으며, 국민주권자들의 알권리를 보장하기 위한 것들이다.

윤석열 정권이 이적표현물 반포로 예시한 김정은 조선 국무위원장의 2018년 신년사 전문을 보도한 기사(사람일보 2018. 1. 2. 자)는 "피혐의자는 '북남관계 개선과 자주통일 돌파구 열어야'라는 제목으로 북한 선전매체 조선중앙텔레비죤에 게재된 '김정은 2018 신년사' 기사글 전문을 인용한 기사를 작성하여 게재하였다"라는 영장의 적시와는 달리 한국방송공사와 문화방송 텔레비전의 관련 보도를 취재하고 신년사 전문의 출처-통일뉴스를 밝혔던 것이다.

사람일보가 조선중앙통신과 로동신문 기사를 전문 인용 보도한 기사들은 주로 공영방송 한국방송공사와 문화방송 텔레비전의 보도에 기초하고 미국 매체 엔케이뉴스점오르그(nknews.org)의 관련 보도자료를 참조한 것으로 이를 이적표현물 반포로 문제삼는 것은 공영방송을 비롯한 언론사의 언론활동 자체를 부정하는 반헌법적 범죄이다.

사람일보는 윤석열 정권이 국가보안법 위반 범죄사실로 적시한 64편의 정치평론 글과 보도기사를 묶은 〈윤석열 사대매국정권 사람일보 애국애족 언론활동 탄압 백서〉를 내어 국민주권자들에게 윤석열 정권의 반헌법적 언론탄압의 만행을 알리고 조국통일 언론운동의 역사를 후대에 전할 것이다.

경찰과 검찰 공안기관은 과거 독재정권의 시녀로 전락해 반국가단체 고문조작 국가범죄를 자행한 어두운 그림자를 벗고 헌법을 파괴하는 사대매국범죄를 일소하고 헌법의 요구인 '조국의 평화적 통일의 사명'을 다하려는 국민주권자들의 애국애족운동을 보호 보장하는 헌법기관의 책무를 다해야 할 것이다.

대한민국 헌법기관은 지체 없이 헌법과 국민주권을 침해하는 사대매국조약 한미상호방위조약과 한일기본조약을 폐기하고 한미일연합군사훈련금지법을 제정함으로써 한반도 핵전쟁 위기를 근원적으로 해소하고 남북의 동족관계 동질관계를 회복해야 한다.

국회는 특히 헌법 전문의 '조국의 평화적 통일의 사명'과 헌법 제66조 '대통령은 조국의 평화적 통일을 위한 성실한 의무를 진다.'에 반하여 남북공동선언을 짓밟고 외세와 야합해 한반도 핵전쟁 위기를 고조시키는 윤석열 사대매국정권을 즉각 탄핵하여야 한다.

제정당사회단체와 국민주권자들이 헌법적 요구인 민족자주와 조국통일에 모든 것을 복무시키는 원칙에서 대단결하여 윤석열 정권을 즉각 탄핵하고, 사대매국조약 한미상호방위조약과 한일기본조약을 폐기하고, 한미일연합군사훈련금지법을 제정함으로써 총체적 국난을 극복하고 자주통일과 평화번영의 새로운 출로를 열기를 간절히 바란다.

　윤석열 정권은 사람일보 서버 압수수색을 취소하고 반헌법적 언론탄압을 즉각 중단할 것을 다시한번 강력히 요구한다. 사람일보 탄압을 멈추지 않는다면 반드시 역사의 법정에서 준엄한 심판을 면치 못할 것이다.

　사람일보는 윤석열 정권의 반헌법적 언론탄압에 굴함 없이 온 겨레의 숭고한 조국통일 염원을 받들고 조국의 평화적 통일을 사명으로 하는 헌법 정신에 따라 자주통일과 평화번영에 기여하는 언론으로 국민주권자들과 함께 굳세게 전진할 것이다.

2024년 10월 7일
사람일보 발행 편집인
전 6.15공동선언실천남측위원회 공동대표(현 자주통일평화연대 공동대표)
5공 아람회사건 반국가단체 고문조작 국가범죄 청산연대 공동대표
박해전

사람일보 2024. 10. 7.

사람일보 탄압을 즉각 중단하라!

5공피해자단체전국연합회, "최악의 언론탄압은 정권 종말로 이어짐을 기억하라"

5공피해자단체전국연합회(상임공동대표 최형호 이적)는 8일 윤석열 정권의 사람일보 탄압과 관련한 성명을 내어 "사람일보는 그동안 조국의 자주적 통일을 사명으로 하는 책임과 언론의 자유실현을 위한 공익활동을 펼쳐왔다"며 "사람일보 탄압을 즉각 중단하라"고 촉구했다.

단체는 "사람일보는 특히 민족문제, 인권문제 자유실천 문제에 한걸음 가까이 다가가 현미경으로 관찰하듯 그 사명을 다하여 왔다"며 "언감생시 타 언론은 꿈도 꾸지 못하는 참뉴스를 창출해 왔으며 언론의 사명을 말이 아닌 실천으로 행동해 왔다"고 밝혔다.

단체는 또 "박해전 사람일보 대표는 5공 정권의 피해자로서 아직 과거 피해복구 조차 받지 못하고 아픈 삶을 딛고 참언론 구현에 앞장서고 있는 분이다. 평생을 민주주의와 통일문제에 발벗고 나서서 자신의 삶은 항상 뒷전으로 하며 살아온 이땅의 참운동가요 참언론인"이라며 "그런 분에게 훈장은 주지 못할망정 압수수색으로 그의 공적을 짓밟는것은 정권의 도덕적 윤리가 금수보다 못한 행위로 평가할수 밖에 없다"고 비판했다.

단체는 "우리는 사람일보 압수수색을 바라보면서 윤석열 정권이 다시 5공화국 전두환 군사독재로 회귀하고 있음에 절망하지 않을수 없다"며 "최악의 언론탄압은 최악의 정권 종말로 이어짐을 반드시 기억하라"고 경고했다.

성명 전문은 다음과 같다.

사람일보 탄압을 즉각 중단하라!

사람일보가 경기북부경찰청 안보수사대로부터 압수수색을 받았다. 언론이 압수수색을 당하는 일은 군사정권때나 가능한 일이지 민간정권이 들어서고 난 다음에는 꿈도 꾸지 않았던 사안이다. 그런데 마른 하늘에 날벼락도 유분수지 정당하게 언론 활동을 하는 합법 언론의 심장을 파헤치겠다니 이게 말이나 될법한 일인가?

사람일보는 그동안 조국의 자주적 통일을 사명으로 하는 책임과 언론의 자유실현을 위한 공익활동을 펼쳐왔다. 특히 민족문제, 인권문제 자유실천 문제에 한걸음 가까이 다가가 현미경으로 관찰하듯 그 사명을 다하여 왔다. 언감생시 타 언론은 꿈도 꾸지 못하는 참뉴스를 창출해 왔으며 언론의 사명을 말이 아닌 실천으로 행동해 왔다.

특히 발행 편집인인 박해전 사람일보 대표는 5공 정권의 피해자로서 아직 과거 피해복구조차 받지 못하고 아픈 삶을 딛고 참언론 구현에 앞장서고 있는 분이다.

평생을 민주주의와 통일문제에 발벗고 나서서 자신의 삶은 항상 뒷전으로 하며 살아온 이땅의 참운동가요 참언론인이다.
그런 분에게 훈장은 주지 못할망정 압수수색으로 그의 공적을 짓밟는것은 정권의 도덕적 윤리가 금수보다 못한 행위로 평가할수 밖에 없다.
우리는 사람일보 압수수색을 바라보면서 윤석열정권이 다시 5공화국 전두환 군사독재로 회귀하고 있음에 절망하지 않을수 없다

윤석열 정권에게 경고한다.
최악의 언론탄압은 최악의 정권 종말로 이어짐을 반드시 기억하라! 지금

까지 역대독재정권의 종말은 그렇게 이어져 왔다.
　사람일보 탄압을 즉각 중단하라!

2024년 10월 8일
5공피해자단체전국연합회 상임공동대표
최형호 이적 외 회원 일동

〈장동욱 기자〉

사람일보 2024. 10. 8.

언론자유를 가로막는 반헌법적 언론탄압
부산자주통일평화연대, 사람일보와 박해전 언론인 탄압을 즉각 중단하라!

부산자주통일평화연대는 11일 윤석열 정권의 사람일보 탄압과 관련한 성명을 내어 "윤석열 정권은 사람일보와 박해전 언론인에 대한 탄압을 즉각 중단하라"고 요구했다.

부산자주통일평화연대는 "사람일보와 박해전 언론인에 압수수색은 언론자유를 가로막는 반헌법적 언론탄압이자 자주통일과 평화번영을 바라는 보도와 집필활동에 대한 '입틀막'에 다름 아니다"라며 "윤석열 정부가 국가보안법 위반 혐의로 적시한 정치평론 글과 보도기사는 박해전 사람일보 발행인이 남북공동선언을 실현하고, 식민과 분단 적폐청산과 조국통일을 실현하기 위한 것으로 언론인이자 6.15공동실천남측위원회 공동대표로서 마땅히 해야 할 일"이라고 밝혔다.

단체는 또 "그럼에도 불구하고 구시대 악법인 국가보안법을 들씌워 압수수색을 단행하고 자유로운 보도와 집필활동을 가로막는 것은 명백한 언론탄압이자 '입틀막'을 통한 공안탄압의 연장"이라며 "이번 압수수색이야말로 윤석열 정권이 자신에 반대하는 야당과 시민사회, 국민들을 향해 '반국가세력', '자유민주주의에 대한 도전'이라며 연일 협박하면서 언론을 통제하고 탄압하며 공안몰이를 해대는 본질을 고스란이 드러내고 있는 것"이라고 강조했다.

단체는 "윤석열 정권은 사람일보 서버 압수수색을 취소하고 사람일보와 박해전 언론인에 대한 탄압을 중단하라"며 "사람일보 탄압을 멈추지 않는다면 반드시 역사의 준엄한 심판을 면치 못할 것"이라고 경고했다.

부산자주통일평화연대 성명 전문은 다음과 같다.

윤석열 정권은 사람일보와 박해전 언론인에 대한 탄압을 즉각 중단하라

윤석열 정권이 지난 10월 4일 '사람일보' 서버 관리회사를 압수수색하고, 사람일보 사이트 개설 등록정보에 대한 압수수색검증영장을 집행했다. 윤석열 정권은 영장에 적시한 피의자 박해전 언론인의 범죄사실에서 "인터넷 언론매체 '사람일보' 발행인이자 '615공동선언실천남측위원회' 공동대표로 활동했던 자"라며 지난 2018년 1월부터 2024년 8월까지 총 64편의 정치 평론 글과 보도기사에 대해 이적 동조 또는 이적표현물 반포를 했다며 국가보안법 위반 혐의를 적용했다.

사람일보와 박해전 언론인에 압수수색은 언론자유를 가로막는 반헌법적 언론탄압이자 자주통일과 평화번영을 바라는 보도와 집필활동에 대한 '입틀막'에 다름 아니다. 윤석열 정부가 국가보안법 위반 혐의로 적시한 정치 평론 글과 보도기사는 박해전 사람일보 발행인이 남북공동선언을 실현하고, 식민과 분단 적폐청산과 조국통일을 실현하기 위한 것으로 언론인이자 6.15공동선언실천남측위원회 공동대표로서 마땅히 해야 할 일이다.

그럼에도 불구하고 구시대 악법인 국가보안법을 들쑥워 압수수색을 단행하고 자유로운 보도와 집필활동을 가로막는 것은 명백한 언론탄압이자 '입틀막'을 통한 공안탄압의 연장이다. 이번 압수수색이야 말로 윤석열 정권이 자신에 반대하는 야당과 시민사회, 국민들을 향해 '반국가세력', '자유민주주의에 대한 도전'이라며 연일 협박하면서 언론을 통제하고 탄압하며 공안몰이를 해대는 본질을 고스란히 드러내고 있는 것이다.

민생파탄, 민주실종, 평화파괴 윤석열 정권에 대한 국민들의 분노가 임계점에 이르고 있다. 지난 총선에서 윤석열 정권을 심판했던 국민들은 '퇴진 국민투표'와 총궐기로 윤석열 정권을 끌어내리기 위한 준비를 다그치고 있다. 윤석열 정권은 사람일보 서버 압수수색을 취소하고 사람일보와 박해전 언론인에 대한 탄압을 중단하라. 사람일보 탄압을 멈추지 않는다면 반드시 역사의 준엄한 심판을 면치 못할 것이다.

2024년 10월 11일
부산자주통일평화연대

〈장동욱 기자〉
사람일보 2024. 10. 11.

"사람일보 애국행위 탄압 중단하라"
정호일 우리겨레연구소(준) 소장, "애국법과 조국통일법 신속히 제정해야"

정호일 우리겨레연구소(준) 소장은 윤석열 정권의 사람일보 탄압과 관련해 14일 '애국 행위에 대한 탄압을 중단하고, 이제야말로 매국 행위는 응징하고 애국 행위를 고무하는 애국법과 조국통일법을 제정하라' 제목의 성명을 내어 "애국 행위는 고무하고 매국 행위를 응징하는 법적 제도와 질서 체계를 세움으로써 애국적인 사회 분위기와 기풍을 확립하도록 해야 한다"며 "지금 한국 사회에서는 이와 정반대되는 행위가 버젓이 벌어지고 있다. 그 중의 하나가 바로 사람일보와 박해전 언론인에 대한 탄압에서 드러나고 있다"고 밝혔다.

정 소장은 또 "이런 문제점을 해결하기 위해서는 현시대적 요청과 한국 민의 이해와 요구에 근거하여 매국 행위는 응징하고, 애국적인 행위는 고무 찬양하는 애국법과 조국통일법을 신속히 제정해야 한다"며 "한마디로 북을 반대한다는 이유만으로 매국 행위가 애국 행위로 둔갑되고, 일정 부분의 입장이 북의 주장과 일치한다는 이유만으로 애국 행위가 탄압받는 형태가 벌어져서는 안 된다"고 강조했다.

정 소장은 "철두철미 한국 민의 이해와 요구인 애민과 애국의 기치를 견지하느냐, 그렇지 않으냐의 관계로 그 기준이 올바르게 설정되어야 한다"며 "정부와 국회는 지체하지 말고 애민과 애국의 기치에 의한 애국법과 조국통일법을 제정하는 길로 곧장 나서야 할 것"이라고 촉구했다.

성명 전문은 다음과 같다.

(성명서) 애국 행위에 대한 탄압을 중단하고, 이제야말로 매국 행위는 응징하고 애국 행위를 고무하는 애국법과 조국통일법을 제정하라!!!
사람일보와 박해전 언론인의 탄압에 대한 우리겨레연구소(준)의 입장

지금 시기는 사회와 역사의 주체인 민이 개인과 집단, 나라와 민족 단위의 모든 부분에서 주인의 권리를 누리고 살 것을 요구하고 있다. 그래서 애민과 애국의 기치를 들고 나가야 한다. 한마디로 애국 행위는 고무하고 매국 행위를 응징하는 법적 제도와 질서 체계를 세움으로써 애국적인 사회 분위기와 기풍을 확립하도록 해야 한다는 것이다.

그런데 지금 한국 사회에서는 이와 정반대되는 행위가 버젓이 벌어지고 있다. 그중의 하나가 바로 사람일보와 박해전 언론인에 대한 탄압에서 드러나고 있다. 윤석열 정권은 지난 10월 4일 사람일보 서버 관리 회사를 상대로 압수 수색을 단행하였다. 그 혐의는 2018년 1월부터 2024년 8월까지 사람일보에 올린 것 중 총 64편의 글과 보도기사가 국가보안법의 이적 동조와 이적 표현물의 반포에 해당된다는 것이다.

국가보안법이 얼마나 시대에 뒤떨어진 악법인가는 이미 많은 사람들 속에서 주장된 바이기에 이에 대해 구구절절 거론할 필요성을 느끼지 않는다. 하지만 이적 행위를 문제 삼아 탄압했다는 점은 결코 넘어갈 수가 없다. 왜냐하면 이적 행위를 근거로 애국적인 행위를 탄압함으로써 한국 사회에서 애국적 기풍과 분위기가 세워지지 못하고 있기 때문이다.

그러면 이적 행위를 근거로 탄압하는 모습이 왜 잘못된 것인가? 그것은 대한민국의 주권자인 민을 심히 모독하고 멸시하는 행위가 되기 때문이다. 대한민국의 정체성과 존엄은 한국 민에 달려 있다. 그렇다면 판단의 근거를 한국 민의 이해와 요구에서 세울 것이지 왜 북과의 관계에서 찾으려고 한다는 말인가? 이것이야말로 나라의 주권자인 민을 모독하고 멸시하는 태도라 아니할 수 없다.

나라 간의 관계 맺음은 나라의 주인인 민이 자신의 이해와 요구를 실현하

는 목적에서 비롯된다. 그래서 어떤 관계가 되느냐는 고정불변하게 정해진 것이 아니라 민의 이해와 요구를 실현하는 목적에 따라 달라질 수밖에 없다. 상대방과 공통의 목표가 확립되면 서로에게 이롭게 하는 관계가 성립될 것이고, 그 반대로 한국 민의 이해와 요구를 가로막으려고 한다면 서로 싸우거나 대립하는 관계가 될 것이다. 그 때문에 어떤 관계가 되느냐는 한국 민의 이해와 요구에 근거해서 찾아야 한다.

현시대는 민이 개인과 집단, 나라와 민족 단위의 모든 부분에서 주인의 권리를 누리고 살아가고자 하기에 애민과 애국의 기치를 요구하고 있다. 그렇다고 한다면 한국 사회는 당연히 애민, 애국의 기치로 나아가야 할 것이다. 이에 따라 북과의 관계도 애민, 애민의 기치로 함께 나아갔을 때는 서로 화합하고 단결하면 될 것이고, 그것이 아닐 때는 서로 싸우고 대립할 수도 있을 것이다. 그런데 어떻게 한국 민의 이해와 요구 사항을 쏙 빼 버리고 북과의 관계만을 놓고 이롭게 하느냐, 마느냐가 판단의 척도로 될 수 있단 말인가?

북과의 관계를 놓고 판단하는 척도를 허용해서는 안 되는 이유는 나라의 주인인 민의 주권적 권리를 제약하기 때문만이 아니라 한국 사회에서 애국적 분위기와 기풍이 확립되는 데에 커다란 걸림돌로 되고 있기 때문이기도 하다. 오로지 북을 이롭게 하느냐를 놓고 판단의 잣대로 사용하기 때문에 애국적 행위도 탄압의 대상으로 된다는 것이다. 주권을 제대로 행사하지 못하고 있다면 주권을 되찾으려고 하고, 민족이 분단되어 있다면 통일하려고 노력하는 것이 애국적인 행위일 것이다. 그런데 이런 행위가 북을 이롭게 할 수 있다는 미명하에 탄압받는 것이 정당화된다면 어떻게 한국 사회에서 애국적인 사회적 분위기와 기풍이 확립될 수 있겠는가?

이런 문제점을 해결하기 위해서는 현시대적 요청과 한국 민의 이해와 요구에 근거하여 매국 행위는 응징하고, 애국적인 행위는 고무 찬양하는 애국법과 조국통일법을 신속히 제정해야 한다. 한마디로 북을 반대한다는 이유만으로 매국 행위가 애국 행위로 둔갑되고, 일정 부분의 입장이 북의 주장과 일치한다는 이유만으로 애국 행위가 탄압받는 형태가 벌어져서는 안 된다. 철두철미 한국 민의 이해와 요구인 애민과 애국의 기치를 견지하느냐, 그렇지 않으냐의 관계로 그 기준이 올바르게 설정되어야 한다는 것이다. 그렇다면 정부와 국회는 지체하지 말고 애민과 애국의 기치에 의한 애국법과 조국통일법을 제정하는 길로 곧장 나서야 할 것이다. 바로 이것이 정부와 국회가 지금 당장 수행해야 할 막중한 책무라는 것이다.

애국법과 조국통일법이 제정되면 매국 행위는 응징하고, 애국 행위는 고무하는 법적 제도와 질서 체계가 세워짐으로써 애민과 애국의 기치에 의한 애국적인 주장이 더욱 풍부하게 전개될 수 있을 것이고, 그러면 한국 사회에서는 자연스레 애국적인 분위기와 기풍이 확립될 것이며, 궁극적으로 민이 개인과 집단, 나라와 민족 단위의 모든 부분에서 주인의 권리를 누리는 사회로 나아가게 될 것이다.

2024년 10월 14일
우리겨레연구소(준) 소장 정호일

〈장동욱 기자〉
사람일보 2024. 10. 14.

사람일보 반헌법적 언론탄압 즉각 중단하라

1980년5월민주화투쟁언론인회, "역사의 준엄한 심판을 면치 못할 것"

1980년5월민주화투쟁언론인회(대표 고승우)는 15일 윤석열 정권의 사람일보 탄압을 규탄하며 '윤석열 정권은 사람일보에 대한 반헌법적 언론탄압을 즉각 중단하라' 제목의 성명을 발표했다. 전문을 싣는다. 〈편집자〉

윤석열 정권은 사람일보에 대한 반헌법적 언론탄압을 즉각 중단하라

윤석열 정권이 최근 〈사람일보〉 서버 관리회사를 압수수색하고, 사람일보 사이트 개설 등록정보에 대한 압수수색검증영장을 집행, 반헌법적 언론자유 탄압과 반통일적 범죄행위를 자행했다.

경기북부경찰청 안보수사2대는 지난 4일 국가보안법 위반 혐의로 경기도 성남시 소재 사람일보 서버 관리업체에 보관중인 사람일보 사이트 개설(가입) 등록 정보(개설 등록자 인적사항, 계정 아이디 등 피혐의자 관련 정보)에 대한 압수수색검증영장(영장번호 2024-11980)을 집행하는 폭거를 저질렀다.

윤석열 정권은 영장에 적시한 피의자 박해전 언론인의 범죄사실에서 "인터넷 언론매체 사람일보 발행인이자 615공동선언실천남측위원회 공동대표로 활동했던 자"라며 지난 2018년 1월부터 2024년 8월까지 총 64편의 정치 평론 글과 보도기사에 대해 이적 동조 또는 이적표현물 반포를 했다며 국가보안법 위반 혐의를 적용했다.

이에 대해 사람일보는 성명을 통해 "사람일보는 그동안 촛불행동의 '윤석열 퇴진 김건희 특검 촛불대행진'과 이 단체의 논평과 성명을 적극 보도했으며, 윤석열 정권이 영장에서 이적 동조로 예시한 '우리 민족 자주통일 평화번영의 진로' 글(사람일보 2019. 3. 27. 자)은 남북해외의 정부 국회 정당 지방자치단체 민간단체 인사들이 참가한 남북공동선언 이행을 위한 2019년 새해맞이연대모임 대표자대회에서 채택한 '8천만 겨레에게 드리는 호소문'을 알린 것으로 이 대회에 참가한 6.15공동선언실천남측위원회 공동대표로서 너무나도 정당한 것이었다. 이를 범죄시한 윤석열 정권의 행태를 용납할 수 없다"고 강조했다.

성명은 이어 "더욱 충격적인 것은 박해전 5공 아람회사건 반국가단체 고문조작 국가범죄 청산연대 공동대표가 2019년 12월 21일 오후 2시 서울 광화문에서 열린 국가보안법철폐긴급행동 12월 월례집회에서 '반국가단체 고문조작 국가범죄 청산하라' 제목으로 연설한 글(사람일보 2019. 12. 21. 자)을 이적 동조로 범죄일람표에 올린 것"이라고 밝히면서 "윤석열 정권의 사람일보 탄압은 이러한 민주주의와 헌법 수호 언론활동에 대한 정치보복이자 반헌법적 언론탄압으로 즉각 중단되어야 한다"면서 "이러한 반헌법적인 사람일보 탄압은 윤석열 탄핵 사유를 하나 더 추가하는 것으로 된다"고 강조했다.

윤석열 정권이 국가보안법 위반 혐의로 적시한 사람일보의 정치평론 글과 보도기사는 6.15공동선언실천남측위원회 공동대표 박해전 발행인이 남북공동선언을 실현하고, 식민과 분단 적폐청산과 조국통일을 실현하기 위한 것인데도 세계가 지탄하는 악법인 국가보안법을 앞세워 압수수색을 단행하고 자유로운 보도와 집필활동을 가로막는 것은 공권력의 심각한 폭력으로 명백한 언론탄압이다.

윤석열 대통령은 집권이후 정권에 비판적인 야당과 시민사회, 국민들을 향해 '반국가세력', '자유민주주의에 대한 도전'이라고 협박하면서 노동운동단체를 탄압하고 공영언론을 파괴하고 정상적인 보도를 소송으로 몰아가는 작태를 반복하고 있다가 이번에 사람일보를 대상으로 공안몰이를 자행한 것으로 이는 즉각 중단되어야 한다.

윤석열 대통령은 집권 절반을 채우기도 전에 민생파탄, 민주유린, 평화파괴를 일삼아 국민적 분노가 폭발 직전에 이르고 정치권에서는 탄핵이라는 말이 일상화되고 있다. 지난 4월 총선에서 윤석열 정권을 심판했던 국민들은 촛불시위와 '퇴진 국민투표' 등을 통해 정치 정상화를 위해 총궐기할 태세를 갖추고 있다.

바람 앞의 촛불 신세가 된 윤석열 정권이 전국민의 입틀막을 위해 휘두르는 국보법은 이승만이 지난 1948년 '치안유지법'을 모태로 좌익 활동과 반정부활동을 탄압하기 위해 만든 법으로 탄생부터 개인의 사상과 이념을 제한하고, 정권수호를 위한 반민주적인 악법이었다.

세계인권선언에 반하는 국보법이 지배해 온 지난 70여 년 동안 양심과 언론 자유, 민주주의 탄압이 자행되어 왔고 유엔과 국제인권 기구 등은 이 법의 개폐를 지속적으로 주장하고 있다. 국보법은 가짜간첩 양산, 공안정국 조성 등의 불쏘시개 역할을 해왔으며 사상과 표현의 자유를 억압해 학문의 자유를 가로막으면서 민족 공동체의 구심점을 파괴하는 역기능이 심각하다.

민주주의, 법치를 앞세웠던 윤석열 대통령은 세계가 규탄하는 악법을 앞세워 정권 비판 세력을 겁박하면서 집권 유지를 획책하는 야만적 통치를 즉각 멈춰야 할 것이다. 윤석열 정권은 동시에 사람일보 서버 압수수색을 취소하고 사람일보와 박해전 발행인에 대한 탄압을 즉각 중단해야 한다. 사람일보 탄압을 멈추고 국민 앞에 사과하지 않는다면 역사의 준엄한 심판을 면치 못할 것이다.

2024년 10월 15일
1980년5월민주화투쟁언론인회 대표 고승우

사람일보 2024. 10. 15.

"박해전 사람일보 대표 또 고초 겪지 않길"

강진욱 전 연합뉴스 기자, "남북공동선언 실천하는 애국애족 언론 활동"

강진욱 전 연합뉴스 기자가 최근 윤석열 정권이 국가보안법에 걸어 사람일보 서버를 압수수색한 사건과 관련해 누리사회관계망에 올린 글을 필자와 협의해 일부 오자를 수정해 싣는다. 〈편집자〉

공안세력의 발호가 심상찮다. 헌법을 유린하는 국보법은 빨리 없어져야겠지만, 그 법이 없어질 리 없으니 안 걸리는 게 수다.

헌데 이제는 안 걸리려 애쓰는 이들까지도 마구 건다. 저쪽 발표문 전문을 공개하고 저쪽의 '희망 사항'에 동의해 '이적 동조'했다는 식이다. 인터넷 매체 〈사람일보〉가 며칠 전 '서버 압수수색'을 당한 이유다.

문재인 정권 시기인 2018년 1월부터 최근까지, 박해전 대표가 쓴 64편의 정치평론과 기사를 문제 삼았다.

저쪽 하는 얘기를 온전히 들어보자는 게 무슨 죄가 되나, '국보법을 없애자' '한미상호방위조약과 한일기본조약을 폐기하자' 말하는 건 헌법이 보장하는 언론의 자유다.

대통이 허구헌날 외는 '자유민주'는 빛 좋은 개살구다. 남의 입.귀 틀어막고 저 혼자 '자유민주'를 외치는 꼴이다.

〈사람일보〉의 박해전 대표는 6.15공동선언과 10.4선언, 4.27 판문점 선언 제대로 이행할 것을 촉구했을 뿐이다. 되지도 않을 '북 핵 포기'만 되뇌며, 남북의 합의 이행을 방해하는 미국과 일본과 같이 놀지 말라고 외쳤을 뿐이다.

미·일과 한통속으로 노는 정권이니 못마땅했을 것이다. 그렇다고 국보법을 들이댈 일인가. 미·일(과의 협력)에 반대하면 국가안보가 위태로워지나.

혹시, '윤석열 퇴진 김건희 특검 촛불대행진'의 논평과 성명을 적극 보도해 뿔이 났나? 그랬을 수 있다. 시시껄렁한 '디올백' 사건을 언급하는 대신, "남북공동선언을 짓밟고 외세와 야합해 한반도 핵전쟁 위기를 고조시키는 사대매국 정권" 운운했으니...

박 대표는 자신의 일을 "조국의 평화적 통일을 사명으로 하는 헌법에 기초해 남북공동선언을 실천하는 애국애족 언론 활동"이라고 자부한다.

그는 '조국의 평화적 통일의 사명(헌법 전문)'과 '조국의 평화적 통일을 위한 성실한 의무(헌법 제66조)'를 저버린 대통령과 그 정권은 탄핵돼야 마땅하다고 생각한다.

1981년 '5공 아람회사건 반국가단체 고문조작 국가범죄'로 옥고를 치렀고, 1994년 〈한겨레신문〉 창간 초기 불법무도한 '송건호 사장 축출'에 저항하다 해직됐으며, 2년 뒤 재판을 거쳐 복직한 뒤에도 현직 언론인 신분으로 1999년 범민족대회 대변인을 맡았다 구속된 이력이 있는 그는 마땅히 해야 할 실천적 언론 활동을 하고 있을 뿐이다.

그가 또 고초를 겪지 않기를 바란다.

〈강진욱 전 연합뉴스 기자〉

사람일보 2024. 10. 21.

사람일보 국가보안법 사건 조작을 역사의 법정에 고발한다

박해전 사람일보 대표는 22일 '사람일보 국가보안법 사건 조작을 역사의 법정에 고발한다' 제목의 '윤석열 정권 사람일보 탄압 규탄 특별성명'을 발표했다. 전문을 싣는다. 〈편집자〉

우리는 오늘 윤석열 정권의 반헌법적인 사람일보 국가보안법 사건 조작을 역사의 법정에 고발하면서 윤 정권의 탄압에 맞서 묵비권을 행사하고 이를 심판하는 역사의 법정에서 진실과 정의의 증언을 할 것임을 결연히 선언한다.

윤석열 정권은 반헌법적인 사람일보 탄압 중단을 요구하는 사람일보 탄압 규탄 특별성명(사람일보 2024.10.7.자)과 제사회단체의 성명에도 불구하고 국가보안법에 걸어 2024년 10월 4일 사람일보 서버 관리업체에 보관중인 사람일보 사이트 개설(가입) 등록 정보(개설 등록자 인적사항, 계정 아이디 등 피혐의자 관련 정보)에 대한 압수수색검증영장(영장번호 2024-11980)을 집행한 데 이어 박해전 사람일보 대표의 경찰 보안수사대 출석요구를 통지해왔다.

윤석열 정권은 이 영장에서 '범죄사실 및 압수 수색 검증을 필요로 하는 사유'에 대해 "피혐의자는 2000. 5. 17. 서울지방법원에서 국가보안법위반(찬양고무)(회합통신) 등으로 징역 1년, 자격정지 1년, 집행유예 2년 형을 선고받아 판결 확정된 전력이 있고, 인터넷 언론매체 '사람일보' 발행인이자, '6.15공동선언실천남측위원회' 공동대표로 활동하였던 자"이라며 "입건 전 조사단계에서 확보한 증거 및 관련 판결문에 의할 때, 피혐의자가 운영하고 있는 것으로 확인되는 〈사람일보〉 내에 본건 범죄일람표에 기재된 총 64건의 문건은 이적 동조 및 이적표현물에 해당되고, 피혐의자의 동종 범죄 전력, (6.15공동선언실천남측위원회) 공동대표로서의 종북단체 활동 이력, 범죄사실에 해당하는 문건들의 이적성 및 위험성, 인터넷 언론매체를 이용한 반포행위 등 피혐의자의 이적지정 이적목적 고의 또한 충분히 소명된다"라고 기술했다.

윤석열 정권이 6.15공동선언실천남측위원회를 종북단체로 규정하고 박해전 공동대표의 6.15공동선언 실천 활동과 사람일보의 언론 활동을 총 64건의 범죄일람표로 작성해 국가보안법으로 탄압하는 것은 조국의 평화적 통일을 사명으로 하는 헌법 전문과 헌법 제21조 언론의 자유를 부정하는 반헌법적 폭거로 절대로 용납될 수 없다. 윤석열 정권의 이러한 만행은 반헌법적 범죄로 또하나의 탄핵 사유로 될 뿐이다.

우리는 이에 대해 2024년 10월 7일 발표한 '사람일보 탄압은 또하나의 윤석열 탄핵 사유' 제목의 [사람일보 탄압 규탄 특별성명]에서 그 부당함을 명백히 밝혔으며, 그동안 '사람일보 탄압을 즉각 중단하라!' 제목의 5공피해자단체전국연합회(상임공동대표 최형호 이적) 성명, '윤석열 정권은 사람일보와 박해전 언론인에 대한 탄압을 즉각 중단하라' 제하의 부산자주통일평화연대 성명, '애국행위에 대한 탄압을 중단하고, 이제야말로 매국행위는 응징하고 애국행위를 고무하는 애국법과 조국통일법을 제정하라! 사람일보와 박해전 언론인의 탄압에 대한 우리겨레연구소(준)의 입장' 제목의 우리겨레연구소(준)(소장 정호일) 성명, '윤석열 정권은 사람일보에 대한 반헌법적 언론탄압을 즉각 중단하라' 제목의 1980년5월민주화투쟁언론인회(대표 고승우) 성명이 이어졌다.

윤석열 정권은 영장에서 문재인 정권 시기인 2018년 1월부터 최근 시기까지 6.15공동선언실천남측위원회 공동대표이며 사람일보 대표인 박해전 기자가 쓴 총 64편의 정치평론 글과 보도기사를 범죄일람표에 올렸다. 이 중에서 '이적 동조'로 묶은 13건의 글 제목과 부제목은 다음과 같다.

1. 역사는 6.15 자주통일 헌법을 요구한다

〈6.15공동선언과 10.4선언에 기초한 자주통일 평화번영 헌법 개정을 촉구하며 문재인 대통령과 국회, 제정당사회단체, 국민들과 해외동포들에게 보내는 6.15 10.4 국민연대 호소문〉

사람일보 2018.2.1.자

2. 우리 민족 자주통일 평화번영의 진로

남북 제도를 인정하고 용납하는 기초 위에 연방민족통일 실현하자

사람일보 2019.3.27.자

3. 판문점선언 국회비준 범국민운동 요청한다

자주통일평화번영운동연대 6.15공동선언 19돌기념 성명

사람일보 2019.6.15.자

4. 국가보안법 철폐하고 사대매국 심판하자

반국가단체 고문조작 국가범죄 청산하라

사람일보 2019.12.21.자

5. 2020년 올해 민족자주와 조국통일 이루자

판문점선언 국회 비준 동의를 요구하는 자주통일평화번영운동연대 시국선언

사람일보 2020.7.22.자

6. 2020년 올해를 민족자주와 조국통일 원년으로 창조하자

문재인 대통령과 김정은 국무위원장의 판문점선언에 의거한 조국통일을 촉구하는 자주통일평화번영운동연대 성명

사람일보 2020.8.10.자

7. [판문점 가상대담] 통일대통령을 부른다

식민과 분단 적폐청산하는 통일대통령은 제20대 대통령선거의 시대정신

사람일보 2021.8.27.자

8. 다함께 민생조국통일 거국정권 창조하자

[2022년 새해 판문점 가상대담] 2022년 1월 1일 정오 판문점 도보다리

대담장

사람일보 2022.1.7.자

9. 판문점선언 완수하는 민생통일 대통합정권을 향하여 전진하자

[시국성명] 제20대 대선과 제정당사회단체의 진로

사람일보 2022.3.22.자

10. 식민과 분단 적폐청산 조국통일 어떻게 할 것인가

[조국통일만민공동회 특집] 박해전 자주통일평화번영운동연대상임대표 연설문

사람일보 2023.10.30.자

11. 식민과 분단 청산하는 국회를 요구한다

[자주통일평화번영운동연대] 국민주권자들과 제정당사회단체에 보내는 편지

사람일보 2024.3.21.자

12. 사대매국노예조약 폐기 범국민운동을 요청한다

판문점선언 6주년에 국민주권자들과 제정당사회단체, 헌법기관에 보내는 편지

사람일보 2024.4.25.자

13. 한국정치 근본적 대혁신을 요구한다

6.15공동선언 24주년에 즈음한 민주당혁신연대 성명

사람일보 2024.6.15.자

이상의 글들의 제목과 부제목은 모두가 한결같이 조국의 민주개혁과 평화적 통일의 사명에 입각하여 정의·인도와 동포애로써 민족의 단결을 공고히 하고, 모든 사회적 폐습과 불의를 타파하기 위해 작성된 것이고 6.15공동선언실천남측위원회 공동대표로서 민족자주와 민족자결의 원칙을 밝힌 남북공동선언의 적극적인 실천이었음을 웅변하고 있다.

대한민국 헌법 전문은 '조국의 민주개혁과 평화적 통일의 사명에 입각하

여 정의·인도와 동포애로써 민족의 단결을 공고히 하고, 모든 사회적 폐습과 불의를 타파함'를 명시하고 있고, 헌법 제1조는 ①대한민국은 민주공화국이다. ②대한민국의 주권은 국민에게 있고, 모든 권력은 국민으로부터 나온다.라고 주권재민의 원칙을 밝히고 있다.

윤석열 정권이 헌법의 요구인 조국의 평화적 통일의 사명에 충실한 박해전 공동대표의 남북공동선언 실천을 국가보안법을 들이대어 탄압하는 것은 헌법 제1조 대한민국은 민주공화국이다.를 부정하고 헌법 제66조 대통령은 조국의 평화적 통일을 위한 성실한 의무를 진다.에 위배되는 반헌법적 폭거로 중대한 탄핵 사유로 된다.

더욱 천인공노할 만행은 박해전 5공 아람회사건 반국가단체 고문조작 국가범죄 청산연대 공동대표가 2019년 12월 21일 오후 2시 서울 광화문에서 열린 국가보안법철폐긴급행동 12월 월례집회에서 '반국가단체 고문조작 국가범죄 청산하라' 제목으로 연설한 글(사람일보 2019. 12. 21.자)을 '범죄일람표 1. 이적 동조 4'에 올린 것이다.

5공 아람회사건 반국가단체 고문조작 국가범죄는 2007년 7월 3일 진실·화해를 위한 과거사정리위원회(위원장 송기인)의 아람회사건 반국가단체 고문조작 국가범죄 진실규명, 2009년 5월 21일 서울고등법원 형사재심 피해자 무죄선고(재판장 이성호)에 의하여 확증되었다.

반국가단체 고문조작 국가범죄 청산의 청구권이 있는 5공 아람회사건 반국가단체 고문조작 국가범죄 피해자들은 그동안 주범 전두환 심판, 피해자 원상회복, 반국가단체 고문조작 국가범죄 도구로 사용된 국가보안법 폐지를 비롯한 재발방지 대책을 거듭 요구해왔으나 어느 것 하나 해결되지 않고 있다.

5공 아람회사건 반국가단체 고문조작 국가범죄가 발생한 지 거의 반세기에 이르도록 적폐 청산을 방기하면서 한평생 피눈물 나는 고통을 겪은 피해자가 반국가단체 고문조작 국가범죄의 완전한 청산을 요구한 것을 이적시하고 고희를 넘긴 피해자에게 또다시 국가보안법의 칼날을 들이댄 윤석열 정권의 반인륜적인 치떨리는 만행은 민주공화국을 부정한 또하나의 국가범죄로 영원히 기록될 것이다.

윤석열 정권은 또 박해전 민주당혁신연대 공동대표가 2024년 6월 15일 6.15공동선언 24주년을 맞아 발표한 [한국정치 근본적 대혁신을 요구한다] 제목의 성명(사람일보 2024.6.15.자)까지도 범죄일람표(1. 이적 동조 13)에 넣어 더불어민주당 권리당원의 정당활동을 탄압하고 있다.

박해전 민주당혁신연대 공동대표는 2002년 대선시기 노무현 대통령 후보 시민사회특보로서 참여정부 출범에 기여했고, 2003년 열린우리당 창당 발기인으로 참여해 2024년 현재까지 더불어민주당 권리당원으로 활동하고 있다. 그동안 2007년 정동영 대통령 후보 남북교류협력특별위원장, 2012년 문재인 대통령 후보 정책특보, 2017년 문재인 대통령 후보 통일정책특보, 2022년 이재명 대통령 후보 남북공동선언실천특보단장을 역임하였으며, 단행본 『노무현 대통령』 『문재인 대통령』 『이재명 통일대통령 깃발을 다함께 들자』를 저술하여 민주당 권리당원으로서 남북공동선언 실천에 앞장서왔다.

윤석열 정권은 사람일보의 '김정은 국무위원장 2018 신년사' 보도기사(2018.1.2.자)를 비롯하여 '조선중앙통신의 한미일 안보협력 프레임워크 협력각서와 관련한 논평' 보도기사(2024.8.3.자)까지 51건의 기사를 국가보안법 위반 범죄일람표(2. 이적표현물 반포)에 적시했다.

그러나 이 보도기사들은 모두 전국언론노동조합연맹과 한국기자협회, 한국방송프로듀서연합회 언론 3단체가 1995년 8월 15일 공동 제정한 [평화통일과 남북 화해협력을 위한 보도·제작 준칙]을 적극 실천한 것으로 정정당당하며, 이를 범죄시하는 것은 헌법 제21조 언론의 자유와 언론사의 언론활동을 부정하는 반헌법적 폭거다.

언론 3단체의 [평화통일과 남북 화해협력을 위한 보도·제작 준칙]은 다음과 같다.

[평화통일과 남북 화해협력을 위한 보도·제작 준칙]

전문

분단된 조국의 통일은 온 겨레의 염원이다. 그러나 지금까지 우리 언론은 남북관계 및 통일문제 보도·제작에서 화해와 신뢰 분위기 조성에 기여하기보다는 불신과 대결의식을 조장함으로써 반통일적 언론이라는 오명을 씻어내지 못했다. 이 같은 반성 위에서 한국기자협회와 전국언론노동조합연맹 및 한국방송프로듀서연합회 등 언론 3단체는 해방과 분단 50주년을 맞아 우리 언론이 통일언론으로 거듭나기 위한 다짐으로 공동의 보도·제작 규범을 제시한다. 우리는 '7·4남북공동성명'과 '남북 사이의 화해와 불가침 및 교류·협력에 관한 합의서' 정신에 따라 먼저 남과 북의 평화공존과 민족동질성 회복에 힘쓰며, 민족공동의 이익을 증진하고 궁극적으로 남과 북이 단결하여 자주적 평화적으로 통일을 이루도록 노력한다.

총강

1. 우리는 대한민국(약칭:한국)과 조선민주주의인민공화국(약칭:조선)으로 나누어진 남과 북의 현실을 인정하며, 상호존중과 평화통일을 준비하는 차원에서 상대방의 국명과 호칭을 있는 그대로 사용함을 원칙으로 한다.
2. 우리는 냉전시대에 형성된 선입견과 편견에서 벗어나 객관적으로 보도·제작함으로써 남북 사이의 공감대를 넓혀 나간다.
3. 우리는 남북관계 보도·제작에서 언론의 자유를 근본적으로 가로막는 법적·제도적 장애를 타파한다.
4. 우리는 남과 북의 우수한 민족문화 유산을 공유하고 민족의 공동번영을 추구할 수 있는 기사 및 프로그램 개발에 힘쓴다.
5. 우리는 통일문제에 관한 사회 각계의 다양한 의견을 공정하게 반영하

여 민주적인 여론형성에 기여한다.

보도실천요강

1. 남북 긴장해소 노력 : 남북간의 평화를 저해할 수 있는 군비증강 등 제반문제에 관심을 기울이며, 남북간 긴장 및 불의의 사고 발생시 신속하고 평화적인 해결을 이끌어 내는 데 초점을 맞춰 보도한다.
2. 인물 호칭·직책 존중 : 조선민주주의인민공화국의 인물에 대한 호칭은 대한민국의 그것과 마찬가지로 성명 다음에 직책을 붙여 호칭한다.
3. 관급자료 보도 유의 : 조선민주주의인민공화국에 대한 관급 보도자료의 무절제한 인용·전재를 피하고 최대한 확인절차를 거쳐서 보도한다.
4. 내외통신 인용 책임 : 내외통신 자료는 관급 보도자료 가운데 하나이므로 내외통신 자료를 전적으로 인용한 보도리 힐지라도 그 책임은 이를 보도한 기자에게 있다는 점에 유의한다.
5. 외신보도 신중 인용 : 외신을 활용한 특정세력의 목적성 여론조성을 경계하며, 제3국이 자국의 이익을 관철하기 위해 의도적으로 유포하는 외신보도는 인용하지 않는다.
6. 1차자료 적극 활용 : 조선민주주의인민공화국의 신문·방송·통신 보도와 잡지 등 1차자료에서 보도가치가 있다고 판단되는 것은 적극 활용한다.
7. 각종 추측보도 지양 : 국내외 관계자들이 무책임하게 유포하는 각종 설은 보도하지 않는다. 다만 취재원을 확인할 수 있는 경우는 예외로 한다.
8. 사진·화면 사용 절제 : 해당기사와 무관한 자극적인 화면이나 사진을 사용하지 않으며, 냉전과 대결의 시각보다 남북간 화해와 협력을 이끌어 내는 데 노력한다.
9. 희화적인 소재 지양 : 남북간 언어, 문화, 생활의 차이와 상호 이질감을 우리의 잣대로 평가하거나 보도에 희화적 소재로 삼지 않는다.
10. 망명자의 증언 취사 : 망명자의 증언은 그로부터 신뢰성을 확보할 수

있는 부분에 대해서만 기사화하도록 한다. 전언이나 추정 등을 기사화해야 할 경우는 '전언', '추정' 등을 명기한다.

제작실천요강

1. 정보제공 적극 편성 : 조선민주주의인민공화국 관련 프로그램 편성시 형식적·소극적 편성에서 벗어나 다큐멘터리·드라마·오락물 등 각 장르별로 적극 편성하며, 남북 관련 긴급 혹은 특집프로그램 편성시 정치적 의도가 없는지 특히 유의한다.

2. 통일지향 가치 추구 : 기획, 출연자 선정, 편집 등의 제작과정에서 민족동질성 회복, 화해·공존공영의 증진, 통일의 촉진이 구현되도록 적극성을 갖고 제작에 임한다. 프로그램 제작시 여러 가치가 충돌할 경우 인간 존엄성 존중, 민족이익 수호, 민족화해 증진 등의 가치를 판단의 우선가치로 삼는다.

3. 냉전시대 관행 탈피 : 냉전시대에 형성된 내면적 자기검열, 습관화된 분단의식, 누적된 선입견과 편견으로부터 자유로운 상태에서 프로그램을 제작한다. 또 냉전의식을 바탕으로 만들어진 가요·가곡·드라마·영화 등의 방송을 피하며, 갈등을 조장하는 불필요한 화면을 사용하지 않는다.

4. 상업·선정주의 경계 : 상업주의와 선정주의를 경계하며, 안일하고 편의적인 제작태도를 극복하기 위해 끊임없이 노력한다. 나아가 현재의 모든 방송행위가 미래의 통일민족문화와 직결된다는 것을 염두에 두고 프로그램 제작에 임한다.

5. 다원주의 가치반영 : 사회적 가치나 의견 등의 메시지를 시청취자에게 전달할 때는 제작진이 단정적 결론을 내리기보다 시청취자가 듣고 보며 스스로 판단할 수 있도록 한다. 이를 위해서 통일과 관련된 다양한 의견을 가능한 한 가감없이 프로그램에 반영하도록 노력한다.

6. 보도활용 제작 신중 : 국내외 매체의 조선민주주의인민공화국 관련 보

도를 근거로 가십·꽁트 프로그램을 제작할 경우 보도의 정확성, 취재원의 신뢰도, 보도 이면에 게재되어 있을 수 있는 정치적 의도 등을 충분히 검증한 뒤 방송하며, 무분별하게 인용하여 민족화합을 저해할 수 있는 내용으로 프로그램화하지 않는다.

7. 생활문화 적극 소개 : 정치적 통합을 넘어서는 남북 주민간의 사회·문화적 통합이 진정한 최종적 통일임을 인식해 조선민주주의인민공화국 주민들의 생활과 문화를 프로그램 소재로 적극 채택한다.

8. 능동적인 자료 접근 : 조선민주주의인민공화국에 대한 프로그램 제작 시 정보의 편중성·부족상황을 극복하기 위하여 제작진 스스로 노력한다. 1차자료를 적극 활용하고, 각 분야 연구자 등 폭넓은 인적자원 확보에 각자가 능동적으로 힘쓴다.

9. 남북차이 이해 노력 : 언어·문화·생활·관습·가치관 등에서의 남북의 차이를 인정하고 이를 객관적으로 인식하기 위해 노력하며, 가능한 한 이 차이들을 희화적 소재로 삼지 않도록 한다.

10. 남북 동질성의 부각 : 남북의 차이점보다는 같은 점을, 과거보다는 미래를 부각시킴으로써 미래지향적·통일지향적 방향으로 프로그램 제작에 힘쓴다.

1995. 8. 15
전국언론노동조합연맹·한국기자협회·한국방송프로듀서연합회

윤석열 정권이 이적표현물 반포로 문제삼은 사람일보 보도기사들은 모두 언론 3단체의 보도준칙과 7.4남북공동성명의 조국통일 3대원칙에 따라 남북공동선언을 이행하는 데 필요한 정보를 담고 있으며, 국민주권자들의 알권리를 보장하기 위한 것들이다.

사람일보가 조선중앙통신과 로동신문 기사를 인용 보도한 기사들은 공영방송 한국방송공사와 문화방송 텔레비전, 연합뉴스와 일간신문의 보도에 기초하고 미국매체 엔케이뉴스(nknews.org)의 관련 보도자료를 참조한 것으로 이를 이적표현물 반포로 문제삼는 것은 공영방송을 비롯한 한국의 모든 언론사의 언론활동 자체를 부정하는 반헌법적 범죄이다.

박해전 사람일보 대표는 1988년 한겨레신문 창간기자로 참여해 한국기자협회 회원 활동을 하였으며, 한겨레신문노동조합과 전국언론노동조합연맹 대의원을 역임했다. 또 안동수 한국방송공사 노조원과 최문순 문화방송 프로듀서가 부당 해직되었을 때는 복직투쟁에 연대했다.

우리는 언론 3단체가 공동 채택한 보도준칙을 가장 적극적으로 실천한 사람일보의 언론활동에 대한 윤석열 정권의 반헌법적 탄압을 심판하는 데 언론 3단체가 적극 나설 것을 요구한다.

우리는 또 6.15공동선언남측위원회를 종북단체로 규정하고 박해전 공동대표의 적극적인 남북공동선언 실천 활동을 탄압하는 윤석열 정권의 반헌법적 범죄를 탄핵하는 데 제정당사회단체가 적극 나설 것을 호소한다.

우리는 국제연합 고문방지협약을 어기고 5공 아람회사건 반국가단체 고문조작 국가범죄 청산을 방기하면서 그 피해자인 박해전 사람일보 대표에게 또다시 국가보안법의 올가미를 씌우려는 윤석열 정권의 반인륜적인 만행에 대한 조사관 파견을 국제연합 인권위원회에 요구한다.

전창일 진보당 고문을 비롯한 11개 정당사회단체 인사들은 2024년 7월 17일 [제헌절에 즈음하여 헌법과 국민주권을 침해하는 한미상호방위조약과 한일기본조약 폐기, 한미일연합군사훈련금지법 제정을 국회에 요구하는 정당사회단체 공동성명]을 내어 "국회가 헌법 전문과 헌법 제66조 '대통령은 조국의 평화적 통일을 위한 성실한 의무를 진다.'에 반하여 남북공동선언을 짓밟고 외세와 결탁해 한반도 핵전쟁 위기를 고조시키는 윤석열 사대매국정권을 즉각 탄핵하고, 국민주권과 헌법을 침해하는 한미상호방위조약과 한일기본조약을 폐기하고 한미일연합군사훈련금지법을 제정함으로써 우리 민족의 염원인 자주통일과 평화번영의 활로를 열 것"을 요구했다.

우리는 제정당사회단체와 국민주권자들이 하루빨리 반헌법적인 윤석열 정권을 탄핵함으로써 사람일보 탄압이 종식되기를 바란다.

우리는 윤석열 정권이 국가보안법 위반 범죄사실로 적시한 사람일보의 64편 정치평론 글과 보도기사를 비롯하여 탄압과 심판의 기록을 담은 〈윤석열 정권 사람일보 탄압 심판 백서〉를 내어 조국통일의 역사를 후대에 전할 것이다.

〈한겨레정론〉(1992년 3월 25일 창간)을 연원으로 한 사람일보의 창간정신은 '사람 사는 세상, 우리 민족과 인류사회의 평화와 행복을 위하여'이다.

사람일보는 또 창간사에서 "우리는 6.15 10.4 공동선언에 따라 평화통일을 완수해가는 사람들의 역사를 충실히 기록한다"고 밝혔다.

사람일보는 모든 사람과 온 세상이 평화와 행복을 누리는 그날을 향하여 끊임없이 나아갈 것이다.

윤석열 정권의 사람일보 국가보안법 사건 조작은 역사의 법정에서 반드시 준엄한 심판을 받고야 말 것이다.

2024년 10월 22일
사람일보 발행 편집인
전 6.15공동선언실천남측위원회 공동대표(현 자주통일평화연대 공동대표)
5공 아람회사건 반국가단체 고문조작 국가범죄 청산연대 공동대표
박해전

사람일보 2024. 10. 22.

5공 반국가단체 고문조작 국가범죄를 청산하지 않고 그 피해자 박해전 사람일보 대표에게 또다시 국가보안법을 들이댄 윤석열 정권을 고발한다

[윤석열 정권의 박해전 사람일보 대표 국가보안법 사건 조작 규탄 특별성명]

박해전 사람일보 대표는 15일 '5공 반국가단체 고문조작 국가범죄를 청산하지 않고 그 피해자 박해전 사람일보 대표에게 또다시 국가보안법을 들이댄 윤석열 정권을 고발한다' 제목의 '윤석열 정권의 박해전 사람일보 대표 국가보안법 사건 조작 규탄 특별성명'을 발표했다. 전문을 싣는다. 〈편집자〉

우리는 전두환 내란반란정권의 5공 반국가단체 고문조작 국가범죄를 청산하지 않으면서 헌법과 국제연합 고문방지협약을 어기고 그 피해자 박해전 사람일보 대표에게 또다시 국가보안법을 들이댄 윤석열 정권의 반헌법적 폭거를 온 겨레와 인류사회에 고발한다.

윤석열 정권은 반헌법적인 박해전 사람일보 대표 국가보안법 사건 조작의 중단을 요구하는 사람일보 특별성명(사람일보 2024년 10월 7일자 [사람일보 탄압은 또하나의 윤석열 탄핵 사유], 2024년 10월 22일자 [사람일보 국가보안법 사건 조작을 역사의 법정에 고발한다])에도 불구하고 안보수사대 출석(국가보안법위반사건 접수번호 2023-001102, 2024년 11월 15일)을 거듭 통지해왔다.

윤석열 정권은 사람일보 서버 압수수색검증영장(영장번호 2024-11980)에서 6.15공동선언실천남측위원회를 종북단체로 규정하고 박해전 공동대표의 6.15공동선언 실천 활동과 박해전 사람일보 대표의 언론 활동(2018년 1월부터 2024년 8월까지)을 담은 총 64건의 문건을 국가보안법에 걸어

범죄일람표로 조작했다.

　그러나 이 문건들은 모두 조국의 민주개혁과 평화적 통일의 사명에 입각하여 정의·인도와 동포애로써 민족의 단결을 공고히 하고, 모든 사회적 폐습과 불의를 타파하기 위한 목적으로 작성된 것이고 6.15공동선언실천남측위원회 공동대표로서 민족자주와 민족자결의 원칙을 밝힌 남북공동선언의 적극적인 실천이었음을 증명하고 있다.

　윤석열 정권은 특히 박해전 5공 아람회사건 반국가단체 고문조작 국가범죄 청산연대 공동대표가 2019년 12월 21일 오후 2시 서울 광화문에서 열린 국가보안법철폐긴급행동 12월 월례집회에서 한 '반국가단체 고문조작 국가범죄 청산하라' 제목의 연설문(사람일보 2019. 12. 21.자)을 국가보안법 위반 범죄일람표에 올리는 천인공노할 만행을 저질렀다.

　박해전 5공 아람회사건 반국가단체 고문조작 국가범죄 청산연대 공동대표는 이 연설문에서 "우리의 청춘을 짓밟고 한생을 파괴한 이러한 야만적인 반국가단체 고문조작 국가범죄가 40년이 다 되도록 청산되지 않고 피해자 원상회복과 가해자 심판, 국가범죄 수단인 국가보안법 철폐가 방치되고 있다"며 "진실화해위원회의 아람회사건 진실규명 결정과 2009년 형사재심 무죄판결로써 아람회사건에 대한 반국가단체 고문조작 국가범죄도 확증되었다. 늦었지만 최소한 이를 계기로 고문조작 국가범죄 도구인 국가보안법은 당연히 철폐됐어야 한다"고 밝혔다.

　국제연합 '고문 및 그밖의 잔혹한 비인도적인 또는 굴욕적인 대우나 처벌의 방지에 관한 협약'(고문방지협약)은 고문조작 국가범죄의 가해자 처벌과 피해자 원상회복, 고문조작 수단의 폐기와 재발방지 대책 마련을 요구하고 있다. 또 대한민국 헌법 전문은 '조국의 민주개혁과 평화적 통일의 사명에 입각하여 정의·인도와 동포애로써 민족의 단결을 공고히 하고, 모든 사회적 폐습과 불의를 타파함'를 명시하고 있고, 헌법 제1조는 ①대한민국은 민주공화국이다. ②대한민국의 주권은 국민에게 있고, 모든 권력은 국민으로부터 나온다.라고 주권재민의 원칙을 밝히고 있다.

이러한 헌법과 국제연합 고문방지협약에 따라 청구권이 있는 5공 아람회 사건 반국가단체 고문조작 국가범죄 피해자가 반국가단체 고문조작의 도구로 사용된 국가보안법 폐지를 비롯한 반국가단체 고문조작 국가범죄의 완전한 청산을 요구한 정당한 행위에 또다시 국가보안법의 칼날을 들이대어 이적동조로 몰아간 윤석열 정권의 반인륜적인 치떨리는 만행은 또하나의 고문조작이자 국가범죄로 영원히 기록될 것이다.

윤석열 정권은 또 영장에서 6.15공동선언실천남측위원회를 종북단체로 규정하고 '식민과 분단 적폐청산 조국통일 어떻게 할 것인가'를 주제로 사람일보가 2023년 10월 11일 오후 2시 서울 노무현시민센터에서 주최한 조국통일만민공동회에서 한 박해전 6.15공동선언실천남측위원회 공동대표의 연설문(사람일보 2023.10.30.자)을 비롯하여 남북공동선언 실천 활동을 범죄일람표에 열거했다.

그러나 윤석열 정권이 헌법의 핵심 요구인 조국의 평화적 통일의 사명에 충실한 박해전 공동대표의 남북공동선언 실천을 국가보안법에 걸어 탄압하는 것은 헌법 전문을 부정하고 헌법 제66조 대통령은 조국의 평화적 통일을 위한 성실한 의무를 진다.에 위배되는 반헌법적 폭거로 중대한 탄핵 사유로 된다.

윤석열 정권은 사람일보의 '김정은 국무위원장 2018 신년사' 보도기사(2018.1.2.자)를 비롯하여 '조선중앙통신의 한미일 안보협력 프레임워크 협력각서와 관련한 논평' 보도기사(2024.8.3.자)까지 51건의 기사를 국가보안법 위반 이적표현물 반포로 적시했다.

그러나 이 보도기사들은 모두 전국언론노동조합연맹과 한국기자협회, 한국방송프로듀서연합회 언론 3단체가 1995년 8월 15일 공동 제정한 [평화통일과 남북 화해협력을 위한 보도·제작 준칙]을 적극 실천한 것으로 정정당당하며, 이를 범죄시하는 것은 헌법 제21조 언론의 자유와 언론사의 언론활동을 부정하는 반헌법적 폭거다.

윤석열 정권이 이적표현물 반포로 문제삼은 사람일보 보도기사들은 모두 언론 3단체의 보도준칙과 7.4 남북공동성명의 조국통일 3대원칙에 따라 남북공동선언을 이행하는 데 필요한 정보를 담고 있으며, 국민주권자들의 알 권리를 보장하기 위한 것들이다.

사람일보가 조선중앙통신과 로동신문 기사를 인용 보도한 기사들은 모두 공영방송 한국방송공사와 문화방송 텔레비전, 연합뉴스와 일간신문, 인터넷 언론사의 보도기사에 기초하고 미국매체 엔케이뉴스(nknews.org)의 관련 보도자료를 참조한 것이다. 이를 이적표현물 반포로 규정하고, 이 잣대를 한국 언론에 적용한다면 조선중앙통신과 로동신문 기사를 인용 보도한 공영방송을 비롯한 한국의 모든 언론사의 언론활동이 이적표현물 반포로 범죄시되고 모두 문을 닫아야 할 것이다.

전창일 진보당 고문을 비롯한 11개 정당사회단체 인사들은 2024년 7월 17일 [제헌절에 즈음하여 헌법과 국민주권을 침해하는 한미상호방위조약과 한일기본조약 폐기, 한미일연합군사훈련금지법 제정을 국회에 요구하는 정당사회단체 공동성명]을 내어 "국회가 헌법 전문과 헌법 제66조 '대통령은 조국의 평화적 통일을 위한 성실한 의무를 진다.'에 반하여 남북공동선언을 짓밟고 외세와 결탁해 한반도 핵전쟁 위기를 고조시키는 윤석열 사대매국정권을 즉각 탄핵하고, 국민주권과 헌법을 침해하는 한미상호방위조약과 한일기본조약을 폐기하고 한미일연합군사훈련금지법을 제정함으로써 우리 민족의 염원인 자주통일과 평화번영의 활로를 열 것"을 요구했다.

우리는 제정당사회단체와 국민주권자들이 하루빨리 윤석열 정권을 탄핵함으로써 사람일보 국가보안법 사건 조작이 종식되기를 바란다.

전두환 내란반란정권의 5공 아람회사건 반국가단체 고문조작 국가범죄를 청산하지 않으면서 헌법과 국제연합 고문방지협약을 어기고 국가보안법 철폐를 비롯한 완전한 청산을 요구한 피해자 박해전 사람일보 대표에게 또다시 국가보안법을 휘두른 윤석열 정권의 만행은 반드시 준엄한 심판을 받게 될 것이다.

2024년 11월 15일
사람일보 발행 편집인
전 6.15공동선언실천남측위원회 공동대표(현 자주통일평화연대 공동대표)
5공 아람회사건 반국가단체 고문조작 국가범죄 청산연대 공동대표
박해전

사람일보 2024. 11. 15.

반인륜적 국가범죄에는 시효가 없다

박해전 사람일보 대표는 9일 '윤석열 내란정권의 박해전 사람일보 대표 국가보안법 사건 조작은 전두환 내란반란정권의 아람회사건 반국가단체 고문조작 국가범죄에 이은 또하나의 반인권적 국가범죄' 제목의 성명을 발표했다. 전문을 싣는다. 〈편집자〉

윤석열 내란범죄정권의 박해전 사람일보 대표 국가보안법 사건 조작은 5공 전두환 내란반란정권의 아람회사건 반국가단체 고문조작 국가범죄에 이은 헌법과 국제연합 고문방지협약을 위배한 또하나의 반인권적 국가범죄로 결코 용납될 수 없다.

2024년 10월 4일 사람일보 서버 압수수색에 이어 2025년 1월 9일 통보된 사람일보 서버 2차 압수수색과 위헌 위법한 박해전 사람일보 대표 국가보안법 사건 조작을 당장 중지할 것을 요구한다.

반인륜적 국가범죄에는 시효가 없다. 우리는 윤석열 내란정권의 박해전 사람일보 대표 국가보안법 사건 조작 백서를 내어 반인권적 국가범죄를 준엄하게 심판할 것이다.

2025년 1월 9일
전 6.15공동선언실천남측위원회 공동대표(현 자주통일평화연대 공동대표)
5공 아람회사건 반국가단체 고문조작 국가범죄 청산연대 공동대표
사람일보 대표
박해전

사람일보 2025. 1. 9.

반인륜적인 박해전 사람일보 대표 탄압을 중지하라!

박해전 사람일보 대표는 22일 윤석열정권의 사람일보 국가보안법 사건 조작과 관련해 '반인륜적인 박해전 사람일보 대표 탄압을 중지하라' 제목의 성명을 발표했다. 전문을 싣는다. 〈편집자〉

전두환 내란반란정권의 5공 아람회사건 반국가단체 고문조작 국가범죄 청산하라

전두환내란반란정권의 5공 아람회사건 반국가단체 고문조작 국가범죄를 청산하지 않고 윤석열내란반란정권이 그 피해자 박해전 사람일보 대표를 또다시 국가보안법에 걸어 탄압하는 위헌 위법한 반인권적 국가범죄는 즉각 중지되어야 한다.

윤석열내란반란정권의 박해전 사람일보 대표 국가보안법 사건 조작은 5공 전두환 내란반란정권의 아람회사건 반국가단체 고문조작 국가범죄에 이은 헌법과 국제연합 고문방지협약을 위배한 또하나의 반인권적 국가범죄로 결코 용납될 수 없다.

윤석열정권은 위헌 위법한 박해전 사람일보 대표 국가보안법 사건 조작(국가보안법위반사건 접수번호 2023-001102)의 중단을 요구하는 사람일보 특별성명(사람일보 2024년 10월 7일자 [사람일보 탄압은 또하나의 윤석열 탄핵 사유], 2024년 10월 22일자 [사람일보 국가보안법 사건 조작을 역사의 법정에 고발한다], 2024년 11월 15일자 [5공 반국가단체 고문조작 국가범죄를 청산하지 않고 그 피해자 박해전 사람일보 대표에게 또다시 국가보안법을 들이댄 윤석열 정권을 고발한다], 2025년 1월 9일자 [윤석열 내란정권의 박해전 사람일보 대표 국가보안법 사건 조작은 전두환 내란반란정권의 아람회사건 반국가단체 고문조작 국가범죄에 이은 또하나의 반인권적 국가범죄])에도 불구하고 사람일보 서버를 2차례 압수수색(2024년 10월 4일, 2025년 1월 9일)하고 안보수사대 출석 요구(2024년 10월 28일, 2024년 11월 15일, 2025년 1월 22일)를 거듭 통지해왔다.

윤석열 정권은 사람일보 서버 압수수색검증영장(영장번호 2024-11980)에서 6.15공동선언실천남측위원회를 종북단체로 규정하고 박해전 공동대표의 6.15공동선언 실천 활동과 박해전 사람일보 대표의 언론 활동(2018년 1월부터 2024년 8월까지), 박해전 5공 아람회사건 반국가단체 고문조작 국가범죄 청산연대 공동대표 활동과 관련한 총 64건의 사람일보 정치평론과 기사들을 국가보안법에 걸어 범죄일람표(이적 동조 13건, 이적표현물 반포 51건)로 조작했다.

그러나 이 64건의 글들은 모두 조국의 민주개혁과 평화적 통일의 사명에 입각하여 정의·인도와 동포애로써 민족의 단결을 공고히 하고, 모든 사회적 폐습과 불의를 타파하기 위한 목적으로 작성된 것으로서, 5공 아람회사건 반국가단체 고문조작 국가범죄 피해자가 그 청산을 요구한 것이고, 6.15공동선언실천남측위원회 공동대표의 남북공동선언의 적극적인 실천이었으며, 사람일보의 정당한 언론활동이었음을 증명하고 있다.

윤석열정권은 박해전 5공 아람회사건 반국가단체 고문조작 국가범죄 청산연대 공동대표가 2019년 12월 21일 오후 2시 서울 광화문에서 열린 국가보안법철폐긴급행동 12월 월례집회에서 한 '반국가단체 고문조작 국가범죄 청산하라' 제목의 연설문(사람일보 2019. 12. 21.자)을 국가보안법 위반 범죄일람표에 올리는 천인공노할 만행을 저질렀다.

박해전 5공 아람회사건 반국가단체 고문조작 국가범죄 청산연대 공동대표는 이 연설문에서 "우리의 청춘을 짓밟고 한생을 파괴한 이러한 야만적인 반국가단체 고문조작 국가범죄가 40년이 다 되도록 청산되지 않고 피해자 원상회복과 가해자 심판, 국가범죄 수단인 국가보안법 철폐가 방치되고

있다"며 "진실화해위원회의 아람회사건 진실규명 결정과 2009년 형사재심 무죄판결로써 아람회사건에 대한 반국가단체 고문조작 국가범죄도 확증되었다. 늦었지만 최소한 이를 계기로 고문조작 국가범죄 도구인 국가보안법은 당연히 철폐됐어야 한다"고 밝혔다.

국제연합 '고문 및 그밖의 잔혹한 비인도적인 또는 굴욕적인 대우나 처벌의 방지에 관한 협약'(고문방지협약)은 고문조작 국가범죄의 가해자 처벌과 피해자 원상회복, 고문조작 수단의 폐기와 재발방지 대책 마련을 요구하고 있다. 또 대한민국 헌법 전문은 '조국의 민주개혁과 평화적 통일의 사명에 입각하여 정의·인도와 동포애로써 민족의 단결을 공고히 하고, 모든 사회적 폐습과 불의를 타파함'를 명시하고 있고, 헌법 제1조는 ①대한민국은 민주공화국이다. ②대한민국의 주권은 국민에게 있고, 모든 권력은 국민으로부터 나온다.라고 주권재민의 원칙을 밝히고 있다.

이러한 헌법과 국제연합 고문방지협약에 따라 청구권이 있는 5공 아람회사건 반국가단체 고문조작 국가범죄 피해자가 반국가단체 고문조작의 도구로 사용된 국가보안법 폐지를 비롯한 반국가단체 고문조작 국가범죄의 완전한 청산을 요구한 정당한 행위에 또다시 국가보안법의 칼날을 들이대어 이적동조로 몰아간 윤석열정권의 반인륜적인 치떨리는 만행은 또하나의 고문조작이자 국가범죄로 영원히 기록될 것이다.

윤석열정권은 영장에서 6.15공동선언실천남측위원회를 종북단체로 규정하고 '식민과 분단 적폐청산 조국통일 어떻게 할 것인가'를 주제로 사람일보가 2023년 10월 11일 오후 2시 서울 노무현시민센터에서 6.15공동선언실천남측위원회 후원으로 주최한 조국통일만민공동회에서 한 박해전 6.15공동선언실천남측위원회 공동대표의 연설문(사람일보 2023.10.30.자)을 비롯하여 남북공동선언 실천 활동을 범죄일람표에 열거했다.

그러나 윤석열정권이 헌법의 핵심 요구인 조국의 민주개혁과 평화적 통일의 사명에 충실한 6.15공동선언실천남측위원회를 종북단체로 낙인하고 박해전 공동대표의 남북공동선언 실천을 국가보안법에 걸어 탄압하는 것은 헌법 정신을 부정하고 헌법 제66조 '대통령은 조국의 평화적 통일을 위한 성실한 의무를 진다'에 위배되는 반헌법적 폭거로 또하나의 중대한 탄핵 사유로 된다.

윤석열정권은 사람일보의 '김정은 국무위원장 2018 신년사' 보도기사(2018.1.2.자)를 비롯하여 '조선중앙통신의 한미일 안보협력 프레임워크 협력각서와 관련한 논평' 보도기사(2024.8.3.자)까지 51건의 기사를 국가보안법 위반 이적표현물 반포로 범죄일람표에 올렸다.

그러나 이 보도기사들은 모두 전국언론노동조합연맹과 한국기자협회, 한국방송프로듀서연합회 언론 3단체가 1995년 8월 15일 공동 제정한 [평화통일과 남북 화해협력을 위한 보도·제작 준칙]을 적극 실천한 것으로 정정당당하며, 이를 범죄시하는 것은 헌법 제21조 언론의 자유와 언론사의 언론활동을 부정하는 반헌법적 폭거다.

윤석열 정권이 이적표현물 반포로 문제삼은 사람일보 보도기사들은 모두 언론 3단체의 보도준칙과 7.4남북공동성명의 조국통일 3대원칙에 따라 남북공동선언을 이행하는 데 필요한 정보를 담고 있으며, 국민주권자들의 알권리를 보장하기 위한 것들이다. 또 이 보도기사들은 모두 사람일보뿐만 아니라 공영방송 한국방송공사와 문화방송 텔레비전, 연합뉴스와 일간신문, 인터넷 언론사가 함께 보도한 것이다.

사람일보가 조선중앙통신과 로동신문 기사를 인용 보도한 기사들은 모두 공영방송 한국방송공사와 문화방송 텔레비전, 연합뉴스와 일간신문, 인터넷 언론사의 보도기사에 기초하고 미국매체 엔케이뉴스(nknews.org)의 관련 보도자료를 참조한 것이다. 이를 이적표현물 반포로 규정하고, 이 잣대를 한국 언론에 적용한다면 조선중앙통신과 로동신문 기사를 인용 보도한 공영방송을 비롯한 한국의 모든 언론사의 언론활동이 이적표현물 반포로 범죄시되고 모두 문을 닫아야 할 것이다.

전두환 내란반란정권의 5공 아람회사건 반국가단체 고문조작 국가범죄 피해자 박해전 사람일보 대표에 대한 윤석열 내란반란정권의 반인륜적인 탄압은 즉각 중단되어야 한다.

반인권적인 국가범죄에는 시효가 없다.

전두환 내란반란정권의 5공 아람회사건 반국가단체 고문조작 국가범죄를 청산하지 않고 그 피해자 박해전 사람일보 대표에게 헌법과 국제연합 고문방지협약을 어기고 또다시 국가보안법을 휘두른 윤석열 내란반란정권의 반인륜적 범죄는 반드시 준엄한 심판을 받게 될 것이다.

2025년 1월 22일
전 6.15공동선언실천남측위원회 공동대표(현 자주통일평화연대 공동대표)
5공 아람회사건 반국가단체 고문조작 국가범죄 청산연대 공동대표
사람일보 대표
박해전

박해전대표 국가보안법 탄압을 중단하라!
자주통일평화연대, "국가보안법 휘두른 정치언론활동 탄압 중단하라!"

  자주통일평화연대(상임대표의장 이홍정)는 20일 2025년 정기총회를 맞이하며 성명을 내어 "박해전 대표에 대한 국가보안법 탄압을 당장 중단하라!"며 "내란 세력의 무기 국가보안법을 당장 폐지하라"고 요구했다.

  단체는 성명에서 "지난해 10월 경찰이 사람일보 대표이자 자주통일평화연대 공동대표인 박해전 대표에 대해 국가보안법 위반혐의를 적용, 사람일보 서버를 압수수색한 이래, 올해 1월 다시 추가 압수수색을 강행하고 지금까지 조사 출석을 압박하고 있다"며 "국가보안법 휘두른 정치언론활동 탄압 중단하라!"고 촉구했다.

  단체는 "경찰은 박해전 대표가 호소문, 성명서 등에서 국가보안법 폐지, 연방제 방식의 통일방안에 대한 지지 등을 주장한 것이 '북한의 주장에 대한 동조'이며, 북한 언론 보도를 인용한 기사들을 게시한 것은 '이적표현물 반포'라면서 국가보안법을 적용, 압수수색과 탄압을 이어가고 있다"며 "우리 헌법이 사상과 표현, 언론의 자유를 보장하고 있고 국가보안법 폐지나 연방제 방식의 통일방안 주장은 누구나 할 수 있는 내용이며, 북한 입장에 대한 인용 보도 역시 언론사로서 마땅히 할 수 있는 행위임을 상기할 때, 이는 결코 국가보안법을 적용, 탄압할 성질의 것이 아니다"라고 밝혔다.

  단체는 "윤석열 정권의 경찰이 국가보안법을 휘두르며 거침없이 탄압하고 있는 것은, 정권의 입맛에 맞지 않는 주장을 '반국가세력', '종북세력'으로 낙인찍은 것도 모자라 '종북세력 척결'을 내세워 위헌적인 비상계엄을 선포한 광기 어린 행태와 결코 무관하지 않다"며 "이번 압수수색 과정에서 경찰은 자주통일평화연대의 전신인 6.15공동선언실천남측위원회를 종북단체로 규정하였다. 비상계엄이 성공했다면 윤석열의 척결 대상으로 올랐을 것이 자명하다"고 비판했다.

단체는 "국가보안법은 독립운동가를 탄압하며 사상과 표현의 자유를 억압하던 일제의 치안유지법(1925년 제정)을 이승만 독재정권이 되살려 낸 법으로서, 시민사회는 물론 유엔인권기구들까지 수십년째 폐지를 요구하고 있는 희대의 악법이다"라며 "시대착오적인 국가보안법을 휘두른 종북타령으로 더 이상 국민의 눈과 귀를 옭죄일 수는 없다. 이미 주권자 국민의 힘으로 윤석열 내란세력이 엄중한 심판을 받고 있다. 경찰은 더 이상 국가보안법을 휘두르며 내란 동조세력을 자임하지 말아야 한다"라고 경고했다.

성명 전문은 다음과 같다.

국가보안법 휘두른 정치언론활동 탄압 중단하라!
내란 세력의 무기, 국가보안법 폐지하라!

지난해 10월 경찰이 사람일보 대표이자 자주통일평화연대 공동대표인 박해전 대표에 대해 국가보안법 위반혐의를 적용, 사람일보 서버를 압수수색한 이래, 올해 1월 다시 추가 압수수색을 강행하고 지금까지 조사 출석을 압박하고 있다.

경찰은 박해전 대표가 호소문, 성명서 등에서 국가보안법 폐지, 연방제 방식의 통일방안에 대한 지지 등을 주장한 것이 '북한의 주장에 대한 동조'이며, 북한 언론 보도를 인용한 기사들을 게시한 것은 '이적표현물 반포'라면서 국가보안법을 적용, 압수수색과 탄압을 이어가고 있다.

우리 헌법이 사상과 표현, 언론의 자유를 보장하고 있고 국가보안법 폐지나 연방제 방식의 통일방안 주장은 누구나 할 수 있는 내용이며, 북한 입장에 대한 인용 보도 역시 언론사로서 마땅히 할 수 있는 행위임을 상기할 때, 이는 결코 국가보안법을 적용, 탄압할 성질의 것이 아니다.

그런데도 윤석열 정권의 경찰이 국가보안법을 휘두르며 거침없이 탄압하고 있는 것은, 정권의 입맛에 맞지 않는 주장을 '반국가세력', '종북세력'으로 낙인찍은 것도 모자라 '종북세력 척결'을 내세워 위헌적인 비상계엄을 선포한 광기 어린 행태와 결코 무관하지 않다.

이번 압수수색 과정에서 경찰은 자주통일평화연대의 전신인 6.15공동선언실천 남측위원회를 종북 단체로 규정하였다. 비상계엄이 성공했다면 윤석열의 척결 대상으로 올랐을 것이 자명하다.

국가보안법은 독립운동가를 탄압하며 사상과 표현의 자유를 억압하던 일제의 치안유지법(1925년 제정)을 이승만 독재정권이 되살려 낸 법으로서, 시민사회는 물론 유엔인권기구들까지 수십년째 폐지를 요구하고 있는 희대의 악법이다.

시대착오적인 국가보안법을 휘두른 종북타령으로 더 이상 국민의 눈과 귀를 옭죄일 수는 없다. 이미 주권자 국민의 힘으로 윤석열 내란세력이 엄중한 심판을 받고 있다.

경찰은 더 이상 국가보안법을 휘두르며 내란 동조세력을 자임하지 말아야 한다.

박해전 대표에 대한 국가보안법 탄압을 당장 중단하라!
내란 세력의 무기 국가보안법을 당장 폐지하라!

2025년 2월 20일
자주통일평화연대

〈장동욱 기자〉

사람일보 2025. 2. 21.

"남북공동선언 완수할 대통합정권 창출을"
박해전 대표, "근본적인 내란종식은 식민과 분단 적폐청산과 공동선언 완수"

박해전 자주통일평화번영운동연대 상임대표는 더불어민주당을 비롯한 야5당 원탁회의 '내란종식 민주헌정수호 새로운 대한민국 원탁회의 공동선언'과 관련해 "대한민국 헌법 전문은 '조국의 민주개혁과 평화적 통일의 사명에 입각하여 정의·인도와 동포애로써 민족의 단결을 공고히 하고, 모든 사회적 폐습과 불의를 타파함'를 명시하고 있다"며 "진정하고 근본적인 내란종식과 민주헌정수호는 이러한 조국의 민주개혁과 평화적 통일의 사명에 입각한 헌법적 요구에 따라 식민과 분단 적폐를 청산하고 자주통일과 평화번영의 이정표인 남북공동선언을 완수하는 데 있음은 분명하다"고 밝혔다.

박 대표는 20일 오후 2시 서울 조계종 한국불교역사문화기념관 국제회의장에서 개최된 자주통일평화연대 2025년도 정기공동대표회의(총회)에 참석해 "자주통일평화연대는 이들 야당과 적극 연대하여 역사적 대전환기인 올해 식민과 분단 적폐를 청산하고 자주통일과 평화번영의 대강령인 남북공동선언을 완수할 국민주권자 대통합정권을 창출하는 데 견인차 역할을 수행하기 바란다"며 이렇게 밝혔다.

박 대표는 또 이 단체 2025년 사업에 대하여 "자주통일평화연대가 올봄 헌법재판소가 윤석열을 파면하고 치러질 대통령선거에서 이들 원탁회의와 연대하여 식민과 분단 적폐의 완전한 청산, 자주통일과 평화번영의 청사진인 남북공동선언 완수를 핵심의제로 올리고 제정당사회단체의 대단결을 추동함으로써 자신의 위상을 확인하고 온 겨레에게 조국통일의 희망을 안겨주기 바란다"고 촉구했다.

박 대표는 이날 자주통일평화연대(상임대표의장 이홍정)가 '박해전 대표에 대한 국가보안법 탄압을 당장 중단하라!' 성명을 발표한 데 대해 "윤석열 내란반란정권의 박해전 자주통일평화번영운동연대 상임대표 국가보안법 사건 조작을 규탄하고 탄압 중지를 촉구한 자주통일평화연대와 부산자주통일평화연대 동지들께 깊은 사의를 표한다"고 전했다.

자주통일평화연대 성명 전문은 다음과 같다.

국가보안법 휘두른 정치언론활동 탄압 중단하라!
내란 세력의 무기, 국가보안법 폐지하라!

지난해 10월 경찰이 사람일보 대표이자 자주통일평화연대 공동대표인 박해전 대표에 대해 국가보안법 위반혐의를 적용, 사람일보 서버를 압수수색한 이래, 올해 1월 다시 추가 압수수색을 강행하고 지금까지 조사 출석을 압박하고 있다.

경찰은 박해전 대표가 호소문, 성명서 등에서 국가보안법 폐지, 연방제 방식의 통일방안에 대한 지지 등을 주장한 것이 '북한의 주장에 대한 동조'이며, 북한 언론 보도를 인용한 기사들을 게시한 것은 '이적표현물 반포'라면서 국가보안법을 적용, 압수수색과 탄압을 이어가고 있다.

우리 헌법이 사상과 표현, 언론의 자유를 보장하고 있고 국가보안법 폐지나 연방제 방식의 통일방안 주장은 누구나 할 수 있는 내용이며, 북한 입장에 대한 인용 보도 역시 언론사로서 마땅히 할 수 있는 행위임을 상기할 때, 이는 결코 국가보안법을 적용, 탄압할 성질의 것이 아니다.

그런데도 윤석열 정권의 경찰이 국가보안법을 휘두르며 거침없이 탄압하고 있는 것은, 정권의 입맛에 맞지 않는 주장을 '반국가세력', '종북세력'으로 낙인찍은 것도 모자라 '종북세력 척결'을 내세워 위헌적인 비상계엄을 선포한 광기 어린 행태와 결코 무관하지 않다.

이번 압수수색 과정에서 경찰은 자주통일평화연대의 전신인 6.15공동선언실천 남측위원회를 종북 단체로 규정하였다. 비상계엄이 성공했다면 윤석열의 척결 대상으로 올랐을 것이 자명하다.

국가보안법은 독립운동가를 탄압하며 사상과 표현의 자유를 억압하던 일제의 치안유지법(1925년 제정)을 이승만 독재정권이 되살려 낸 법으로서, 시민사회는 물론 유엔인권기구들까지 수십년째 폐지를 요구하고 있는 희대의 악법이다.

시대착오적인 국가보안법을 휘두른 종북타령으로 더 이상 국민의 눈과 귀를 옭죄일 수는 없다. 이미 주권자 국민의 힘으로 윤석열 내란세력이 엄중한 심판을 받고 있다.

경찰은 더 이상 국가보안법을 휘두르며 내란 동조세력을 자임하지 말아야 한다.

박해전 대표에 대한 국가보안법 탄압을 당장 중단하라!
내란 세력의 무기 국가보안법을 당장 폐지하라!

2025년 2월 20일
자주통일평화연대

〈인병문 기자〉
사람일보 2025. 2. 22.

박해전 약력

1954년 8월 27일 충남 금산군 남이면 석동리 507 출생

금산초중고 졸업

공주교육대학 졸업

월간 문예지 〈푸른 나무〉 창간 주필

한나라문학동인회 창립 회장

4월혁명 기념 시화전 주최

숭실대학교 철학과 졸업

숭실대학교 대학원 국문과 석사과정 수료

광화문우체국 공무원 / 을지전화국 공무원 / 서울국제전신전화국 공무원

통일문집 〈한나라〉 발간 준비

민중교육청년협의회 창립 '한나라' 기념품 배포

서울 용문중학교 임시교사

5공 반국가단체 고문조작 국가범죄 아람회사건으로 10년 선고받고 옥고

일월서각 편집부

풀무원 〈바른먹거리〉 편집장

한겨레신문 창간기자

한겨레신문노동조합 대의원
한겨레언론연구회 창립 대표
〈한겨레정론〉 창간 발행 편집인
〈통일문학 통일예술〉 편집위원
한겨레신문 해직
한겨레신문 해고노동자 원상회복 투쟁위원회 위원장
한겨레신문 복직
범민련통일애국인사석방촉구언론인모임 대표
전국언론노동조합연맹 대의원
한국철학회 논리논술대학원 논리논술교육 연수과정 이수
민중의 기본권 보장과 양심수 석방을 위한 공동대책위원회 공동대표 겸 집행위원장
범민족통일대축전 남측추진본부 대변인 활동 관련해 옥고
남북공동선언실천연대 공동대표
한겨레신문사 퇴직
제1회 민족언론상 수상
남북경협아카데미 수료
『희망의 나라』 출판기념회
광주민주유공자증서 받음
노무현 대통령후보 시민사회특보
열린우리당 창당발기인
〈참말로〉 창간 대표
평양 개천절민족공동행사 남측공동준비위원장
열린우리당 총선 중앙선대위 대외협력위원장
열린우리당 제1기 최고지도자과정 이수
남북민간교류협의회 공동대표
대통령자문 지속가능발전위원회 연구팀 위원
6·15공동선언실천남측위원회 언론본부 대외협력단장
통일연대 지도위원
진실화해를 위한 과거사정리위원회, 2007년 7월 3일 아람회사건 진실규명과 피해자 원상

회복 결정
『박해전의 여론일기』 출판기념회
남북정상회담경축국민대회 공동추진위원회 공동대표 겸 상임집행위원장
6·15 10·4선언실천 평화통일국민대회 상임공동대표
민족통일애국지사 고 한길 권중희 선생 장례위원회 공동위원장
남북경제협력포럼 공동대표
2008 남북경제협력촉진대회 기획단장
민족평화상 수상
서울고등법원, 2009년 5월 21일 아람회사건 재심 무죄선고
노무현 전대통령 49재 추모예술제 행사위원회 공동위원장
〈사람일보〉 창간 회장
좋은시장학교 제3기 수료
한명숙 서울시장후보 남북교류협력위원장
통일애국열사 박선애 선생 민족통일장 호상
6·15 10·4 국민연대 상임대표
10·4선언 4돌 기념 6·15 10·4 평화통일번영결의대회 공동주최
6·15공동선언 12돌 기념 6·15 10·4 자주통일평화번영결의대회 공동주최
6·15공동선언실천남측위원회(현 자주통일평화연대) 공동대표
『박해전의 생각』 출판기념회
문재인 대통령후보 정책특보
유럽과 미국 순회 출판강연회
문재인 대통령후보 통일정책특보
판문점선언실천국민연대 상임대표
자주통일평화번영운동연대 상임대표
유물론철학자 고 강대석 교수 조국통일장 장례위원회 공동장례위원장
이재명 대통령후보 남북공동선언실천특보단장
사람일보 조국통일만민공동회 주최
5공피해자단체전국연합회 상임공동대표

주요 저서

반핵과 제3세계(번역서) / 시인사, 1987
통일문학 통일예술(공저) / 힘, 1992
다시 태어나야 할 겨레의 신문(편저, 전3권) / 울도서적, 1994
역사의 심판은 끝나지 않았다(공저) / 살림터, 1997
언론을 바로세우는 사람들(공저) / 살림터, 1998
양심수 없는 나라(공저) / 살림터, 1999
조국과 민권(공저) / 자주민보, 2000
청년 김양무(공저) / 자주민보, 2001
희망의 나라 / 시와사회, 2002
박해전의 여론일기 / 참말로, 2007
2008 남북경제협력촉진대회(공저) / 2008
노무현 대통령 / 사람일보, 2009
고마워요 미안해요 일어나요 노무현 추모시집(공저) / 화남, 2009
님이여 우리들 모두가 하나되게 하소서 김대중 추모시집(공저) / 화남, 2009
6·15 10·4 자주통일 평화번영의 완수를 공약하라(공저) / 사람일보, 2011
김구 따라잡기(공저) / 옹기장이, 2012
6·15 10·4 자주통일평화번영거국정권 실현하자(공저) / 사람일보, 2012
박해전의 생각 / 사람일보, 2012
우리 모두 통일대통령 / 사람일보, 2017
반국가단체 고문조작 국가범죄 청산하라 / 사람일보, 2017
도보다리에서 울다 웃다(공저) / 작가, 2018
판문점선언 경축시집 아리랑찬가 / 사람일보, 2018
한겨레 해직기자 이야기 / 사람일보, 2019
문재인 대통령 / 사람일보, 2020
유물론철학자와 시인 / 사람일보, 2021
김대중 노무현 문재인 - 박해전 조국통일 이야기 / 사람일보, 2023
조국통일의 진로 / 사람일보, 2025